AF879258

Thomas Studer | Christoph Schaltegger

DIE FINANZGESCHICHTE DER SCHWEIZ

Thomas Studer | Christoph Schaltegger

DIE FINANZGESCHICHTE DER SCHWEIZ

Von der Gründung des Bundes bis heute

HERDER

FREIBURG · BASEL · WIEN

MIX
Papier | Fördert gute Waldnutzung
FSC® C083411

© Verlag Herder GmbH, Freiburg im Breisgau 2025
Hermann-Herder-Straße 4, 79104 Freiburg
Alle Rechte vorbehalten.
www.herder.de

Bei Fragen zur Produktsicherheit wenden Sie sich an produktsicherheit@herder.de

2., erweiterte Auflage
Cover: Verlag Herder GmbH
Covermotiv: KEYSTONE SGA
Satz: Daniel Förster, Belgern
Herstellung: CPI Books GmbH
Printed in Germany

ISBN Print: 978-3-451-03702-3
ISBN E-Book (EPUB): 978-3-451-83642-8

Inhalt

1. Vorwort

«Als Vorsteher des Militärdepartements hatte ich die halbe Schweiz gegen mich. Als Vorsteher des Finanzdepartements hatte ich die ganze Schweiz gegen mich.»

Diese Sätze stammen von Kaspar Villiger, der von 1989 bis 2003 dem Bundesrat angehörte. Den zweiten Satz hätte wohl auch jeder andere Finanzminister in der Geschichte der Schweiz unterschrieben.

Finanzpolitik ist und war schon immer ein hartes Brot. Auf der Einnahmenseite macht sich die Finanzministerin oder der Finanzminister unbeliebt, weil Staatseinnahmen letztlich immer Zwangsabgaben von Bürgerinnen, Bürgern und der Wirtschaft bedeuten. Auf der Ausgabenseite wiederum fliegen dem zuständigen Mitglied des Bundesrats die Herzen nicht zu, weil es dem natürlichen Hang der Politik zum Geldverteilen entgegenhalten und deshalb so manches sachpolitisch gewünschte Projekt in Frage stellen muss.

Es ist eine Grundregel, dass verantwortungsvolle Politik es nie allen recht machen kann. Für die Finanzpolitik gilt das in ganz besonderem Mass. Sie hat es immer mit Knappheiten zu tun. Solange das Geld nicht vom Himmel fällt, muss ein Staat Prioritäten setzen. Enttäuschungen oder zumindest nicht erfüllte Erwartungen sind die logische Folge davon.

Umgekehrt sind falsche finanzpolitische Weichenstellungen etwas vom potenziell Gefährlichsten für einen Staat. Ein Gemeinwesen, das seine Mitglieder mit einer immensen Steuer- und Abgabenlast erdrückt, vernichtet oder verhindert Wohlstand; ein Staat wiederum, der über seine Verhältnisse lebt und das Geld mit vollen Händen ausgibt, häuft Schulden an, schwächt sich selbst und schmälert die Chancen künftiger Generationen.

Finanzpolitische Entscheidungen spielen sich nicht im luftleeren Raum ab. Sie sind abhängig von sachpolitischen, gesellschaftlichen und wirtschaftlichen Rahmenbedingungen. Wie das vorliegende Werk zeigt, sind sie häufig auch Reaktionen auf Krisen oder auf langfristige Entwicklungen. Die beiden Weltkriege waren genauso finanzpolitische Zäsuren, wie die Demographie heute ein Treiber ist. Überlagert wird dies durch Entwicklungen im Verhältnis zwischen Bund und Kantonen, dem Entstehen und stetigen Ausbau des Sozialstaats und einer zunehmenden internationalen Verflechtung und Abhängigkeit. Finanzpolitik ist, in anderen Worten, komplizierter und auch konfliktreicher geworden. Das Diktum des ersten Finanzministers des Bundesstaates, Henri Druey, der seine Zeit im Finanzdepartement noch als «Ruhepause» bezeichnete, kontrastiert denn auch scharf mit Kaspar Villigers oben zitierten Sätzen.

Geschichte wiederholt sich nicht und sie gibt uns keine Rezepte für die Zukunft an die Hand. Dennoch ist die Beschäftigung mit ihr sinnvoll. Nur wenn wir verstehen, woher wir kommen, erkennen wir auch, wo wir stehen und wohin wir gehen könnten. Im vorliegenden Buch etwa nimmt die Geschichte von Fiskalregeln breiten Raum ein. Kurz gesagt sind sie alle gescheitert – bis zur Einführung der Schuldenbremse vor gut 20 Jahren unter Kaspar Villiger. Es war ein finanzpolitischer Durchbruch, der massgeblich geholfen hat, unser Land von der Schuldenwirtschaft zu befreien und finanziell dauerhaft stark aufzustellen. Eine der Lehren der Geschichte ist es, an diesem Fundament für eine Politik der ausgeglichenen Haushalte, festzuhalten.

In diesem Punkt, da bin ich in Abwandlung des Satzes von Kaspar Villiger zuversichtlich, hätte man zwar nicht die ganze Schweiz für sich. Aber doch die grosse Mehrheit.

Karin Keller-Sutter
Bundespräsidentin der Schweizerischen Eidgenossenschaft

2. Die Finanzgeschichte des Bundes – ein einleitender Überblick

Als Ausgangspunkt für diesen Überblick über die Finanzgeschichte des Bundes bietet es sich an, die Entwicklung der Staatsquote und der Einnahmenquote in Abbildung 1 zu betrachten, also die Ausgaben und Einnahmen des Bundes im Verhältnis zum BIP.

Abb. 1: Die Ausgaben und Einnahmen des Bundes (1849–2018)

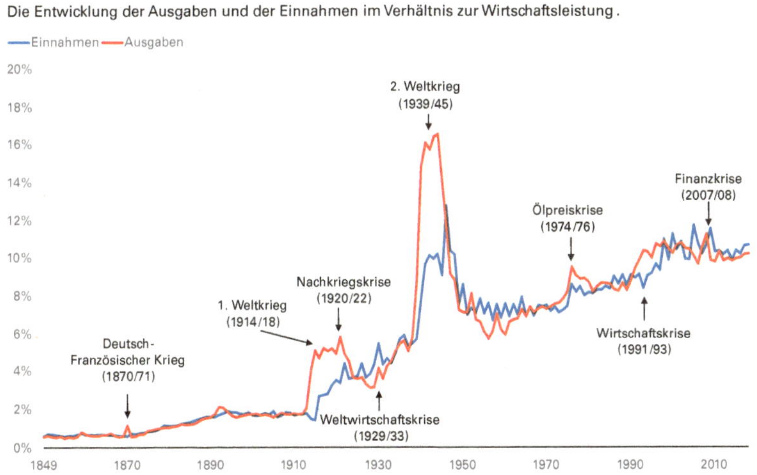

Quellen: Eigene Berechnungen. Rechnungsabschlüsse: 1849–1912: BFS, Statistisches Jahrbuch 1935 (S. 326 f.); 1913–1954: EVF, Staatsrechnung 1955 (S. 44*); 1955–1989: EFV, Staatsrechnung 1990 (S. 102); 1990–2018: EFV Staatsrechnung (entspr. Jahrgänge). BIP: Stohr (2016); BFS (2019).

Bei der Betrachtung der Staatsquote fällt auf den ersten Blick auf, dass sie heute wesentlich höher liegt als bei der Bundesstaatsgründung: Während die Ausgaben des Bundes 1848 knapp ein halbes Prozent des BIP ausmachten, sind es mittlerweile rund zehn Prozent. Damit bestätigt sich für die Schweiz das «Wagnersche Gesetz der wachsenden Staatsausgaben». Diese These des deutschen Finanzwissenschaftlers Adolph Wagner aus dem Jahr 1876 besagt, dass «[…] eine immer grössere und wichtigere Quote der Gesammtbedürfnisse eines fortschreitenden Culturvolks […] durch den Staat statt durch andere Gemein- und Privatwirthschaften befriedigt [wird], […]».[1]

Allerdings verlief der Anstieg der Staatsquote nicht linear. Die Entwicklung lässt sich grob in vier Phasen unterteilen. Die erste Phase umfasst die Zeit von der Bundesstaatsgründung bis zum Ausbruch des Ersten Weltkriegs. Sie war von einer ruhigen Entwicklung und einem moderaten Anstieg der Aufwendungen des Bundes nach der Verfassungsrevision von 1874 geprägt. Die zweite Phase umfasst das «Katastrophenzeitalter» (Hobsbawm) von 1914 bis 1945. Die beiden Weltkriege markierten wichtige Wendepunkte in der Finanzgeschichte des Bundes. Sie brachten den Bundeshaushalt umgehend und grundlegend aus dem Gleichgewicht, weshalb sich der Bund neue Einnahmen beschaffte. Die Kriege hatten nicht nur einen markanten Anstieg der Staatsverschuldung, sondern auch eine starke und langfristige Erhöhung der Staatsquote zur Folge. Dabei zeigte sich der von Alan T. Peacock und Jack Wiseman beschriebene «Sperrklinkeneffekt»[2] der Staatsausgaben, die von Krise zu Krise treppenartig ansteigen.[3] Es folgte der Nachkriegsboom, der nach dem Ende des Zweiten Weltkriegs einsetzte und bis zum Ausbruch der Rezession 1974/76 anhielt. In dieser langen Phase des Aufschwungs schwankte die Staatsquote zwischen 6 und 7 Prozent und begann dann ab 1960 langsam zu steigen. Dabei verzeichnete der Bund teilweise hohe Rechnungsüberschüsse. Die letzte Phase umfasst die Zeit von 1974 bis heute. Diese Jahre waren von einem Ausbau der Staatstätigkeit und zwei langen Defizitperioden geprägt. Wie nach den Kriegen zeigte sich auch nach den beiden Defizitperioden ein Sperrklinkeneffekt. Erst nach der

1 Wagner, 1892, S. 893f.

2 Peacock & Wiseman, 1961.

3 Peacock und Wiseman (1961) untersuchten die Auswirkungen von Kriegen und anderen Krisen auf das Wachstum der Staatsausgaben. Sie zeigen, dass eine Krise den Steuerwiderstand reduziert, weil die Steuerzahler die Notwendigkeit der Steuererhöhungen zur Überwindung der kritischen Situation akzeptieren. Nach der Krise haben sich die Steuerzahler an die neue Steuerlast gewöhnt und der Staat ist nicht gezwungen, seine Aktivitäten auf das Niveau vor Ausbruch der Krise zu reduzieren, sondern kann die Einnahmen für andere Ausgaben verwenden.

Jahrtausendwende gelang es, den Haushalt dank tiefgreifender institutioneller Reformen und insbesondere der Schuldenbremse wieder zu stabilisieren.

Die Bundesstaatsgründung: ein geglückter Start

In der Zeit von der Bundesstaatsgründung im Jahr 1848 bis zum Vorabend des Ersten Weltkriegs löste sich der Bund aus seiner finanziellen Abhängigkeit von den Kantonen und wurde zu einem eigenständigen Akteur mit starkem Einfluss auf die Kantone. Diese Entwicklung war bei der Bundesstaatsgründung noch nicht absehbar, denn die Kompetenzen, die dem Bund übertragen wurden, hielten sich in engen Grenzen. 1848 wurde die Landesverteidigung zu einer gemeinsamen Kompetenz von Bund und Kantonen. Die Landesverteidigung war die einzige Aufgabe, die dem Bund hohe Ausgaben verursachte: Bis zum Ausbruch des Ersten Weltkriegs wendete er dafür rund zwei Drittel seiner Mittel auf. Dies ist in Abbildung 2 ersichtlich, wo die Ausgabenstruktur des Bundes von 1850 bis 2020 abgebildet ist.

Abb. 2: Die Ausgaben des Bundes nach Aufgabengebiet (1850–2018)

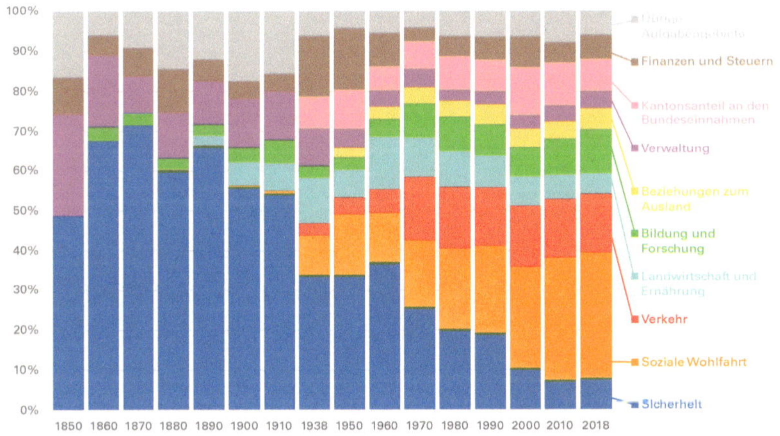

Quellen: Eigene Berechnungen. 1850–1910: Halbeisen und Lechner (1990) in HSSO Tab. U.2a.; 1938: ESTV (1974); 1950–1980: EFV, Öffentliche Finanzen der Schweiz (1989); 1990–2018: EFV, Staatsrechnung (entspr. Jahrgänge). Anmerkung: Die Kantonsanteile an den Bundeseinnahmen sind in der Staatsrechnung unter Finanzen & Steuern aufgeführt und die Verwaltung unter «Übrige Aufgabengebiete».

In den Anfangsjahren verursachte die Verwaltung einen verhältnismässig grossen Teil der Bundesausgaben – allerdings ging ihr Anteil mit wachsenden Staatsausgaben schnell zurück: von 25 (1850) auf rund 10 Prozent (1870) (→ Abb. 2). Daneben verursachte noch die Vermögens- und Schuldenverwaltung (Zinskosten) mit 5 bis 10 Prozent regelmässig nennenswerte Ausgaben. Die übrigen Kompetenzen fielen finanziell kaum ins Gewicht. Für die Bildung wendete der Bund rund drei Prozent seiner Mittel auf, nachdem er im Jahr 1855 die Eidgenössische Technischen Hochschule eröffnete. Mit dem Recht zur Errichtung und Unterstützung öffentlicher Werke wurde dem Bund bei seiner Gründung ausserdem eine Subventionskompetenz übertragen, von der er bald Gebrauch machte und die Kantone bei Strassenbauten und Gewässerkorrektionen unterstützte.

Der Bund erhielt für die Erfüllung seiner Aufgaben fünf Einnahmequellen. Von finanzieller Bedeutung war insbesondere das Zollwesen, das ihm von den Kantonen übertragen worden war (→ Abb. 3).

Abb. 3: Der Anteil der Zölle sowie der Verbrauchs-, Einkommens- und Vermögenssteuern an den Bundeseinnahmen (1850–2018)

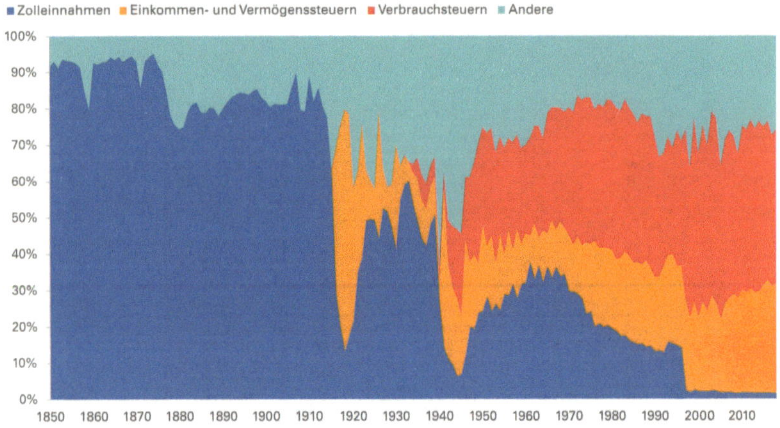

Quellen: Eigene Berechnungen. Zolleinnahmen: 1849–1912: EFV, Staatsrechnung (entspr. Jahrgang); 1913–1974: HSSO Tab. U.10a. und U.10b.; 1975–1920: EFV, Staatsrechnung (entspr. Jahrgänge); Verbrauchs-, Einkommens- und Vermögensteuern: 1913–1974: HSSO Tab. U.10a. und U.10b.; 1975–1989: Staatsrechnung (entsprechende Jahrgänge); 1990–2015: Angaben der EFV; Gesamteinnahmen: 1849–1912: BFS, Statistisches Jahrbuch (1935); 1913–1954: BFS, Statistisches Jahrbuch (1954); 1955–1989: Staatsrechnung (1990); 1990–2020: EFV.

Die Zölle machten über 90 Prozent (1848–1873), später über 80 Prozent (1874–1913) der Einnahmen des Bundes aus und waren damit seine wichtigste Einnahmequelle. Im Gegensatz dazu spielten die übrigen Einnahmequellen eine untergeordnete Rolle. Der Ertrag des Bundesvermögens und des Pulverregals fiel gering aus. Vom Ertrag des Postwesens, das dem Bund von den Kantonen bei Bundesstaatsgründung übertragen worden war, musste der Bund den Kantonen eine Entschädigung entrichten. Zudem war der Bund verpflichtet, allfällige Überschüsse für den Ausbau des Postnetzes und für Tarifsenkungen zu verwenden. In ausserordentlichen Situationen und nur auf Beschluss der Bundesversammlung konnte der Bund ausserdem Beiträge der Kantone («Geldkontingente») erheben. Dies geschah nur ein einziges Mal, als 1849 die Grenzbesetzung während der Revolution im Grossherzogtum Baden finanziert werden musste.

Josef Munzinger (*1791–†1855) war der erste Vorsteher des eidgenössischen Finanzdepartements und gilt als Vater des Schweizer Frankens.

Mit der Übertragung des Zollwesens auf den Bund wurde einnahmeseitig ein Trennsystem geschaffen, das die Zölle dem Bund und die direkten Steuern den Kantonen zuwies. Allerdings hatte sich der Bund das Zollwesen teuer erkauft. Die «Zollentschädigung», die der Bund den Kantonen für die Übertragung des Zollwesens leisten musste, war höher als die kantonalen Zolleinnahmen vor der Bundesstaatsgründung. Dies hatte zur Folge, dass seine finanzielle Lage bei Staatsgründung mit Unsicherheit behaftet war. Jedoch zeigte sich bald, dass der Budgetausgleich dem Bund keine Probleme bereitete. Da mit der Schaffung des Bundesstaats als einheitliches Wirtschaftsgebiet ein wirtschaftlicher Aufschwung einherging, übertrafen die Zollerträge bald alle Erwartungen. Den Verfassungsvätern war es gelungen, die Kompetenzen des Bundes auf der Einnahmenseite gut auf die Aufgabenbefugnisse abzustimmen. Dabei setzten die geringen Mittel und Kompetenzen dem Finanzhaushalt des Bundes im ersten Vierteljahrhundert enge Grenzen. Der erste Vorsteher des Eidgenössischen Finanzdepartements (EFD), der Solothurner Freisinnige Josef Munzinger, war besonders auf ausgabenseitige Zurückhaltung bedacht.[4] Sparsamkeit war ihm ein persönliches Anliegen: Als er sich einen neuen Stempel besorgen liess, bemerkte Munzinger, er «[…] hätte einen solchen mit verstellbarem Datum vorgezogen, aber er werde wohl zu viel kosten.»[5] Die Ausgaben des Bundes blieben während des ersten Vierteljahrhunderts stabil bei rund einem halben Prozent des BIP und der öffentliche Haushalt war in den allermeisten Jahren ausgeglichen. Dies ist in Abbildung 4 ersichtlich, wo der Haushaltssaldo im Verhältnis zum BIP abgebildet ist.

Abb. 4: Der Haushaltssaldo des Bundes (1849–2018)

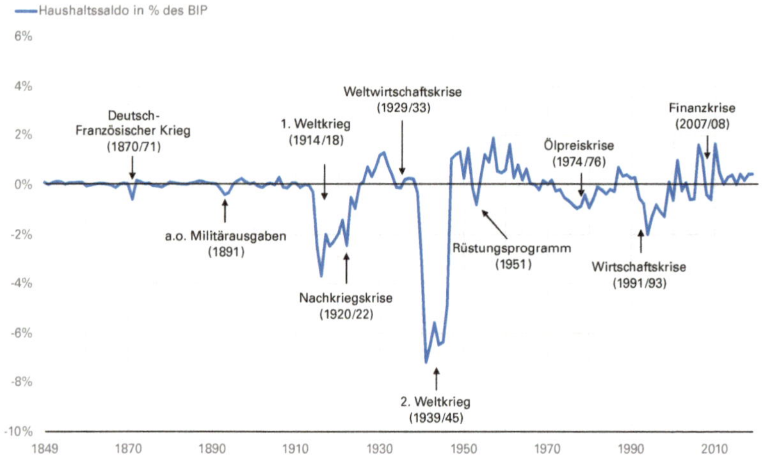

Quellen: Eigene Berechnungen. Rechnungsabschlüsse: 1849–1912: BFS, Statistisches Jahrbuch 1935 (S. 326 f.); 1913–1954: EVF, Staatsrechnung 1955 (S. 44*); 1955–1989: EFV, Staatsrechnung 1990 (S. 102); 1990–2018: EFV Staatsrechnung (entspr. Jahrgänge). BIP: Stohr (2016); BFS (2019).

4 Häfliger, 1953, S. 280–294.

5 Mangold, 1904, S. 209.

Nur wenn ausserordentliche Militärausgaben getätigt wurden, war die Rechnung defizitär. Dementsprechend gering war auch die Arbeitsbelastung des Finanzvorstehers im Bundesrat. Der Waadtländer FDP-Bundesrat Henri Druey beschrieb seine Amtsjahre als zweiter Vorsteher des EFD gar als «Ruhepause in seiner Zeit als Bundesrat».[6] Mit einer ersten grossen finanziellen Herausforderung wurde der Bund im Jahr 1870 konfrontiert, als der Deutsch-Französische Krieg ausbrach und er die Grenzbesetzung finanzieren musste. Dabei brachten die ausserordentlichen Militäraufwendungen den Bundeshaushalt zum ersten Mal aus dem Gleichgewicht: 1870 wurde ein Defizit in der Höhe von 0.6 Prozent des BIP verzeichnet (→ Abb. 7).

Die Verfassung von 1874: Erster Schritt in Richtung Zentralisierung

Die Verfassung von 1874 war ein Wendepunkt in der noch jungen Geschichte der Bundesfinanzen. Bei der Revision wurden die Kompetenzen des Bundes ausgebaut und es gab einen Zentralisierungsschub. Dabei wurde mit dem «Vollzugsföderalismus», der Umsetzung der Bundespolitik durch die Kantone, ein Weg gefunden, der die Übertragung von Kompetenzen auf den Bund möglich machte. Aus finanzpolitischer Sicht war insbesondere die weitgehende Übertragung des Militärwesens auf den Bund relevant, die wegen der schlechten Erfahrungen mit der Kriegsbereitschaft der Armee bei der Grenzbesetzung während des Deutsch-Französischen Krieges (1870/71) durchgeführt wurde. Da die Zentralisierung des Militärwesens für den Bund mit hohen Kosten verbunden war, wurden die Zoll- und die Postentschädigung für die Kantone aufgehoben. Ausserdem ging die Militärpflichtersatzsteuer von den Kantonen auf den Bund über. Da die Kantone weiterhin für die Erhebung der Steuer verantwortlich waren, wurden sie mit der Hälfte des Ertrags entschädigt. Dies war der erste Kantonsanteil an einer Bundessteuer in der Schweizer Steuergeschichte, dem später noch viele folgen sollten.

6 Steiner, 1991, S. 119.

Der Freisinnige Henry Druey (*1799–†1855) stand dem Finanzdepartement in den Jahren 1851 sowie 1853 bis zu seinem Tod 1855 vor.

Wie sich herausstellte, reichten die zusätzlichen Einnahmen nicht aus, um die gestiegenen Militärausgaben zu decken. Nach drei Defizitjahren brachte erst eine Erhöhung der Zolltarife den Budgetausgleich (→ Abb. 4). Ab Mitte der 1880er-Jahre folgte der Bund dem Beispiel seiner Nachbarländer und ging vom Freihandel zu einer Schutzzollpolitik über. Er erhöhte die Zolltarife in drei Schritten (1884, 1887 und 1891), wodurch die Einnahmen, gemessen am BIP, bis Mitte der 1890er-Jahre um mehr als die Hälfte anstiegen (→ Abb. 1). Weil die Katholisch-Konservativen den Ausbau der Bundeskompetenzen dank dem 1874 eingeführten fakultativen Referendum erfolgreich blockierten, stiegen die Ausgaben zunächst nicht stark an. Erst als eine Verständigungspolitik zwischen den Konservativen und den Freisinnigen einsetzte, konnten die neuen Aufgaben des Bundes im Verbund mit den Kantonen umgesetzt werden. Um eine Aufgabenübertragung auf den Bund zu umgehen, wurde in vielen Fällen auch auf Subventionen zurückgegriffen. Dabei weckte die gute Finanzlage des Bundes immer mehr Begehrlichkeiten bei den Kantonen. Ausserdem forderten katholisch-konservative Kreise anstelle von Subventionen eine Beteiligung der Kantone an den Zolleinnahmen im Umfang von zwei Franken pro Einwohner. Sie bemängelten, dass die zweckgebundenen Subventionen an Pflichten gebunden waren, wodurch der Bund Einfluss auf die kantonale Sphäre erlangte. Jedoch war der Widerstand gegen die «Beutezuginitiative» gross. Der bis 1891 als Bundesrat amtierende Emil Welti war ein entschiedener Gegner der Vorlage und rief wenige Tage vor der Volksabstimmung in einer Rede zur Ablehnung auf:

Emil Welti (*1825–†1899), langjähriger freisinniger Bundesrat und Finanzvorsteher von 1870 bis 1872, war ein entschiedener Gegner kantonaler Ansprüche auf Bundesmittel wie den Zolleinnahmen.

> «Wenn man die Eidgenossenschaft schwächen will, dann gibt es allerdings kein besseres Mittel, als die vorgeschlagene Initiative, eine Einrichtung, von der man zum vornherein weiss, dass man die Finanzen des Bundes damit auf Jahre hinaus aus dem Gleichgewicht bringt; [...]» (Welti, zit. in: Weber, 1903, S. 155).

Die Initiative wurde im November 1894 von einer Mehrheit der Stimmenden und der Stände deutlich verworfen. Allerdings trug sie dazu bei, dass der Bund den Kantonen immer häufiger zweckgebundene Subventionen gewährte – genau das Gegenteil dessen, was die Initianten bezwecken wollten. Das Subventionswesen wurde als Finanzausgleich zwischen Bund und Kantonen institutionalisiert, somit war eine wichtige finanzpolitische Weiche gestellt. Subventionen entwickelten sich vor dem Ersten Weltkrieg zu einem wichtigen Instrument der Wirtschafts- und Sozialpolitik und es wurde die Grundlage für ein weitverzweigtes Bezuschussungssystem geschaffen: Der Anteil der Subventionen an den Bundesausgaben stieg von 5 Prozent (1870) auf beinahe 25 Prozent (1910). Indem der Bund den Kantonen Vorschriften bei deren Verwendung machte, trugen die Subventionen massgeblich zu einer kompetenzmässigen Zentralisierung bei. Dabei wurde der Bund zum finanziellen Unterstützer der Kantone, die immer mehr in eine finanzielle Abhängigkeit gerieten, wovor der Berner Finanzwissenschaftler Viktor Jacob Steiger bereits 1923 warnte:

> «Die finanzrechtliche Abhängigkeit der Gliedstaaten vom Zentralstaat ist denn auch in der Schweiz besonders gross. Die Kantone haben die eigentliche Verwaltung der öffentlichen Aufgaben zu besorgen, sind aber in ihrer Durchführung vielfach zur Anwendung eidgenössischer Grundsätze verpflichtet, die von ihnen finanziell mehr verlangen als ihre eigenen früheren Grundsätze. Der Bund hat aber dafür zu sorgen, dass sie ihren Aufgaben gehörig nachkommen; er hat sie denn auch, sowie ihre finanziellen Kräfte nicht ausreichen, mit Beiträgen zu unterstützen.» (Steiger, 1923, S. 9)

Der stetig wachsende Strom an Transferzahlungen an die Kantone führte zu einer strukturellen Überlastung des Bundeshaushalts, dessen Budgetausgleich am Vorabend des Ersten Weltkriegs nicht mehr gesichert war.[7] Im Mai 1912 fragte die NZZ ihre Leser auf dem Titelblatt:

> «Glaubt der Bundesrat wirklich, es werde möglich sein, mit den blossen Zolleinnahmen, […], noch jahrelang den sich stets mehrenden Aufgaben des Bundes nachkommen zu können? […]. Hier müssen wir einmal den Optimismus unserer Finanzverwaltung bewundern. Kündigen sich nicht längst schon grosse Aufgaben des Bundes an, hört man die Rufe der Kantone nach weiterer Unterstützung nicht?» (NZZ, 07.05.1912)

Es wurden erste Massnahmen in Angriff genommen, wobei sowohl die Beschaffung von neuen Einnahmen als auch ein Abbau der Subventionen zur Diskussion stand. Als dann aber der Erste Weltkrieg ausbrach, stand der Bund umgehend vor einer finanzpolitischen Herausforderung, die schnell ein zuvor unvorstellbares Ausmass annahm.

Verstaatlichung der Eisenbahn

Ein weiterer finanzpolitischer Meilenstein vor dem Ersten Weltkrieg war die Verstaatlichung der Eisenbahnen im Jahr 1898. Mit dem Eisenbahngesetz

7 Steiger, 1916b, S. 181.

von 1852 fiel der Entscheid zugunsten des Privatbahnsystems – ein Jahrhundertentscheid, der die Grundlage für den wirtschaftlichen Aufschwung der Schweiz legte. Dank den privaten Bahngesellschaften holte die Schweiz den infrastrukturellen Rückstand gegenüber den Nachbarstaaten schnell auf und verfügte bereits um 1860 über das dichteste Bahnnetz Europas.[8] Unternehmensbankrotte sowie Konflikte über Tariffragen und die Koordination von Fahrplänen führten dazu, dass der Bund zu einer Interventionspolitik überging und die Forderung nach einer Verstaatlichung trotzdem immer mehr Anhänger fand. Unternehmensbankrotte sowie Konflikte über Tariffragen und die Koordination von Fahrplänen führten dazu, dass der Bund zu einer Interventionspolitik überging und die Forderung nach einer Verstaatlichung trotzdem immer mehr Anhänger fand.[9] Allerdings war der

Der freisinnige Marcel Pilet-Golaz (*1889–†1958) wurde 1928 in den Bundesrat gewählt und 1939 zum Bundespräsidenten ernannt. Das Bild zeigt ihn im Dezember 1939 bei einem Empfang durch General Henri Guisan in Lausanne.

8 Jung, 2020, S. 329–359.

9 Als die Schweizerische Nationalbahn 1878 zwangsliquidiert wurde, erlitten alle am Aktienkapital beteiligten Gemeinden einen Totalverlust. Besonders hohe Schuldenlasten trafen die Städte Winterthur, Baden, Lenzburg und Zofingen, wobei Winterthur die letzten Nationalbahnschulden erst 1954 tilgte.

Rückkauf insbesondere auch aus finanziellen Gründen politisch stark umstritten. Der Bundesrat zeigte sich überzeugt, die Bahnschulden innert 60 Jahren abbezahlen zu können. Dies wurde von den Gegnern, zu denen auch der Neuenburger FDP-Altbundesrat Numa Droz gehörte, bezweifelt: «Man sagt dem Volk: Die Schweizerbahnen dem Schweizer! Wir antworten: Ja, aber als Folge auch die Schweizerschuld dem Schweizervolk!»[10] Zu diesem Zeitpunkt war die Stimmung bereits deutlich zugunsten der Verstaatlichung umgeschlagen und eine grosse Mehrheit stimmte dem Rückkauf zu. Der Berner Professor Jakob Steiger bezeichnete die Eisenbahnverstaatlichung als die «bedeutsamste finanzpolitische Transaktion» des Bundes vor dem Ersten Weltkrieg: Die mit den Bahnen übernommenen Schulden in der Höhe von 1.2 Mrd. Franken waren mehr als zehnmal so gross wie jene des Bundes.[11] Allerdings ging der Plan des Bundesrats nicht auf. Die Schulden der SBB stiegen während des Ersten Weltkriegs und der Weltwirtschaftskrise markant an. Dies war nur zum Teil krisenbedingt. Vielmehr wurden die SBB vom Bund als «direktes oder indirektes Subventionswerkzeug» genutzt, wie es der Waadtländer Bundesrat und Verkehrsminister Marcel Pilet-Golaz trefflich formulierte.[12] So mussten die Bundesbahnen nicht zuletzt, weil sie dem Bund die Möglichkeit für eine Flucht aus dem Budget boten, am Ende des Zweiten Weltkriegs zum zweiten Mal «zurückgekauft» werden, indem der Bund in grossem Umfang SBB-Schulden übernahm.

Fiskalschock Erster Weltkrieg

Der Ausbruch des Ersten Weltkriegs bereitete der verhältnismässig ruhigen Entwicklung des Bundeshaushalts ein jähes Ende und es begann eine neue Phase in der Schweizer Finanzpolitik. Die Ausgaben stiegen sprunghaft an, die Einnahmequellen wurden ausgebaut und die schuldenfreie Zeit war zu Ende. Auf diese Entwicklung war der Bund nicht vorbereitet. Zwar hatte sich ein bewaffneter Konflikt in Europa schon längere Zeit abgezeichnet, allerdings

10 Droz,1898, S. 44.
11 Steiger & Higy, 1934, S. 25.
12 Pilet-Golaz, zit. in: Eder, 1944, S. 174.

war der Bundesrat entsprechend einer weitverbreiteten Meinung der Überzeugung, dass ein Krieg nur von kurzer Dauer sein würde.[13] Die Kriegsreserve, die nach Kriegsausbruch aus den Gewölben des Bundeshauses zur Nationalbank geschafft wurde, betrug gerade mal 10 Mio. Franken.[14] Dies stand in keinem Verhältnis zu den Ausgaben, die unmittelbar in die Höhe schnellten. Bereits in den ersten Kriegsmonaten des Jahres 1914 verdoppelte sich die Staatsquote (→ Abb. 1). Gleichzeitig brachen die Zolleinnahmen ein. Ihr Anteil an den Bundeseinnahmen sank von 81 (1913) auf 13 Prozent (1918) (→ Abb. 3).

Die notwendigen Mittel verschaffte sich der Bund zunächst über Anleihen. Zudem griff er in grossem Umfang auf monetäre Staatsfinanzierung durch die SNB zurück, die sich als «Kriegsbank des Bundes» bezeichnete.[15] Die monetäre Staatsfinanzierung trug massgeblich zu einer hohen Inflation bei, welche die Konsumentenpreise bis Kriegsende verdoppelte. Im Februar 1915 legte der Bundesrat dann eine Vorlage zur Erhebung einer einmaligen eidgenössischen Kriegssteuer[16] vor. Die Kriegssteuer war populär und wurde von allen Parteien getragen. Für die NZZ war ihre Einführung eine Frage der Ehre der Nation:

> «Schon weiss die Mehrheit der Schweizerbürger, dass sie auf den weissen Zettel ein ‹Ja› schreiben wird; und eine Minderheit, die sich vor einer mehr als sechshundertjährigen Geschichte an den Pranger stellen will, wird das schmählichste ‹Nein› hinsetzen, dass jemals in eidgenössische Urnen gefallen ist – denn jedes ‹Nein› kommt einem Schuss in den Rücken unserer Armee gleich.» (NZZ, 01.06.1915)

Die Zustimmung war ausserordentlich hoch: Im Juni stimmten alle Stände und über 94 Prozent der Stimmenden der ersten Kriegssteuer zu. Damit wurde der bisher befolgte Grundsatz gebrochen, der die direkten Steuern den Kantonen und die indirekten dem Bund zuwies. Die Kriegssteuer wurde 1916/17 durch die Kantone erhoben, wofür ihnen ein Anteil von 20

13 Mittler, 2003, S. 609–616.

14 Weber, 1969, S. 17.

15 Schweizerische Nationalbank, 1932, S. 391.

16 Die Kriegssteuer war eine progressive Steuer auf dem Erwerbseinkommen und Vermögen natürlicher Personen. Juristische Personen hatten eine Steuer auf das Kapital und die Reserven zu entrichten, deren Steuersatz sich nach dem Verhältnis des Reingewinns zu Kapital und Reserven richtete.

Prozent des Ertrags gewährt wurde. Der Kantonsanteil war einerseits eine Provision für die Steuererhebung. Andererseits war er als Entschädigung für den Eingriff in das kantonale Steuersubstrat durch den Bund gedacht, wie es der Aargauer FDP-Ständerat Emil Isler ausführte:

> «Der Umstand, dass der Bund durch diese einmalige Kriegssteuer das Recht der Erhebung direkter Steuern für sich beansprucht, während dies sonst das alleinige Recht der Kantone ist, legt es ihm nahe, die Verhältnisse der Kantone zu berücksichtigen und sie am Ertrag partizipieren zu lassen.» (Amtl. Bull. SR 1915, S. 11)

Im September 1916 machte der Bundesrat auf Empfehlung der Neutralitätskommission vom Notrecht Gebrauch und führte rückwirkend eine Kriegsgewinnsteuer (1915/20)[17] ein. Wiederum wurde die Steuer durch die Kantone erhoben, die einen Ertragsanteil von 10 Prozent erhielten. Im Mai 1917 stimmten die Stimmbürger ausserdem der Einführung einer Stempelsteuer[18] zu, die ab 1918 erhoben wurde. Die Stempelsteuer blieb die einzige dauerhafte verfassungsmässige Erweiterung der Bundeseinnahmen. Da diese Steuer zuvor im Kompetenzbereich der Kantone lag, erhielten sie wiederum einen Ertragsanteil von 20 Prozent. Damit gelang zwar eine Steigerung der Einnahmen, jedoch reichte es nicht aus, um hohe Rechnungsdefizite zu verhindern. Die Defizite beliefen sich während des Krieges auf durchschnittlich 2.6 Prozent des BIP (→ Abb. 4). Das ganze Ausmass des Fiskalschocks im Ersten Weltkrieg wird in Abbildung 5 deutlich. Dort ist die Schuldenquote des Bundes dargestellt, also seine Schulden im Verhältnis zum BIP. Allein in den ersten vier Kriegsmonaten des Jahres 1914 verdoppelte sich die Schuldenquote auf 6.1 Prozent und als der Krieg 1918 zu Ende war, lag sie bei 15.1 Prozent.

---

17 Die Kriegsgewinnsteuer war eine Gewinnsteuer für natürliche und juristische Personen, die einen industriellen oder gewerblichen Betrieb oder ein Handelsgeschäft führten. Als Kriegsgewinn galt die Differenz zwischen dem Reinertrag in den Jahren 1915 bis 1920 und dem durchschnittlichen Reinertrag der Jahre 1913 und 1914. Der Steuersatz betrug zunächst 25 Prozent und wurde 1917 auf 35 Prozent erhöht. Hinzu kam ein Aufschlag von einem Fünftel zur Äufnung eines Fonds für die Arbeitslosenfürsorge, womit der Steuersatz 42 Prozent betrug.

18 Die Stempelsteuer erfasste Wertpapiere, Wechsel, Schecks, Quittungen für Versicherungsprämien und Frachturkunden.

Abb. 5: Die Schulden des Bundes (1849–2018)

Quellen: Eigene Berechnungen. Schulden: 1849–1912: EFV, Staatsrechnung (entspr. Jahrgänge); 1913–1941: ESTV, Finanzen von Bund, Kantonen und Gemeinden (1944/45); 1942–1970: ESTV, Finanzen von Bund, Kantonen und Gemeinden (entsprechende Jahrgänge); 1971–1989: EFV; 1990–2018: EFV, Staatsrechnung (entspr. Jahrgänge); BIP: Stohr (2016); BFS (2019).

Weil die Vermögenden aus Sicht der SP zu wenig für die Finanzierung der Kriegskosten beitrugen, reichten sie eine Initiative für eine dauerhafte direkte Bundessteuer ein. Dies stiess in konservativen Kreisen auf erbitterten Widerstand. Einer der härtesten Gegner der direkten Bundessteuer war der Tessiner CVP-Bundesrat und Vorsteher des EFD, Giuseppe Motta. Er warf der SP vor, lediglich ihre politischen Ziele zu verfolgen, und sah in der direkten Bundessteuer eine Bedrohung für den Föderalismus: «Die direkte Bundessteuer würde mit Notwendigkeit zu einer vollständigen Vereinheitlichung der ganzen Steuergesetzgebung führen und damit zu einer Zerstörung des bundesstaatlichen Charakters der Schweiz.»[19] Allerdings genoss die direkte Bundessteuer angesichts der sozialen Lage im fünften Kriegsjahr auch im bürgerlichen Lager Sympathie. Um eine dauerhafte direkte Bundessteuer zu verhindern, kündigte der Bundesrat schliesslich eine Wiederholung der Kriegssteuer an, um die Kriegsschulden zu tilgen. Dies über-

19 NZZ, 12.03.1918.

CVP-Bundesrat Giuseppe Motta (*1871–†1940) stand dem Finanzdepartement von 1912 bis 1919 vor. Er war ein entschiedener Gegner der direkten Bundessteuer.

zeugte den Souverän. Die direkte Bundessteuer wurde im Juni 1918 von 54 Prozent der Stimmenden und von 14.5 Ständen abgelehnt. Im Mai 1919 stimmten beinahe zwei Drittel der Stimmenden und 23 Stände der «neuen ausserordentlichen Kriegssteuer»[20] zu.[21] Sie wurde zwischen 1921 und 1932 dreimal von den Kantonen erhoben, wofür diese einen Anteil von 20 Prozent erhielten. Damit war der Grundsatz, der die direkten Steuern den Kantonen vorbehielt, endgültig gebrochen. Gleichzeitig wurde damit eine Verbundeinnahme zwischen Bund und Kantonen geschaffen.

Der Versuch einer Rückkehr zu den Vorkriegsverhältnissen

Die beiden wichtigsten finanzpolitischen Aufgaben der Nachkriegsjahre war die Sicherstellung des Budgetausgleichs und die Organisation der Schuldentilgung. Beides war aus währungspolitischen Gründen notwendig. Der Bundesrat wollte die Goldkonvertibilität des Schweizer Frankens wiederherstellen, die bei Kriegsausbruch aufgehoben worden war, um die Goldre-

20 Wie die Kriegssteuer war die neue ausserordentliche Kriegssteuer eine Steuer auf Erwerbseinkommen und Vermögen natürlicher Personen. Juristische Personen hatten eine Steuer von Kapital und Reserven zu entrichten, deren Steuersatz sich aus dem Verhältnis des Reingewinns zu Kapital und Reserven ergab.

21 Schweiz. Bundesrat, 1918b, S. 259–261.

serven der SNB zu schützen.[22] Die politischen Entscheidungsträger strebten die Wiederherstellung der Vorkriegsverhältnisse an, jedoch bereitete der Ausgleich des Bundeshaushalts Probleme. Die Ausgaben gingen nach Kriegsende nicht auf das Vorkriegsniveau zurück. Vielmehr hatte sich die Staatsquote dauerhaft nach oben verschoben (→ Abb. 1). Sie war von durchschnittlich 1.8 Prozent in den zehn Jahren vor Kriegsausbruch auf durchschnittlich 4.2 Prozent in der Nachkriegsdekade angestiegen. Es war der von Peacock und Wiseman beschriebene «Sperrklinkeneffekt» eingetreten.[23] Die ausserordentlichen Kriegsausgaben liessen sich nur langsam abbauen und zudem führten die sozialen Spannungen nach Kriegsende dazu, dass der Bund seine Ausgaben für die Verbilligung der Lebenshaltung stark erhöhte. Als die Schweiz dann in eine Rezession («Nachkriegskrise» 1921/23) geriet, ergriff der Bund Massnahmen zur Bekämpfung der Arbeitslosigkeit und zur Unterstützung von verschiedenen Wirtschaftszweigen. Ausserdem waren die Ausgaben für die Verzinsung und Tilgung bedingt durch die Kriegsschulden stark angestiegen. Ihr Anteil an den Ausgaben der Verwaltungsrechnung war von 4.1 (1913) auf 36.6 Prozent (1923) gestiegen.

Um den Haushaltsausgleich sicherzustellen, wurden unter der Leitung des Katholisch-Konservativen Vorstehers des Finanzdepartements, dem Freiburger Jean-Marie Musy, ab 1920 in mehreren Konferenzen unter-

Der konservative Bundesrat Jean-Marie Musy (*1876–†1952) setzte sich nach dem Ende des Ersten Weltkriegs für die Sanierung der Bundesfinanzen und die Stabilität des Frankens ein. Undatierte Aufnahme.

22 Halbeisen & Straumann, 2012, S. 1005.
23 Peacock & Wiseman, 1961.

schiedliche Steuerprojekte diskutiert. Allerdings scheiterte deren Umsetzung am Widerstand der Interessengruppen. Mittlerweile hatte sich die soziale Aufbruchstimmung, die nach Kriegsende herrschte, gelegt und die politischen Kämpfe wurden wieder mit mehr Härte geführt. Da die Wiederholung der Kriegssteuer beschlossen war, strebten die Bürgerlichen die Beibehaltung der bisherigen Ordnung an, was die Beschränkung des Bundes auf Zölle bedeutete. Die einzige Ausnahme bildete die 1921 eingeführte Couponsteuer. Im selben Jahr hiess die Bundesversammlung einen dringlichen Bundesbeschluss für einen neuen Zolltarif gut, mit dem die fiskalische Belastung der Importe an die Teuerung angepasst und wieder auf Vorkriegsniveau angehoben wurde. Die SP versuchte mit einer Volksinitiative die Aufhebung des Zolltarifs und das Verbot der Anwendung der Dringlichkeitsklausel in Zollfragen zu erwirken, scheiterte aber klar am Widerstand der Stimmbürger und der Kantone.

Auch im Rahmen der Einführung der AHV, die eines der vordringlichsten politischen Themen in der Nachkriegszeit war, machte sich der wachsende Steuerwiderstand bemerkbar. Während die Forderung nach sozialer Sicherheit durch den Staat politisch breit abgestützt war, war die Frage nach deren Finanzierung äusserst umstritten. Insbesondere eine Bundeserbschaftsteuer wurde aufgrund des Widerstands der Kantone, in deren Kompetenz die Erbschaftsteuern lagen, letztlich fallengelassen. Angesichts des schleppenden Verlaufs des Projekts wurden zwei Volksinitiativen zur Beschleunigung ergriffen. Jedoch wurde die Forderung der SP nach einer einmaligen, stark progressiven Vermögensabgabe zugunsten der AHV 1922 ebenso an der Urne abgelehnt wie 1925 der Vorschlag des freisinnigen Basler Nationalrats Christian Rothenberger, der 250 Mio. Franken vom Ertrag der Kriegsgewinnsteuer für die Sozialversicherung verwenden wollte. Als das Stimmvolk den Bund im Dezember 1925 zur Einführung der AHV verpflichtete, wurde schliesslich die Tabaksteuer sowie der Bundesanteil aus der künftigen fiskalischen Belastung gebrannter Wasser für ihre Finanzierung zweckgebunden. Allerdings blieb dies zunächst ohne direkte finanzielle Konsequenzen für den Bund, da das AHV-Gesetz erst 1948 in Kraft trat.

Mit der Hilfe des konjunkturellen Aufschwungs wurde 1927 der Haushaltsausgleich erreicht. Insbesondere die Zolleinnahmen waren angestiegen und wurden mit einem Anteil von rund 50 Prozent wieder zur wichtigsten

Einnahmequelle des Bundes (→ Abb. 3). Aber auch die neue Kriegssteuer hatte sich zu einer tragenden Säule des Haushalts entwickelt. Zwar wurde sie vordergründig für die Tilgung der Schulden verwendet, da aber der ordentliche Haushalt gleichzeitig ein Defizit im gleichen Umfang verzeichnete, blieb der nominelle Schuldenstand stabil. Am 9. Oktober 1933 erklärte der freisinnige Solothurner Ständerat Hugo Dietschi im Parlament:

> «Das System, die Schulden nur buchmässig abzuschreiben und nicht tatsächlich auch durch Rückzahlungen zu tilgen, war vom Standpunkt eines soliden und sichern Finanzgebahrens aus nicht unbedenklich, denn es führte dazu, die für die Tilgung bestimmten Mittel für anderweitige Zwecke zu verwenden.» (Amtl. Bull. SR 1933 III 269)

1927 stellte Bundesrat Jean-Marie Musy einen neuen Tilgungsplan auf, der den Abbau der gesamten Bundesschulden über 40 Jahre zum Ziel hatte. Dazu sollte neben den restlichen Einnahmen aus der neuen Kriegssteuer die aus dem Schuldenrückgang resultierenden Zinseinsparungen verwendet werden. Damit gelang es, die Bundesschulden bis 1932 um rund 200 Mio. Franken zu senken. Allerdings war der Rückgang der Schuldenquote von 23.1 auf 19.3 Prozent nach 1921 hauptsächlich auf das wirtschaftliche Wachstum zurückzuführen (→ Abb. 5).

Weltwirtschaftskrise: Die Finanzpolitik im Dienst der Währungspolitik

Nachdem der Ausgleich des Bundeshaushalts gelang und die Schuldentilgung eingeleitet wurde, bahnte sich mit dem Ausbruch der Grossen Depression im Oktober 1929 bereits die nächste finanzpolitische Herausforderung an. Während der Weltwirtschaftskrise wurde der finanzpolitische Handlungsspielraum massgeblich von der Währungspolitik bestimmt. Jean-Marie Musy wollte Defizite um jeden Preis verhindern, da sie die Stabilität des Frankens gefährdet hätten. Er setzte auf finanzpolitische Kontinuität und erklärte einen ausgeglichenen Bundeshaushalt zur obersten Priorität. 1932 hielt er in einer Denkschrift Folgendes fest:

«La situation brusquement ébranlée de nos finances publiques oblige aussi toutes nos administration fédérales, cantonales et communales à adopter courageusement un sévère régime d'économies. L'équilibre des finances fédérales rétabli au prix des plus durs sacrifices est de nouveau menacé. Et cependant il faudra poursuivre l'amortissement progressif de la dette publique, héritage de la guerre, sans retomber dans les déficits. Tâche rendue bien difficile par le brusque recul des recettes souvenant à l'heure où la crise impose d'inévitables nouvelles dépenses. Douloureuse mais fatale coïncidence!» (Musy, 1932, S. 28)

Nachdem Grossbritannien (1931) und die USA (1933) den Goldstandard verliessen und ihre Währungen abwerteten, hatte die Schweiz mit einem überbewerteten Franken zu kämpfen. Sie schloss sich 1933 mit Frankreich und vier weiteren Ländern zum «Goldblock» zusammen und hielt bis 1936 an der Goldparität fest. Anstelle einer Währungsabwertung versuchte der Bundesrat, die Wiederherstellung der preislichen Wettbewerbsfähigkeit zunächst über eine Deflationspolitik («Anpassungspolitik») zu erreichen.[24] Allerdings stellte sich das Stimmvolk 1933 gegen den Plan, die Löhne der Bundesangestellten um 15 Prozent zu senken. Dies veranlasste den Bundesrat dazu, sich auf das Fiskalnotrecht zu berufen. Noch im selben Jahr veröffentlichte er ein Finanzprogramm, dem das Parlament nach einer kontroversen Debatte über die Anwendung des Notrechts zustimmte. Auch das zweite Finanzprogramm von 1936, mit dem die Massnahmen verlängert und verschärft wurden, war dem Referendum entzogen. Dies machte beide Programme in den Augen des Finanzwissenschaftlers Eugen Grossmann von der Universität Zürich zu «höchst problematischen Rechtsgebilden».[25]

Der Schwerpunkt der Finanzprogramme lag auf der Einnahmenseite. 1934 wurde die Krisenabgabe[26] als neue direkte Bundessteuer eingeführt.

---

24 Zurlinden, 2003, S. 92

25 Grossmann, 1954, S. 167 f.

26 Die Krisenabgabe war eine progressive Steuer auf das Einkommen von natürlichen Personen, ergänzt durch eine Zusatzabgabe auf dem Vermögen. Juristische Personen hatten eine Gewinnsteuer sowie eine Ergänzungsabgabe von Kapital und Reserven zu entrichten. Mit der Krisenabgabe wurde von der Erwerb- zur Einkommensteuer übergegangen und damit erstmalig der Kapitalertrag steuerlich erfasst.

Der Zürcher Professor für Finanzwissenschaften Eugen Grossmann (*1879–†1963) war eine einflussreiche Stimme in der schweizerischen Steuer- und Finanzpolitik.

Der Bund hat den Kantonen diesen abermaligen Eingriff in ihre Steuerhoheit mit einem Ertragsanteil von 40 Prozent abgegolten, was mit der schlechten Lage der Kantonsfinanzen begründet wurde. Jean-Marie Musy hatte zunächst einen Anteil von einem Drittel vorgeschlagen, konnte sich aber nicht gegen das Parlament durchsetzen. Mit dem Verweis auf die steigenden Anteile der Kantone an den direkten Bundessteuern meinte er schlicht: «On dit que l'appétit vient en mangeant.»[27] Mit dem Finanzprogramm von 1933 wurde auch die Tabaksteuer eingeführt und die fiskalische Belastung gebrannter Wasser ausgedehnt. Zudem wurde bestimmt, dass beide Einnahmequellen, deren Ertrag verfassungsmässig für die AHV reserviert war, in den ordentlichen Haushalt fliessen sollen. Ausgabenseitig sah das Finanzprogramm eine Senkung der Löhne des Bundespersonals um 7 Prozent und der Subventionen um 20 Prozent vor. Ferner wurde die Verzinsung verschiedener Fonds eingestellt.

Trotzdem blieb der Deflationskurs moderat – gerade auch im Vergleich zum verhängnisvollen Austeritätskurs in Deutschland von 1931 und 1932 unter Reichskanzler Heinrich Brüning. Das stimmt insbesondere für die Ausgabenseite. Angesichts steigender Arbeitslosenzahlen begann der Bund in den frühen 1930er-Jahren zunehmend Ausgaben für die Krisenbekämpfung zu tätigen. Dazu gehörte an erster Stelle die Arbeitslosenführsorge, aber auch die Unterstützung der Bauern mittels um-

27 Amtl. Bull. NR 1933 III 527.

Reichskanzler Heinrich Brüning (*1885–†1970) verfolgte 1931 und 1932 eine strikte Austeritäts- und Deflationspolitik, die auf Haushaltskonsolidierung, Lohnsenkungen und Steuererhöhungen setzte. Das Foto zeigt ihn 1932 während einer Rede vor dem Völkerbund in Genf.

fangreicher Subventionen. Daneben förderte der Bund – wie bereits in der Nachkriegskrise – einzelne krisenbetroffene Industrien direkt, darunter die Uhren- und Textilindustrie und die Hotellerie. Zur Förderung des Exports wurde die Exportrisikogarantie eingeführt. Ausserdem griff der Bund zum Schutz der Exportindustrie und des Binnenmarktes stark in die Handels- und Gewerbefreiheit ein. Dabei wurde der Import beschränkt, um bei den Handelspartnern Exportkontingente zu erwirken. Dies wurde von einer Reihe von Massnahmen zur Wettbewerbsbeschränkung auf dem Binnenmarkt begleitet.

Trotz der krisenbedingten Mehrausgaben gelang es, die Rechnung des Bundes ausgeglichen zu halten. Einzig in den Jahren 1933 und 1934 wurden Rechnungsdefizite verzeichnet, die in ihrem Umfang 0.1 Prozent des BIP nicht überstiegen (→ Abb. 4). Die nominelle Verschuldung blieb weitgehend stabil. Allerdings führte der Rückgang der Wirtschaftsleistung zu einem Anstieg der Schuldenquote von 19.6 (1930) auf 29.4 Prozent (1936), die damit einen neuen, vorläufigen Höchststand erreichte (→ Abb. 5). Die erste Fiskalregel auf Bundesebene, die mit dem Finanzprogramm von 1933 eingeführt worden war, hatte allerdings nichts zur Haushaltsstabilisierung beigetragen. Die Deckungsklausel sah vor, dass neue Ausgaben durch vorhandene oder neu beschaffte Mittel gedeckt sein müssen, blieb in der Praxis aber wirkungslos. Dazu der Zürcher FDP-Bundesrat und Finanzvorsteher Albert Meyer, der 1934 die Nachfolge von Jean-Mary Musy antrat: «Man konnte nicht für jeden verhältnismässig

In die Amtszeit von FDP-Bundesrat Albert Meyer (*1870–†1953) fiel die Abwertung des Frankens 1936 – ein einschneidender Bruch mit der bisherigen Politik der Währungsstabilität, die er selbst lange verteidigt hatte. Aufgenommen 1945 in seinem Heim mit einem Buch.

kleinen Posten gleich eine Steuer vorsehen. Man würde uns wohl den Vorwurf gemacht haben, wir dekretierten Einnahmen ins Blaue hinaus.»[28]

Während der Budgetausgleich sichergestellt werden konnte, zeigte die Anpassungspolitik wenig Erfolg. Sie erwies sich in Anbetracht steigender Arbeitslosenzahlen und stagnierender Wirtschaftsleistung als untaugliches Mittel, um die Schweizer Wirtschaft wieder konkurrenzfähig zu machen. Die Preise blieben zu hoch – wofür nicht zuletzt auch die Ausgaben für die Krisenbekämpfung und die verschiedenen behördlichen Stützungsmassnahmen verantwortlich waren. Der Widerstand gegen die Anpassungspolitik wuchs. Der Gewerkschaftsbund wollte den Bund mit der «Kriseninitiative» 1934 zu einer aktiveren Konjunkturpolitik verpflichten. Allerdings scheiterte die Vorlage in der Volksabstimmung vom Juni 1935. Trotzdem setzte sich angesichts der steigenden Kosten und der geringen Wirkung der bundesrätlichen Wirtschaftspolitik je länger, je mehr auch im bürgerlichen Lager die Einsicht durch, dass man in eine Sackgasse geraten war. Als Frankreich der Schweiz mitteilte, dass eine Abwertung des Francs unmittelbar bevorsteht, tat es ihm die Schweiz nach und beschloss am 26. September 1936, den Franken um 30 Prozent abzuwerten.

Damit war der Weg für einen finanzpolitischen Kompromiss aus wäh rungspolitischer Perspektive frei. Unter dem Eindruck des «Anschlusses» Österreichs an Deutschland konnten sich die Bürgerlichen und die Sozi-

28 Protokolle der Bundesversammlung, 4.12.1934, NR, S. 62.

aldemokraten auf die Verknüpfung von Arbeitsbeschaffungsmassnahmen mit dem Ausbau der Landesverteidigung einigen. Die Programme wurden teilweise durch eine Ausgleichssteuer[29] und mit einem Teil des Abwertungsgewinns der SNB finanziert. Diese Vorlage fand im Juni 1939 breite Zustimmung bei Volk und Ständen. Als der Bundesrat schliesslich 1938 eine Bundesfinanzordnungsvorlage präsentierte, fielen die Reaktionen negativ aus. Zwar wollte der Bundesrat zum Trennsystem zurückkehren und eine verfassungsmässige Grundlage für die Kriegssteuern schaffen. Weil damit der Budgetausgleich aber nicht erreicht werden konnte, erschien die Vorlage vielen Parlamentariern als Stückwerk, was massgeblich dazu beitrug, dass sie bereits im Nationalrat scheiterte. Als der Bundesrat darauf das Notrecht verlängern wollte, gelang den grossen Parteien die Einigung auf eine Übergangsfinanzordnung, mit der die Krisenabgabe an die Landesverteidigung gebunden und die Beiträge an die AHV wieder erhöht wurden. Dazu sagten Volk und Stände im November 1938 deutlich Ja.

Der Zweite Weltkrieg: Weichenstellung für die Bundesfinanzordnung

Der Zweite Weltkrieg war erneut ein Wendepunkt in der Bundesfinanzpolitik. Aus finanzpolitischer Sicht hatte man wichtige Lehren aus dem Ersten Weltkrieg gezogen. Der Bundesrat nahm den Ausbau des Steuersystems entschlossener in die Hand. Dabei griff er in grossem Umfang auf seine Vollmachten zurück. Noch während am Kriegsfinanzprogramm gearbeitet wurde, führte der Bundesrat eine Kriegsgewinnsteuer[30] (1940) ein. Als sich die politische Lage zuspitzte, wurde auch der Rest des Programms

29 Die Ausgleichssteuer wurde bei Grossunternehmungen des Detailhandels erhoben. Sie fiel 1954 dahin, als der festgesetzte Betrag von 140 Mio. Franken erreicht wurde (Schweiz. Bundesrat, 1938b, S. 914).

30 Die Kriegsgewinnsteuer war eine Gewinnsteuer für natürliche und juristische Personen, die ein Handelsgeschäft oder einen gewerblichen oder industriellen Betrieb führten. Als Kriegsgewinn galt die Differenz zwischen dem Reingewinn des Steuerjahres und dem durchschnittlichen Reingewinn zweier Vergleichsjahre zwischen 1936 und 1938. Das erste Viertel des Kriegsgewinns wurde mit 30 Prozent und der Rest mit 40 Prozent besteuert. 1941 wurde der Steuersatz auf 50 beziehungsweise 70 Prozent erhöht.

per Vollmachtenbeschluss in Kraft gesetzt. Dazu gehörte die Wehrsteuer[31] (1940) als Nachfolgerin der Krisenabgabe mit einem Kantonsanteil von 30 Prozent, das Wehropfer[32] (1940), bei dessen Einführung erstmals eine Steueramnestie gewährt wurde, die Warenumsatzsteuer[33] (1941) und der Auswandererwehrbeitrag[34] (1941). Schon 1942 beschloss der Bundesrat ein zweites Kriegsfinanzprogramm, mit dem die Massnahmen des ersten verschärft wurden: Die Wehrsteuer und die Warenumsatzsteuer wurden erhöht und das Wehropfer (1945/47) wiederholt. Zudem wurde die Warenumsatzsteuer durch die Luxussteuer[35] ergänzt. Der Bundesrat beschloss ausserdem die Einführung der Verrechnungssteuer[36] (1944), deren Einführung ebenfalls von einer Steueramnestie begleitet wurde. Nach dem Krieg sollte sich zeigen, dass damit die Weichen für die Bundesfinanzordnung gestellt waren.

Im Unterschied zum Ersten Weltkrieg unternahm der Bundesrat früh wichtige Schritte, um die soziale Sicherheit auszubauen. Damit sollten soziale Spannungen, wie sie die Schweiz nach dem Ende des Ersten Weltkriegs erlebt hatte, möglichst vermieden werden. Für die «wirtschaftliche Landesverteidigung» wurden während des Zweiten Weltkriegs rund 1.5 Mrd. Franken ausgegeben. Dies war im Verhältnis zu den Ausgaben für die militärische Landesverteidigung, die bei rund 7 Mrd. Franken lagen, eine hohe Summe. Eine zentrale Massnahme war die Einführung der Lohnausfall-

---

31 Die Wehrsteuer war eine progressive Steuer auf das Einkommen von natürlichen Personen, ergänzt durch eine Zusatzabgabe auf dem Vermögen. Juristische Personen hatten eine Gewinnsteuer sowie eine Ergänzungsabgabe vom Kapital und der Reserven zu entrichten.

32 Das Wehropfer war eine Vermögensabgabe für natürliche und juristische Personen.

33 Die Warenumsatzsteuer war eine Verbrauchsteuer, die als Einphasensteuer beim Grossisten erhoben wurde. Dienstleistungen waren von der Besteuerung ausgenommen.

34 Der Auswandererwehrbeitrag war eine Vermögensteuer auf das Vermögen von Schweizerbürgern, die zwischen dem 31. August 1939 und dem 31. Dezember 1946 auswanderten. Auch Zuwendungen, die Schweizerbürger in diesem Zeitrahmen ausgewanderten Verwandten machten, wurden besteuert.

35 Die Luxussteuer war als Detaillistensteuer ausgestaltet. Besteuert wurden alkoholhaltige Schaumweine, photographische Platten und Filme, Plattenspieler, Schallplatten, Radioapparate, Kosmetika, Parfüm, Felle und Pelzbekleidung, Perlen, Edelsteine, Uhren mit Platin- oder Goldgehäuse und handgeknüpfte Teppiche.

36 Die Verrechnungssteuer ist eine an der Quelle erhobene Abzugssteuer auf Kapitalerträgen, deren Schuldner Inländer sind. Der Steuersatz betrug 1944 15 Prozent und wurde 1945 auf 25 Prozent erhöht. Die Verrechnungssteuer erfüllt eine Sicherungsfunktion und wird mit den geschuldeten Kantons- und Gemeindesteuern verrechnet.

sentschädigung für Aktivdienstleistende im Jahr 1939, die ein Jahr später zur Lohn- und Verdienstersatzordnung (LVEO) ausgebaut wurde. Sie sollte zur Grundlage für die 1948 eingeführte AHV werden.

Die Ausgaben des Bundes stiegen während des Zweiten Weltkriegs auf rund 20 Prozent des BIP und stellten damit jene des Ersten Weltkriegs in den Schatten (→ Abb. 1). Obschon der Bund besser auf den Krieg vorbereitet war und der Ausbau des Steuersystems entschlossener umgesetzt wurde, konnten hohe Defizite nicht verhindert werden. Sie waren mit durchschnittlich 7.2 Prozent des BIP mehr als doppelt so hoch wie während des Ersten Weltkriegs (→ Abb. 4). Die Folge war ein gewaltiger Anstieg der Staatsverschuldung: Mit 65.4 Prozent erreichte die Schuldenquote 1945 ihren historischen Höchststand (→ Abb. 5). Die Defizite deckte der Bund durch Anleihen – auch diesbezüglich hatte man wichtige Lehren aus dem Ersten Weltkrieg gezogen. Der Verzicht auf die monetäre Staatsfinanzierung in Kombination mit einer strengen Preiskontrolle trug dazu bei, dass die Teuerung mit rund 50 Prozent nur rund halb so hoch ausfiel wie im Ersten Weltkrieg.

Nach dem Kriegsende: eine Grundsatzdebatte über die Bundesfinanzordnung

Nach dem Ende des Zweiten Weltkriegs gehörte die Neuordnung der Bundesfinanzen zur vordringlichsten finanzpolitischen Aufgabe. Noch bevor die neue Bundesfinanzordnung ausgearbeitet war, wurde 1947 mit den «Wirtschaftsartikeln» eine neue verfassungsmässige Grundlage für die Wirtschaftspolitik des Bundes geschaffen. Beeinflusst von den Erfahrungen der Weltwirtschaftskrise und den Ideen von John Meynard Keynes wurde die Finanzpolitik in den Dienst der Konjunkturpolitik gestellt und der Bund zur Krisenvorsorge und Krisenbekämpfung verpflichtet. Derweil erwies sich die Neuordnung der Bundesfinanzen bald als langwieriger und mühsamer Prozess – schon 1949 meinte der SP-Bundesrat und seit 1944 amtende Finanzvorsteher Ernst Nobs: «Hat es jemals in der Geschichte des schweizerischen Parlamentarismus und des schweizerischen Referendums eine Lage gegeben, die so ausweglos erschienen wäre wie die Lage der

SP-Bundesrat Ernst Nobs (*1886–†1957) spricht 1946 an der 1. Mai-Feier auf dem Bundesplatz in Bern. Seine Vorlage für eine neue Finanzordnung wurde 1951 in der Volksabstimmung deutlich abgelehnt.

Neuordnung des Finanzhaushaltes?»[37] Zu den zentralen Fragen gehörte die Aufgaben- und Einnahmenverteilung zwischen Bund und Kantonen und dabei insbesondere die Frage nach einer direkten Bundessteuer. Von einer Trennung der Aufgaben wurde abgesehen, da Bund und Kantone nicht «Gegensätze und Konkurrenten», sondern «Mitarbeiter am gemeinsamen Ganzen» seien.[38] Zudem stellte der Bundesrat die Schuldentilgung über die föderalistischen Bedenken gegen eine direkte Bundessteuer und schlug die Erhebung einer Tilgungssteuer für sechzig Jahre vor. Dies stiess insbesondere bei den Konservativen auf Widerstand:

> «Man muss sich darüber im Klaren sein, dass die Bundesfinanzreform die letzte Chance für eine Aufhebung der direkten Bundessteuer bietet. Wird diese Gelegenheit verpasst, dann muss mit der Verewigung der Bundeseinkommens- und -vermögenssteuer […] gerechnet werden.» (Schweizerische Konservative Volkspartei, 1947, S. 26)

37 Sten. Bull. NR 1949 III, S. 558.
38 Schweiz. Bundesrat, 1948a, S. 323.

Der Ständerat pochte auf einer Lösung ohne direkte Bundessteuer und setzte stattdessen die Erhebung von kantonalen Geldkontingenten durch. Jedoch wurde diese Lösung 1950 an der Urne deutlich abgelehnt. Die zweite Vorlage von 1953 stammte aus der Feder des sozialdemokratischen Finanzvorstehers Max Weber, dem Nachfolger von Ernst Nobs. Er erklärte Wehrsteuer und Warenumsatzsteuer zu «siamesischen Zwillingen», die untrennbar vereint gleichbehandelt werden müssen. Er legte für beide Steuern Höchstsätze fest, um Erhöhungen der direktdemokratischen Kontrolle zu unterstellen. Ausserdem beschränkte er die Erhebung der beiden Steuern auf zwanzig Jahre, was später im Parlament auf zwölf Jahre gesenkt wurde. Trotz der Unterstützung von allen Landesparteien, den Gewerkschaften und dem Bauernverband brachten bürgerliche Kantonalparteien zusammen mit dem Handels- und Industrieverein («Vorort»), dem Gewerbeverband und den Arbeitgeberorganisationen die Finanzordnung in der Volksabstimmung vom Dezember 1953 zu Fall, die sie insbesondere wegen der Wehrsteuerprogression und des vorgesehenen Höchstsatzes bekämpften. Dies bewog Max Weber zum Rücktritt aus dem Bundesrat und seine Partei zum Gang in die Opposition. In seinem Rücktrittsschreiben hielt Weber fest:

SP-Bundesrat Max Weber (*1897–†1974), links, trifft im Dezember 1953 in Zürich seinen Nachfolger, den Zürcher FDP-Regierungsrat Hans Streuli (*1892–†1970), rechts. In der Mitte der Zürcher SP-Regierungsrat Paul Meierhans (*1895–†1976).

«Nachdem es der vereinigten Opposition von Industrie, Gewerbe, Föderalisten und PdA mit den skrupellosesten Mitteln gelungen ist, die gut ausgewogene und als Werk der Verständigung zustandegekommene Bundesfinanzvorlage zu verwerfen, werde ich morgen dem Bundesrat meine Demission bekanntgeben.» (Weber, zit. in: Schmid, 1953, S. 273)

Die dritte Bundesfinanzordnungsvorlage von 1957 wurde unter Webers Nachfolger, dem Zürcher FDP-Bundesrat Hans Streuli, ausgearbeitet. Nachdem es bereits 1955 politisch breit abgestützte Steuersenkungen bei den immer noch auf bundesrätlichen Vollmachten fussenden beiden Hauptsteuern gegeben hatte, senkte Streuli die Wehrsteuer und Warenumsatzsteuer erneut und begrenzte sie auf zwölf Jahre. Der Kantonsanteil an der Wehrsteuer wurde auf 30 Prozent festgesetzt. Das Parlament senkte die Steuerbelastung der Wehrsteuer und der Warenumsatzsteuer nochmals und baute die Freiliste der Warenumsatzsteuer aus. Zudem halbierte es die zeitliche Begrenzung der beiden Steuern auf sechs Jahre. In dieser Form wurde die Vorlage von den bürgerlichen Parteien und den Wirtschaftsverbänden unterstützt. Die SP hingegen warnte, dass dem Bund nicht genügend Mittel zur Verfügung stehen werden. Ähnlich argumentierte auch der Gewerkschaftsbund:

> «Lasst Euch durch die Verlockungen eines Steuerabbaues, der Euch wenig einbringt, nicht dazu verführen, eine Finanzordnung anzunehmen, die den Bund unweigerlich in die Schuldenwirtschaft treibt. Diese Finanzvorlage verfolgt das doppelte Ziel, die grossen Einkommen und Vermögen zu begünstigen und zugleich den Bund finanziell kurzzuhalten. Der soziale Ausbau unseres Bundesstaates ist dadurch gefährdet, [...].» (Gewerkschaftsbund, 1958, S. 98)

Trotz des Widerstands der Linken wurde die Bundesfinanzordnung in der Volksabstimmung vom Mai 1958 im dritten Anlauf nun doch noch angenommen. Bei ihrer ersten Verlängerung 1963 wurde die Wehrsteuer weiter abgebaut, wozu nun auch die Sozialdemokraten zustimmten, da sich ihre Befürchtungen einer Schuldenwirtschaft – nicht zuletzt dank des hohen Wirtschaftswachstums – nicht bewahrheitet hatten.

Bis zur Annahme der neuen Finanzordnung an der Urne griff der Bund zweimal auf Übergangsordnungen (1951/54 und 1955/58) zurück. Diese führten die Wehrsteuer und die Warenumsatzsteuer weiter, sodass der Bundeshaushalt bereits im ersten Nachkriegsjahr einen Budgetüberschuss verzeichnete (→ Abb. 4). Dabei entwickelte sich die Warenumsatzsteuer zum dritten Pfeiler der Bundesfinanzen. Der Anteil der Verbrauchsteuern lag nach Kriegsende bei rund einem Drittel. Die Zolleinnahmen schwollen dank des wirtschaftlichen Aufschwungs ebenfalls stark an, allerdings erreichten sie mit rund 20 Prozent anteilmässig nur noch rund die Hälfte des Vorkriegsniveaus. Der Anteil der Einkommensteuern an den Bundeseinnahmen ging nach dem Auslaufen der Kriegsgewinnsteuer (1939/46) und des Wehropfers (1945/47) sowie einem wiederholten Abbau der Wehrsteuer anteilmässig zurück von 19 Prozent (1950/51) auf 15 Prozent (1958/59) (→ Abb. 3).

Wie nach dem Ersten Weltkrieg wurden die höheren Einnahmen für neue Ausgaben verwendet und es trat ein Sperrklinkeneffekt ein: Die Staatsquote stieg von 4.4 Prozent in der Vorkriegsdekade auf 7.9 Prozent in der Nachkriegsdekade (→ Abb. 1). Als wichtigste neue Aufgabe wurde 1948 die AHV eingeführt. Sie trug massgeblich dazu bei, dass die Sozialausgaben anteilmässig um die Hälfte anstiegen: von 10 (1938) auf 15 Prozent (1950) (→ Abb. 2). Nach Kriegsende waren aber auch die im Rahmen der wirtschaftlichen Landesverteidigung eingeführten Sozialsubventionen erhöht worden. Sie sollten die Umstellung auf die Friedenswirtschaft erleichtern und wurden erst in den 1950er-Jahren wieder abgebaut. Angesichts des Kalten Krieges blieben die Verteidigungsausgaben der wichtigste Ausgabenposten des Bundes. Sie erfuhren einen moderaten Anstieg von 34 (1950) auf 37 Prozent (1960). Erneut wurden auch die Beiträge an die Landwirtschaft deutlich ausgebaut. Ihr Anteil an den Bundesausgaben stieg von 7 (1950) auf 13 Prozent (1960).

In Erwartung einer Krise ähnlich jener nach dem Ersten Weltkrieg verfolgte der Bund im Sinne der Krisenvorsorge eine zurückhaltende Ausgabenpolitik. Die Überschüsse wurden für die Schuldentilgung und einen Krisenfonds für Arbeitsbeschaffungsprojekte verwendet. Allerdings blieb die befürchtete Nachkriegskrise aus und die Schweiz erlebte eine Periode mit ausserordentlich starkem Wirtschaftswachstum, das bis zum Ausbruch der Rezession von 1974/76 anhielt. Dies hatte zur Folge, dass sich die finanzpolitischen Ziele weg von der Krisenvorsorge hin zur Konjunkturdämpfung verschoben. Zur Unterstützung der Geldpolitik hielt der Bund an der zurückhaltenden Ausgabenpolitik fest und verzichtete auf Investitionen, um einen Anstieg der Inflation zu verhindern. Aus demselben Grund ging der Bund auch dazu über, keine Schulden mehr zu tilgen und die Überschüsse stattdessen bei der Nationalbank zu sterilisieren (zinslos anzulegen). Dabei löste sich die Schuldenproblematik weitgehend von selbst, da es dank des Wirtschaftswachstums und der Inflation zu einem markanten Rückgang der Schuldenquote kam (→ Abb. 5).

Ausbau der Staatstätigkeit und Kampf gegen die Steuerhinterziehung

In den 1960er-Jahren geriet der Bund in einen wirtschaftspolitischen Zielkonflikt. Das anhaltend hohe Wirtschafts- und Bevölkerungswachstum machte den in der vergangenen Dekade vernachlässigten Ausbau der Infrastruktur unumgänglich, obschon die antizyklische Wirtschaftspolitik angesichts steigender Wirtschaftsleistung mehr denn je ausgabenseitige Zurückhaltung geboten hätte. Angesichts der Herausforderungen, die sich im Rahmen des gesellschaftlichen und wirtschaftlichen Wandels stellten, schien eine Übertragung der Aufgaben an den Bund unumgänglich. Dank der guten Wirtschaftslage entwickelte sich die Einnahmensituation komfortabel, sodass neue Ausgaben kaum auf politischen Widerstand stiessen – dazu trug auch bei, dass der Bund die Durchführung der Aufgaben systematisch den Kantonen übertrug. Der Anteil der Übertragungen an öffentliche Haushalte an den Ausgaben des Bundes stieg zwischen 1960 und 1970 von 17.3 auf 31 Prozent.[39]

Dabei wurde die Staatstätigkeit mit grosser Geschwindigkeit vorangetrieben: Die Staatsquote stieg von 5.9 (1960) auf 7.6 Prozent (1973) – besonders gut sichtbar in Abbildung 6. Dieser Anstieg ging mit deutlichen Veränderungen in der Ausgabenstruktur des Bundes einher (→ Abb. 2). Zu den wichtigsten neuen Aufgaben gehörte der Aufbau des National-

39 HSSO U.17.

strassennetzes, der gemäss dem Bundesrat «in grosszügiger Weise an die Hand genommen werden muss».[40] In der Folge stieg der Anteil der Verkehrsausgaben an den Bundesausgaben von 1960 bis 1970 von 6 auf 16 Prozent. Auch bei den Sozialausgaben gab es einen hohen Nachholbedarf. In mehreren Schritten wurden die Altersrenten erhöht. Zusammen mit der Einführung der IV (1960) und den Ergänzungsleistungen (1966) führte dies im selben Zeitrahmen zu einem anteilmässigen Anstieg der sozialen Wohlfahrt von 17 auf 20 Prozent. Auch die Bildungsausgaben wurden ausgebaut. Ihr Anteil an den Bundesausgaben verdoppelte sich in den 1960er-Jahren beinahe von 4.3 auf 8.4 Prozent. Diese Entwicklung ging zulasten der Landesverteidigung, die einen Rückgang von 37 auf 26 Prozent verzeichnete.

Abb. 6: Die Ausgaben, die Einnahmen und die Wirtschaftsleistung (1849–2018)

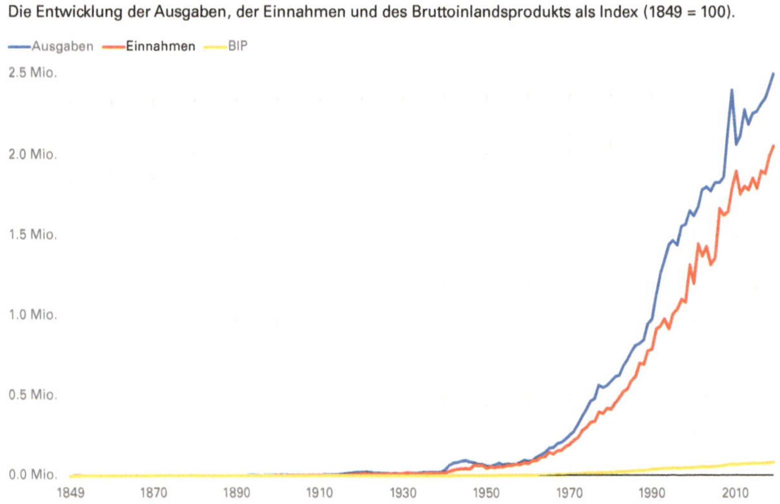

Quellen: Eigene Berechnungen. Rechnungsabschlüsse: 1849–1912: BFS, Statistisches Jahrbuch 1935 (S. 326 f.); 1913–1954: EVF, Staatsrechnung 1955 (S. 44*); 1955–1989: EFV, Staatsrechnung 1990 (S. 102); 1990–2018: EFV Staatsrechnung (entspr. Jahrgänge). BIP: Stohr (2016); BFS (2019).

40 Schweiz. Bundesrat, 1957b, S. 823.

Mitte der 1960er-Jahre setzte eine Scherenbewegung bei Ausgaben und Einnahmen ein. Das Wachstum der Einnahmen stagnierte. Während die Erträge der Warenumsatzsteuer und die Wehrsteuer – insbesondere wegen der kalten Progression – konjunkturell bedingt weiter anstiegen, ging das Wachstum der Zolleinnahmen integrationsbedingt zurück (EFTA). Dahingegen wuchs die Staatsquote kontinuierlich an: «Nun wird das starke Anwachsen der Ausgaben gerne entschuldigt mit einem gewissen Nachholbedarf, aber vor allem mit der Entwicklung des Bruttosozialproduktes. [...]. Der Anteil der Bundesausgaben an den Einkünften des gesamten Volkes wächst neuerdings rascher an. Diese Entwicklung dürfen wir nicht fatalistisch hinnehmen und erst recht nicht andauern lassen», stellte der Basler CVP-Nationalrat Josef Tschopp 1968 fest.[41] Dies veranlasste den Bundesrat, die Finanzplanung auszubauen. Eine Expertenkommission unter der Leitung des St. Galler Finanzwissenschaftlers Walter Adolf Jöhr sagte dem Bund ab 1966 hohe Defizite voraus und empfahl die Beschaffung von neuen Einnahmen. Allerdings führte ein unerwarteter konjunktureller Aufschwung zum Budgetausgleich, woraufhin das Parlament das Massnah-

Der St. Galler Professor Walter Adolf Jöhr (*1910–†1987) war Präsident der vom Bundesrat eingesetzten Expertenkommission zur langfristigen Finanzplanung. Hier bei der Baustelle der Hochschule St. Gallen auf dem Rosenberg, 9. Juli 1960.

41 Protokolle der Bundesversammlung NR 1968 129 f.

menpaket verwarf. Trotzdem wurde die Finanzplanung 1968 als Daueraufgabe der Finanzpolitik institutionalisiert. Was allerdings nicht verhindern konnte, dass der Bundeshaushalt mit einer leichten Verzögerung ab 1971 in eine Defizitperiode fiel.

Haushaltskonsolidierung, Steuerharmonisierung und Aufgabentrennung

Mit Beginn der 1970er-Jahre hatte der Bund erstmals seit dem Zweiten Weltkrieg wieder mit schwerwiegenden fiskalischen Problemen zu kämpfen. Bereits 1973 schloss die Staatsrechnung mit einem für Friedenszeiten «alarmierenden Ausgabenüberschuss» ab, und als die Rezession von 1974/76 ausbrach, verschärfte sich die Situation deutlich.[42] Bundesrat und Parlament versuchten den Haushalt in erster Linie durch die Beschaffung von neuen Einnahmen zu sanieren. Insbesondere die Verbrauchsteuern sollten erhöht werden, weil der Ertrag der direkten Steuern in den vergangenen Jahren wegen der kalten Progression überproportional angestiegen war (→ Abb. 3). Allerdings versagte der Souverän 1974 die Zustimmung zu einer Erhöhung der Wehrsteuer und lehnte 1977 und 1979 die Einführung der Mehrwertsteuer deutlich ab. Der Vorsteher des Finanzdepartements, der Waadtländer FDP-Bundesrat Georges-André Chevallaz, wechselte nach der dritten verlorenen Abstimmung das Departement und bedauerte, «[…] que le Conseil fédéral ne dispose pas, à l'occasion, des pleins pouvoirs qui lui ont permis, entre 1939 et 1945, de construire un système fiscal alors adéquat».[43]

Der Bundesrat reagierte auf die Abstimmungsniederlagen jeweils mit Sparpaketen – was den Souverän zumindest 1975 bewog, einer im Vergleich zu 1974 bescheideneren Wehrsteuererhöhung zuzustimmen. Jedoch liess sich das Ausgabenwachstum nicht bremsen, woran auch die 1975 vom Stimmvolk angenommene Ausgabenbremse nichts änderte. Zudem wurde die restriktive Finanzpolitik angesichts steigender Arbeitslosenzahlen wie-

42 Schweiz. Bundesrat, 1974, S. 493.
43 Chevallaz, 1984, S. 141.

FDP-Bundesrat Georges-André Chevallaz (*1915–†2002), links, und SP-Bundesrat Willi Ritschard (*1918–†1983), rechts, nach ihrer gemeinsamen Rücktrittserklärung am 3. September 1983 im Bundeshaus in Bern.

der gelockert, als zwischen 1975 und 1976 drei Beschäftigungsprogramme mit einem Gesamtumfang von rund zwei Prozent des BIP lanciert werden mussten. Der Anstieg der Staatsquote wurde massgeblich von den Sozialausgaben verursacht. Ihr Anteil an den Bundesausgaben stieg von 17 (1970) auf 22 Prozent (1990), womit sie die Landesverteidigung als wichtigste Aufgaben ablösten (→ Abb. 2). Dieser Anstieg wäre noch viel grösser gewesen, wenn nicht Gastarbeiter als Konjunkturpuffer gedient hätten und damit die Arbeitslosigkeit «exportiert» werden konnte. Zudem wurde die obligatorische Arbeitslosenversicherung erst 1976 im Zuge der Krise eingeführt.[44] Dennoch machte sich wie nach den Weltkriegen ein deutlicher Sperrklinkeneffekt bemerkbar: Die Staatsquote stieg von durchschnittlich 7 Prozent in den 1960er-Jahren auf 8.3 Prozent in den 1970er-Jahren (→ Abb. 1).

Der starke Ausbau der Transferzahlungen in den 1960er-Jahren hatte nicht nur den Bundeshaushalt aus dem Gleichgewicht gebracht, er provozierte auch eine Debatte über die gerechte Verteilung der Mittel unter den Kantonen sowie über die Rolle der Kantone im Rahmen der bundesstaatlichen Arbeitsteilung. Der Vollzugsföderalismus nahm in den 1960er-Jahren ein neues Ausmass an. Die Zusammenarbeit zwischen Bund und Kantonen wurde immer mehr zu einem Grundsatzprinzip der öffentlichen Aufgabenerfüllung. Dabei übernahm der Bund Kompetenzen in Aufgabenbereichen,

44 Halbeisen & Straumann, 2012, S. 1056.

die gemäss dem Subsidiaritätsprinzip in die Zuständigkeit der Kantone gefallen wäre – etwa im Verkehr, in der Bildung und der Sozialpolitik. Um ihre Interessen dem Bund gegenüber durchsetzen zu können, begannen die Kantone die horizontale Zusammenarbeit auszuweiten, was gleichzeitig einen Harmonisierungsdruck brachte. Diese Entwicklung stiess im Verlauf der 1960er-Jahre eine Föderalismus-Diskussion an. Eine Expertenkommission unter dem Vorsitz des St. Galler CVP-Bundesrats Kurt Furgler kam zum Schluss, dass die «[...] Grundidee des schweizerischen Bundesstaates heute bedauerlicherweise in wesentlichen Teilen verschüttet [...]» sei.[45] Neben der Bürokratie und den Doppelspurigkeiten wurde insbesondere die Einschränkung des politischen Handlungsspielraums der Kantone sowie ihre wachsende finanzielle Abhängigkeit vom Bund bemängelt. Der SP-Bundesrat und Vorsteher des Finanzdepartements, Willi Ritschard, warnte in einer Rede im Jahr 1980:

> «Die Folgen dieser Entwicklung zu einem Transferhaushalt sind: die Verschiebung der Verantwortlichkeiten; die Förderung der Illusion, der Bund könne das Geld für die vielen von ihm geförderten Werke beim Lieben Gott holen; die Gefahr der Überforderung, weil die Dinge zu weit weg sind vom Bürger und weil ein bedarfsgerechter und gezielter Einsatz der Mittel nicht immer gewährleistet ist.» (Ritschard, 1980, S. 4)

Um den Föderalismus zu revitalisieren, schien aus finanzpolitischer Sicht eine Verbesserung des Finanzausgleichs und eine Aufgabenentflechtung zwischen den Staatsebenen dringlich. Der von der Kommission Furgler erarbeitete Entwurf für die Verfassungsrevision scheiterte allerdings. Nicht zuletzt, weil der Bund angesichts der anhaltenden Defizitperiode eine Lastenverschiebung zu den Kantonen vorsah und weil viele Leistungsempfänger mit Einbussen rechneten, wurden die wichtigsten Massnahmen abgelehnt. Insbesondere konnten die oft von den Kantonen angestossenen Zentralisierungsvorhaben nicht gebremst werden.

Um mindestens den Finanzausgleich zu verbessern, sollte eine einheitliche Basis für die Messung der Finanzkraft der Kantone geschaffen werden,

45 Kommission Furgler, 1977, S. 91.

was durch die unterschiedlichen kantonalen Steuerordnungen massgeblich erschwert wurde. Aus diesem Grund sollten in einem ersten Schritt die kantonalen Steuern harmonisiert werden. Dabei war eine formelle Harmonisierung – beschränkt auf Steuerpflicht, Gegenstand und zeitliche Bemessung der Steuern sowie das Verfahrens- und Steuerstrafrecht – weitgehend unbestritten. Dahingegen lehnten das Stimmvolk und die Kantone eine materielle Harmonisierung, die eine gewisse Vereinheitlichung der Steuerbelastung zum Ziel hatte, in verschiedenen Ausprägungen ab. Nachdem eine Konkordatslösung für eine formelle Steuerharmonisierung gescheitert war, sagten das Stimmvolk und die Stände im Juni 1977 Ja zur Schaffung einer Bundeskompetenz. Nach langjähriger Arbeit verabschiedeten die Räte 1990 das Bundesgesetz über die Harmonisierung der direkten Steuern der Kantone und Gemeinden (StHG), womit der Bund den Kantonen erstmals Vorschriften über die Gestaltung ihrer Steuergesetze machte.

Die Haushaltskonsolidierung zeigte ab 1980 langsam Wirkung. Die Lage entspannte sich erst, als 1983 die wirtschaftliche Erholung einsetzte. Der konjunkturelle Aufschwung sorgte für steigende Einnahmen, wodurch der Finanzhaushalt ab 1986 wieder positive Rechnungsabschlüsse erzielte. Die Schuldenquote, die in den Defizitjahren von 10.4 (1971) auf 14.8 Prozent (1985) angestiegen war, sank dank des Wirtschaftswachstums und der Inflation bis 1990 wieder auf dem Stand von 1971 (→ Abb. 5). Allerdings wurden die strukturellen Probleme des Bundeshaushalts nur überdeckt. Anstelle einer Sanierung des Bundeshaushalts wurden die steigenden Einnahmen für neue Ausgaben verwendet, wodurch die Ausgabendynamik wieder stark zunahm. Gleichzeitig wurde die Wehrsteuerbelastung von Familien deutlich gesenkt, ohne dass die Einnahmeausfälle kompensiert wurden. Dies trug zur Verfestigung des Sockels des strukturellen Budgetdefizits bei.

Staatsschulden und finanzpolitische Reformwerke

Die 1990er- und 2000er-Jahre waren eine Schlüsselperiode in der Geschichte der Bundesfinanzen. Sie war von einer grossen finanzpolitischen Krise und tiefgreifenden strukturellen Reformen geprägt. Als 1991 eine dreijährige Rezession ausbrach, erlebte die Schweiz die grösste Wirtschaftskrise seit dem Zweiten Weltkrieg. Die strukturellen Haushaltsprobleme rückten umgehend wieder in den Vordergrund. Nun waren sie auch im Vergleich zu den europäischen Nachbarn gravierend. Die Defizite nahmen mit bis zu 2 Prozent des BIP (1993) ein in Friedenszeiten nie erreichtes Ausmass an (→ Abb. 4). Die Folge war eine explodierende Staatsverschuldung: Die Schuldenquote stieg von 10.7 (1990) auf 25.6 Prozent (1998) (→ Abb. 5). Anders als während den 1970er-Jahren war die Krise durch eine hohe Arbeitslosigkeit geprägt, was massgeblich zu einem starken relativen Anstieg der Sozialausgaben beitrug: Ihr Anteil an den Bundesausgaben stieg von 22 Prozent (1990) auf 26 Prozent (2000). Die Ausdehnung der sozialen Wohlfahrt ging zulasten der Landesverteidigung, deren Anteil an den Bundesausgaben sich nach dem Ende des Kalten Kriegs halbierte und im Jahr 2000 noch bei 10 Prozent lag (→ Abb. 2).

Der SP-Bundesrat und Vorsteher des Finanzdepartements, Otto Stich, legte zwischen 1992 und 1994 drei Sanierungspakete vor. Substanzielle Mehreinnahmen brachte die Einführung der Mehrwertsteuer[46], die 1993 im vierten Anlauf gelang. Dabei sagte der Souverän auch zu einem für die AHV reservierten Mehrwertsteuer-Prozent zu. Die wichtigste ausgabenseitige Massnahme war eine zehnprozentige Kürzung der Subventionen in den Jahren 1993 bis 1997. Allerdings liess sich das Ausgabenwachstum trotz der Sparmassnahmen, die sich zu einem grossen Teil aus blossen

Dreissig Auslandschweizerkinder besuchen am 9. August 1994 in Bern SP-Bundesrat Otto Stich (*1927–†2012) und schenken dem Finanzminister ein selbstgebasteltes Sparschwein.

46 Die Mehrwertsteuer war als Allphasensteuer mit Vorsteuerabzug gestaltet.

Finanzplanvorgaben zusammensetzten, nicht bremsen – wieder konnte die Ausgabenbremse (1995) nichts daran ändern. Trotz der Sanierungsanstrengungen verharrte die strukturelle Überlastung des Haushalts in den 1990er-Jahren auf hohem Niveau. Da es nicht gelang, das strukturelle Defizit des Bundes zu verkleinern, wurde vermehrt Kritik am Vorgehen des Bundesrates laut. In einer Ratsdebatte über ein drittes Sanierungspaket forderte der Walliser CVP-Ständerat Édouard Delalay mit deutlichen Worten einen Strategiewechsel:

> «Mais nous sommes également d'avis que ces mesures ne suffiront pas et qu'il est indispensable pour le Parlement et pour le Conseil fédéral d'adopter une stratégie globale en matière de politique financière et de technique budgétaire. Nous n'échapperons pas non plus à la nécessité de nous doter de mesures institutionnelles, sans lesquelles nos dépenses ou le niveau de la dette publique sont étroitement liés à l'évolution du produit intérieur brut en un système à la fois cohérent et anticyclique.» (Amtl. Bull. SR 1995, 161)

Bei einer grossen Mehrheit der politischen Entscheidungsträger hatte sich die Einsicht durchgesetzt, dass die Ausgabenkompetenzen des Parlaments gerade in Phasen mit guter Konjunkturlage beschränkt und die Schulden langfristig stabilisiert werden müssen. Die Antwort des Bundesrats war ein 1999 veröffentlichtes Strategiepapier, das der damalige Luzerner FDP-Finanzminister Kaspar Villiger als «Ausgangspunkt der erfolgreichen Wende bei den Bundesfinanzen» bezeichnete.[47] Anstelle der «unkoordinierten steuerpolitischen Projekte», die sich in den vergangenen Jahren gehäuft hatten, wurde die Finanzpolitik an einer Gesamtstrategie ausgerichtet. In einem ersten Schritt wurde der Budgetausgleich mit dem Haushaltsziel 2001 verfassungsmässig festgeschrieben, um dann eine Schuldenbremse einzuführen, welche die Bildung eines neuen strukturellen Defizits verhindern sollte. Als flankierende Massnahme war eine Neugestaltung des Finanzausgleichs und der Aufgabenteilung zwischen Bund und Kantonen (NFA)

47 Villiger, 2015, S. 64.

Bundesrat Kaspar Villiger (*1941), links, unterhält sich mit FDP Präsident Gerold Bührer während der Debatte über die Schuldenbremse am Montag, 18. Juni 2001 im Nationalrat in Bern.

geplant. Damit sollten der Föderalismus gestärkt und die bundesstaatliche Aufgabenerfüllung effizienter gestaltet werden.

Angesichts der finanziellen Situation des Bundes bestand auch bei Volk und Ständen erstmals in der Geschichte der Bundesfinanzen die Bereitschaft für grundlegende Reformen. Die Zustimmung zu allen Reformvorlagen war sehr hoch.[48] Mit der Schuldenbremse wurde 2003 das wichtigste finanzpolitische Instrument des Bundes eingeführt. Wie der Bundesrat 1995 festhielt, galt es, ein grundsätzliches Problem der Finanzordnung zu verringern, die institutionelle Asymmetrie zwischen Einnahmen- und Ausgabenentscheidungen:

> «Die Finanzordnung des Bundes zeichnet sich durch eine Asymmetrie zwischen einnahmen- und ausgabenseitigen Kompetenzen aus. Steuergegenstände und Steuersätze sind in der Verfassung verankert; die Ausgaben hingegen basieren auf nur fakultativ dem Referendum unterstellten Gesetzen und werden in der Regel in nicht referendumsfähigen Beschlüssen konkretisiert. Weder der Konjunkturartikel (Art. 31^{quinquies} BV), der eine antizyklische Finanzpolitik verlangt, noch Artikel 42bis der Bundesverfassung, der vorsieht, dass der Fehlbetrag der Bilanz des

48 Das Haushaltsziel wurde 1998 mit 70.7 Prozent Ja-Stimmen von allen Kantonen angenommen, die Schuldenbremse erhielt 2001 die Zustimmung von 84.7 Prozent der Stimmenden und von allen Kantonen und die NFA wurde 2004 von 64.4 Prozent der Stimmenden und von 20.5 Kantonen gutgeheissen.

Bundes abzutragen ist, stellen eine wirksame Schranke gegen die Verschuldung dar.» (Schweiz. Bundesrat, 1995, S. 214)

Die Schuldenbremse stellt sicher, dass Ausgaben und Einnahmen über einen Konjunkturzyklus hinweg ausgeglichen sind. So wird eine antizyklische Fiskalpolitik gewährleistet und gleichzeitig der nominelle Schuldenstand stabilisiert, was bei einer wachsenden Wirtschaftsleistung zu einem Rückgang der Schuldenquote führt. Indem ein Sanktionsmechanismus eingebaut wurde, konnte die Durchsetzung der Schuldenbremse sichergestellt werden, womit ein Hauptproblem der früher implementierten Fiskalregeln gelöst wurde.[49] Rückblickend kann die Einführung der Schuldenbremse im Jahr 2003 als grosser Erfolg gewertet werden. Trotz der Finanzkrise 2007 ging die Verschuldungsquote von 26 (2003) auf 14.4 Prozent (2018) zurück (→ Abb. 5). Gleichwohl konnte ein erneuter Sperrklinkeneffekt nicht abgewendet werden. Vergleicht man die 1980er- mit den 1990er-Jahren, stieg die durchschnittliche Staatsquote treppenartig von 8.5 auf 10.2 Prozent an.

Mit dem zweiten grossen Reformprojekt NFA sollte der «Verschlammung des Föderalismus» entgegengewirkt werden, wie Kaspar Villiger die Entwicklung unter dem alten Finanzausgleich versinnbildlichte.[50] Es galt, die bundesstaatliche Aufgabenerfüllung effizienter zu gestalten und den Kantonen dabei mehr Handlungsspielraum zu verschaffen sowie die finanziellen Unterschiede zwischen den Kantonen abzubauen. Mit der NFA wurden die Aufgaben zwischen Bund und Kantonen nach dem Prinzip der Subsidiarität in zwanzig Bereichen getrennt. Bei jenen Aufgaben, die weiterhin gemeinsam durchgeführt werden, erlauben es zweckfreie Mittel anstelle von zweckgebunden Einzelsubventionen den Kantonen, eigenständig Prioritäten zu setzen. Zudem wurden verschiedene Zentrumsleistungen als gemeinsame Kantonsaufgaben definiert und deren Gestaltung und Finanzierung geregelt, der Finanzausgleich zwischen Bund und Kantonen stark vereinfacht und von zentralen Fehlanreizen befreit. Anstelle von über hundert Einzelmassnahmen traten zwei Instrumente: Der Ressourcenausgleich sichert den ressourcenschwachen Kantonen ein Mindestmass an freien

49 Kirchgässner, 2004, S. 109.
50 NZZ, 04.08.2001.

Mitteln und der Lastenausgleich gleicht soziodemografische sowie geografisch-topografischer Lasten aus. Damit gelang es, die Finanzautonomie der Kantone zu steigern, jedoch scheinen weitere Reformschritte notwendig, da der Bundesrat im Wirksamkeitsbericht von 2018 keine Angleichung der finanziellen Leistungsfähigkeit der Kantone feststellt.[51] Und auch bei der Aufgabenverteilung zeigen sich wieder deutliche Verflechtungs- und Zentralisierungstendenzen.[52]

Angesichts des in den 1990er-Jahren an Dynamik gewinnenden internationalen Steuerwettbewerbs wurden Unternehmenssteuerreformen für den Bund zur finanzpolitischen Daueraufgabe. Nach zwei Reformen zugunsten von Holdinggesellschaften und KMU wurde nach der Jahrtausendwende erstmals in der Bundesfinanzgeschichte eine substanzielle Reform des Schweizer Steuersystems durch Druck von aussen angestossen. Die Globalisierung und die Finanzkrise von 2008 hatten dazu beigetragen, dass die Unternehmensbesteuerung verstärkt im Zentrum der internationalen Politik stand. Auf Druck der EU und der Organisation für wirtschaftliche Zusammenarbeit und Entwicklung (OECD) präsentierte der Bundesrat 2015 mit der Unternehmenssteuerreform III ein Reformpaket, das die Abschaffung der kantonalen Steuerregimes und die Einführung von international anerkannten Steuerinstrumenten vorsah. Allerdings wurde die Vorlage im Februar 2017 deutlich verworfen. Die Reform gelang erst, als sie 2019 im zweiten Anlauf mit einer Finanzspritze an die AHV verknüpft wurde.

51 Schweiz. Bundesrat, 2018a, S. 11 f.
52 Schaltegger & Winistörfer, 2016.

3. Fazit

Wenn man die Finanzgeschichte des Bundes von der Bundesstaatsgründung bis zur Gegenwart überblickt, erkennt man verschiedene, miteinander teilweise eng verknüpfte Kräfte, welche die Entwicklung der Bundesfinanzen massgeblich beeinflusst haben. Der Blick auf den langen Zeithorizont zeigt, dass die institutionellen Rahmenbedingungen wichtige Erklärungsfaktoren für die Finanzgeschichte des Bundes waren. An dieser Stelle wird im Sinne eines Fazits nochmals auf die wichtigsten Muster und Regelmässigkeiten eingegangen, die für die Bundesfinanzgeschichte prägend waren und damit sowohl wichtige Anhaltspunkte für die Beurteilung von aktuellen finanzpolitischen Fragen liefern können als auch Hinweise auf zukünftige Herausforderungen geben.

1. Die zentrale Bedeutung der politischen Stabilität

Die politische und wirtschaftliche Stabilität, die in der Schweiz nach der Bundesstaatsgründung einkehrte und sich zu einem ihrer prägendsten Merkmale entwickelte, bildet sich auch im Verlauf der Bundesfinanzgeschichte ab. Diese Stabilität zeigt sich auf eindrückliche Art und Weise bereits darin, dass es für diese Arbeit überhaupt möglich war, lange Zeitreihen zu den Bundesfinanzen zu erstellen. Doch der Bundeshaushalt stand bei der Bundesstaatsgründung nur bedingt auf einem stabilen und sicheren Fundament und musste durch die Möglichkeit des Bezugs von Geldbeiträgen der Kantone abgesichert werden. Die politische und gesellschaftliche Festigung des Bundesstaats in Verbindung mit der guten wirtschaftlichen Entwicklung liessen es erst zu, dass sich der Bund im Verlauf der Zeit aus seiner finanzpolitischen Abhängigkeit von den Kantonen lösen konnte. Heute hat sich die Situation sogar umgekehrt, der Bund hat sich über die Zeit zu einem wichtigen finanziellen Unterstützer der Kantone entwickelt. Eine zentrale Rolle dafür spielte der politische Wille für eine stabile Wirtschaftspolitik und für monetäre Stabilität. Allerdings sind es nicht nur der solide Bundeshaushalt und der Schweizer Franken, die von der politischen und wirtschaftlichen Stabilität profitiert haben. Vielmehr hat die wirtschaftspolitische Nachhaltigkeit auch massgeblich zur politischen Festigung des Bundesstaats beigetragen.[1]

Jedoch lehrt (nicht nur) die Bundesfinanzgeschichte, dass Erfolg auch massgeblich von der Gunst des Schicksals abhängt. Aus wirtschaftspolitischer Perspektive ist die Abwesenheit von Krieg, die zum Teil glücklichen Umständen zugeschrieben werden kann, ein wichtiger Faktor der Stabilität. Angesichts der enormen Kosten, die nur schon die Grenzbesetzung während den beiden Weltkriegen verursacht hat, ist es nicht von der Hand zu weisen, dass die Bundesfinanzgeschichte einen anderen Verlauf genommen hätte, wenn die Schweiz direkt in einen militärischen Konflikt involviert gewesen wäre.

2. Föderalismus und Demokratie als Determinanten der Bundesfinanzgeschichte

Von allen Einflüssen auf die Bundesfinanzpolitik kommt dem politischen System der Schweiz, das seit der Bundesstaatsgründung nie von einem Krieg oder einem gewaltsamen Umsturz erschüttert wurde, die relativ grösste Konstanz zu. Föderalismus und Demokratie hatten von 1848 an einen prägenden Einfluss auf die schweizerische Finanzpolitik. Die föderalistische Struktur der Schweiz machte die Zuordnung der Aufgaben und der Einnahmen zwischen Bund und Kantonen zum finanzpolitischen Dreh- und Angelpunkt. Indem die Aufgaben und Einnahmequellen des Bundes in der Verfassung abschliessend aufgezählt und damit dem obligatorischen Referendum unterstellt wurden, lagen die wichtigsten finanzpolitischen Entscheide beim Volk und den Ständen. Dabei war die schrittweise Entwicklung von der repräsentativen zur halbdirekten Demokratie mit der Einführung des Gesetzesreferendums (1874) und der Verfassungsinitia-

1 Baltensperger, 2012, S. 25 f.

tive (1891) von unmittelbarer Bedeutung für die Finanzpolitik, indem die Letztentscheidung in vielen finanzpolitischen Fragen dem Souverän übertragen und dadurch dessen Kontrollmöglichkeiten über die politischen Entscheidungsträger massgeblich ausgebaut wurden.

Im Verlauf der Bundesfinanzgeschichte hat das Referendum häufig als «Zentralisierungsbremse» gewirkt und den Ausbau der Bundeskompetenzen beschränkt oder zumindest verlangsamt. Das Referendum erwies sich als wichtiges Instrument des Souveräns, um die politischen Entscheidungsträger an der Einführung von neuen Einnahmequellen zu hindern und die Steuersätze der Bundessteuern tief zu halten. Dies zeigt sich besonders eindrücklich darin, dass der Souverän dreimal die Einführung der Mehrwertsteuer (1977, 1979, 1991) verwehrte. Er lehnte aber auch die Ausdehnung des Alkoholmonopols (1923), die Einführung der Tabaksteuer (1931) und die Getränkezuschläge der Warenumsatzsteuer (1952) ab. Die zweimalige Ablehnung der Bundesfinanzordnung durch Volk und Stände im Rahmen der Neuordnung nach dem Zweiten Weltkrieg (1950, 1953) hat massgeblich dazu beigetragen, dass der Maximalsatz der Wehrsteuer von anfänglich 20 auf 8 Prozent gesenkt und die Freiliste der Warenumsatzsteuer deutlich erweitert wurde. Und als der Souverän 1974 die Erhöhung der Wehrsteuer und der Warenumsatzsteuer ablehnte, mussten Bundesrat und Parlament nicht nur eine neue Vorlage mit deutlich tieferen Steuersätzen vorlegen, sie waren auch gezwungen, Sparmassnahmen zu ergreifen. Der Souverän nutzte das Referendum auch, um einen Ausbau der Bundesaufgaben oder deren Umsetzung zu verzögern. Beredtes Beispiel ist die Ablehnung der Verfassung von 1872, die zur deutlich weniger zentralistisch geprägten Verfassung von 1874 führte. Aber auch mit den zwölf erfolgreichen Referenden während den Referendumsstürmen (1876–1883), dem abgelehnten «Centralbahn-Kauf» (1891) und der Ablehnung des AHV-Gesetzes (1931) wurde die Zentralisierung zumindest vorübergehend gebremst. Allerdings erwies sich das Referendum nicht immer als Zentralisierungsbremse. In Krisensituationen waren die Kantone und das Stimmvolk bereit, dem Bund neue Einnahmen zuzugestehen, wie es mit der Kriegssteuer (1915), der neuen Kriegssteuer (1919) oder der Mehrwertsteuer (1993) geschah. Dasselbe gilt für Einnahmeerhöhungen, um mit der Erhöhung der Warenumsatzsteuer (1975) und des Treibstoffgrundzolls (1992) zwei Beispiele zu nennen.

Das Initiativrecht hatte im Vergleich zum Referendum einen weniger unmittelbaren Einfluss auf finanzpolitische Belange, insbesondere weil Initiativen in den allermeisten Fällen abgelehnt und dabei neue Bundessteuern oder gar umfassende Reformen der Steuerordnung an der Urne stets verworfen wurden. Dazu gehörte die dauerhafte direkte Bundessteuer (1918), die Vermögensabgabe (1922), das Friedensopfer (1952), die Reichtumsteuer (1977) sowie die Initiative für die «Abschaffung der Pauschalbesteuerung» (2014). Allerdings gingen von Volksinitiativen immer wieder wichtige Impulse auf die Finanzpolitik aus, die als «Zentralisierungskatalysator» wirkten. Zu nennen wären die Beutezuginitiative (1894), die einen (von den Initianten ungewollten) Subventionsschub auslöste, die Initiative für eine dauerhafte direkte Bundessteuer (1918), die half, der neuen ausserordentlichen Kriegssteuer den Weg zu ebnen, die Krisensteuerinitiative (1933), welche die Einführung der Krisenabgabe begünstigte, und die Kriseninitiative (1935), die zur finanzpolitischen Verständigung zwischen dem Bürgerblock und den Linken beitrug und damit sowohl die Einführung von Arbeitsbeschaffungsmassnahmen als auch die Einigung über eine Übergangsfinanzordnung ermöglichte. Es gab allerdings auch Initiativen, die im Sinne einer «Zentralisierungsbremse» wirkten. So trug eine Steuerabbauinitiative der FDP (1955) massgeblich dazu bei, dass ein breiter politischer Konsens über Steuersenkungen gefunden wurde, dem sich auch die SP mit einer Steuerabbauinitiative anschloss (1955). Diese beiden Initiativen, die später zurückgezogen wurden, hatten nicht nur eine umgehende Steuersenkung zur Folge. Sie bewirkten auch, dass die Wehrsteuer und die Warenumsatzsteuer im Rahmen der Finanzordnung von 1958 und von 1964 gesenkt wurden. Auch die 1985 von der FDP lancierte und ebenfalls später zurückgezogene Initiative für eine familiengerechtere Besteuerung führte zu einem Sofortprogramm (1989) und präjudizierte damit das Bundesgesetz über die direkte Bundessteuer (1990). Einen wichtigen langfristigen Einfluss auf die Finanzpolitik hatte auch die Volksinitiative für die Einführung des Proporzwahlrechts (1918), welche die freisinnige Dominanz im Nationalrat brach, sowie die Initiative für die Rückkehr zur direkten Demokratie (1949), die dem Vollmachtenregime ein Ende bereitete.

Die direktdemokratischen Instrumente geben dem Souverän in finanzpolitischen Fragen die Möglichkeit, dass die politischen Entscheidungen seinen Vorstellungen entsprechend angepasst werden. Zudem wird die Macht der politischen Entscheidungsträger eingeschränkt. Gerade in Situationen, in denen die Regierungsparteien geschlossen hinter Vorlagen standen, die dann an der Urne abgelehnt wurden, verfolgten die politischen Entscheidungsträger offensichtlich nicht die Interessen des Souveräns. Eine wichtige Rolle kam auch der Initiative zu, mit der Lösungen und Kompromisse herbeigeführt werden konnten, die sonst nicht auf der politischen Agenda gestanden wären.

3. Krisen haben langfristige Konsequenzen

Wenn man dem Hinweis Schumpeters folgend den «Wendepunkten» in der Bundesfinanzgeschichte Beachtung schenkt, richtet sich der Blick auf die beiden Weltkriege, die Zwischenkriegszeit und die Rezessionsphasen. Auf der Ausgabenseite des Bundeshaushaltes gibt es im Zusammenhang mit Krisen eine prägende Konstante: Krisen verursachten stets einen langfristigen Anstieg der Staatsquote. Der Bund bietet viel Anschauungsmaterial für den «Sperrklinkeneffekt» der Staatsausgaben, wie ihn Peacock und Wiseman beschrieben haben.[2] Nach beiden Weltkriegen wie auch nach den Krisen der 1970er-Jahre und der 1990er-Jahre wurde die Staatsquote nie auf Vorkrisenniveau zurückgeführt und stieg treppenartig an. Vergleicht man jeweils die Vor- und Nachkrisendekade, war der Anstieg mit 2.5 nach dem Ersten und 3.2 Prozentpunkten nach dem Zweiten Weltkrieg am grössten. Nach dem Ersten Weltkrieg flossen die Einnahmen der neuen Kriegssteuer in diverse Ausgaben, die während des Kriegs oder kurz danach beschlossen wurden. Darunter insbesondere die Zinsen für die Kriegsschulden, die Landesverteidigung sowie Krisen- und Sozialausgaben (Vergünstigung von Nahrungsmitteln und die Unterstützung von Arbeitslosen und der Binnenindustrie). Nach dem Zweiten Weltkrieg wurden die Einnahmen aus der Wehrsteuer und der Warenumsatzsteuer für die Sanierung der SBB sowie die Krisenvorsorge, die Schuldentilgung und die Landesverteidigung verwendet. Nach den Rezessionen der 1970er- und 1990er-Jahre fiel der

2 Peacock & Wiseman, 1961.

Sperrklinkeneffekt mit 1.4 und 2 Prozentpunkten geringer aus. Während beiden Krisen wurden bestehende Steuern erhöht und 1995 die Mehrwertsteuer eingeführt. Die Mehreinnahmen flossen grösstenteils in die Sozialausgaben sowie zweckgebunden in den Verkehr.

Auch für die Entwicklung des Steuersystems waren Krisen und insbesondere die beiden Weltkriege wegweisend. Die Frage, ob der Bund heute auch ohne den Ersten Weltkrieg über eine direkte Bundessteuer verfügen würde, hat durchaus ihre Berechtigung. Gedacht als einmalige direkte Steuer wurde die Kriegssteuer vom Stimmvolk 1915 mit überwältigendem Mehr angenommen. Dies bedeutete einen Bruch mit dem Grundsatz «indirekte Steuern dem Bund und direkte Steuern den Kantonen», der bis zu diesem Zeitpunkt nie infrage gestellt worden war. Seither wurde die direkte Bundessteuer unter verschiedenen Namen mit nur einem Jahr Unterbruch (1933) weitergeführt: als neue Kriegssteuer (1921/32), Krisenabgabe (1934/40) und Wehrsteuer (seit 1941, ab 1982 als direkte Bundessteuer). Bezeichnend für die Geschichte der direkten Bundessteuer ist der Umstand, dass sie ebenso häufig zur Abstimmung gelangte und vom Souverän angenommen wurde (Kriegssteuer, neue Kriegssteuer), wie sie mit Not- und Dringlichkeitsrecht eingeführt wurde (Krisenabgabe, Wehrsteuer). So wurde mit der Einführung der Wehrsteuer und der Warenumsatzsteuer unter dem Vollmachtenregime des Zweiten Weltkriegs eine finanzpolitische Weichenstellung vorgenommen, die von grosser Bedeutung für die Bundesfinanzgeschichte war.

Was hingegen alle direkten Bundessteuern miteinander verbindet und wohl «die» Konstante der Bundesfinanzordnung darstellt, ist ihre zeitliche Befristung (Schaltegger & Winistörfer, 2015). Weder die notrechtlichen Finanzprogramme der Weltkriege und der Zwischenkriegszeit noch die Zustimmung des Souveräns zu den beiden Kriegssteuern wären ohne Befristungsklausel denkbar gewesen. Vielmehr war die zeitliche Befristung von Wehrsteuer und Warenumsatzsteuer neben den verfassungsmässig begrenzten Höchstsätzen eine Grundvoraussetzung für den Steuerkompromiss der Finanzordnung von 1958. Ursprünglich war die Befristungsklausel eine Konzession an die Föderalisten, deren Potenzial sich bei der ersten Weiterführung der Finanzordnung 1964 zeigte, indem die gute wirtschaftliche Entwicklung eine Steuersenkung ermöglichte. Seither wurde die Befristungsklausel schrittweise verlängert und beträgt mittlerweile fünfzehn Jahre. Die dadurch notwendigen regelmässigen Abstimmungen über die Finanzordnung haben kaum politische Debatten über die Weiterführung der direkten Bundessteuer und der Warenumsatzsteuer ausgelöst. Jedoch hatte die Befristungsklausel bis zu einem gewissen Grad eine konservierende und zentralisierungshemmende Wirkung. Wegen des erwarteten Steuerwiderstands wurden neue Steuern nicht im Rahmen der Weiterführung der Finanzordnung diskutiert, da die Verlängerung der Wehrsteuer und der Warenumsatzsteuer nicht gefährdet werden sollte. Dass keine Pakete geschnürt wurden, sondern «schrittweise» vorgegangen wurde, trug dazu bei, dass Interessengruppen die Einführung von neuen Steuern erfolgreich verhindern konnten. Alle Anläufe, die Bundesfinanzordnung auf eine dauerhafte Grundlage zu stellen, wurden an der Urne zurückgewiesen (1970, 1977, 1979 und 1991). Auch die Einführung der Mehrwertsteuer – als einzige grosse Neuerung seit 1958 – gelang erst, als sie nicht Teil einer dauerhaften Finanzordnungsvorlage war (1994).

Während Krisenperioden steigen also nicht nur die Ausgaben des Bundes an. Es sind auch die seltenen Phasen, in denen eine Erhöhung der Einnahmen möglich ist – sei es notrechtlich oder mit der Zustimmung des Souveräns. Dies hat langfristige Konsequenzen für den Bundeshaushalt, indem ein Sperrklinkeneffekt bei den Ausgaben eintritt und die (befristeten) Einnahmen nicht wieder abgebaut oder abgeschafft werden. Es scheint für die politischen Entscheidungsträger einfacher zu sein, in der Krise neue Verpflichtungen zugunsten von Interessengruppen einzugehen, als diese nach der Krise wieder abzubauen. Dabei ermöglichen es die neuen Einnahmen, einen Teil der neuen Verpflichtungen weiterzuführen wie auch weitere einzugehen. Dies zeigte sich eindrücklich nach den beiden Weltkriegen. Nach dem Ersten Weltkrieg wurde nur ein Bruchteil der Kriegsschulden mit der neuen Kriegssteuer getilgt, obwohl genau dies das Versprechen war, das die Einführung der neuen Kriegssteuer legitimierte. Während nur in einem geringen Umfang Staatsschulden getilgt wurden, flossen die Einnahmen in neue Sozialausgaben und in die Verzinsung der Schulden. Nach dem Zweiten Weltkrieg war die Schuldentilgung ein zentrales Argument für die befristete Weiterführung der Kriegssteuern. Allerdings wurde, noch während man über die neue Finanzordnung debattierte, die Tilgung bereits weitgehend eingestellt. Die ausserordentlich starke Wirtschaftsleistung besorgte den Schuldenabbau von selbst und die Einnahmen aus der Wehrsteuer und der Warenumsatzsteuer flossen in den ordentlichen Bundeshaushalt, wo sie unter anderem der SBB-Sanierung, der Finanzierung der AHV und dem Ausbau der Landesverteidigung dienten. Dies führt eindrücklich vor Augen, dass das Augenmerk nach einer Krise nicht in erster Linie der Rückführung der Schuldenquote, sondern der Rückführung der Staatsquote gelten sollte.

4. Schleichende Verflechtungstendenzen bedrohen den Föderalismus

Allerdings waren es nicht nur die Krisenzeiten, welche den Verlauf der Bundesfinanzgeschichte geprägt haben. Vielmehr gibt es mit der schleichenden Zentralisierung auch einen säkularen Trend, der für die Bundesfinanzgeschichte von nicht zu unterschätzender Bedeutung ist. Dieser Prozess der schleichenden Zentralisierung zeichnet sich dadurch aus, dass im Verlauf der Zeit immer mehr Kompetenzen von den Kantonen zum Bund verlagert werden und es zu Verflechtungen zwischen den Staatsebenen kommt. Es wirkt die «Anziehungskraft des zentralen Etats», wie Johannes Popitz (1927) sie beschrieben hat: Wenn Transferzahlungen vom Bund an die Gliedstaaten fliessen, ermöglicht dies dem Bund in der Regel die Übernahme von Kompetenzen. Der Startschuss zum Finanzausgleich fiel schon vor der Bundesstaatsgründung, indem die Kantone die Übertragung des Zollwesens von der «Zollentschädigung» und der zusätzlichen «Minimalentschädigung» abhängig machten. Seither war beinahe ausnahmslos jede Übertragung von Aufgaben an den Bund nur dann möglich, wenn die Kantone über den Finanzausgleich profitierten. Das Gleiche gilt für eine Neuverteilung der Aufgaben. Dies zeigte sich bei der NFA (2004), die nur dank des «Härteausgleichs» möglich wurde. Ebenso war jede Steuer, die dem Bund nach der Bundesstaatsgründung übertragen wurde, in der einen oder anderen Form mit einer Beteiligung der Kantone verbunden.

Bei der Bundesstaatsgründung wurden die Kompetenzen des Bundes nicht nur abschliessend in der Verfassung aufgezählt, sie waren auch eng begrenzt und weitgehend von jenen der Kantone getrennt. Indem der Bund dem Trennsystem entsprechend mit den Zöllen eine eigene Einnahmequelle zugeteilt bekam, für die er die alleinige Verantwortung übernahm, wurde seine Finanzhoheit geschaffen. Die Aufgaben wurden dem Bund im Sinne des Subsidiaritätsprinzips übertragen. Eine klare Trennung zwischen Bund und Kantonen gelang jedoch nicht, da beide Staatsebenen gemeinsam die Verantwortung für die Landesverteidigung trugen. Die negativen Folgen dieser Verletzung des Haftungsprinzips zeigten sich während des Deutsch-Französischen Kriegs 1870/71, worauf die Trennung mit der Verfassung von 1874 nachgeholt wurde. Somit war eine Einnahme- und Ausgabenpolitik im Sinne der fiskalischen Äquivalenz geschaffen und das Haftungsprinzip wurde eingehalten.[3] Die Kompetenzverteilung zwischen Bund und Kantonen entsprach mustergültig den Anforderungen der ökonomischen Theorie des Föderalismus.[4] Die ökonomische Theorie des Föderalismus geht davon aus, dass die Bereitstellung von Gütern auf dezentraler Ebene mit allokativen Vorteilen verbunden ist, da die regional unterschiedlichen Präferenzen tendenziell stärker berücksichtigt werden als bei zentraler Bereitstellung. Zudem stehen die Gliedstaaten bezüglich der Leistungserbringung sowie deren Finanzierung in einem Wettbewerb zueinander. Dies ermöglicht es der Bevölkerung und den Unternehmen, sich mit «voting by feet» in dem Gliedstaat niederzulassen, in dem das Verhältnis zwischen den öffentlichen Leistungen und dem dafür verlangten Steuerpreis am attraktivsten scheint.[5]

Trotz des Lernprozesses von Bund und Kantonen bezüglich der teuren Folgen von geteilten Kompetenzen entwickelte sich das aufgaben- und einnahmeseitige Trennsystem nach 1874 schrittweise in Richtung eines kooperativen Vollzugsföderalismus, der durch eine kompetenzmässige Zentralisierung geprägt ist und sich in Verbundaufgaben und -einnahmen sowie einer finanziellen Abhängigkeit der Kantone vom Bund manifestiert. Die Weichenstellung für die einnahmeseitige Zentralisierung wurde mit der Einführung der Einkommensbesteuerung auf Bundesebene ab 1915 vorgenom-

3 Olson, 1969.
4 Oates, 1972; 1999.
5 Tiebout, 1956.

men, die seither mit Ausnahme des Jahres 1933 weitergeführt wurde. Die direkte Bundessteuer brachte die Abkehr vom steuerlichen Trennsystem hin zu einem Verbundsystem. Damit wurde die fiskalische Äquivalenz nachhaltig verletzt: Weil die Kompetenz zur Gestaltung der direkten Bundessteuer beim Bund liegt, kann dieser nicht nur die Höhe des Kantonsanteils beeinflussen. Die Festlegung der Steuertarife und der Abzüge hat über den Steuerbasiseffekt auch Auswirkungen auf den Steuerertrag der Kantone. Zudem wurde die finanzielle Abhängigkeit der Kantone vom Bund im Verlauf der Zeit immer grösser, da die steigenden Bundeseinnahmen die Kantonsanteile zu einer wichtigen und ertragreichen Einnahmequelle machten.

Auf der Ausgabenseite wurden die Weichen für den Zentralisierungsprozess mit der Verfassung von 1874 (die das Trennsystem erst vervollständigt hatte) gestellt: Der Vollzugsföderalismus wurde als Modell der föderalen Arbeitsteilung begründet und der Bund wurde mit umfassenden Subventionskompetenzen ausgestattet. Sowohl der Vollzugsföderalismus als auch die Subventionen entwickelten sich zu wichtigen Finanzausgleichsinstrumenten, mit denen der Bund seinen Einfluss auf die Kantone schrittweise ausdehnte. Obwohl der Zentralisierungsprozess schleichend voranging, lassen sich zwei Schlüsselperioden identifizieren. Beide Phasen waren von Prosperität geprägt, wobei sich die Finanzlage des Bundes im Vergleich zu jener der Kantone ausgezeichnet entwickelte. Aus diesem Grund wurde ein Finanzausgleich zwischen den Staatsebenen gesucht. Zunächst wurde in den 1890er-Jahren die Grundlage für ein weitverzweigtes Subventionssystem geschaffen (das während den Kriegen und Krisen der Zwischenkriegszeit weiter ausgebaut wurde). Bezeichnenderweise stand um die Jahrhundertwende aus Sicht der Kantone die Verhinderung einer Aufgabenübertragung auf den Bund im Vordergrund, die sie dank Subventionen umgehen konnten. Obwohl die Aufgaben nicht auf den Bund übertragen wurden, erlangte dieser damit immer mehr Einfluss in kantonalen Aufgabengebieten. Subventionen wirkten wie Bundesgesetze, da sie an einen bestimmten Zweck gebunden und an Bedingungen geknüpft waren, deren Einhaltung der Bund kontrollierte. Somit entstand ein Verbundsystem, indem sich die Staatsebenen Kompetenzen und Zuständigkeiten teilten. Damit verwischen die Verantwortlichkeiten und das Prinzip der fiskalischen Äquivalenz wird verletzt.

Den zweiten Zentralisierungsschub brachte der markante Ausbau der Bundeskompetenzen in den 1960er-Jahren, als dem Bund unter anderem neue Staatsaufgaben im Bereich des Nationalstrassenbaus, der Raumplanung sowie der Umwelt- und Energiepolitik übertragen wurden. Für die Durchführung der Aufgaben baute der Bund traditionsgemäss keine eigenen Vollzugsorgane auf, sondern übertrug sie den Kantonen, wozu diese neue Vollzugsorgane aufbauen mussten.[6] Der Bundeshaushalt entwickelte sich immer mehr zu einem Transferhaushalt, wodurch die Kompetenzen bezüglich der kantonalen Tätigkeit mehr denn je beim Bund lagen. Gleichwohl war der Widerstand der Kantone gegen die Aufgabenübertragung auf den Bund gering, da in vielen Fällen einheitliche Bundeslösungen nahelagen und sie für den Vollzug finanziell entschädigt wurden. Die finanziellen Anreize trugen dazu bei, dass die Kantone auch auf die Übernahme von Aufgaben verzichteten, die gemäss dem Subsidiaritätsprinzip auf kantonaler Ebene hätten durchgeführt werden müssen. Dadurch institutionalisierte sich die Zusammenarbeit zwischen Bund und Kantonen in einer deutlich stärkeren Form und die Verflechtungen, die sich bereits durch das Subventionswesen entwickelt hatten, erreichten ein neues Niveau. Die Kantone gerieten immer mehr in eine politische und finanzielle Abhängigkeit vom Bund und die Hürden für Innovationen wurden höher gelegt.

Durch die Aufgabenverflechtungen und die gemeinsamen Finanzierungs- und Gesetzgebungskompetenzen bewegte sich die Schweiz im Verlauf der 1960er-Jahre auf die vom Politikwissenschaftler Fritz W. Scharpf beschriebene Politikverflechtung und damit einen unitaristischen Föderalismus zu.[7] Die Kooperation zwischen Bund und Kantonen entwickelte sich zu einem institutionellen Prinzip der Wahrnehmung von öffentlichen Aufgaben. Damit einher ging die Schaffung von neuen horizontalen föderalen Institutionen. Die Kantone schlossen sich in vielen Bereichen zusammen, um den Vollzug der Bundesaufgaben zu koordinieren, was mit einem gewissen Harmonisierungsdruck einherging. Gleichzeitig versuchten die Kantone damit auch eine stärkere Position dem Bund gegenüber einzunehmen, um auf die Gestaltung der Bundespolitik einwirken zu kön-

6 Freiburghaus & Buchli, 2003, S. 52.
7 Scharpf, Reissert & Schnabel, 1976; Scharpf, 2009; Sturm, 2018.

nen. Dies förderte einheitliche Lösungen und schränkte den interkantonalen Wettbewerb ein. Nachdem sich die Kantone ab Mitte der 1960er-Jahre in verschiedenen Regionalkonferenzen[8] zusammenschlossen, wurde der regelmässige föderale Dialog zwischen dem Bundesrat und den Kantonsregierungen 1978 mit dem «Kontaktgremium Bund – Kantone» institutionalisiert, das 1993 durch die «Konferenz der Kantonsregierungen» abgelöst wurde. Zusätzlich traten in vielen Politikbereichen gesamtschweizerische Direktoren- und Fachkonferenzen an die Stelle der einzelnen Kantone.[9] In den gemeinsamen Entscheidungsgremien von Bund und Kantonen wird kooperativ über wichtige Bereiche der Staatstätigkeit entschieden. Der für die Entschlüsse notwendige Konsens bringt tendenziell Kompromisse auf dem Niveau des kleinsten gemeinsamen Nenners hervor, was unitarisierend wirkt und die Innovationsfähigkeit des Föderalismus schwächt.

Dies führte dazu, dass sich in den 1960er-Jahren die Stimmen mehrten, welche die Schweiz auf dem Weg in Richtung eines Zentralstaats sahen. Die Rolle der Kantone als Vollzugsorgane des Bundes und die unbefriedigende einheitliche Aufgabenerfüllung wurde in weiten Kreisen der Bevölkerung als «Aushöhlung des Föderalismus» wahrgenommen, weshalb Reformanstrengungen in Angriff genommen wurden. Am weitesten gedieh das Projekt Föderalismusreform in Gestalt einer Aufgabentrennung. Diese mündete darin, dass nach zwanzigjähriger Vorarbeit eine politische Diskussion über Sinn und Zweck von Bundesgeldern für Schulwandkarten für die Kantone geführt wurde. Das ursprüngliche Reformanliegen liess sich nicht umsetzen. Damit bestätigte sich Scharpfs These, dass die Politikverflechtung in die Politikverflechtungsfalle führen kann, die eine Reform der Verflechtungen unwahrscheinlich macht.[10] Der Bund hat starke Anreize, Aufgaben und Kompetenzen an sich zu ziehen und damit seinen Einfluss auf die Gliedstaaten auszudehnen, um einheitliche Lösungen durchzusetzen. Der einzelne Gliedstaat profitiert von den finanziellen Mitteln des Bundes für die Aufgabenerfüllung, die von allen anderen Gliedstaaten mitfinanziert

8 Ostschweizer Regierungskonferenz (1964), Zentralschweizer Regierungskonferenz (1966), Nordwestschweizer Regierungskonferenz (1971), Regierungskonferenz der Gebirgskantone (1981), Konferenz der Westschweizer Kantonsregierungen (1991).

9 Vatter, 2018, S. 469–471.

10 Scharpf, 2009.

werden. Zudem können die Gliedstaaten einen Teil der Verantwortung auf den Bund abschieben, womit politische Verantwortlichkeit verwischt. Aus diesen Gründen erwarten die politischen Entscheidungsträger auf beiden Staatsebenen Nachteile von einer Auflösung der Verflechtung, sodass der Status quo trotz des Demokratie- und Effizienzverlusts erhalten bleibt.

Erst als in den 1990er-Jahren der Reformdruck angesichts der Verschuldungskrise des Bundes sowie der Ineffizienz des Finanzausgleichs und der staatlichen Leistungserbringung gross genug war, gelang 2008 mit der NFA eine Neuordnung des Finanzausgleichs und eine Aufgabentrennung. Die NFA orientierte sich am Prinzip der fiskalischen Äquivalenz: Achtzehn Aufgaben wurden getrennt und der entsprechenden Staatsebene gemäss dem Subsidiaritätsprinzip zugewiesen. Für die verbliebenen siebzehn Verbundaufgaben wurden die Kompetenzen von Bund und Kantonen klarer definiert. Der Finanzausgleich wurde stark vereinfacht und auf eine formelbasierte Grundlage gestellt, womit er sich weitgehend von politischen Einflüssen und Fehlanreizen befreite. Dies brachte den Kantonen mehr finanzielle und politische Freiheiten.

Allerdings sind dem Finanzausgleich immer noch Zielkonflikte und Fehlanreize eigen, sodass insbesondere finanzschwache Kantone nur geringe Anreize haben, die eigenen Steuereinnahmen mit attraktiver Steuerpolitik zu steigern.[11] Zudem bestehen nicht nur weiterhin umfangreiche Aufgabenverflechtungen zwischen Bund und Kantonen, es machen sich seit der Inkraftsetzung der NFA 2008 auch weiterhin Zentralisierungstendenzen bemerkbar. Dies liefert einen wichtigen Hinweis darauf, dass eine institutionelle Absicherung gegen die schleichende Zentralisierung notwendig ist.[12] Gleichzeitig illustriert es die Relevanz von Popitz' These für die Schweiz und macht die Rolle einer eindeutigen Zuteilung der Aufgaben und Einnahmen nach dem Prinzip der fiskalischen Äquivalenz in einem föderalen Bundesstaat deutlich: Haftung, Kontrolle und Risiko müssen in einer Hand liegen. Gerade in Prosperitätsphasen, die mit einem grossen wirtschaftlichen und gesellschaftlichen Wandel einhergehen, muss der ebenengerechten Zuweisung der neuentstehenden Staatsaufgaben besondere Beachtung geschenkt werden.

---

11 Leisibach & Schaltegger, 2019.

12 Schaltegger & Winistörfer, 2014.

5. Eine nachhaltige Finanzpolitik bedarf durchsetzbarer Regeln

Sowohl der «Subventionsschub» in den 1890er-Jahren als auch der «Transferschub» in den 1960er-Jahren ging nicht nur mit Verflechtungen zwischen den Staatsebenen einher. In beiden Phasen mündete der Ausbau des Finanzausgleichs auch in strukturellen Defiziten im Bundeshaushalt, der dabei eine «fiskalische Allmende» darstellte, wie es Weingast, Shepsle und Johnsen beschrieben haben.[13] Interessengruppen konnten ihrer Klientel über die Transferzahlungen aus dem Bundeshaushalt gezielt Leistungen verschaffen, deren Kosten auf alle Steuerzahler verteilt wurden. Daraus resultierte in beiden Perioden eine systematische Übernutzung des Bundeshaushalts. Als um die Jahrhundertwende die Grundlagen für das weitverzweigte Subventionsnetz gelegt wurden (der Anteil der Subventionen an den Bundesausgaben stieg zwischen 1895 bis 1910 von 8 auf 25 Prozent), geriet der Bundeshaushalt aus dem Gleichgewicht. Trotz wiederholten Warnungen des Bundesrats wurden die Subventionen regelmässig erhöht, sodass die verfügbaren Einnahmen am Vorabend des Ersten Weltkriegs nicht mehr genügten, um die verfassungsmässigen Aufgaben zu finanzieren.[14] Bevor damals eine Lösung gefunden werden konnte, sorgte der Kriegsausbruch dafür, dass ein neues Krisenniveau erreicht wurde, worauf die Antwort Kriegssteuer lautete.

Was für langfristige Konsequenzen eine Budget-Übernutzung haben kann, zeigte sich nach den 1960er-Jahren, als dem Bund in grossem Umfang neue Staatsaufgaben übertragen wurden, die er von den Kantonen vollziehen liess. Dabei stieg der Anteil der Transferausgaben an den Bundesausgaben zwischen 1960 und 1980 von 43 auf 65 Prozent an. Seit den frühen 1960er-Jahren hatte es sich abgezeichnet, dass der Bundeshaushalt aus dem Gleichgewicht geraten wird, wogegen jedoch nichts unternommen wurde. Vielmehr wurden die Ausgaben weiter erhöht. Die Defizitperiode setzte schliesslich 1971 ein, wobei das Ausmass der Defizite durch die Rezession 1974/76 verschärft wurde. Schnell machte sich eine Asymmetrie

13 Weingast, Shepsle & Johnsen, 1981.

14 Steiger, 1916b, S. 181.

in der antizyklischen Finanzpolitik bemerkbar, wie sie Buchanan und Wagner 1977 beschrieben haben: Den politischen Entscheidungsträgern fällt es schwerer, in Prosperitätsphasen Überschüsse zu erwirtschaften und Schulden abzubauen, als in der Rezession Budgetdefizite zu tolerieren. Während den 1960er-Jahren hatte der Bund trotz des Wirtschaftsaufschwungs keine Schulden abgebaut (die Schuldenquote ging dank des steigenden BIP zurück). Zu Beginn der 1970er-Jahre hielt der Bundesrat ausdrücklich fest, dass Defizite zugelassen werden und das Ausgabenwachstum nur langsam gebremst werden soll. Der Versuch von Bundesrat und Parlament, den Budgetausgleich ausschliesslich mit neuen Einnahmen herbeizuführen, wurde vom Souverän erfolgreich blockiert. Hier machte sich eine institutionelle Asymmetrie in der Finanzordnung des Bundes bemerkbar: Während Bundesrat und Parlament über die Ausgaben bestimmen, ist für eine Steuererhöhung eine Verfassungsänderung und damit die Zustimmung des Souveräns notwendig. Weil die Hürde für eine Ausgabenerhöhung niedriger ist als für eine Erhöhung der Einnahmen, tendiert der Bundeshaushalt zu Defiziten. Dabei wurde der Steuerwiderstand von Parlament und Bundesrat zwar zur Kenntnis genommen und es wurden temporäre Sparanstrengungen getätigt. Jedoch erwies sich der politische Druck gegen einen dauerhaften und einschneidenden Abbau von Transferzahlungen als zu gross. Mit einer ganzen Reihe von Ausgaben- und Einnahmepaketen, aber insbesondere dank dem konjunkturell bedingten Einnahmenanstieg, wurde der Budgetausgleich 1986 nach einer fünfzehnjährigen Defizitperiode erreicht.

Während die strukturellen Haushaltsprobleme ungelöst blieben, trat erneut die von Buchanan und Wagner beschriebene Asymmetrie auf: Anstatt die Überschüsse für den Schuldenabbau zu verwenden, wurden trotz Warnungen des Bundesrats umgehend neue Aufgaben in Angriff genommen und Ausgaben beschlossen. Als Folge davon geriet die Schweiz nach dem Ausbruch der Rezession 1991/93 in eine tiefe Schuldenkrise. Die Staatsverschuldung stieg stark und vor allem schnell an. Allein zwischen 1990 und 1995 verdoppelte sich die Schuldenquote des Bundes von 10.7 auf 20.3 Prozent. Die in kurzen Abständen umgesetzten Spar- und Einnahmepakete zeigten keine Wirkung, vielmehr blieb das strukturelle Haushaltsdefizit stabil. Schliesslich gelangte eine Mehrheit der politischen Entscheidungsträger zur Einsicht, dass die Ausgabenneigung des Parlaments gerade in Phasen des Aufschwungs begrenzt werden muss, um dem «deficit bias» im politischen Prozess entgegenzuwirken. Angesichts der Schuldenkrise war der politische Reformdruck gross, sodass mit der Schuldenbremse die Einführung einer wirksamen institutionellen Schranke gelang. Die Zustimmung des Souveräns war mit rund 85 Prozent äusserst hoch.

Bei der Gestaltung der Schuldenbremse konnte der Bund auf einen reichhaltigen Erfahrungsschatz zurückgreifen: Die sechs Fiskalregeln (Deckungsklauseln und Ausgabenbremsen), die seit 1934 auf Bundesebene implementiert worden waren, haben sich als ebenso wirkungslos erwiesen wie die mit der Bundesfinanzordnung von 1959 eingeführte verfassungsmässige Vorschrift, dass die Fehlbeträge des Bundes unter Berücksichtigung der Wirtschaftslage abzubauen sind. Die zentrale Lehre aus der Finanzgeschichte lautete, dass die Regel einfach ausgestaltet und ihre Durchsetzung sichergestellt werden muss. Dies gelang mit der Schuldenbremse, welche eine antizyklische Fiskalpolitik ermöglicht und den Budgetausgleich über einen Konjunkturzyklus sicherstellt. In Krisensituationen greift eine Ausnahmeregel, wobei für die ausserordentlichen Ausgaben wiederum ein regelgebundener Abbau vorgeschrieben ist. Rückblickend steht fest, dass sich die 2003 auf Bundesebene eingeführte Fiskalregel bewährt hat. Von 2003 bis 2018 sank die Staatsschuldenquote von 26 auf 14.4 Prozent, wozu die Schuldenbremse massgeblich beigetragen hat. Damit entwickelte sie sich zum wichtigsten finanzpolitischen Instrument des Bundes, das einen zentralen Beitrag für die langfristige Tragfähigkeit des Bundeshaushalts leistet.[15]

Allerdings gerät die Schuldenbremse regelmässig unter politischen Druck. Wie sich vor der Covid-19-Pandemie gezeigt hat, droht die Schuldenbremse in wirtschaftlich guten Zeiten ein Opfer ihres Erfolgs zu werden. Die Notwendigkeit des Schuldenabbaus wird infrage gestellt und es werden Lockerungen gefordert, die den politischen Einfluss erhöhen, um die Wünsche von Interessengruppen berücksichtigen zu können. Das Gleiche geschieht in der Krise. Nach dem Ausbruch der Pandemie wurden Forderungen laut, die Schuldenbremse auszuhebeln. Der Abbau der «Coronaschulden» soll von den Regeln der Schuldenbremse ausgenommen werden, forderte beispielsweise die Finanzkommission des Nationalrats. Letztlich ist

15 Salvi, Schaltegger & Schmid, 2020, S. 633 f.

die Schuldenbremse vom politischen Willen ihrer Durchsetzung abhängig. Dabei sollte gerade angesichts des sich abzeichnenden Aufschwungs nach der Covid-19-Pandemie an der Schuldenbremse festgehalten werden. Die Bundesfinanzgeschichte lehrt, dass ein Schuldenabbau sonst kaum erfolgreich sein wird. Die Schuldenbremse hat sich mit der Selbstbindung der Politik als geeignetes Instrument erwiesen, um die Ausgabenneigung des Parlaments erfolgreich zu begrenzen. Ohne institutionelle Schranke droht die Gefahr, dass sonst schnell wieder eine zu grosszügige Ausgabenpolitik betrieben wird, die den Bundeshaushalt über kurz oder lang überlastet.

6. Die Sicherung der Altersvorsorge als grösste Herausforderung der Finanzpolitik

Als die Bundesfinanzen in den 1990er-Jahren an einen Scheideweg gelangten, wurden mit der NFA und der Schuldenbremse zwei wichtige institutionelle Reformen umgesetzt, die massgeblich zur Sicherung des Bundeshaushalts beigetragen haben. Beide Massnahmen haben die Rahmenbedingungen für die Umsetzung einer nachhaltigen Finanzpolitik verbessert. Jedoch sind weitere Anstrengungen für eine Trennung der Aufgaben zwischen Bund und Kantonen ebenso notwendig, wie die Weiterführung der Schuldenbremse vom politischen Willen ihrer Durchsetzung abhängig ist. Beide Themen werden die Bundesfinanzpolitik also weiterhin beschäftigen. Mit einiger Unsicherheit behaftet ist die Entwicklung des internationalen Steuerwettbewerbs, dessen Verschärfung seit den 1990er-Jahren zu den grössten langfristigen finanzpolitischen Herausforderungen der Schweiz zählt. Durch die Anstrengungen der OECD, die steuerlichen Rahmenbedingungen auf internationaler Ebene bis zu einem gewissen Grad zu vereinheitlichen, und die jüngsten Anstrengungen internationaler Organisationen wie der G20, die auf eine globale Mindeststeuer auf Firmengewinne zielen, wird der reine Steuerwettbewerb immer mehr eingeschränkt. Dies wird dazu führen, dass sich der internationale Standortwettbewerb auf andere Felder verlagern wird. Was die finanzpolitischen Konsequenzen für den Bund sein werden, lässt sich nicht abschätzen und hängt stark von den Entscheiden über die Höhe der Mindeststeuern ab.

Seit Jahrzehnten ungelöst ist die finanzielle Sicherung der Altersvorsorge, was die wohl dringendste finanzpolitische Herausforderung der kommenden Jahre darstellt. Für die AHV ist die demografische Alterung und die nun einsetzende Pensionierung der geburtenstarken Jahrgänge ein grosses Problem, da ihr immer mehr die Einnahmen fehlen, um die steigenden Ausgaben zu decken. Die laufenden Renten können seit 2014 nicht mehr mit den Beiträgen der öffentlichen Hand und den Lohnbeiträgen finanziert werden. In zehn Jahren, so die aktuellen Prognosen, wird der AHV-Fonds leer sein. Strukturelle Massnahmen, namentlich eine Erhöhung des Rentenalters, sind unumgänglich. Dabei zeigt ein Blick auf die vergangenen AHV-Reformen, dass Änderungen am Generationenvertrag einen schweren Stand haben. Seit der Jahrtausendwende sind drei AHV-Reformvorlagen an der Urne gescheitert (2004, 2010, 2017). Dank der Steuerreform und AHV-Finanzierung von 2020 fliessen der AHV jährlich zusätzlich 2 Mrd. Franken zu, was allerdings weder die Finanzierungslücke schliesst noch die strukturellen Probleme löst (→ Kapitel 9.6). Die aktuelle Reformvorlage «AHV 21» sieht eine Anhebung des Frauenrentenalters auf 65 sowie eine Erhöhung der Mehrwertsteuer vor. Damit wird die Finanzierung der AHV höchstens bis 2030 sichergestellt.[16]

Für den Bund bedeutet der Reformstau bei der AHV in erster Linie eine steigende finanzielle Belastung. In den Anfangsjahren der AHV bereitete ihm die Finanzierung seines Anteils dank der zweckgebundenen Tabak- und Alkoholsteuer keine Mühe. Bund und Kantone, so sah es der Verfassungsartikel von 1925 vor, finanzieren zusammen höchstens die Hälfte der AHV-Ausgaben. Die mit dem AHV-Gesetz von 1948 beschlossenen fixen Beiträge der öffentlichen Hand deckten anfangs rund 126 Prozent der Ausgaben. Dieser Anteil ging angesichts der steigenden Löhne (und Lohnbeiträge) bis 1956 auf ein Drittel zurück.[17] Aus diesem Grund wurde der Bundesanteil an der AHV im Rahmen der 6. AHV-Revision ab 1964 auf 15 Prozent festgelegt – womit der Bundesbeitrag auf einen Schlag um das Anderthalbfache erhöht wurde. Nach temporären Kürzungen in den 1970er-Jahren lag der Bundesanteil 1982 wieder auf 15 Prozent

16 Schweiz. Bundesrat, 2019.
17 Schweiz. Bundesrat, 1924, S. 727; 1956, S. 1497.

und ist seither auf 20.2 Prozent erhöht worden. Zur Deckung seiner Beiträge reichten dem Bund die zweckgebundene Alkohol- und Tabaksteuer bis 1972. Heute machen sie noch rund 6 Prozent des Bundesbeitrags aus. Ein wachsender Anteil wird mit Mitteln aus dem ordentlichen Haushalt finanziert. 1999 kamen ein Mehrwertsteuerprozent und 2000 die Spielbankenabgabe für die AHV-Finanzierung hinzu.[18]

Die steigende finanzielle Belastung des Bundes durch die AHV trug zu einem Verdrängungseffekt im Bundeshaushalt bei, der durch die Schuldenbremse akzentuiert wird. Wenn die Vorgaben der Schuldenbremse Sparmassnahmen notwendig machen, kann bei den gesetzlich «stark» gebundenen AHV-Ausgaben nur schwer gespart werden. Die Soziale Wohlfahrt gehört zusammen mit dem Bereich Verkehr sowie Finanzen und Steuer (Finanzausgleich, Kantonsanteile an den Bundeseinnahmen und Zinsen) zu den drei grössten Aufgabengebieten des Bundes, die gleichzeitig auch die am stärksten gebundenen Ausgaben aufweisen. Dabei ist der Bereich Soziale Wohlfahrt jener mit dem höchsten Ausgabenwachstum. Der Anteil der gesetzlich gebundenen Ausgaben am Bundeshaushalt beträgt heute rund 64 Prozent, während es in den 1990er-Jahren erst rund 35 Prozent waren.[19] Die stark gebundenen Ausgaben verdrängen die «schwach» gebundenen Bereiche wie die Landesverteidigung, die Landwirtschaft sowie Bildung und Forschung aus dem Budget. Diese Entwicklung schränkt nicht nur den Spielraum für finanzpolitische Prioritätensetzung ein, sie fördert auch eine «Flucht aus dem Budget»: Es wird versucht, Ausgaben als ausserordentlich zu verbuchen, um die Schuldenbremse zu umgehen – wie es beispielsweise 2016 bei den Asylkosten zur Diskussion gestanden hatte.[20]

Um zu verhindern, dass ein schwindender Anteil der Bundesausgaben der Schuldenbremse untersteht und um den Verdrängungseffekt im Bundeshaushalt zu verhindern, wäre die Ausdehnung der Schuldenbremse auf die Sozialwerke angezeigt, wie es Lars P. Feld und Christoph A. Schaltegger vorschlagen.[21] Mit einer Schuldenbremse für die Sozialwerke soll in erster Linie sichergestellt werden, dass bei einer drohenden finanziellen Schieflage

18 EDI, 2013, S. 10 f., 18.
19 NZZ, 31.8.2013; EFV, 2017.
20 NZZ, 12.12.2016.
21 Feld & Schaltegger, 2012.

rechtzeitig Sanierungsmassnahmen ergriffen werden. Feld und Schaltegger schlagen vor, den Spielraum bezüglich der zu treffenden Massnahmen bei der Politik zu belassen, gleichzeitig aber den Reformdruck durch automatisch ausgelöste Sofortmassnahmen beim Erreichen von verbindlich festgelegten Schwellenwerten deutlich zu erhöhen. Bei der Ausgestaltung der automatischen Massnahmen wäre die Wahrung einer Opfersymmetrie von zentraler Bedeutung. Zudem müsste es eine klar definierte Ausnahmeregelung in ausserordentlichen Situationen ermöglichen, von der Regel abzuweichen. Somit könnte eine finanzielle Schieflage bei der AHV auf wirkungsvolle Weise verhindert werden, ohne dass gleichzeitig andere Ausgaben aus dem Budget verdrängt werden.

4. Ein geglückter Start: Der Bundeshaushalt von 1848 bis 1913

Zur Zeit der Bundesstaatsgründung der Schweiz wurde Europa von einer Reihe von Krisen geschüttelt. Am Anfang stand ein verheerender negativer Angebotsschock: Missernten führten zu einer grossen Hungersnot, die bald von einer internationalen Konjunkturkrise mitsamt Finanz- und Bankenkrise überschattet wurde. Die Bewältigung der Krise – die Getreideimporte nach Mitteleuropa wurden deutlich ausgebaut – trieb die internationale Integration voran und gab einen ersten Impuls zur modernen Globalisierung. Sowohl auf wirtschaftlicher als auch auf politischer Ebene vollzog sich ein deutlicher Wandel. Während staatliche Stellen damit begannen, vermehrt den Wirtschaftsprozess zu steuern und den Handel zu liberalisieren, sprossen neue Unternehmensformen aus dem Boden: Aktiengesellschaften wurden gegründet und Universalbanken kamen auf. Letztere sorgten dafür, dass in grossem Umfang Kapital mobilisiert werden konnte.[22]

Europaweite Hungersnot am Vorabend der 1848-Revolutionen

Die europaweite Hungerkrise von 1846/47 war die letzte grosse Hungersnot des «alten Typs», die in der Regel nicht viel länger als einen Erntezyklus dauerten.[23] Sie war auf Missernten zurückzuführen, die durch schlechtes Wetter und Pflanzenkrankheiten herbeigeführt wurden. Gravierende Folgen hatte die «Kartoffelfäule», die Irland, aber auch Belgien und die Niederlande hart traf. Die Folgen waren Hunger und eine starke Inflation in Zen-

22 James, 2022, S. 47–71; 85–112.
23 Abel, 1974.

traleuropa, die die Preise von Grundnahrungsmittel besonders stark nach oben trieb. Auf die Hungerkrise folgte eine Epidemie. In Irland wurde die Bevölkerung 1847 von Fiebererkrankungen heimgesucht und im Herbst 1848 erreichte die Cholera, von Osten herkommend, Westeuropa.

In England platzt die Eisenbahn-Blase

Auf die Hungerkrise folgte eine Finanzkrise. Spekulanten hatten 1847 auf weiterhin steigende Preise gewettet, wurden dann aber von einer gewaltigen Ernte und einem deutlichen Anstieg von Getreideimporten überrascht. Die Preise begannen rasch zu fallen und die Nahrungsmittelspekulation war ihrer Grundlage beraubt. Parallel dazu platzte in Grossbritannien eine Eisenbahn-Blase, wo sich die Spekulation in Eisenbahnaktien beinahe zum Volkssport entwickelt hatte. Die Massnahmen, die die Regierung Englands und die Bank of England zur Verbesserung der Lage der Bevölkerung ergriffen, trugen nichts zur Linderung der Krise bei – vielmehr erhöhten sie die Kraft des Schocks sogar. Eine Bankenkrise («Panic of 1847») konnte nicht verhindert werden, vier Grossbanken (Royal Bank of Liverpool, Liverpool Banking Company, North and South Wales Bank und Newcastle Jointstock Bank) sowie mehrere kleine Banken gingen bankrott. Von England aus griff die Krise zunächst auf Frankreich, Hamburg und die Niederlande über, von wo aus sie schliesslich ganz Zentraleuropa erfasste.

Revolutionäre Aufstände überziehen Europa

1848 breiteten sich von Paris («Februarrevolution») ausgehend revolutionäre Bewegungen schnell über ganz Europa aus und erfassten das Deutsche Reich, das Kaiserreich Österreich und Italien. Überall erfolgte der Ruf nach Verfassungen, Wahlrechtsreformen, Presse- und Versammlungsfreiheit und sozialen Reformen. In Frankreich wurde König Louis-Philippe gestürzt und die Zweite Republik ausgerufen, im deutschen Raum kam es zur Bildung der Frankfurter Nationalversammlung, die die erste deutsche Verfassung ausarbeitete. Verschiedene italienische Staaten kämpften unter der Führung von König Karl Albert von Sardinien-Piemont gegen die Habsburgermonarchie, um die österreichische Herrschaft zu beenden und einen unabhängigen italienischen Staat zu gründen. Auch Kaiser Ferdinand I. von Österreich machte Zugeständnisse, indem er eine Verfassung zusicherte und den konservativen Kanzler Metternich entliess. Dies konnte ihn nicht davor bewahren, zurückzutreten und den Thron für seinen Neffen Franz Josef I. freizumachen.

Die Erfolge der revolutionären Bewegungen währten jedoch nur kurz. Innert Jahresfrist waren die meisten Aufstände niedergeschlagen. Die Aristokratie und konservative Kräfte gelangten zurück an die Macht. Die alte Ordnung war grösstenteils wiederhergestellt und die erkämpften Reformen wurden abgeschwächt oder gänzlich aufgehoben. Dennoch markierten die Revolutionen von 1848 einen Wendepunkt in der europäischen Geschichte, der einen signifikanten Einfluss auf die weitere Entwicklung hatte. Sie ebneten den Weg für spätere politische und soziale Reformen und trugen in Italien und Deutschland zum Prozess der nationalen Einigung bei.[24]

Neue Institutionen entstehen

Die neuen Regierungen zogen Lehren aus der wirtschaftlichen Krise der 1840er-Jahre. Der Schock war durch verfehlte politische Massnahmen verstärkt worden, weshalb sie vor der Frage standen, wie Politik wirksamer gestaltet werden kann. Auch schienen neue Institutionen notwendig – die Zentralbanken von Frankreich und England hatten in der Krisenbekämpfung keine gute Figur gemacht. Sowohl die Bank of England als auch die Banque de France erlebten einen drastischen Abfluss der Goldreserven und waren mit der Kritik konfrontiert, dass die Reaktionen – namentlich die Bereitstellung von Liquidität – schneller und umfangreicher hätten erfolgen sollen.

Die Erfahrungen aus der Krise führten zu einer Überarbeitung der Bankenregulierung. In Grossbritannien und in Frankreich wurden die gesetzlichen Bestimmungen angepasst, um den Zentralbanken mehr Befugnisse

24 Vgl. Clark, 2023.

und Flexibilität in der Geldpolitik zu verschaffen. In Frankreich wurde 1852 die Société Générale du Crédit Mobilier gegründet. Sie machte die Finanzierung von grossen Infrastrukturprojekten, wie den Eisenbahnbau, durch die Ausgabe von Aktien und Anleihen möglich. Sie erweiterte die Geschäftsfelder traditioneller Banken um das Anlagegeschäft. Der moderne Kapitalmarkt entstand. Die Crédit Mobilier diente als Vorbild für neu gegründete Universalbanken und die Eisenbahngesellschaften wurden zum Prototyp für Grossunternehmen.

Wirtschaftliche Expansion

Es setzte ein breiter Aufschwung ein, der mit einigen Unterbrechungen bis in die frühen 1870er-Jahre anhielt. Die Preise stiegen ebenso wie die Gewinne der Unternehmen. Krisen, wie die erste Weltwirtschaftskrise von 1857, vermochten den Aufwärtstrend jeweils nur kurzfristig zu unterbrechen. Die Expansionsphase stützte sich zunächst stark auf die Goldfunde in Kalifornien: Dank dem «Goldrausch» stieg die Geldmenge deutlich schneller an als zuvor. Diese Zunahme der Goldreserven ermöglichte es der Regierung, mehr Goldmünzen zu prägen und dadurch die Geldmenge im Umlauf zu erhöhen. Da mehr Geld für Investitionen und Konsum verfügbar war, kam es zu einer Belebung der Wirtschaft. Aber auch das Bevölkerungswachstum und die zahlreichen technischen und wirtschaftlichen Innovationen dieser Zeit schufen gute Voraussetzungen für die gute wirtschaftliche Entwicklung.

Ein deutlicher Globalisierungsschub

Der Aufschwung ging Hand in Hand mit der Entstehung der modernen Globalisierung, wobei die Krise der 1840er-Jahre ein wichtiger Auslöser für diesen tiefgreifenden globalen Wandel war.[25] Die Rahmenbedingungen für den internationalen Handel begannen sich zu verbessern und der Welt-

25 Vgl. Kindleberger, 1975, S. 20–55.

handel verzeichnete einen beachtlichen Zuwachs. Geld und Waren wurden dorthin transportiert, wo sie am meisten Nutzen versprachen, und Menschen gingen dorthin, wo sie ihr Glück zu finden hofften. Die «Transportrevolution» mit den neuen Transportmittel Dampfschiff und Eisenbahn förderte das Wachstum des Welthandels. Die Globalisierung schritt zügig voran. Die Kontinente rückten näher zusammen und es entwickelte sich eine eigentliche Weltwirtschaft.

Einen entscheidenden Wendepunkt markierte die Abschaffung der Getreidegesetze («Corn Laws») 1846 in England. Damit fielen die hohen Zölle auf importiertes Getreide, die dem Schutz der britischen Landwirtschaft gedient hatten. Dieser Schritt hatte Signalwirkung und zog eine Welle von Handelsliberalisierungen nach sich. Schliesslich wurde 1860 mit dem «Cobden-Chevalier-Vertrag», einem Freihandelsabkommen mit Frankreich, das zentrale Modell für die weltweite Handelsliberalisierung gefunden. Für Frankreich, das unter Napoleon III. einen politischen und wirtschaftlichen Wandel erlebte, bedeutete das Abkommen mit England einen deutlichen Bruch mit der protektionistischen Tradition und initiierte eine Ära des freieren Handels. Für den Deutschen Bund bedeutete der 1833 gegründete Deutsche Zollverein einen wichtiger Schritt zur Vereinheitlichung der Handelspolitik und zur wirtschaftlichen Integration. Die Binnenzölle wurden abgeschafft, jedoch scheiterte die insbesondere von Preussen und dem liberalen Bürgertum geforderte freihändlerische Ausrichtung am Widerstand der schutzzöllnerisch ausgerichteten Mitglieder. Dennoch stieg der Binnen- und Aussenhandel dank des wirtschaftlichen Aufschwungs stark an.

Ein Krieg mit weitreichenden Folgen

Im Juli 1870 eskalierte der diplomatische Konflikt um die spanische Thronfolge und führt zum Ausbruch des Deutsch-Französischen Krieges (1870/71). Das Zweite Kaiserreich Frankreichs, angeführt von Kaiser Napoleon III., wurde vom Norddeutschen Bund besiegt, der unter der Führung von Preussens Kanzler Otto von Bismarck stand. Mit dem «Frieden von Frankfurt» im Mai 1871 wurde Frankreich verpflichtet, das Elsass und Teile Lothringens abzutreten und hohe Reparationszahlungen zu leisten. Der Krieg markierte einen Wendepunkt in der europäischen Geschichte. Im Januar 1871 wurde das Deutsche Kaiserreich gegründet, als die süddeutschen Staaten dem Norddeutschen Bund beitraten und Wilhelm I. zum deutschen Kaiser ausgerufen wurde. In Frankreich leitete die Gefangennahme Napoleons III. in der Schlacht von Sedan im September 1870 das Ende des Zweiten Kaiserreichs sowie den Übergang zur Dritten Republik ein.

Goldgräberstimmung um 1870

In den 1870er-Jahren war die Welt stärker verflochten als je zuvor: Die Geschwindigkeit des Informationsaustauschs zwischen der Alten und der Neuen Welt hatte dank dreier Transatlantikkabel eine neue Dimension angenommen, Dampfschiffe brachten Waren schneller, günstiger und zuverlässiger über die Ozeane und die Eisenbahnnetze erschlossen die Kontinente, was den Transport von landwirtschaftlichen Erzeugnissen über lange Distanzen ermöglichte. Das Angebot und die Verfügbarkeit von Gütern erhöhte sich, was einen positiven Angebotsschock in Europa auslöste. In der westlichen Welt herrschte Euphorie: Waren und Nahrungsmittel waren in grossen Mengen und billiger verfügbar, die politische Entwicklung in Europa (u. a. Italienische Einigung 1870, Gründung des Deutschen Reichs 1871) und den Vereinigten Staaten (Sezessionskrieg 1861–1865) und der danach einsetzende Immobilienboom in den Hauptstädten stützte diese Stimmung. Gold entwickelte sich de facto zur Weltwährung, versprach neue Stabilität und schuf Vertrauen. Die Investitionsstimmung war aufgrund der wirtschaftlichen Expansion und der Industrialisierung optimistisch. Die Eisenbahngesellschaften dominierten weltweit die Aktienmärkte, die den Mittelstand mit seinen Ersparnissen anzogen.

In Deutschland mündete der konjunkturelle Aufschwung, der bereits in den 1860er-Jahren deutlich an Fahrt aufgenommen hatte, nach dem Sieg im Deutsch-Französischen Krieg 1870/71 in einem regelrechten Wirtschaftsboom. Die Schaffung eines einheitlichen Wirtschaftsraums und die Einführung einer wirtschaftsliberalen Gesetzgebung durch die Staatsgründung 1871 trugen ebenso ihren Teil dazu bei wie die französischen Reparationszahlungen. Wichtige Unternehmen in den Bereichen der Finanzwirtschaft, der Stahlindustrie, der chemischen Industrie, des Maschinenbaus sowie der Eisenbahn wurden gegründet.

Der Gründerkrach

Im Jahr 1873 brach der «Gründerkrach aus – eine Weltwirtschaftskrise, die aus der Spekulationseuphorie der Gründerjahre hervorging. In Europa und Nordamerika brachen Aktienmärkte nacheinander ein und es kam zu einer Welle von Unternehmensbankrotten. Der Gründerkrach nahm seinen unmittelbaren Anfang mit dem Wiener Börsenkrach. Am 9. Mai 1873 platzte die Spekulationsblase, als die Maklerbank des Investors Adolf Petschek Insolvenz anmeldete. Noch am selben Tag gingen 120 weitere Banken Konkurs. Auch in Berlin gerieten die Finanzmärkte im Mai in eine Abwärtsspirale, jedoch kam der Börsencrash erst im Oktober. Damit fanden die Gründerjahre ein Ende. In den USA kam es zum Crash, als im September die Investmentbank Jay Cooke & Company bankrottging, die auf die Finanzierung von Infrastrukturprojekten spezialisiert war. Auch Grossbritannien war von der Krise betroffen, jedoch erlebte das Land nicht das finanzielle Chaos, wie es in Mitteleuropa und den Vereinigten Staaten der Fall war.

Auf die Krise folgte eine lange Deflationsphase («Gründerkrise» oder «lange Depression»), die bis in die späten 1890er-Jahre anhielt. Alles in allem setzte sich das Wirtschaftswachstum in dieser Phase fort, allerdings deutlich langsamer und unter deflationären Bedingungen. Dabei waren die einzelnen Wirtschaftszweige unterschiedlich betroffen. Während die Schwerindustrie unter Absatzproblemen litt und die Landwirtschaft mit steigender internationaler Konkurrenz zu kämpfen hatte, ging es für die chemische und die elektronische Industrie aufwärts. Am stärksten betroffen war Grossbritannien, das seinen grossen industriellen Vorsprung gegenüber den Volkswirtschaften Kontinentaleuropas teilweise einbüsste. Betroffen war neben der verarbeitenden Industrie auch der Agrar- und der Finanzsektor.[26]

26 Moseley, 1997, S. 148 f.

Eine Phase der Deglobalisierung beginnt

Die Weltwirtschaftskrise markierte einen wichtigen Wendepunkt, an dem die Zeit des Freihandels in Europa zu Ende ging.[27] Als Reaktion auf die Krise, aber auch durch verstärkte Konkurrenz von landwirtschaftlichen Produkten aus den Vereinigten Staaten und Russland sowie wegen des Erstarkens von Lobbygruppierungen kehrten fast alle europäischen Staaten ab Mitte der 1870er-Jahre zum Protektionismus zurück.

Im Deutschen Reich ging Kanzler Otto von Bismarck bald zu einer Schutzzollpolitik über. Die mit dem «Gründerkrach» von 1873 einsetzende Wirtschaftskrise, die der Gründerzeit ein jähes Ende bereitete, hatte einen Stimmungsumschwung herbeigeführt. Industrie und Landwirtschaft litten unter der Konkurrenz der britischen Industrie und dem günstigen amerikanische Getreide und übten scharfe Kritik am Freihandel. Die beiden Lager schlossen sich in einer Interessenkoalition zusammen («Hochzeit von Eisen und Roggen») und forderten die Einführung von protektionistischen Massnahmen. Schliesslich führte die Reichsregierung 1879 Schutzzölle auf ausländische Agrar- und Industrieprodukte ein.

Auch in Frankreich wurde der Ruf nach protektionistischen Massnahmen laut. Die Zolltarife wurden erhöht, allerdings verhinderte eine Allianz aus Freihändlern und Industriellen im Parlament die Verabschiedung von substanziell höheren Zöllen. Dies änderte sich nach den Wahlen vom Oktober 1889. Die Unterstützung für den Protektionismus wuchs und führte schliesslich zu einer Erhöhung der Getreidezölle, um die Konkurrenz aus Amerika zu bekämpfen. Zu Beginn des Jahres 1892 hob Frankreich schliesslich den Cobden-Chevalier-Vertrag auf und führte den protektionistischen «Méline-Tarif» ein, was das Ende einer dreissigjährigen Periode des Freihandels bedeutete.

Die grosse Ausnahme bildete Grossbritannien. Als Pionierin des Freihandels und als Zentrum des globalen Handels blieben dort die Zolltarife nach 1870 weitgehend stabil. In Grossbritannien hatte sich der Freihandel seit der Abschaffung der Corn Laws 1846, welche hohe Einfuhrzölle und Einfuhrverbote für ausländisches Getreide vorsahen, etabliert. Die Abhängig-

27 Vgl. Kindleberger, 1975, S. 20–55; Meadwell, 2002, S. 623–651; Rose, 2013, 77–96.

keit von Zolleinnahmen war in Grossbritannien deutlich tiefer. Die Briten kannten im Unterschied zu Frankreich und Deutschland im späten 19. Jahrhundert bereits eine staatliche Einkommensteuer, die 1881 bereits 25 Prozent der gesamten britischen Steuereinnahmen ausmachte.

Ein Vorkriegsboom

Nach der langen Stagnationsphase nahm die wirtschaftliche Entwicklung kurz vor der Jahrhundertwende wieder an Fahrt auf. Dank technologischen Innovationen wie die Elektrifizierung, die Massenproduktion oder die Telekommunikation sowie Fortschritten in der chemischen Industrie und der Stahlproduktion erfuhren Europa und die Vereinigten Staaten die zweite industrielle Revolution. Weltweit verbesserte sich das Wirtschaftsklima. Zwischen 1895 und 1913 konnte die globale Wirtschaft eine Phase robuster Expansion verzeichnen, in der insbesondere die Vereinigten Staaten und Deutschland durch eine bemerkenswerte Dynamik hervorstachen.[28] Die Vereinigten Staaten durchliefen einen rasanten Industrialisierungsprozess und erlebten dabei eine Wachstumsphase. Deutschland konnte seine Position als führende Industrienation festigen. 1913 übertraf die Produktion von Eisen und Stahl in Deutschland jene im Vereinigten Königreich. Grossbritannien, die unangefochtene industrielle Supermacht des 19. Jahrhunderts, musste einen Rückgang des komparativen wirtschaftlichen Vorsprungs hinnehmen. Um die Jahrhundertwende hatten die Vereinigten Staaten und Deutschland eine Stufe der Industrialisierung erreicht, die mit der britischen vergleichbar war. Frankreichs Industrialisierung verlief weniger schnell als jene in Deutschland und den USA, gleichwohl verzeichnete das Land kurz vor der Jahrhundertwende im Vergleich zu den Jahren zuvor ein deutlich höheres Wirtschaftswachstum.

28 Berghahn, 2005, S. 7–32; Milza & Poidevin, 1992, S. 89–107.

4.1 Der Bund erlangt die finanzielle Unabhängigkeit

Während Europa in den 1840er-Jahren von politischen Umwälzungen und Unruhen geprägt war, gelang es der Schweiz, einen wichtigen Schritt in Richtung Stabilität und Einheit zu machen, indem sie 1848 erfolgreich und auf demokratischem Weg den Bundesstaat gründete. Damit begann ein neues Kapitel in der Geschichte der Bundesfinanzen. Durch die Bundesverfassung erfuhren der Staatsaufbau und die öffentlichen Finanzen der Schweiz einen grundlegenden Wandel. Bei der Verfassungsgebung sicherten sich die Kantone ihre historisch starke Stellung und erlangten insbesondere auch in finanzpolitischen Belangen Einfluss auf Bundesebene. Indem dem Bund zur Finanzierung seiner Aufgaben eigene Einnahmen zugewiesen wurden, entwickelte sich der Finanzausgleich – die Verteilung von Aufgaben und Einnahmequellen sowie die Entschädigungsfrage – schon vor der Bundesstaatsgründung zum Dreh- und Angelpunkt der schweizerischen Finanzpolitik.

Ein Bürgerkrieg ebnet den Weg für eine liberale Verfassung

Der Bundesstaatsgründung war eine lange Phase mit starken politischen Spannungen zwischen Liberalen und Radikalen auf der einen Seite – vom Historiker und Politologen Erich Gruner[29] als «freisinnige Grossfamilie» zusammengefasst – und den Konservativen auf der anderen Seite vorausgegangen. Nach einer gescheiterten Revision des Bundesvertrags 1833 verschärfte sich der Konflikt, der zunehmend entlang der Konfessionsgrenze verlief. Die Spannungen zwischen dem liberal-radikalen, mehrheitlich reformierten Lager und dem konservativen, mehrheitlich katholischen Lager entlud sich 1847 im «Sonderbundskrieg». General Guillaume-Henri Dufour spielte eine zentrale Rolle in diesem Konflikt, indem er die eidgenössischen Truppen kommandierte und durch seine gemässigte und umsichtige Kriegsführung zum raschen Ende des Konflikts beitrug, was die Einheit und den Zusammenhalt der Schweizer Kantone förderte. Der Sieg der Frei-

29 Gruner, 1977.

Der Waadtländer Henri Druey (*1799–†1855) war Mitglied der Kommission zur Revision des Bundesvertrags und gehörte 1848 zur Gründergeneration im Bundesrat.

sinnigen ebnete den Weg für die Bundesrevision und die Verabschiedung der Schweizer Bundesverfassung von 1848, welche die Gründung des modernen Bundesstaates Schweiz markierte.[30]

Als im Februar 1848 erstmals die Kommission für die Verfassungsrevision zusammentrat, brach fünf Tage später in Paris die Revolution aus, die sich rasch zu den Europäischen Revolutionen (1848/49) ausweitete. Damit waren auch die äusseren antiliberalen Kräfte geschwächt. Den Befürwortern des Bundesstaats bot sich eine einmalige Gelegenheit, wie es der Waadtländer Radikale Henri Druey, einer der Väter der Verfassung von 1848, im Bericht der Kommission festhielt:

> «Dagegen hatten diese [ausserordentlichen Ereignisse im Ausland] den Einfluss, dass sie das Gefühl lebendig machten, die Schweiz sei in der Ausübung ihres freien Rechtes von aussen her auf keine Weise gehemmt, während jene Ereignisse von der Entwicklung des Geistes Zeugnis ablegten und die Möglichkeit zeigten, Ideen ins Leben zu führen, welche zu anderen Zeiten von manchem als Utopien betrachtet worden wären.» (Komm.Ber., 1848, S. 6)

Die Revisionskommission arbeitete in weniger als acht Wochen einen Verfassungsentwurf aus, der in der Tagsatzung kaum geändert wurde. Am

30 Vgl. Jung, 2022; Kölz, 1992, S. 209–227.

27. Juni 1848 akzeptierte die Tagsatzung mit einem Mehr von 13 Kantonen den Verfassungsentwurf. In den kantonalen Abstimmungen im Sommer wurde die Bundesverfassung von 15.5 Kantonen angenommen und von 6.5 Kantonen abgelehnt.[31] Darauf erklärte die Tagsatzung die Bundesverfassung am 12. September 1848 für angenommen.[32]

Gedenkblatt anlässlich der Inkraftsetzung der Bundesverfassung am 12. September 1848.

Kein Diktat der Sieger: Der Verfassungskompromiss von 1848

Die Verfassung von 1848 war ein Kompromisswerk, mit dem ein Ausgleich zwischen den zentralistisch orientierten Radikalen und den föderalistisch ausgerichteten Konservativen geschaffen wurde. Henri Druey erklärte den Ausgleich zwischen den kantonalen und den nationalen Interessen zum «Schlüssel zu allen Artikeln» des Verfassungsentwurfs:

---

31 Mit Luzern und Freiburg stimmten auch zwei wichtige Sonderbundskantone der Verfassung zu. Allerdings wurden in Luzern die Nicht-Stimmenden zu den Ja-Stimmen gezählt – wie es damals Usus war in Luzern –, während in Freiburg der Grosse Rat die Entscheidung traf. Zur ablehnenden Minderheit gehörten neben den übrigen fünf Sonderbundskantonen auch das Tessin, das mit der Regelung der Zollablösung unzufrieden war.

32 Für eine detaillierte Darstellung der Verhandlungen siehe Kölz (1992, S. 554–567), His (1938, S. 6–42) und Holenstein (2018).

«Ein Föderativsystem, welches die beiden Elemente, welche nun einmal in der Schweiz vorhanden sind, nämlich das nationale oder gemeinsame und das kantonale oder besondere, achtet, welches jedem dieser Elemente gibt, was ihm im Interesse des Ganzen und seiner Theile gehört, welches sie verschmelzt, vereinigt, welches die Glieder dem Ganzen, das Kantonale dem Nationalen unterordnet, indem sonst keine Eidgenossenschaft möglich wäre und die Kantone in ihrer Vereinzelung zu Grunde gehen müssten; – das ist's, was die jetzige Schweiz bedarf, das ist's, was die Kommission anstrebte in dem Entwurf einer Bundesverfassung, den sie der Tagsatzung vorzulegen die Ehre hat; das ist der Grundgedanke der ganzen Arbeit, der Schlüssel zu allen Artikeln.» (Komm.Ber., 1848, S. 9)

Der Thurgauer Jurist Johann Konrad Kern (*1808–†1888) zählte zu den führenden liberalen Staatsmännern der Regenerationszeit und war Mitverfasser der Bundesverfassung von 1848.

Als eine der «hauptsächlichen Klippen der Revisionsarbeiten», so der liberale Thurgauer Tagsatzungsgesandte Johann Konrad Kern, erwies sich die Gestaltung der Bundesversammlung. Nach langwierigen Diskussionen einigte man sich auf den «grossen Kompromiss», wie es der Zürcher Rechtsprofessor und Verfassungshistoriker Alfred Kölz ausdrückte: Die Schweiz wurde als föderalistischer Staat mit einem Zweikammersystem nach amerikanischem Vorbild gestaltet. Mit dem Nationalrat wurde eine zentralistische Volksvertretung geschaffen, während der Ständerat den politischen Einfluss der Kantone auf Bundesebene sicherte. Der Ständerat war die «wesentliche Garantie gegen Übergriffe der Centralgewalt» und sollte, so Henri Druey, insbesondere die finanziellen Interessen der Kantone wahren:

> «Die Kantone, im Ständerath repräsentirt, werden über die Finanzen wachen. Sie werden einer Majorität des Nationalrathes, wenn diese die Interessen der Kantone und der Steuerpflichtigen zu sehr vergessen sollte, ihr Veto entgegenzusetzen wissen.» (Komm.Ber., 1848, S. 80)

Indem beide Räte einander gleichgestellt wurden und Vorlagen sowohl vom Nationalrat als auch vom Ständerat verabschiedet werden müssen, fand man «[...] die politische Formel, um Vergangenheit und Zukunft am reibungslosesten zu verbinden», so der Historiker Edgar Bonjour.[33] Damit gelang es, 1848 eine Verfassung hervorzubringen, die in ihren Grundzügen bis heute noch Bestand hat. Allerdings führte die gesellschaftliche und wirtschaftliche Entwicklung bereits 1874 zu einer ersten Totalrevision, die einen Ausbau der Bundeskompetenzen und der Volksrechte brachte (→ Kapitel 4.2).

Der Wirkungskreis des Bundes bleibt klein

In einem föderalen System wie der Schweiz gehört der Finanzausgleich zwischen den Staatsebenen, also die Verteilung von Aufgaben und Einnahmen sowie die Entschädigungsfrage, zu den zentralen Fragen der Verfassungsgebung. Dem Bund wurden nur geringe Befugnisse übertragen. Ein Grossteil der Staatsaufgaben blieb bei den Kantonen – darunter die Schul- und die Kirchenhoheit, das Verkehrswesen, das Polizeiwesen und weite Bereiche des Rechtswesens. Um die kantonalen Interessen zu schützen, wurden die Befugnisse des Bundes in der Verfassung abschliessend aufgezählt. Indem eine Übertragung von Aufgaben an den Bund eine Verfassungsänderung bedingt, wurde gewährleistet, dass neue Staatsaufgaben grundsätzlich im Kompetenzbereich der Kantone liegen.[34]

Die Bundesverfassung von 1848 nannte als ersten Zweck des Bundes die Behauptung der Unabhängigkeit nach aussen und die Handhabung von Ruhe und Ordnung im Innern. Damit wurde die Landesverteidigung zur wichtigsten Aufgabe des Bundes. Während in der Revisionskommission

33 Bonjour, 1948, S. 80.
34 Kley, 2013, S. 294 f.

weitgehend Einigkeit über die Weiterführung des Milizsystems herrschte, gab es bei der Frage nach dem Zentralisierungsgrad Konflikte zwischen den Radikalen, die das Militär vollumfänglich dem Bund übertragen wollten, und den konservativen Föderalisten, welche die Instruktion der Truppen den Kantonen überlassen wollten. Auch in dieser Frage musste gemäss Henri Druey Rücksicht auf die Kantone genommen werden:

> «Da die Behauptung der Unabhängigkeit ein Hauptzweck des Bundes ist, so hängt eine grössere Centralisation der militärischen Einrichtungen aufs Engste mit einer Bundesrevision zusammen, welche eine Stärkung der Centralgewalt beabsichtigt. Dem ungeachtet kann nicht von einer vollständigen Centralisation die Rede sein, weil bei der militärischen, wie der politischen Organisation der vorherrschende Gedanke des ganzen [Verfassungs-]Entwurfes, nämlich die Teilnahme der Nation und der Kantone, sich nicht verlieren darf.» (Komm.Ber., 1848, S. 21)

Man einigte sich schliesslich auf einen Kompromiss. Der Bund übernahm den höheren Militärunterricht sowie die Ausbildung der Spezialtruppen und die Kantone waren weiterhin für die Infanterie und die Ausrüstung der Wehrmänner zuständig.[35]

Die Schaffung eines einheitlichen Wirtschaftsraums

Die übrigen Bundesaufgaben, die aus finanzpolitischer Sicht relevant waren, dienten weitgehend der «Beförderung der gemeinsamen Wohlfahrt» – ebenfalls als Bundeszweck in der Verfassung aufgeführt. Die Freisinnigen und insbesondere die Radikalen wollten dem Bund eine Reihe von Kompetenzen übertragen, um kantonale Schranken für die Wirtschaft zu beseitigen und einen eidgenössischen Binnenmarkt zu schaffen. Dabei handelte es sich mehrheitlich um Bereiche, in denen es vor der Bundesstaatsgründung bereits erfolglose Bestrebungen für interkantonale Konkordate gegeben hatte. Dazu gehörte an erster Stelle die Zentralisierung des Zollwesens.

35 His, 1938, S. 759–762.

Was die vielen kantonalen Zölle und Zollstellen für den Handel bedeuteten, hatte der eidgenössische Zollrevisor Johann Caspar Zellweger 1823 anschaulich beschrieben:

> «Es sind in der ganzen Eidgenossenschaft über vierhundert, welche das bunteste Gemälde bilden. Bald sieht man Weg- und Brückengelder von der Bespannung, von den Wagen, bald von dem Gewicht oder von den Waren bezogen; ja es gibt sogar Beispiele, wo von jedem angespannten Pferd bis auf das Vierfache bezogen wird, je nachdem es die eine oder andere Ware zieht. Bald sieht man unter dem Namen Zölle, Geleit, Fuhrleiten, Bruchgeld, Trattengeld, Weg-, Brücken-, Sustgeld eine Kumulation von Gebühren, die, wenn jede einzeln auch noch so klein ist (welches aber nicht immer der Fall ist), zusammengenommen nicht unbedeutend sind.» (Tagsatzung 1823, S. 3)

Zollkarte der Schweiz von 1825: Der Buchstabe Z bezeichnet die Zollstätten.

Obwohl die Gründung des Deutschen Zollvereins 1834 den Bestrebungen zur Vereinheitlichung des Zollwesens einen Schub verliehen hatte, präsentierte sich die Situation 1847 unverändert, wie es aus dem Bericht der Revisionskommission hervorgeht:

> «Während andere Staaten rings um uns herum Transit bis in die Seeplätze frei gaben, suchten unsere Kantone die Kosten ihres Strassenunterhaltes durch Transitzölle, Weg- und Brückengelder zu bestreiten und verscheuchten dadurch den Durchzug von Kaufmannsgütern beinahe ganz vom schweizerischen Boden.» (Komm.Ber., 1848, S. 29)

Die Zentralisierung des *Zollwesens* war ein zentrales Ziel der Freisinnigen und weitgehend unbestritten. Allerdings war mit der Übertragung des Zollwesens auch die Frage der Entschädigung der Kantone verbunden, was sie, wie weiter unten ausgeführt wird, zu einer der anspruchsvollsten Aufgaben der Verfassungsrevision machte.[36]

Für die Übertragung des *Postwesens* auf den Bund sprachen ähnliche Gründe wie beim Zollwesen. Es galt, «Ordnung in dieses halb anarchische System zu bringen», so der Schweizer Ökonom William Rappard.[37] 1848 gab es auf dem Gebiet der Eidgenossenschaft vierzehn Postanstalten mit eigenen Tarifsystemen, was den Briefverkehr teuer und langsam machte. Einige Kantone verrechneten Durchgangs-n, was zur Folge hatte, dass das Porto für einen Brief von Genf in die Ostschweiz ebenso hoch war wie für einen Brief aus der Türkei in die Schweiz.[38]

Um aus der Eidgenossenschaft ein einheitliches Wirtschaftsgebiet zu machen, wurde auch das *Münzwesen* vereinheitlicht. Vor 1848 kursierten über dreihundert verschiedene Münzsorten auf Schweizer Boden. Bis zur Bundesstaatsgründung waren alle Bestrebungen für die Einführung einer einheitlichen Währung an der Wahl des Münzsystems gescheitert. Und auch die Revisionskommission tat sich in dieser Frage schwer, weshalb sie sich darauf beschränkte, dem Bund die Münzhoheit zu übertragen. Der Entscheid

36 Humair, 2004, S. 129; Bucher, 1980, S. 1005; Halbeisen & Müller, 1998, S. 132 f.
37 Rappard, 1948, S. 282.
38 Furrer, 1848, S. 10.

fiel erst mit dem Münzgesetz von 1850 auf den Schweizer Franken. Man nahm den Französischen Franc als Vorbild, was wegen dessen internationalen Verbreitung und der Abstützung auf dem Dezimalsystem geschah.[39]

Auch bei den *Massen und Gewichten* war die Vereinheitlichung unumstritten, nicht aber die Wahl des Mass- und Gewichtsystems. Erst 1877, zwei Jahre nachdem die Schweiz zusammen mit sechzehn anderen Staaten der internationalen Meterkonvention beigetreten war, konnten Masse und Gewichte vereinheitlicht werden.[40]

Zudem erhielt der Bund die Kompetenz, eine *eidgenössische Universität* und eine *polytechnische Schule* zu errichten. Auf die ursprünglich angedachte Verpflichtung zur Einführung einer Hochschule wurde wegen des grossen finanziellen und föderalen Widerstands verzichtet. Dieser zeigte sich auch 1854, als die Errichtung einer eidgenössischen Universität am Widerstand der Katholisch-Konservativen und der Universitätskantone scheiterte. Im Folgejahr konnte hingegen das Eidgenössische Polytechnikum, die heutige Eidgenössisch Technische Hochschule, gegründet werden.[41]

Der Bund erhält eine Subventionskompetenz

Von besonderer Relevanz war das Recht des Bundes, im Interesse der Eidgenossenschaft öffentliche Werke zu errichten oder deren Errichtung zu unterstützen. Für den ersten Bundespräsidenten, den Winterthurer Jonas Furrer, eine zentrale Kompetenz des Bundes:

> «Statt die Klöster zu garantiren, […], will der künftige Bund, so viel wenigstens in seinen ökonomischen Kräften steht, Anstalten und Unternehmungen gründen, welche dem Vaterlande zu Ehre und Wohlfahrt gereichen, z.B. Anstalten für den höhern Unterricht, Kanäle und Flusskorrektionen, Strassen, Eisenbahnen, Entsumpfungen u. dergl., auf dass bleibende Denkmäler Zeugnis ablegen, was die Begeisterung, Kraft und Einigkeit eines Volkes vermögen.» (1848, S. 5)

39 Baltensperger, 2012, S. 49, 81 f.
40 His, 1938, S. 1058–1063.
41 Bonjour, 1848, S. 175 f.; Kölz, 1992, S. 595–599.

Der entsprechende Verfassungsartikel war in der Tagsatzungsverhandlung von Zürich kritisiert worden, weil er «in Ungewissheit lasse, wie weit er führen solle».[42] Die Zürcher befürchteten, dass sich der Bund mit dem Bau von Eisenbahnen finanziell übernehme oder Werke errichte, die nur einer beschränkten Anzahl von Kantonen diene. Allerdings gelang es den Zürchern weder, den Artikel enger zu fassen (für die Errichtung eines öffentlichen Werkes sollte das «Interesse der ganzen Eidgenossenschaft» vorausgesetzt werden), noch den Artikel selbst zu verhindern. Eine grosse Mehrheit von 16 Kantonen stimmte dem Subventionsartikel in der Tagsatzung zu.

Die Finanzierung des Bundes: ein altes Problem

Beim zweiten Aspekt des Finanzausgleichs zwischen Bund und Kantonen, der mit der Aufgabenverteilung korrespondierenden Verteilung der Einnahmen, galt es für die Revisionskommission, ein altbekanntes Problem zu lösen. Schon vor der Bundesstaatsgründung hatte die Finanzierung der Bundesaufgaben immer wieder Probleme bereitet. Im 18. Jahrhundert existierte kein eidgenössischer Haushalt. Als Napoleon 1798 die Helvetische Republik errichtete und ein zentrales Steuersystem schuf, kam dies einer finanzpolitischen Zäsur gleich. Die Folge waren chaotische Zustände. Weil es nicht gelang, genügend Einnahmen zu beschaffen, musste die Helvetische Republik 1801 ihre Zahlungen einstellen.[43] In der Mediationszeit gestaltete sich die finanzielle Situation des Bundes kaum besser. Weil die Zollrechte und Regalien an die Kantone zurückgefallen waren, fehlte dem Bund eine reguläre Einnahmequelle. Für seine Ausgaben war er auf kantonale Geldkontingente angewiesen, die aber von den Kantonen nur zögerlich bewilligt wurden.[44] Unter dem Staatenbund wurde der Bundeshaushalt dank der neu geschaffenen Kriegskasse zwar gestärkt, dennoch blieb der Bund von kantonalen Geldkontingenten abhängig: «Der Bundesvertrag von 1815 gab, ähnlich wie

42 EA 1847 IV 183.
43 Higy, 1958, S. 309.
44 Frei, 1980, S. 848; Stähelin, 1980, S. 820.

die Vermittlungsakte, dem Bunde bloss die Rolle eines Kassiers der Kantone», sagt der Zürcher Verfassungshistoriker Eduard His.[45]

Der Bund soll die Finanzhoheit erlangen

Mit der Bundesstaatsgründung sollte der Bund aus seiner finanziellen Abhängigkeit von den Kantonen befreit werden. Eine Mehrheit der Mitglieder in der Revisionskommission wollte, dass sich der Bund aus eigenen Quellen finanziert. Der Bund habe, so steht es im Bericht, den kantonalen Geldkontingenten

> «[...] so viel als möglich auszuweichen und die gewöhnlichen Ausgaben zu bestreiten aus den Zinsen der Kriegsfonds, den eidgenössischen Zöllen und den übrigen Einnahmen des Bundes, damit die Kantone nur in ganz ausserordentlichen Fällen zu Bezahlung von Geldkontingenten angehalten werden müssen.» (Komm.Ber., 1848, S. 84)

Die Gegner der Finanzhoheit des Bundes argumentierten, dass durch eine Weiterführung der kantonalen Geldkontingente das Interesse der Kantone an den Bundesfinanzen gestärkt und ihnen ein grösserer Einfluss verschafft wird. Allerdings drangen sie mit dieser Forderung nicht durch.[46] Schliesslich wurden dem Bund die Zölle als wichtigste Einnahmequelle übertragen. Dafür verlangten die Kantone eine finanzielle Entschädigung vom Bund, wozu zähe Verhandlungen notwendig waren.

Die kantonalen Geldkontingente wurden in die Verfassung aufgenommen, allerdings als subsidiäre, für ausserordentliche Fälle gedachte Finanzquelle des Bundes. Dies nicht zuletzt deshalb, weil die Entschädigung für die Zollübertragung den Bundeshaushalt stark belastete und die Entwicklung der Zolleinnahmen ungewiss war.[47] Um den föderalistischen Gegnern der Geldbeiträge entgegenzukommen, wurde deren Erhebung an die Zu-

45 His, 1929, S. 478.
46 Komm.Ber., 1848, S. 84 f.
47 Grossmann, 1948, S. 235.

stimmung der Bundesversammlung geknüpft. Dies bot den Kantonen die Möglichkeit, «[...] sich gegen Ausgaben zu sichern, deren Nothwendigkeit und Nützlichkeit sie nicht anerkennen könnten».[48]

Daneben wurden dem Bund drei weitere Einnahmequellen zugewiesen, die jedoch eine untergeordnete Rolle spielten. Das Postwesen wurde zwar als Einnahmequelle in der Verfassung aufgeführt, war aber nur bedingt als solche gedacht. Vielmehr war der Bund verpflichtet, die Kantone für die Übertragung des Postwesens vollumfänglich zu entschädigen und den Ertrag für Tarifsenkungen und einen Ausbau des Postnetzes zu verwenden. Zudem konnte der Bund über die Zinserträge des eidgenössischen Kriegsfonds verfügen und er erhielt das Pulverregal, das jedoch lediglich geringe Erträge abwarf.[49]

Der Startschuss zum Finanzausgleich fällt vor der Bundesstaatsgründung

Die Übertragung des Zollwesens auf den Bund war ein zentrales Traktandum der Revisionskommission. Bei der Frage nach der Entschädigung der Kantone durch den Bund prallten gegensätzliche Interessen aufeinander. Der Konflikt um die «Zollauslösung» war so gross, dass sie für Henri Druey zu den schwierigsten Problemen der Staatsgründung gehörte:

> «Aber gerade bei der Ausmittlung der Entschädigung traten die grössten Schwierigkeiten hervor, Schwierigkeiten, welche die Kommission einen Augenblick fast für unüberwindlich hielt.» (Komm.Ber., 1848, S. 30)

Nach langem Hin und Her einigte sich die Verfassungskommission auf eine direkte finanzielle Entschädigung der Kantone durch den Bund. Dabei galt es, den Ansprüchen von zwei Gruppen von Kantonen gerecht zu werden. Die erste Gruppe bestand aus den sogenannten «Zollkantonen» (darunter Uri, beide Basel, Graubünden, Wallis und Tessin). Für diese

48 Komm.Ber., 1848, S. 85.
49 EA 1847 IV 171–175; Furrer, 1848, S. 11.

Gruppe waren die Zölle die Haupteinnahmequelle[50], weshalb sie auf einer umfassenden Kompensation der finanziellen Einbussen durch den Bund bestanden. Die zweite Gruppe, die sich grösstenteils aus den industrialisierten Binnenkantonen zusammensetzte, bezog ihre Einnahmen mehrheitlich aus Steuern. Diese Gruppe wollte verhindern, dass ihre Einwohner höhere Zölle für Importe zahlen müssen, um die Entschädigungen der anderen Kantone mitzufinanzieren.[51]

Die Revisionskommission einigte sich auf einen – aus Sicht des Bundes – teuren Kompromiss. Der Bund wurde verpflichtet, den Kantonen jährlich eine Entschädigung in der Höhe ihrer durchschnittlichen Zolleinnahmen der Jahre 1842 bis 1846 zu entrichten. Damit die Kantone mit geringen Zolleinnahmen ebenfalls profitierten, musste der Bund eine Minimalentschädigung von vier Batzen, also 40 Rappen, pro Einwohner leisten. Zu den Zolleinnahmen der Kantone in der Höhe von 2 Mio. Franken kam die Minimalentschädigung von 135'000 Franken hinzu.[52] Somit waren die Entschädigungszahlungen des Bundes höher angesetzt als die dem Bund übertragenen Zolleinnahmen der Kantone. Dies hatte zur Folge, dass die finanzielle Ausgangslage des Bundes mit Unsicherheit behaftet war.

Die Frage der Entschädigung wurde nochmals aufgegriffen, als die Tagsatzung über den Verfassungsentwurf beriet. Ulrich Ochsenbein, Vertreter des Kantons Bern und späterer Bundesrat, stellte die Entschädigungen für das Zollwesen grundsätzlich infrage. Er schlug vor, die Entschädigungen zu streichen und statt-

Der Berner Offizier und spätere Bundesrat Ulrich Ochsenbein (*1811–†1890) war als Präsident der Revisionskommission massgeblich an der Ausarbeitung der Bundesverfassung beteiligt.

50 Uri, Tessin, Graubünden und Wallis erhoben gemeinsam so viel Zölle wie der Rest der Schweiz zusammen (Holenstein, 2018, S. 273).

51 Komm.Ber., 1848, S. 30 f.

52 Komm.Ber. 1848, S. 27–40.

dessen eine vollständige Aufgabenteilung vorzunehmen, indem dem Bund auch das Militär vollumfänglich übertragen wird – ein zukunftsweisender Vorschlag, wie sich bei der Verfassungsrevision von 1874 zeigen sollte (→ Kapitel 4.2). Allerdings kam die Tagsatzungskommission, die sich mit den «materiellen Fragen» befasste, zum Schluss, dass die Kosten für den Bund zu hoch seien. Verschiedene weitere Vorschläge, die Modalitäten der Auszahlung und der Verteilung umzugestalten, fanden ebenfalls nicht genügend Unterstützung.[53]

Finanzwirtschaftliche Stabilität nach der Bundesstaatsgründung

Obwohl der Rechnungsausgleich bei der Bundesstaatsgründung nicht gesichert war, ist es den Verfassungsvätern gelungen, die einnahmeseitigen Kompetenzen gut auf die Aufgabenbefugnisse abzustimmen (→ Abb. 7).

Abb. 7: Der Haushaltssaldo des Bundes (1849–1913)

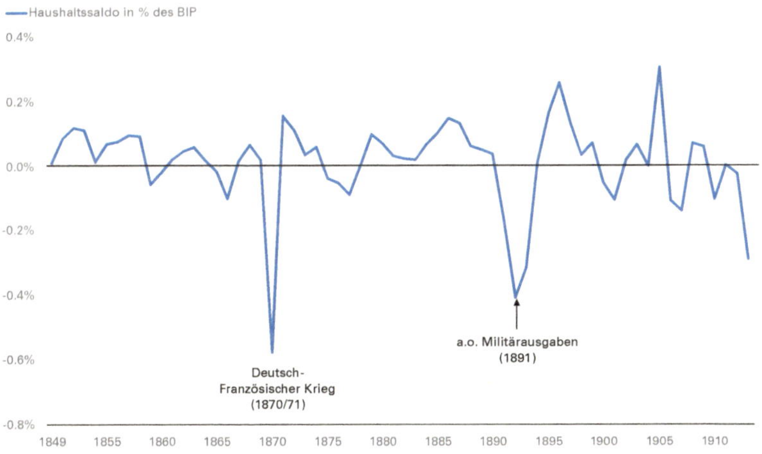

Quellen: Eigene Berechnungen. Rechnungsabschlüsse: 1849–1912: BFS, Statistisches Jahrbuch 1935 (S. 326 f.); 1913: EFV, Staatsrechnung 1955 (S. 44*). BIP: Stohr (2016).

53 Eidgenössische Tagsatzung, 1848, IV S. 68 f., 167–170, 208–213.

Der Bundeshaushalt war finanziell stabil und entwickelte sich bis zur Verfassungsrevision von 1874 in ruhigen Bahnen. Der Bund entsprach mit seinen geringen Aufgaben einem «Nachtwächterstaat», wobei die Kantone immer noch viel Einfluss auf die Landesverteidigung hatten. Der Bund profitierte von der politischen Stabilität, die nach der Bundesstaatsgründung einkehrte. Die Schaffung eines einheitlichen Wirtschaftsraumes begünstigte die wirtschaftliche Entwicklung, sodass die Zolleinnahmen bald die Erwartungen übertrafen. In den allermeisten Jahren verzeichnete der Bundeshaushalt geringe Überschüsse. Die Ausgaben pendelten sich bei 0.6 Prozent des BIP ein und setzten sich hauptsächlich aus dem Militär (60 Prozent) und der Verwaltung (20 Prozent) zusammen. Die Einnahmen stammten zu drei Vierteln aus Zöllen. Als grösste Belastung des Bundeshaushalts erwiesen sich ausserordentliche Militärausgaben. 1849 musste der junge Bund – zum ersten und einzigen Mal – auf Geldbeiträge der Kantone zurückgreifen, um die Mobilisationskosten während des badischen Aufstands zu decken.[54] Ab den 1860er-Jahren machte die unstabile politische Lage im Ausland wiederholt ausserordentliche Militärausgaben notwendig, die Defizite zur Folge hatten. Nennenswert ist das von der Grenzbesetzung während des Deutsch-Französischen Krieges (1870/71) verursachte Defizit in der Höhe von 0.6 Prozent des BIP. Von seinen Kompetenzen zur Errichtung von öffentlichen Werken machte der Bund kaum Gebrauch, abgesehen von einigen Beiträgen für Flusskorrektionen sowie den Unterhalt von wichtigen Strassen und Brücken.[55]

4.2 Die Verfassung von 1874: Trennsystem und Zentralisierungsschub

Die Gründung des Bundesstaats hatte der Schweiz politische Stabilität gebracht. Allerdings führte die politische und wirtschaftliche Entwicklung im In- und Ausland dazu, dass sich in den 1860er-Jahren die Forderungen nach Reformen auf Bundesebene mehrten. Verschiedene Interessen-

54 His, 1938, S. 661.
55 His, 1938, S. 697 f.; His, 1929b, S. 78; Steiger & Higy, 1934, S. 173.

gruppen strebten eine Ausdehnung der Bundeskompetenzen an, sodass zu Beginn der 1870er-Jahre eine Revision der Bundesverfassung in Angriff genommen wurde. Verschiedene Aspekte der Reform hatten nachhaltige finanzpolitische Konsequenzen für den Bund.

Radikale Zentralisierungspläne scheitern

Trotz politischer Stabilität und Wirtschaftswachstum war die Zeit nach der Bundesstaatsgründung von heftigen Auseinandersetzungen zwischen Bund und Kantonen um die Verfassungsordnung und die bundesstaatliche Kompetenzverteilung geprägt.[56] In den frühen 1870er-Jahren versuchten mehrere Gruppierungen dem Bund mehr Kompetenzen zu verschaffen. Die Demokratische Bewegung setzte es sich zum Ziel, die direktdemokratischen Institutionen auf Bundesebene auszubauen. Die Bewegung hatte ihre Wurzeln in den Kantonen, wo sie sich gegen die politische Dominanz der Freisinnigen wandte und in den 1860er-Jahren in vielen Fällen erfolgreich direktdemokratische Verfassungen durchsetzte. Die Schweizer Juristen strebten – dem Beispiel Deutschlands folgend – nach einer umfassenden Vereinheitlichung des Rechts. Dabei wurden sie von den Freisinnigen unterstützt, die kantonale Handelshemmnisse abbauen wollten.[57] Militärkreise wollten die Armee zentralisieren. Die Grenzbesetzung während des Deutsch-Französischen Kriegs (1870/71) hatte die ungenügende Kriegsbereitschaft der kantonalen Truppen offenbart, was vom Oberbefehlshaber der Schweizer Armee, General Hans Herzog, scharf kritisiert wurde.[58] Der «Kulturkampf» wirkte gemäss Alfred Kölz als reformverstärkender Faktor. Die Proklamation des päpstlichen Unfehlbarkeitsdogmas 1870 hatte eine Debatte über die Rolle der katholischen Kirche im Staat ausgelöst, die zu offenen Auseinandersetzungen zwischen den Katholisch-Konservativen und den Radikalen führte. Erstere fürchteten angesichts der angestrebten Stärkung des Zentralstaats um ihre Macht in den Kantonen, letztere wollten die Macht der Kirche im Staat zurückdrängen.[59]

56 Freiburghaus & Buchli, 2003, 29–33.
57 His, 1938, S. 86–89; Kley, 2013, S. 302 f.
58 Schweiz. Bundesrat, 1870, S. 843.
59 Kölz, 2004, S. 518–520.

Nach einer weitgehend gescheiterten Teilrevision der Verfassung 1866 wurde 1872 ein erster Anlauf für eine Verfassungsrevision unternommen. Die Vorlage war stark von der radikalen Mehrheit in der Revisionskommission des Nationalrats und den Forderungen der Demokraten geprägt. Sie war betont zentralistisch und sah einen massiven Ausbau der Bundeskompetenzen vor. Damit wurde «der Karren überladen», so Eduard His – eine Meinung, die vom Verfassungshistoriker Andreas Kley geteilt wird.[60] Die Vorlage stiess bei den katholischen und protestantischen Konservativen ebenso wie in den föderalistisch ausgerichteten Kreisen aus der französischen Schweiz auf Widerstand und wurde an der Urne abgelehnt.[61]

Vollzugsföderalismus als föderaler Kompromiss

Nach dem knappen Abstimmungsresultat beschloss die Bundesversammlung bereits im Dezember 1872, die Revisionsverhandlungen wiederaufzunehmen. Bei der neuen Vorlage nahmen die Befürworter der Revision vermehrt Rücksicht auf die Forderungen der Radikalen aus der Westschweiz. Es wurde ein föderalistischer Mittelweg gefunden, der den Welschen die Zustimmung zur Übertragung von Kompetenzen auf den Bund erleichterte: «Unifions, mais ne centralisons pas» lautet die Kompromissformel des Radikalen Waadtländer Nationalrats und späteren Bundesrats Louis Ruchonnet.[62] Damit wurde der Vollzugsföderalismus im Ansatz begründet: Der Bund sollte zwar über die Gesetzgebungskompetenz verfügen und einheitliche Vorschriften erlassen, deren Vollzug aber den Kantonen übertragen.

Die Parlamentsmehrheit kam den französischsprachigen Föderalisten insbesondere auf dem Gebiet der Rechtsvereinheitlichung entgegen, die Alfred Kölz als «Schicksalsartikel» der Vorlage bezeichnete. Auf eine Generalkompetenz des Bundes für Vereinheitlichungen im Rechtswesen und insbesondere auf die Zentralisierung des Zivil- und Strafrechts wurde ver-

---

60 His, 1934, S. 88–92; Kley, 2013, S. 307.

61 In der Volksabstimmung vom 12. Mai 1872 wurde die Vorlage von 50.5 Prozent der Stimmbürger und 13 Ständen abgelehnt, wobei in erster Linie die Sonderbundskantone und die welschen Stände mit Nein stimmten.

62 Ruchonnet, zit. in His, 1938, S. 96.

zichtet.[63] Auch in Bereichen wie der Armee, der Schule und den demokratischen Rechten wurde im Vergleich zum ersten Entwurf mehr Zurückhaltung geübt. So gelang es, eine erneute Spaltung der Freisinnigen zu verhindern und die Annahme der neuen Bundesverfassung sicherzustellen. Die Gegnerschaft beschränkte sich auf die Katholisch-Konservativen, die im Vergleich zu 1872 eine zusätzliche Verschärfung der Kulturkampfartikel hinnehmen mussten. Die neue Verfassung wurde am 19. April 1874 mit 62.3 Prozent der Stimmenden und von 14.5 Ständen angenommen.[64]

Gedenkblatt zur Abstimmung über die Revision der Bundesverfassung von 1874.

63 Kölz, 2004, S. 611–613.
64 Kölz, 2004, S. 623.

Zentralisierungsschub durch die Verfassungsrevision

Obwohl die Verfassung von 1874 weniger stark auf Zentralisierung ausgerichtet war als die Vorlage von 1872, blieb sie «ein Werk der Zentralisation und Vereinheitlichung», so William Rappard.[65] Für die Bundesfinanzen war einerseits die Übertragung des Militärwesens auf den Bund ein wichtiger Schritt. Fortan war der Bund zuständig für Ausbildung, Bekleidung und Ausrüstung der Armee. Andererseits wurden die Subventionskompetenzen des Bundes deutlich ausgebaut. Der Bund wurde mit der Oberaufsicht über die Wasserbau- und Forstpolizei betraut, wofür er auch eine explizite Subventionskompetenz erhielt. Erstmals wurden Subventionen für das Strassenwesen verfassungsmässig festgeschrieben. Zudem erhielt der Bund das Recht, polytechnische Schulen, Universitäten und andere höhere Unterrichtsanstalten finanziell zu unterstützen.

Ebenfalls von grosser (finanz-)politischer Relevanz war der Ausbau der Volksrechte, den die Verfassung von 1874 im Gegenzug zu den neuen Bundeskompetenzen brachte. Da die Kantone eine Reihe von Rechten abgegeben hatten, wurden Bundesgesetze und allgemein verbindliche Bundesbeschlüsse dem fakultativen Gesetzesreferendum unterstellt. Der Übergang von der repräsentativen zur halbdirekten Demokratie brachte das Ende der «freisinnigen Alleinherrschaft». Es zwang die Freisinnigen bald zu politischen Kompromissen und machte den Einbezug der referendumsfähigen Kräfte – an erster Stelle der Katholisch-Konservativen – notwendig (→ Kapitel 4.3). 1891 wurde das fakultative Gesetzesreferendum durch die Verfassungsinitiative ergänzt.[66]

Die Kantone profitieren vom neuen Finanzausgleich

Der Ausbau der Bundeskompetenzen und insbesondere die Zentralisierung des Militärwesens liess den Finanzbedarf des Bundes massiv ansteigen. Die Finanzierung der neuen Aufgaben machte Verhandlungen mit den Kan-

65 Rappard, 1948, S. 325.
66 Aubert, 1996, S. 43; Rappard, 1948, S. 323–325; Kley, 2013, S. 310–313.

tonen notwendig. Mit der Aufhebung der bisher an die Kantone geleisteten Post- und Zollentschädigung wurde eine naheliegende Lösung gewählt. Zudem wurde dem Bund die Militärpflichtersatzsteuer übertragen. Die Kantone waren weiterhin für die Erhebung der Militärpflichtersatzsteuer zuständig, wofür sie einen Anteil von 50 Prozent erhielten – ein Modell, das fortan in den meisten Fällen angewandt wurde, wenn der Bund neue Einnahmekompetenzen erhielt oder ihm Einnahmekompetenzen der Kantone übertragen wurden.

Wie bei der Bundesstaatsgründung hatte sich der Bund die neuen Kompetenzen teuer erkauft. Die Kantone machten es zur Bedingung, dass sie durch die Kompetenzübertragung auf den Bund finanziell nicht schlechter gestellt werden. Die Militärausgaben der Kantone beliefen sich auf rund 4.7 Mio. Franken, während die Zoll- und Postentschädigungen rund 4 Mio. Franken ausmachten. Der Tausch Zollentschädigung gegen Militärausgaben erwies sich jedoch für die Kantone Uri, Tessin, Wallis, Graubünden und die beiden Basel als Verlust. Damit es sich für diese Kantone lohnte, wurde den Gotthard-Kantonen eine jährliche Zahlung von 530'000 Franken für den Unterhalt der Alpenstrassen gewährt – wobei es sich um die oben erwähnten verfassungsmässigen Strassensubventionen handelte. Die beiden Basel liessen sich die Ausfälle vom Bund während fünf Jahren vollumfänglich entschädigen. Dementsprechend sah die Rechnung für den Bund aus. Er handelte sich mit dem neuen Finanzausgleich ein Defizit von rund 1.25 Mio. Franken ein, was 9 Prozent der Staatsausgaben von 1873 entsprach.[67]

Nur in einem Punkt wurden die Kantone finanziell schlechter gestellt – zumindest vorübergehend. Mit der Verfassungsrevision wurden die «Ohmgelder» der Kantone abgeschafft. Aus Sicht der agrarisch geprägten (Grenz-)Kantone handelte es sich dabei um eine Verbrauchsteuer auf Wein und geistige Getränke. Für andere – wie etwa den deutschen Finanzwissenschaftler Georg von Schanz – waren es schlicht Getränkezölle.[68] Die Ohmgelder sollten bereits bei der Bundesstaatsgründung abgeschafft werden, jedoch wurde darauf verzichtet, weil die Entschädigung der Kantone

67 Steiger & Higy, 1934, S. 174–177.
68 Schanz, 1890, S. 190.

den Bundeshaushalt zu stark belastet hätte. Gemäss der Bundesverfassung von 1874 sollten die Ohmgelder 1890 entschädigungslos dahinfallen. Als der Bund dann aber 1885 die Kompetenz zur Besteuerung von Alkohol erhielt, wurde den Kantonen als Ersatz für die Ohmgelder der Ertrag der Alkoholsteuer zugewiesen.[69]

4.3 Der Bund weitet seine Tätigkeit aus – und seinen Einfluss auf die Kantone

Mit der Verfassung von 1874 wurde ein ausgaben- und einnahmenseitiges Trennsystem zwischen Bund und Kantonen geschaffen. Als aber der wirtschaftliche Aufschwung sowie Zolltariferhöhungen die Einnahmen des Bundes ansteigen liessen, machten die Kantone Ansprüche geltend und es etablierte sich ein neuer vertikaler Finanzausgleich. Dies hatte für beide Staatsebenen unmittelbare und langfristige Folgen, die zunächst nicht absehbar waren.

Die Referendumsstürme blockieren den Bund

Nach der Verfassungsrevision von 1874 wussten die Katholisch-Konservativen das neu geschaffene fakultative Referendum geschickt einzusetzen. Das fakultative Referendum erwies sich als mächtiges Instrument mit unmittelbarer Bedeutung für die Finanzpolitik, da die Entscheidung über viele finanzpolitische Fragen nun beim Stimmvolk lag. Während den «Referendumsstürmen» (1875–1884) gingen sie wechselnde Allianzen mit welschen Föderalisten und protestantischen Konservativen ein und blockierten so die Schaffung der gesetzlichen Grundlagen für Aufgaben, die dem Bund mit der Verfassung von 1874 übertragen worden waren. Ganze fünfzehnmal wurde erfolgreich das Referendum ergriffen, wovon zwölf Vorlagen

69 Komm.Ber. 1848, S. 35–37; Steiger & Higy, 1934, S. 176.

an der Urne scheiterten.[70] Mit dem Ende des Kulturkampfes gegen Mitte der 1880er-Jahre verlor der Konflikt zwischen den Katholisch-Konservativen und den Radikalen an Schärfe und es setzte ein Annäherungsprozess zwischen den Lagern ein. Auch die erstarkende sozialistische Arbeiterbewegung liess die Freisinnigen und die Katholisch-Konservativen näher zusammenrücken. Die Freisinnigen begannen, die Katholisch-Konservativen schrittweise in den Bundesstaat zu integrieren. Dieser Prozess fand seinen vorläufigen Höhepunkt mit der Wahl von Josef Zemp 1891 zum ersten katholisch-konservativen Bundesrat.[71]

Josef Zemp (*1834–†1908) wurde als erster Vertreter der Katholisch–Konservativen in den Bundesrat gewählt. Unter seiner Führung wurden die Privatbahnen verstaatlicht.

70 Abgelehnt wurde unter anderem: Bundesregelung des Stimmrechts in Kantons- und Gemeindeangelegenheiten, Banknotengesetz, Militärpflichtersatz (zwei Mal), Schulwesen, Erweiterung des Bundesstrafrechts, Erfindungsschutz, Massnahmen gegen Epidemien, Patenttaxen für Handelsreisende.

71 Bolliger & Zürcher, 2004, S. 85 f.; Freiburghaus & Buchli, 2003, S. 33–35; Kölz, 2004, S. 633, 649–652.

Die Sozialisten umgeben von ihren Gegenspielern: «Politische Wappenkunde der Gegenwart» im Neuen Postillon 1899.

Die politische Verständigung ermöglicht den Ausbau des Bundes

Im Rahmen dieses Verständigungsprozesses wurde der Weg frei, um die Kompetenzen des Bundes zu erweitern. Dies zeigte sich in der Staatsquote: Während den Referendumsstürmen war die Staatsquote um 0.3 Prozentpunkte gestiegen, in der folgenden Dekade waren es 0.7 Prozentpunkte (→ Abb. 8). Dabei wurden dem Bund nach 1874 immer seltener kantonale Kompetenzen übertragen. Immer häufiger gingen neue Staatsaufgaben an den Bund, die ihren Ursprung im sozialen und ökonomischen Wandel hatten, der mit der fortschreitenden Industrialisierung einherging.[72] Dadurch begann der relative Anteil von Ausgaben in den Bereichen Bildung, Landwirtschaft und Soziale Wohlfahrt an den Gesamtausgaben auf Kosten der Landesverteidigung zu steigen (→ Abb. 2).

Abb. 8: Die Ausgaben- und Einnahmenquote des Bundes (1849–1913)

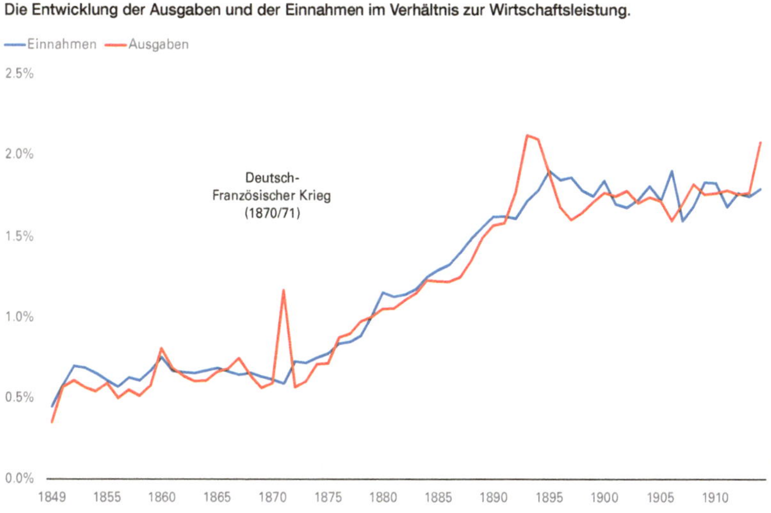

Quellen: Eigene Berechnungen. Rechnungsabschlüsse: 1849–1912: BFS, Statistisches Jahrbuch 1935 (S. 326 f.); 1913: EFV, Staatsrechnung 1955 (S. 44*). BIP: BFS (2019); Stohr (2016).

72 Schindler, 1959, S. 698 f.

Während bei vielen neuen Aufgaben eine zentrale Regelung nahelag, blieb die Schaffung von Bundesinstitutionen undenkbar – zu gross war der föderale Widerstand. Um die föderalen Strukturen zu wahren, griff man auf das Prinzip des Vollzugsföderalismus zurück. Der Bund übernahm die Gesetzgebung und die Kantone setzten die Bundespolitik um, wofür sie mit Subventionen entschädigt wurden. Dies war ein Verfahren, «[...] das der föderalistischen Struktur der Schweiz besser entsprach, als wenn der Bund auch die Durchführung der Gesetze an sich gezogen hätte», so Wilhelm Bickel.[73] Oder wie es der Zürcher Verfassungsrechtler Dietrich Schindler formulierte: «Die Übertragung von Aufgaben an den Bund vollzog sich immer am leichtesten, wenn ein finanzieller Vorteil zu erwarten war.»[74]

Der Bund muss seine Einnahmen erhöhen

Der Anstieg der Ausgaben war bald so stark, dass sich der Bund neue Einnahmen beschaffen musste. Nachdem er bereits 1878 den Zolltarif erhöht hatte (die neuen Militärausgaben fielen deutlich höher aus als ursprünglich angenommen, weshalb der Bund von 1875 bis 1877 jährliche Defizite von 0.1 Prozent des BIP verzeichnete), folgten ab Mitte der 1880er-Jahre in kurzen Abständen vier neue Zolltarife (1884, 1887, 1891, 1902). Während die ersten beiden Tarife rein fiskalisch motiviert waren, kamen ab 1891 handelspolitische Motive hinzu.[75] Angesichts der Wirtschaftskrise kehrten Mitte der 1870er-Jahre wichtige Handelspartner der Schweiz zum Protektionismus zurück, weshalb der Handels- und Industrieverein zusammen mit Vertretern der Landwirtschaft erfolgreich den Übergang zu einer protektionistischen Zollpolitik durchsetzte. Die Gegner aus Exportkreisen und den Reihen der Sozialdemokraten ergriffen das Referendum gegen die Schutzzolltarife von 1891 und 1902, jedoch konnten Fiskus und Schutzzöllner den Widerstand der Exportindustrie und der Konsumenten gegen die steigende Zollbelastung brechen.[76]

73 Bickel, 1964, S. 282.

74 Schindler, 1952a, S. 77.

75 Gagliardi, 1937, S. 1590.

76 Der Zolltarif von 1891 wurde von 58.1 Prozent der Stimmenden und 15 Ständen gutgeheissen. Die Stimmbeteiligung lag bei 61.6 Prozent. Der Zolltarif von 1902 wurde von 59.6 Prozent der Stimmenden und 15 Ständen gutgeheissen. Die Stimmbeteiligung lag bei 73.3 Prozent.

Karikatur zur Erhöhung des Zolltarifs im Nebelspalter 1891.

Der Bundeshaushalt weckt Begehrlichkeiten

Anders als beim Bund, dessen Zolleinnahmen kontinuierlich anstiegen, gestaltete sich die finanzielle Situation in den Kantonen seit der Verfassungsrevision schwierig. Dies war teilweise direkt auf die Verfassung von 1874 zurückzuführen. Diese verpflichtete die Kantone unter anderem dazu, die für obligatorisch erklärte Primarschule unentgeltlich anzubieten. Diese Aufgabe war teuer, weshalb viele Kantone eine Reform ihrer teilweise veralteten Steuersysteme in Angriff nehmen mussten. Jedoch waren Steuerreformen ein langwieriger Prozess und das Resultat nicht immer befriedigend. Angesichts der ungleichen finanziellen Entwicklung zwischen den Staatsebenen reichten die Katholisch-Konservativen 1894 die Zollinitiative («Beutezuginitiative») ein. Sie forderten einen Anteil der Kantone an den Zolleinnahmen des Bundes in der Höhe von 2 Franken pro Einwohner.[77]

Sowohl der Bundesrat als auch die freisinnige Parlamentsmehrheit lehnten die Initiative klar ab. Der Bundesrat verurteilte die Forderung in seiner Stellungnahme in deutlichen Worten und rechnete den Kantonen vor, dass sie mit dem Finanzausgleich von 1874 bessergestellt wurden. Den Berechnungen fügte er eine detaillierte Aufstellung der Subventionszahlungen des Bundes an die Kantone hinzu.

Im Parlament hoben die Initianten der Zollinitiative hervor, dass sie nicht bloss mehr Geld vom Bund forderten, sondern dass sie die Mittel insbesondere auch selbstständig verwenden wollten. Sie kritisierten das Gebaren der Bundesverwaltung im Zusammenhang mit der Kontrolle der Verwendung von Subventionen. Es komme zu beständigen und systematischen Übergriffen des Bundes auf die kantonale Souveränität:

> «Sagen wir es offen: Man findet, der Bund habe eine allzusehr ausgeprägte Absicht, sich auf alle mögliche Art in die kantonalen Verwaltungen einzumischen, so dass diese sich immer mehr von den Maschen des eidgenössischen Netzes umschlossen fühlen. Es herrscht da eine aufs äusserste getriebene Hineinregiererei, die nicht wenig dazu beiträgt, die Bundesverwaltung unbeliebt zu machen, umso mehr, als ihre Beam-

---

77 Bickel, 1964, S. 9 f., 284; Higy, 1943, S. 280; Steiger & Higy, 1934, S. 22 f., 178.

ten manchmal einen Ton anschlagen, der mit unseren schweizerischen Sitten sehr wenig im Einklang steht.» (Nationalrätliche Kommission, 1894, S. 65)

Dem Argument der Initianten, dass Subventionen die Kantone zu «entwürdigender Bundesbettelei» nötigten, entgegnete der Bundesrat: «Einmal drängt der Bund seine Subventionen niemandem auf; wer darin eine Bettelei zu erblicken geneigt ist, der unterlasse einfach das Subventionsbegehren.»[78] Kurz vor der Volksabstimmung warnte der Aargauer FDP-Altbundesrat Emil Welti vor diesem «trennenden, vergiftenden und antipatriotischen Angriff» auf den Bund und verwies auf die Freigiebigkeit im Subventionswesen: «Es genügt nicht, dass der Bund grossherzig und freiwillig wie bis anhin den kantonalen Bedürfnissen entgegenkommt! An der Stelle des Vertrauens auf den brüderlichen Sinn der Eidgenossenschaft verlangt man vom Bund [...] einen Dividendencoupon auf die eidgenössische Kasse!»[79] An der Urne war die Beutezuginitiative am 4. November 1894 chancenlos. Eine Beteiligung der Kantone an den Bundeseinnahmen wurde deutlich abgelehnt.[80]

Ein neuer Finanzausgleich etabliert sich

Auch nach der Ablehnung der Zollinitiative blieben die Kantone der «Bundesbettelei» nicht abgeneigt. Ganz im Gegenteil verlieh die Zollinitiative dem Subventionswesen einen neuen Schub: Der Anteil der Subventionen an den Bundesausgaben stieg zwischen 1895 und 1900 von acht auf über fünfzehn Prozent und erreichte 1910 bereits fünfundzwanzig Prozent.[81] Anstatt den Forderungen der Initianten der Zollinitiative zu entsprechen und den Kantonen zweckfreie Bundestransfers zu gewähren, wurde ein finanzieller Ausgleich zwischen den Staatsebenen über zweckgebundene

78 Schweiz. Bundesrat, 1894, S. 849.
79 NZZ, 29.10.1894.
80 70.7 Prozent der Stimmenden und 13.5 Stände lehnten sie ab. Die Stimmbeteiligung lag bei 72.9 Prozent.
81 Berechnungen des Autors auf Basis von Steiger & Higy, 1934, S. 203.

Subventionen gesucht. Dies entsprach den Ansprüchen des Bundes und einer Mehrzahl der Kantone an die föderale Finanzbeziehung. Aus Sicht des Bundes stand dem Ausbau des vertikalen Finanzausgleichs nichts im Weg, wie der Bundesrat 1899 erklärte:

> «[...] angesichts des progressiven Anwachsens unserer Zolleinnahmen war es begreiflich, wenn die Bundesverwaltung im Allgemeinen sich nicht gerade Einschränkungen auferlegte, und wenn man allseitig geneigt war, den vermeintlichen Überfluss des Bundes in vielen und breiten Kanälen in die Kantone hinausgleiten zu lassen.»[82]

Der Bund nutzte Subventionen, um eine einheitliche wirtschaftliche Entwicklung in den Kantonen zu fördern. Dabei standen drei Ziele im Vordergrund: das wirtschaftliche Gefälle zwischen Stadt und Land auszugleichen, finanzschwache Kantone finanziell zu unterstützen und einen gewissen sozialen Ausgleich zu schaffen. Entsprechend lang ist die Liste[83] der in dieser Periode eingeführten Subventionen.[84]

Die Kantone hatten einen grossen Anreiz, sich die Durchführung ihrer Aufgaben vom Bund mitfinanzieren zu lassen. Die politischen Entscheidungsträger in den Kantonen konnten dank Bundessubventionen den Steuerwiderstand ihrer Bevölkerung umgehen, was in vielfältiger Hinsicht einfacher war, als bestehende Steuern zu erhöhen oder neue einzuführen. Ein Circulus vitiosus, sagt Dietrich Schindler:

---

82 Schweiz. Bundesrat, 1899, S. 294.

83 Der Bund begann, die gewerbliche und industrielle (1884), die kommerzielle (1891) und die hauswirtschaftliche Berufsbildung (1895) zu unterstützen. Mit dem Fabrikgesetz und der eidgenössischen Fabrikinspektion (1877) wurden sozialpolitische Subventionen eingeführt. Die Beiträge an die Landwirtschaft wurden 1884 und 1894 bedeutend ausgebaut. Ab 1902 unterstützte der Bund die Kantone bei der Primarschule. Mit dem Lebensmittelgesetz (1905) und dem Kranken- und Unfallversicherungsgesetz (1911) wurde das Gesundheitswesen unterstützt. Mit dem Arbeitsnachweis (1909) unterstützte der Bund die Kantone in der Sozialpolitik. Auch dem Eisenbahnwesen wurden hohe Beiträge gewährt, darunter die Gotthardbahn (1879), die Simplonbahn (1898) und die Lötschbergbahn (1907) (His, 1938, S. 662–667; Steiger & Higy, 1934, S. 177).

84 Schweiz. Bundesrat, 1953b, S. 478; Schindler, 1952a, S. 78–82, 95–108; Schindler, 1952b, S. 75.

> «Da Bundesbeiträge mühelos zu erhalten waren, schien es den Kantonsregierungen nicht opportun, ihre längst veralteten Steuergesetze zu modernisieren. […] Umgekehrt war aber die schlechte Ausnützung der eigenen Einnahmequellen der Kantone auch eine Ursache der Forderung nach Bundessubventionen.»[85]

Gleichzeitig ermöglichten es die Subventionen den Kantonen, eine Aufgabenübertragung auf den Bund zu umgehen: «Aus staatspolitischen Gründen wurde die direkte Übertragung bestimmter Aufgaben an den Bund möglichst vermieden, dagegen bestanden geringere Bedenken gegenüber einer finanziellen Förderung kantonaler Aufgaben durch den Bund», resümierte der Bundesrat 1938.[86]

Der Bund weitet seinen Einfluss auf die Kantone aus

Obwohl die Aufgaben im Kompetenzbereich der Kantone blieben, dehnte das Subventionswesen den Einfluss des Bundes auf die Kantone aus, da die Durchführung der Aufgaben vom Bund überwacht wurde – wie es die Initianten der Zollinitiative bemängelt hatten. Wie Eduard His 1938 festhielt, erreichte der Bund mit den Subventionen Kontrolle über Aufgabenbereiche, die nicht in seinem Kompetenzbereich lagen: «Mit dem Ausbau des Sozial- und Wohlfahrtsstaats und mit der gelegentlichen Geldknappheit in kantonalen Kassen erlangte der Bund auf diesem Wege eine Ausdehnung seiner faktischen Mitsprache, die über den verfassungsmässigen Rahmen bisweilen weit hinausging.»[87] Ein beredtes Beispiel hierfür war die finanzielle Unterstützung der Primarschulen durch den Bund – eine ureigene kantonale Aufgabe, die insbesondere in katholischen Kantonen hochgehalten wurde. Mit der Einführung der Schulsubventionen 1902 konnte der Bund sicherstellen, dass das 1874 verfassungsmässig festgeschriebene Ziel – der unentgeltliche und «genügende» Primarschulunterricht – einheitlich umgesetzt wird.[88]

---

85 Schindler, 1952a, S. 82.
86 Schweiz. Bundesrat, 1938a, S. 184 f.
87 His, 1938, S. 662.
88 Glenck, 1912, S. 119, 125; His, 1938, S. 662; Steiger, 1899, S. 27, 36.

Das Bundesbudget gerät an seine Grenzen

Aber auch für den Bund hatte der Ausbau der Subventionen Konsequenzen. Trotz der Zolltariferhöhung von 1901 geriet er bald in finanzielle Bedrängnis:

> «Es war dies ein Fehler der von uns seit langem befolgten Finanzpolitik, dass wir sehr oft Gesetze angenommen haben, ohne uns über die finanziellen Folgen ihrer Durchführung genau Rechenschaft zu geben. Der Fehler machte sich nicht fühlbar in der Periode von guten Jahren, die wir hinter uns haben; erst heute erkennen wir seine Bedeutung, wo die Folgen jener Gesetze das Budget jedes Jahr mehr belasten und es immer mehr aus dem Gleichgewicht zu bringen drohen.» (Voranschlag, 1912, S. II)

Bezeichnend ist, dass auf diese Feststellung im Voranschlag von 1912 unmittelbar eine Aufzählung von fünf neuen Subventionen folgt, die der Bund habe «aufnehmen müssen». Die Transferzahlungen des Bundes an die Kantone waren massgeblich dafür verantwortlich, dass der Bund in finanzielle Nöte geraten war. Das stetige Anwachsen der Zolleinnahmen trug dazu bei, dass der Ausbau der Subventionen kaum auf Widerstand stiess, so der Zürcher Finanzwissenschaftler Eugen Grossmann:

> «Im Allgemeinen aber stiess sich die öffentliche Meinung nicht stark an diesen Aufwendungen, weil sie eben zu keinen unmittelbar ersichtlichen Mehrbelastungen der Steuerzahler führten, indem die Erträgnisse der Zölle dafür ausreichten bzw. gerade das beständige Ansteigen der Zolleinnahmen eine wesentliche Ursache der Ausdehnung dieser Subventionspolitik war.» (Grossmann, 1948, S. 240)

Den politischen Interessenvertretern fiel die Zustimmung zu neuen Ausgaben auf Bundesebene leichter, als es auf kantonaler Ebene der Fall war, wie die Finanzwissenschaftler Jakob Steiger und Camille Higy herausstrichen:

> «[Dies] zeigt die Tatsache, dass die gleichen Kantonsvertreter, die im Heimatkanton auf strenge Sparsamkeit hielten, der Vermehrung der

> Bundesausgaben meist nicht so entgegentraten, wie man es von dieser Seite hätte erwarten dürfen, sondern vielmehr jeder Ausgabe und jedem Gesetz zustimmten, das den Räten in Bern vorgelegt wurde.» (Steiger & Higy, 1934, S. 23)

Der Grund dafür war, dass die finanziellen Folgen von Ausgabenbeschlüssen auf Bundesebene in den Kantonen kaum spürbar waren: «Beschliesst jedoch der Bund eine neue Ausgabe, so verspürt der Bürger die finanziellen Auswirkungen nicht unmittelbar, sondern gibt sich der Meinung hin, dass ein anderer die Rechnung begleiche», so Dietrich Schindler.[89]

Dies änderte sich am Vorabend des Ersten Weltkriegs. Der Bundeshaushalt schreib wiederholt Defizite und sei an einen finanzpolitischen Wendepunkt gelangt, so der Bundesrat im Voranschlag von 1910 (→ Abb. 7).[90] Wie Jakob Steiger festhielt, war der Bund «[…] ohne neue Einnahmequellen bekanntlich nicht einmal mehr in der Lage, die ihm laut Verfassung übertragenen Aufgaben auszuführen.»[91]

Schliesslich beauftragte der Nationalrat den Bundesrat 1909 per Postulat mit der Überprüfung des Subventionswesens. Die vom Bundesrat bestellte Expertenkommission veröffentlichte ihren Bericht 1913. Darin riet sie allerdings davon ab, Bundesbeiträge zu senken, da diese einer «politischen und sozialen Notwendigkeit» entsprächen.[92] Folglich verzichtete der Bundesrat auf entsprechende Massnahmen. Die Kürzungen von Subventionen wollte er sich als «finanzielle Reserve für schwere Zeiten» vorbehalten:

> «Es liegt auf der Hand, dass wenn dem Bund keine neuen Einnahmequellen eröffnet und die übrigen Ausgaben sich auch ferner vermehren würden, wir genötigt wären, die Axt an den Wald der Bundesbeiträge zu legen, um auf diese Weise das Gleichgewicht im Bundeshaushalte wieder herzustellen.» (Voranschlag 1914 S. IV)

---

89 Schindler, 1959, S. 701.
90 Voranschlag 1910, S. VIII.
91 Steiger, 1916b, S. 181.
92 Kommission Stocker, 1966, S. 10 f.

Auch die Beschaffung von neuen Einnahmen stand zur Diskussion. Erste Schritte in dieser Richtung wurden unternommen, nachdem das Stimmvolk am 4. Februar 1912 der Kranken- und Unfallversicherung zustimmte. Die Finanzkommission des Nationalrats verlangte vom Bundesrat, die Erschliessung von neuen Einnahmequellen zu prüfen. Dieser beauftragte Jakob Steiger, der seinen Bericht 1913 vorlegte. Steiger wies darauf hin, dass nach einer allfälligen Einführung von neuen Einnahmequellen – er schlug die Erhöhung der Zölle, eine Tabaksteuer oder ein Tabakmonopol vor – eine strengere Kontrolle der Ausgaben und insbesondere der Subventionen notwendig sei. Ansonsten würden neue Einnahmequellen bloss als «Palliativmittel» dienen.[93]

Allerdings lösten die Vorschläge Steigers einen starken Abwehrreflex aus und die Reformbestrebungen gerieten schnell ins Stocken – oder wie es der Zürcher FDP-Nationalrat Robert 1916 beschrieb: «[...] wir haben entschlossen geredet und unentschlossen gehandelt, [...]».[94] Die NZZ kam zu einem ähnlichen Urteil:

> «Wir kultivieren das Postulat von der Notwendigkeit der Eröffnung neuer Finanzquellen, singen das Lied vom Sparen. Kommissionen und Experten nehmen die Diogeneslaterne in die Hand, meteorartig erscheinen Vorschläge in der Presse, und schliesslich stehen wir auf dem alten Fleck. Nur in einem Punkt bringen wir es immer vorwärts: ohne dass man sich sorgfältig über die Möglichkeit der Deckung weiterer grösserer Ausgaben Rechenschaft gibt, werden neue Gesetze und Bundesbeschlüsse angenommen, wird lustig drauflos dekretiert, in der sorglosen Annahme, dass sich die Finanzen schon finden werden.» (NZZ, 14.11.1913)

Die Diskussion über eine Reform der Bundesfinanzordnung war noch im Gange, als der Erste Weltkrieg ausbrach. Damit stand der Bund unmittelbar vor einer finanzpolitischen Herausforderung, die eine zuvor unvorstellbare Dimension annahm. Schneller als gedacht, war die Zeit gekommen,

93 Steiger, 1913, S. 8, 61–64.
94 NZZ, 10.07.1916.

um die «Axt an den Wald der Bundesbeiträge zu legen». Allerdings liess sich dieses Vorhaben nicht verwirklichen. Der Bundesrat stellte schnell fest, dass der politische Widerstand angesichts der Krise schlicht zu gross war: «Je mehr wir unsern schon öfters bekundeten Gedanken, die Axt an den Wald der Bundessubventionen zu legen, zu verwirklichen versuchen, desto heftiger wird der Widerstand, dem wir begegnen, und wir sind gezwungen zuzugeben, dass das Subventionswesen, so wie es sich bei uns ausgebildet hat, einer politischen und sozialen Notwendigkeit entspricht.» (Voranschlag 1916, S. IV).

4.4 Die Verstaatlichung der Eisenbahn – und ihrer Schulden

Angeregt durch den Eisenbahnbau in den Nachbarstaaten gab es ab 1830 auch in der Schweiz Pläne für erste Bahnprojekte. Nachdem alle Verhandlungen über interkantonale Eisenbahnkonkordate erfolglos blieben, sahen die Radikalen die Bundesstaatsgründung als Chance und wollten der Schweiz zur Staatsbahn verhelfen. Allerdings legte das Parlament die Eisenbahnkompetenz in die Hände der Kantone. In der Folge führten Probleme unterschiedlicher Art dazu, dass die Verfechter der Staatsbahn an Einfluss gewannen. Es setzte ein langwieriger Prozess ein, der mit der Verstaatlichung der Eisenbahnen endete – für den Bund eine kostspielige und riskante Angelegenheit.

Der Eisenbahnbau wird in private Hände gelegt

Als der Bundesstaat 1848 gegründet wurde, blickten viele Liberale neidisch auf die europäischen Nachbaren. Während in der Schweiz seit 1847 einzig die «Spanischbrötlibahn» zwischen Zürich und Baden verkehrte, verfügten diese bereits über gut ausgebaute Schienennetze. Damit war die verkehrsmässige Situation für die Schweiz im höchsten Masse kritisch.[95] Gerade um

95 Vgl. Jung, 2020, S. 269–272; 314–319.

den Bau einer Eisenbahn zu ermöglichen, übertrugen die freisinnigen Verfassungsväter dem Bund die Kompetenz zur Errichtung von öffentlichen Werken. Dank sinkenden Transportkosten und steigenden Transportkapazitäten erhoffte man sich eine Förderung des Aussenhandels und damit eine positive Wirkung auf die wirtschaftliche Entwicklung der Schweiz.[96]

1849 wurde der Gesetzgebungsprozess angestossen. Die umfangreichen Abklärungen über die Streckenführung und die Finanzierung nahmen zweieinhalb Jahre in Anspruch. Anfangs stand eine Mehrheit der Parlamentarier hinter der Staatsbahn, die allerdings im Verlauf der Zeit immer mehr an Zustimmung einbüsste. Während die Gegner der Staatsbahn auf die Grenzen der finanziellen Belastung des jungen Bundeshaushalts hinwiesen – und in diesem Zusammenhang auf die Eisenbahnkrisen in Frankreich und England –, befürchteten die Befürworter, dass Privatgesellschaften aus Rentabilitätsgründen Strecken vernachlässigen würden, die für den inneren Verkehr, die Post oder die Landesverteidigung wichtig waren. In einem Klima der zunehmenden Verunsicherung gewann die Privatbahn immer mehr Anhänger. Als der Nationalrat am 8. Juli 1852 über das Eisenbahngesetz abstimmte, entschied sich schliesslich eine klare Mehrheit gegen die Staatsbahn. Die Eisenbahnkompetenz ging an die Kantone und damit an private Unternehmen.[97]

Alfred Escher (*1819–†1882) war Wegbereiter des Schweizer Privatbahnbaus, Gründer der Schweizerischen Nordostbahnen sowie Initiant des Gotthard-Eisenbahntunnels.

96 Komm.Ber., 1848, S. 25; Schweiz. Bundesrat, 1897, S. 232, 238.
97 Vgl. Jung, 2020, S. 319–340.

Ohnmächtige Kantone: Erste Schritte in Richtung Zentralisierung

Nachdem der Startschuss für den Eisenbahnbau gefallen war, ging der Ausbau des Streckennetzes schnell voran. Das Eisenbahngesetz von 1852 erwies sich als Jahrhundertentscheid. Der wirtschaftliche Aufschwung der Schweiz ab der Mitte des 19. Jahrhunderts wurde massgeblich durch die privaten Bahngesellschaften ermöglicht. Dank der privaten Initiative konnte die Schweiz ihren infrastrukturellen Rückstand gegenüber den Nachbarstaaten zügig aufholen. Bereits um das Jahr 1860 verfügte sie über das dichteste Bahnnetz Europas.[98] Die Kantone, so der Ökonom Hans Bauer, «[...] konzessionierten alles, was Kapital und Unternehmer fand», und waren bei der Vergabe von Privilegien wie Ausschluss- und Vorzugsrechte sehr grosszügig.[99] Dies machten sich die grossen Bahngesellschaften zunutze, die dank ihren Vertretern in der Bundesversammlung und den kantonalen Regierungen («Eisenbahnbarone») über grossen politischen Einfluss verfügten. Den Kantonen gelang es kaum, ihre Interessen durchzusetzen. Regelmässig entbrannten Konflikte über die Haftpflicht, Tariffragen und die Koordination von Fahrplänen. Dies trug dazu bei, dass die Bundesversammlung den Bundesrat 1869 beauftragte, die Ausdehnung der Bundeskompetenzen auf die Bahnen zu prüfen. Als dann ein Jahr später der Deutsch-Französische Krieg ausbrach, stellte sich heraus, dass die Bahnen weder den militärischen Anforderungen genügten noch die wirtschaftliche Landesversorgung gewährleisten konnten. Dies trug massgeblich dazu bei, dass 1872 ein neues Eisenbahngesetz erlassen wurde, mit dem ein grosser Zentralisierungsschritt gemacht wurde. Der Bund erhielt umfassende Kompetenzen. Er war fortan für die Konzessionserteilung, den Bau und den Betrieb der Bahnen sowie für die Kontrolle über Tarife und Fahrpläne zuständig und konnte im Kriegsfall über das Rollmaterial verfügen.[100]

---

98 Jung, 2020, S. 329–359.
99 Bauer, 1947, S. 70.
100 His, 1938, S. 1111 f., Jöhr, 1912, S. 43; Rüfenacht, 1947, S. 349 f.; Schweiz. Bundesrat, 1871, S. 651 f.; Schweiz. Bundesrat, 1897, S. 238–243.

Die Eisenbahnkrise verleiht dem Staatsbahngedanken Schub

In den 1870er-Jahren geriet das Schweizer Eisenbahnwesen in eine Krise. Eine Mehrheit der Gesellschaften hatte seit den 1860er-Jahren mit grossen finanziellen Schwierigkeiten zu kämpfen. Als mit dem Eisenbahngesetz von 1872 verschiedene Privilegien aufgehoben wurden, herrschte unter den Bahngesellschaften «ein Krieg Aller gegen Alle», wie es die nationalrätliche Eisenbahnkommission 1878 festhielt.[101] Spekulative Streckenbauten, eine mangelnde Finanzierung sowie die Verlangsamung des Wirtschaftswachstums nach 1873 brachte viele Bahngesellschaften endgültig in finanzielle Schieflage. So war es ausländischen Kapitalgebern möglich, ihre Beteiligungen an den Bahngesellschaften und damit ihren Einfluss auf die Eisenbahnpolitik auszudehnen. Dies trug massgeblich dazu bei, dass die Befürworter der Staatsbahn politisch an Boden gewannen.

Angesichts der wirtschaftlichen Probleme der Eisenbahngesellschaften trieb der Aargauer FDP-Bundesrat Emil Welti, der von 1877 bis 1897 mit kurzen Unterbrüchen dem Post- und Telegrafendepartement (1879 in Post- und Eisenbahndepartement umbenannt) vorstand, den Ausbau der staatlichen Kontrolle voran. 1883 bestand erstmals die Möglichkeit, die Konzessionen der meisten Bahngesellschaften zu kündigen – allerdings kam der Bundesrat zum Schluss, dass ein Rückkauf auf Grund der zu hohen Bewer-

FDP-Bundesrat Emil Welti (*1825–†1899) verhalf der Gotthardbahn zum Durchbruch.

Der Eröffnungszug zur Einweihung des Gotthardtunnels im Bahnhof Göschenen 1882.

101 Eisenbahn-Kommission, 1878, S. 272.

tung des Anlagekapitals nicht in Frage kommt. Stattdessen wurde das Rechnungswesen der Bahngesellschaften im selben Jahr unter die Kontrolle des Bundes gestellt, um mehr Transparenz in der Rechnungslegung zu schaffen. Damit war eine wichtige Voraussetzung für eine Verstaatlichung geschaffen. Daraufhin bemühte sich Welti, den Einfluss des Bundes auf die Bahngesellschaften durch den Kauf von Aktien auszudehnen, was 1888 bei der Nordostbahn scheiterte. Zwei Jahre später übernahm der Bund die Hälfte der Aktien der Jura-Simplon-Bahn, worauf die Bundesversammlung deren vollständige Übernahme genehmigte. Allerdings ergriffen die Katholisch Konservativen erfolgreich das Referendum. Zusammen mit dem Bauernverband und den Sozialdemokraten gelang es ihnen, die Verstaatlichung abzuwenden. Der Kauf wurde am 3. Dezember 1891 mit einem Nein-Stimmen-Anteil von 68.9 Prozent deutlich abgelehnt. Die Abstimmungsniederlage veranlasste Welti zum Rücktritt, worauf es zur Kooptation der Katholisch Konservativen in den Bundesrat kam (→ Kapitel 4.3).[102]

Die Eisenbahnen werden verstaatlicht

Trotz der gescheiterten Übernahme der Centralbahn wurde der Bundesrat schon Ende Januar 1892 mit einer Motion beauftragt, die «Eisenbahnfrage» erneut zu untersuchen. Den Anlass dazu gab das «selbstherrliche Gebaren der Eisenbahnbarone», so Eduard His.[103] Die Aufgabe fiel dem neugewählten katholisch-konservativen Bundesrat Joseph Zemp zu, der als Gegner des Centralbahnrückkaufs zum Rücktritt von Emil Welti beigetragen hatte. Im Amt vollzog Zemp einen Gesinnungswandel und wurde zu einem Wegbereiter der Eisenbahnverstaatlichung.[104] Sein Rechnungsführungsgesetz, das Transparenz in der Frage der Berechnung der Rückkaufsumme schuf, wurde in der Referendumsabstimmung vom 4. Oktober 1896 von 55.8 Prozent der Stimmenden angenommen. Dies wurde als klares Signal zugunsten der Verstaatlichung gewertet.

102 Bauer, 1947, S. 112; Jung, 2020, S. 357–359; Rüfenacht, 1947, S. 349 f.
103 His, 1938, S. 1143.
104 Altermatt, 1991, S. 256.

Gedenkblatt «Die Schweizerbahnen dem Schweizervolk» zur Abstimmung vom 20. Februar 1898.

1897 veröffentlichte der Bundesrat schliesslich die Rückkaufbotschaft für die fünf Hauptbahnen (Centralbahn, Nordostbahn, Vereinigte Schweizerbahnen, Jura-Simplonbahn, Gotthardbahn). Nach kontroversen Diskussionen, die sich um die Verfassungsmässigkeit der Vorlage drehten, stimmte das

Parlament der Verstaatlichung der Eisenbahnen zu. Viel zu reden hatte auch die Rückkaufsentschädigung gegeben, die sich auf 1 Mrd. Franken belief und über Anleihen finanziert werden sollte. Diese Summe, argumentierte der Bundesrat, werde die Staatsbahn aus ihren Einnahmen innert sechzig Jahren tilgen. Der Gesetzesvorlage wurde in der Referendumsabstimmung vom 20. Februar 1898 deutlich zugestimmt.[105] Daraufhin wurden 1900 die Verhandlungen mit den fünf Hauptbahnen aufgenommen, die neun Jahre später abgeschlossen wurden. Die Rückkaufsumme belief sich auf rund 1 Mrd. Franken, was 19 Prozent des BIP von 1909 entsprach.[106] Dies bereitete «[...] dem sozusagen schuldenfreien Stand des Landes ein Ende [...]», so die Finanzwissenschaftler Jakob Steiger und Camille Higy.[107]

Ein teures Nachspiel: Die SBB und die «bahnfremden Lasten»

Die Erwartung des Bundesrates, dass die SBB ihre Schulden innert sechzig Jahren abzahlen würden, sollte sich nicht erfüllen. Nach der Übernahme stellte sich heraus, dass der Wert der Bahngesellschaften rund 260 Mio. Franken unter dem Kaufpreis lag, was auf Fehlbeträge bei den übernommenen Pensionskassen zurückzuführen war.[108] Zudem musste die Bundesbahn Investitionen nachholen. Als sich die Verstaatlichung abgezeichnet hatte, wurde von den Bahngesellschaften kaum noch investiert, weshalb die Bundesbahn grosse technische Rückstände aufzuholen hatte. Damit stiegen die Schulden der Bundesbahn vor dem Ersten Weltkrieg auf rund 1.5 Mrd. Franken oder 26 Prozent des BIP von 1913.[109]

In den folgenden Jahren stiegen die Schulden weiter an. Dies lag nur zum Teil an den Folgen der Weltkriege und der Weltwirtschaftskrise, sondern war vielmehr die Folge von politischen Entscheidungen. Damit die SBB dem Bund nicht als Finanzquelle dienen, wie es im Königreich Preussen geschehen war, wurden sie nicht in die Bundesverwaltung integriert,

105 67.9 Prozent der Stimmenden sagte Ja. Die Stimmbeteiligung betrug hohe 78.1 Prozent.
106 Bauer, 1947, 128 f.; Weissenbach, 1913, S. 199 f.
107 Steiger & Higy, 1934, S. 25.
108 Buchli, 2003, S. 78.
109 Schweiz. Bundesrat, 1948a, S. 345; Steiger & Higy, 1934, S. 26.

sondern als eigenständige Verwaltung organisiert. So sollte garantiert werden, dass die Gewinne für Tarifsenkungen und den Ausbau des Streckennetzes und nicht für andere Bundesausgaben verwendet werden. Was aber nicht verhindert werden konnte, war eine Flucht aus dem Budget:

> «Statt die Eisenbahntarife ungeschminkt als Steuerquelle zu betrachten, deren Erträge zur Deckung notwendiger Staatsausgaben herangezogen worden wären, hat man den bedrängten Staatshaushalt künstlich entlastet, indem man bestimmte Leistungen der Bahnverwaltung übertrug, es ihr überlassend, sich aus ihren Verkehrseinnahmen schlecht und recht bezahlt zu machen.» (NZZ, 12.01.1945)

Die Finanznot des Bundes trug dazu bei, dass den SBB während und nach dem Ersten Weltkrieg eine Vielzahl von Aufgaben übertragen wurden, die nicht in ihrem Pflichtenheft standen («bahnfremde Lasten»). Dabei handelte es sich um Aufgaben im Rahmen der Landesverteidigung und sozialpolitische Massnahmen. Dazu zählten unter anderem ungenügend oder gar nicht entschädigte Transporte für die Armee, die Anschaffung von Güterwagen zur Sicherung der Landesversorgung, die Durchführung von Notstandsarbeiten und die Elektrifikation des Streckennetzes zur Bekämpfung der Arbeitslosigkeit. Zudem wurden die SBB verpflichtet, während des Krieges auf Tariferhöhungen und auf Personalentlassungen zu verzichten.[110]

Der Bund wird für die Bahnschulden haftbar gemacht

Die finanzielle Schieflage der SBB veranlasste den Bundesrat 1936 einen Gesetzesentwurf zur Entschuldung vorzulegen, dessen Behandlung 1944 abgeschlossen wurde. Zu diesem Zeitpunkt lagen die Schulden der SBB bei rund 3 Mrd. Franken, was rund 1 Mio. Franken pro Schienenkilometer entsprach. Davon waren mindestens 1 Mrd. Franken auf politische Entscheidungen zurückzuführen.[111] Als Beitrag zur Entschuldung sollte der Bund 1.3 Mrd.

110 Aktionskomitee, 1945, S. 3–5; Düby, 1944, 423–426.
111 Aktionskomitee, 1945, S. 4.

Franken aufwenden (8.3 Prozent des BIP von 1944). Davon sollten 900 Mio. Franken für die Schuldentilgung und 400 Mio. Franken als Dotationskapital verwendet werden.[112] Nachdem das Parlament das neue Bundesbahngesetz mit grosser Mehrheit verabschiedet hatte, ergriff das «Aktionskomitee für die Reorganisation der Bundesbahnen» erfolgreich das Referendum. Das Aktionskomitee stellte sich gegen einen «zweiten Eisenbahnrückkauf» und sprach von den SBB als Reptilienfonds der schweizerischen Politik:

> «Was hier getan wurde, d. h. die Anhäufung von Schulden und Defiziten, welche von rechtswegen in die Rechnung des Bundes und nicht der Bundesbahnen gehörten, stellt wohl den grössten Verschleierungsprozess der schweizerischen Finanzgeschichte dar.» (Aktionskomitee, 1944, S. 66)

«Die Bahn dem Volk nicht dem Privatkapital»: Abstimmungsplakat der Befürworter des SBB-Gesetzes von 1944.

«Keine Entschuldung ohne Garantien für die Zukunft»: Abstimmungsplakat der Gegner des SBB-Gesetzes 1944.

112 Schweiz. Bundesrat, 1943, S. 793.

Das Aktionskomitee kritisierte insbesondere die Trennung von Kompetenzen und finanzieller Verantwortung. Um die politischen Einflüsse auszuschalten, forderte es die rechtliche Verselbstständigung der Bahnen. Ansonsten, so die Befürchtung, würden bald weitere Entschuldungsaktionen unumgänglich werden.[113] Allerdings waren die Gegner des neuen Bahngesetzes in der Minderheit. In der Volksabstimmung vom 21. Januar 1945 wurde das neue Bahngesetz von allen Landesparteien wie auch vom Bauernverband und dem Gewerkschaftsbund unterstützt und mit grosser Mehrheit angenommen.[114] Somit wurden die Bahnschulden 1945 vom Bund übernommen – wobei es sich auch im Vergleich zu den Kriegslasten um eine ausserordentlich hohe Summe handelte.

---

113 Aktionskomitee, 1944, S. 134–140.

114 An der Urne sprachen sich 56.7 Prozent der Stimmenden und 13 Kantone für das Bahngesetz aus. Die Stimmbeteiligung betrug 52.9 Prozent.

5. Der Erste Weltkrieg: Ein Fiskalschock trifft den Bund unvorbereitet

Der Ausbruch des Ersten Weltkriegs mit der Kriegserklärung Österreich-Ungarns an Serbien vom 28. Juli 1914 beendete die lange Aufschwungphase in Europa, die 1890 eingesetzt hatte, abrupt. Die in den Krieg «schlafwandelnden» europäischen Imperien (Christopher Clark)[115] gingen zunächst von einem kurzen Krieg aus und glaubten an einen schnellen Sieg. Man war überzeugt, dass moderne Industriegesellschaften aufgrund ihrer weltwirtschaftlichen Verflechtung schnell zusammenbrechen, wenn die Versorgungwege unterbrochen sind. Schon lange vor dem Kriegsausbruch nahm die Frage der Ressourcenversorgung daher eine zentrale strategische Bedeutung ein. Überlegungen, wie Handelswege blockiert und die Gegner ausgehungert werden können, wurden im Ersten Weltkrieg politisch und militärisch intensiv erörtert. Und je länger der Krieg mit seinen verschwenderischen Materialschlachten dauerte, desto klarer wurde: Die Beschaffung von Ressourcen ist der Schlüssel des Erfolgs an der Front wie in der Heimat und die Verknappung der Ressourcen des Gegners eine Waffe.[116]

Von der Friedens- zur Kriegswirtschaft

Der Umbau der Friedens- zur Kriegswirtschaft brachte allgemein einen planwirtschaftlichen Interventionismus mit sich, der die Marktwirtschaft vor allem in den kriegführenden Ländern vollständig ausschaltete. Der wirtschaftspolitische Fokus lag darauf, den Armeebedarf zu decken. Das hiess: zentral geplante Produktion von Waffen, Munition, militärischer

115 Clark, 2013.
116 Für die Einleitung vgl. James, 2022, S. 129–182 und Broadberry & Harrison, 2009.

Ausrüstung und Lebensmitteln. Denn die Rüstungsproduktion bedurfte einer ausreichenden Rohstoffbasis, der Verfügbarkeit von Arbeitskräften und der ausreichenden Kriegsfinanzierung. Um eine Konkurrenz mit dem zivilen Sektor zu vermeiden, oblag der gesamtwirtschaftliche Verbrauch einem bürokratischen Verteilungssystem mit staatlicher Regulierung wie Preiskontrollen, Zuschüssen, Zwangsarbeit oder Bezugsmarken.

Der zentral gelenkte Umbau ging allerdings mit einer Mangelwirtschaft einher. Lebensmittel wurden nach Kriegsausbruch in vielen Ländern schnell knapp. Sogar in Russland, das über grosse Getreideanbauflächen verfügte, versagte die Versorgung von Städten und Industriezentren. Die kriegführenden Mittelmächte Deutschland und Österreich-Ungarn waren in stärkerem Ausmass auf Importe von Lebensmitteln angewiesen. Diese konnten aber nicht in ausreichendem Masse beschafft werden. Insbesondere in der Doppelmonarchie war bereits in den ersten Kriegsmonaten eine Hungerkrise spürbar, während sich die Versorgungslage im Deutschen Reich mit der Dauer des Kriegs zuspitzte. Letzteres war vor allem eine Folge des gescheiterten «Schlieffenplans». Der Überfall auf das neutrale Belgien bewog Grossbritannien zum Kriegseintritt. Und die Briten nutzten ihre maritime Vormachtstellung, um Deutschland mit der «Seeblockade» wirtschaftlich unter Druck zu setzen. Was Deutschland wiederum zu einem Wirtschaftskrieg veranlasste. Im Februar 1917 versuchte Deutschland mit dem «uneingeschränkten U-Boot-Krieg» die gesamte Schifffahrt zu blockieren und damit England und Frankreich von der Versorgung abzuschneiden – was letztlich und entscheidend die USA 1917 zum Kriegseintritt bewog.

Massive Ausweitung der Staatsausgaben

Der Krieg erhöhte die Finanzbedürfnisse in allen direkt und indirekt betroffenen Staaten sprunghaft. Die Staatsquoten – staatliche Ausgaben im Verhältnis zum Sozialprodukt – stiegen drastisch an. Von rund 10 Prozent vor 1914 auf 40 Prozent in Grossbritannien, 50 Prozent in Frankreich und 60 Prozent in Deutschland im Jahre 1917. In den kriegführenden Ländern entbrannten mit zunehmender Knappheit intensive Auseinandersetzungen über die Frage der Kriegsfinanzierung. Kurz nach dem Kriegsausbruch war zunächst die Goldeinlösungspflicht der Währungsbehörden überall aufgehoben worden. Damit war die heimische Wirtschafts- und Finanzpolitik von den Regeln des Goldstandards befreit und dem Zugriff der politischen und militärischen Ziele ausgesetzt.

Der Weg der monetären Finanzierung des Kriegs wurde ausgiebig genutzt, konnte aber den enormen Anstieg immer neuer Begehrlichkeiten nicht stillen. In der Finanzpolitik kreisten die Debatten bald um Anleihen für das private Publikum und Steuern. Für die Einführung oder Erhöhung von Steuern wurde in erster Linie das Argument der sozialen Gerechtigkeit bei der Finanzierung der Kriegslasten angeführt. Weil die Kosten des Krieges aber schnell zu hoch waren, als dass sie unmittelbar getragen werden konnten, waren Anleihen unumgänglich. Zudem galten Anleiheemissionen als Gradmesser für die moralische Verfassung der Bevölkerung und wurden so zu einem Teil der Propaganda. Die Kreditfinanzierung erhielt zusätzliches Gewicht, weil man sich damit eine geringere Schwächung des Konsumentenvertrauens versprach.

Grossbritannien setzte auf Steuern, …

Die einzelnen Länder beschritten unterschiedliche Wege der Finanzierung der Kriegsaufwendungen. Grossbritannien erhöhte die Steuern massiv. Die Einkommensteuer wurde von 5.4 auf 30 Prozent erhöht und es wurde bei Unternehmen eine so genannte «Übergewinnsteuer» eingeführt. Dadurch verdreifachte sich das Aufkommen der Einkommen-, Ertrags- und Vermögensteuern zwischen 1914 und 1918 auf 9.6 Prozent des BIP. Dennoch hatten die Kriegskosten eine Verzehnfachung der Staatsverschuldung bis 1919 zur Folge. Die ersten Kriegsanleihen wurden an der Londoner Börse im November 1914 ausgegeben, 1915 und 1917 folgten weitere. Die Bank of England half mittels monetärer Staatsfinanzierung, die Schuldtitel zu absorbieren. Im Vergleich zu Grossbritannien finanzierte Frankreich die Staatsausgaben währen des Krieges zu einem grösseren Teil über Schulden im In- und Ausland. Steuereinnahmen spielten mit einem Anteil von rund 15 Prozent der Ausgaben eine weniger prominente Rolle. Das Land kannte vor Kriegsausbruch keine Einkommensteuer und führte sie schliesslich 1916 ein. Der Maximalsteuersatz betrug 2 Prozent. Dazu kam ebenfalls 1916 eine Kriegsgewinnsteuer. Folgerichtig war der Weg über die monetäre Staatsfinanzierung in Frankreich eine wichtige Basis der Kriegsfinanzierung, was die Rückkehr zum Goldstandard nach Kriegsende zunächst behinderte.[117]

... während Deutschland und Österreich-Ungarn den Krieg über Anleihen finanzieren

Für Österreich-Ungarn und das Deutsche Reich waren Kriegsanleihen das wichtigste Finanzierungsinstrument. Österreich-Ungarn nahm insgesamt 25 Anleihen auf. In diesem Zusammenhang wurde in der Doppelmonarchie in grossem Umfang auf die monetäre Staatsfinanzierung zurückgegriffen. Einkommen- und Vermögensteuern spielten eine untergeordnete Rolle. Deutschland gab von 1914 bis 1918 neun Kriegsanleihen aus, die rund 60 Prozent der Kriegskosten deckten. Auf Steuererhöhungen wollte der Reichstag zunächst verzichten. Das Deutsche Reich erhob Einkommen- und Vermögensteuern erst seit kurz vor dem Krieg – nachdem es 1902 die berühmte Schaumweinsteuer zur Finanzierung der kaiserlichen Kriegsflotte eingeführt hatte. 1913 hatte der Reichstag den Wehrbeitrag verabschiedet, das heißt eine einmalige Rüstungsabgabe auf hohe Vermögen (0.15–1.5 Prozent) und Einkommen (1–8 Prozent) erhoben. 1916 wurden eine Kriegsgewinnsteuer und eine Tabaksteuer eingeführt. Die Steuern waren allerdings nicht besonders aufkommensstark, vielmehr hofften die Deutschen lange auf einen Sieg und die Deckung ihrer Kriegskosten durch Reparationen oder Abtretung von Gebieten.[118]

117 Daunton, 1996, S. 882–891; Billings & Oats, 2014, S. 83–101; Dewey, 1997, S. 224–232.
118 Roesler, 1967, S. 70; Sandgruber, 1995; März, 1981; Blancheton, 2020.

5.1 Die ruhige Entwicklung nimmt auch in der Schweiz ein abruptes Ende

Obwohl es die internationalen Spannungen bereits seit längerer Zeit hatten ahnen lassen, war der Bund kaum auf den Kriegsausbruch vorbereitet. Aufgrund des Verlaufs des Deutsch-Französischen Krieges von 1870/71 war die Schweizer Landesregierung – wie auch die Regierungen der kriegführenden Länder – davon überzeugt, dass der Krieg schnell beendet sein würde.[119] Mit zunehmender Dauer des Krieges wurde der Druck für Massnahmen zur Finanzierung der Kriegsaufwendungen immer grösser. Dabei stand der Bund vor finanzpolitischen Herausforderungen, welche die Probleme der Vorkriegszeit in den Schatten stellten.

Bundesfinanzen im Spiegel des Kriegs

Der Erste Weltkrieg brachte den Bundeshaushalt unmittelbar aus dem Gleichgewicht (→ Abb. 9). Die Kosten für die Grenzbesetzung («Mobilisationskosten») liessen die Staatsausgaben sprunghaft ansteigen. Bereits 1914 hatten sich die Ausgaben des Bundes gemessen am BIP verdoppelt. Gleichzeitig waren die für den Bundeshaushalt zentralen Zolleinnahmen kriegsbedingt rückläufig.

In Erwartung eines kurzen Kriegs war die wirtschaftliche und die finanzielle Kriegsbereitschaft bescheiden. Während die Getreidevorräte für 60 Tage reichten, reichte der Kriegsschatz von 10 Mio. Franken (Gold im Keller der Nationalbank), um das Truppenaufgebot während fünf Wochen zu finanzieren. Es war vorgesehen, auf Anleihen und den Notenbankkredit zurückzugreifen.[120]

---

119 Mittler, 2003, S. 631.

120 Guex, 2012, S. 1092; 1993, S. 155–178; Welti, 1932, S. 6; Schweiz. Bundesrat, 1914b, S. 749–751; Staatsrechnung 1913, S. 236.

Abb. 9: Die Ausgaben und Einnahmen des Bundes (1910–1922)

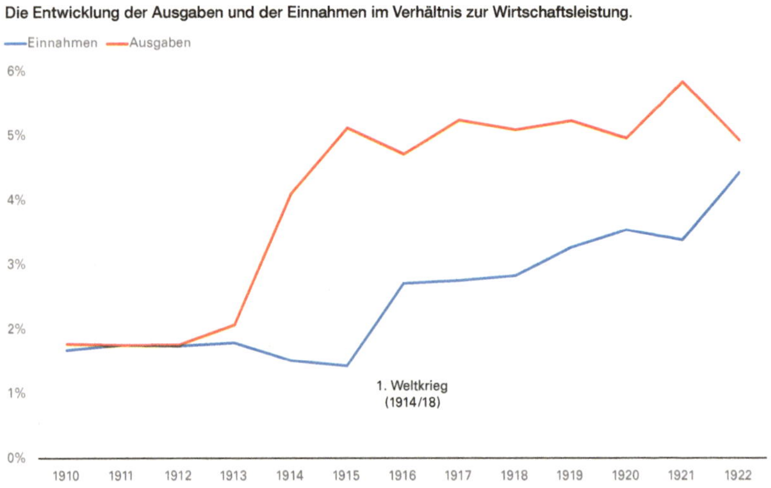

Quellen: Eigene Berechnungen. Rechnungsabschlüsse: EFV, Staatsrechnung 1955 (S. 44*); BIP: Stohr (2016).

Anleihen als wichtigstes Finanzierungsmittel

Angesichts der geringen finanziellen Mittel, die dem Bund unmittelbar zur Verfügung standen, entschloss sich der Bundesrat kurz nach Kriegsausbruch, zwei Anleihen auszugeben. Während der Kriegsjahre griff der Bund dann regelmässig auf Anleihen zurück, sodass sie sich zum wichtigsten Finanzierungsmittel entwickelten. Insgesamt nahm der Bund neun Mobilisationsanleihen in der Schweiz und zwei in den USA auf (→ Tab. 1). Der Nominalbetrag der bis 1919 aufgenommenen Anleihen belief sich auf 830 Mio. Franken und 45 Mio. US-Dollar.[121]

121 Steiger & Higy, 1934, S. 34; Ruoss, 1992, S. 86.

Tab.1: Die Anleihen der Schweiz während des Ersten Weltkriegs.

Jahr	Anleihen	Zinsfuss (in %)	Emissionskurs (in %)	Nominalbetrag	Fälligkeit
1914	1. Mobilisationsanleihen	5	99	30 Mio. CHF	1917
1914	2. Mobilisationsanleihen	5	100	50 Mio. CHF	1919–1934
1915	1. Anleihen in den USA	5	99.625/97.375/95.75	15 Mio. $	1916/18/20
1915	3. Mobilisationsanleihen	4.5	96.5	100 Mio. CHF	1926–1955
1916	4. Mobilisationsanleihen	4.5	97.5	100 Mio. CHF	1921
1916	5. Mobilisationsanleihen	4.5	97	100 Mio. CHF	1926
1917	6. Mobilisationsanleihen	4.5	96	100 Mio. CHF	1932
1917	7. Mobilisationsanleihen	4.5	96	100 Mio. CHF	1934
1918	8. Mobilisationsanleihen	5	100	150 Mio. CHF	1948
1918	9. Mobilisationsanleihen	5	99.5	100 Mio. CHF	1924
1919	2. Anleihen in den USA	5.5	96.25	30 Mio. $	1929

Quelle: Eigene Darstellung nach SNB, 1944, S. 18.

Monetäre Staatsfinanzierung treibt die Inflation an

Kurz nach Kriegsausbruch wandte sich der Bundesrat mit der Bitte um Finanzierungshilfe an die SNB. Dort wurde ihm die Beanspruchung des Notenbankkredits nahegelegt. Die monetäre Staatsfinanzierung hatte bis anhin eine unbedeutende Rolle für den Bund gespielt. Die rechtliche Grundlage für die Diskontierung von Reskriptionen (kurzfristige Schuldverschreibungen) war erst 1911 im Rahmen der Revision des Bankgesetzes geschaffen worden. Nachdem die Mittel der ersten beiden Kriegsanleihen gegen Ende des Jahres 1914 aufgebraucht waren, begann der Bund in grossem Umfang Reskriptionen bei der Nationalbank zu diskontieren.[122]

Wie in Tabelle 2 ersichtlich ist, wurden die Reskriptionen schnell zu einem wichtigen Finanzierungsmittel. Der Bundesrat bezeichnete die SNB als «festeste Stütze unseres Landeskredites», während sich die SNB als «Kriegsbank» sah, deren Hauptaufgabe in der Diskontierung von Schatzanweisungen des Bundes sowie von Wechseln der Schweizerischen Bundes-

122 Baltensperger, 2012, S. 144; Ruoss, 1992, 87–89; SNB, 1957, S. 183 f.; SNB, 1932, S. 82–84.

bahn besteht. Der Abbau von Staatsschulden auf den Büchern der SNB gelang schliesslich nach Kriegsende 1924.[123]

Tab. 2: Die Reskriptionen des Bundes und der SBB 1914–1924
(am Jahresende; in Mio. CHF)

Jahr	Im Umlauf	Im Portefeuille der SNB	Im offenen Markt
1914	59	58	1
1915	111	75	36
1916	257	123	134
1917	382	233	149
1918	492	312	180
1919	538	301	237
1920	559	280	279
1921	499	287	212
1922	359	325	34
1923	280	155	125
1924	98	78	20

Quelle: SNB, 1936, S. 469.

Die Reskriptionen des Bundes im Portefeuille der SNB trugen zu einem starken Anstieg der Geldmenge bei. Das Direktorium der SNB ging gemäss der «Real-Bills-Doctrine»[124] von der falschen Annahme aus, dass zwar die Verteuerung von Importgütern, nicht aber die Ausdehnung der Geldmenge zur Inflation beiträgt – eine Meinung, die auch die deutsche Reichs-

123 Bordo & James, 2007, S. 44; Schweiz. Bundesrat, 1917b, S. 330; SNB, 1957, S. 184.

124 Die Real-Bills-Doktrin besagt, dass Banken die Geldmenge ohne Inflationsgefahr erhöhen. Sie entstand im 19. Jahrhundert in England aus der Praxis von Handels- und Zentralbanken und basierte auf der Annahme, dass Banken Kredite nur gegen kurzfristige Handelswechsel vergeben sollten, die gewöhnlich Lagerbestände, Ernten, Forderungen oder Lieferungen finanzierten. Diese Wechsel, oft mit einer Laufzeit von 90 Tagen, deckten den Atlantiktransport ab und galten als selbstliquidierend, da sie spezifischen Transaktionen zugeordnet waren, die bis zu einem festen Datum abgeschlossen wurden. Zentralbanken sorgten für Liquidität, indem sie solche Wechsel zum Rediskont annahmen und gegen sie Banknoten ausgaben. Sie sollten jedoch keine Kredite für spekulative Zwecke wie Aktien- oder Staatsanleihenkäufe vergeben. Wechsel ohne direkten Bezug zu Handelstransaktionen, die sich nicht automatisch liquidierten, galten als spekulativ und wurden von den Banken abgelehnt.

bank vertrat. In Tat und Wahrheit führte die monetäre Staatsfinanzierung im Zusammenspiel mit der Warenverknappung und dem Anstieg der Importpreise zu einer starken Inflation. Der Schweizer Konsumentenpreisindex stieg zwischen 1914 und 1918 um mehr als das Doppelte an.[125]

Aufruf zu einer Demonstration gegen die Teuerung 1915.

125 Bordo & James, 2007, S. 44 f.; Halbeisen & Straumann, 2012, S. 997.

Zögerlicher Ausbau der Bundeseinnahmen

Trotz der angespannten Finanzlage nahm der Bundesrat den Ausbau der Einnahmen zunächst zögerlich in die Hand. Wäre man sich aber der Dauer des Krieges bewusst gewesen, so urteilte der Bundesrat rückblickend, wären bereits früher neue Steuern eingeführt worden:

> «Allein hätte man voraussehen können, dass der Krieg so lange dauern würde und uns die Nachkriegszeit die grösste aller Wirtschaftskrisen bescheren werde, so hätte man viel eher Abgaben erhoben, als es tatsächlich geschehen ist.» (Voranschlag 1931, S. VIII)

Kurz nach Kriegsausbruch, Ende November 1914, legte der Bundesrat ein erstes Massnahmenpaket im Umfang von 15 Mio. Franken vor, welches das Parlament ohne grössere Diskussionen per Dringlichkeitsbeschluss guthiess.[126] Wie oben erwähnt, sollte die Landesverteidigung in erster Linie über Anleihen und den Notenbankkredit finanziert werden.

Im September 1914 wurde auch mit der Arbeit an einer Tilgungssteuer begonnen, die nach dem Kriegsende erhoben werden sollte. Als der Krieg andauerte, fiel die Entscheidung dennoch auf eine Kriegssteuer. Der Steuer wurde im Juni 1915 an der Urne deutlich zugestimmt, worauf man sie ab 1916 erhob. Ebenfalls 1916 wurde die Kriegsgewinnsteuer per Dringlichkeitsbeschluss eingeführt (und damit dem Referendum entzogen) und rückwirkend ab 1915 erhoben. So wurde 1916 ein deutlicher Anstieg der Einnahmequote von 1.4 Prozent (1915) auf 2.7 Prozent (1916) erreicht (→ Abb. 9). Nach dem Kriegsende folgte eine zweite Kriegssteuer («neue ausserordentliche Kriegssteuer»), die als Tilgungssteuer von 1921 bis 1932 erhoben wurde.

---

126 Das Paket umfasste die Verdoppelung der Militärpflichtersatzsteuer (für 1914 und 1915), die Verdoppelung der Alkoholzölle und der statistischen Gebühren der Zollverwaltung, die Erhöhung diverser Posttaxen sowie die Erhöhung der Telefongebühren. Auf der Ausgabenseite wurde die Äufnung verschiedener Fonds sowie Lohnerhöhungen für das Bundespersonal sistiert und einzelne Subventionen gekürzt. Während den Kriegsjahren wurde die Verdoppelung der Militärpflichtersatzsteuer jeweils jährlich verlängert und die anderen Massnahmen mit verschiedenen Beschlüssen ausgebaut (Voranschlag 1915, S. I–III; Schweiz. Bundesrat, 1914a, S. 627; Oechslin, 1967, S. 75; Steiger & Higy, 1934, S. 34 f.).

Wie in Tabelle 3 ersichtlich ist, nahm der Bund mit den drei Kriegssteuern rund 744.6 Mio. Franken ein, was rund 12.8 Prozent des BIP von 1913 entsprach. Besonders ertragreich waren die Kriegssteuer und die Kriegsgewinnsteuer.

Tab. 3: Einnahmen der ausserordentlichen Kriegssteuern des Bundes 1915–1932

	In Mio. CHF (zu Preisen von 1913)	**In Prozent des BIP von 1913**
Erste Kriegssteuer (1916/17)	69.1	1.2
Kriegsgewinnsteuer (1915/20)	329.1	5.6
Neue ausserordentliche Kriegssteuer (1921/32)	346.6	5.9
Total	**744.8**	**12.7**

Quellen: Eigene Berechnungen. **Steuereinnahmen**: Steiger & Higy, 1934, S. 419; HSSO. Tab. U.10. **BIP**: BFS (2019); Stohr (2016). Anmerkung: Es wurden nur die drei ausserordentlichen Steuern berücksichtigt, die während des Krieges beschlossen wurden. Bei allen wurde der gesamte Ertrag berücksichtigt, wobei dieser teilweise erst nach dem letzten Steuererhebungsjahr einging.

Die finanziellen Kosten der Grenzbesetzung

Den neuen Einnahmen standen ausserordentliche Ausgaben in der Höhe von 839.3 Mio. Franken gegenüber (14.4 Prozent des BIP von 1913). Mit 807 Mio. Franken wurde ein Grossteil davon für die Mobilisationskosten zur Sicherung der Landesgrenze aufgewendet (→ Tab. 4). Dahingegen fielen die Sozialausgaben mit 32 Mio. Franken gering aus (zu Preisen von 1913).

Tab. 4: Ausserordentliche Ausgaben des Bundes 1914–1918

	In Mio. CHF (zu Preisen von 1913)	**In Prozent des BIP von 1913**
Militärische Landesverteidigung	807.0	13.8
Sozialausgaben (Verbilligung der Lebenshaltung)	32.3	0.6
Total	**839.3**	**14.4**

Quellen: Eigene Berechnungen. Ausgaben: Steiger & Higy, 1934, S. 419; Voranschlag 1926, S. XII; BIP: BFS (2019); Stohr (2016). Anmerkung: Die Mobilisationskosten beruhen auf den Angaben im Voranschlag von 1926.

Da ein Grossteil der ausserordentlichen Ausgaben während des Krieges über Anleihen finanziert wurde, stiegen die Ausgaben für den Zinsendienst stark an. Während der Kriegsjahre betrugen die Zinsausgaben 91.6 Mio. Franken (inkl. der Verzinsung der äusserst geringen Vorkriegsschuld). Bis zum Ende der Erhebung der zweiten Kriegssteuer (1932) summierten sich die Zinsausgaben auf rund 950 Mio. Franken oder 16.3 Prozent des BIP von 1913 (zu Preisen von 1913).

Historischer Schuldenhöchststand

Trotz der neuen Steuern blieben die Einnahmen während der Kriegsjahre weit hinter den Ausgaben zurück. Die Defizite waren immer grösser als 2 Prozent des BIP. 1915 erreichten sie mit 3.7 Prozent einen neuen Höchststand – der bisherige lag bei 0.6 Prozent während des Deutsch-Französischen Kriegs (1870/71). Die Folge war ein explosionsartiger Anstieg der Bundesschulden: Die Schuldenquote stieg von 2.8 Prozent (1913) auf 15.1 Prozent (1918) – auch sie erreichte damit einen historischen Höchststand (→ Abb. 10).

Abb. 10: Die Schulden des Bundes (1910–1922)

Die Entwicklung der Bundesschulden im Verhältnis zur Wirtschaftsleistung.

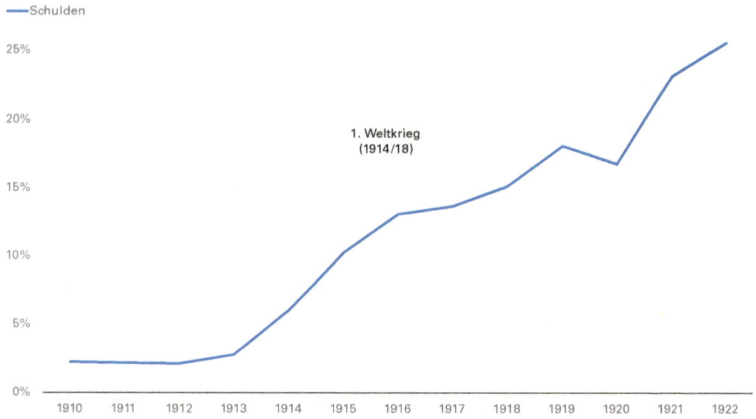

Quellen: Eigene Berechnungen. Schulden: ESTV, Finanzen von Bund, Kantonen und Gemeinden (1944/45); BIP: Stohr (2016).

5.2 Die Kriegssteuer als finanzpolitische Zäsur im Bundesstaat

Wegen der enormen Kosten der Grenzbesetzung während des Ersten Weltkriegs musste sich der Bund neue Einnahmequellen beschaffen. Bald zeigte sich, dass kein Weg an einer direkten Bundessteuer vorbeiführt – ein Schritt, der einer finanzpolitischen Zäsur gleichkam. Dabei lag die Einführung der Kriegssteuer auch im Interesse der Kantone, die sich in der Krisensituation eine finanzpolitische Entlastung versprachen.

Kein Weg führt an der Kriegssteuer vorbei

Im September 1914 beauftragte der Vorsteher des Finanz- und Zolldepartements, der Tessiner CVP-Bundesrat Giuseppe Motta, eine dreiköpfige Expertenkommission mit der Arbeit an einer Kriegssteuer. Berufen wurden der Appenzeller FDP-Nationalrat Arthur Eugster, der liberale Basler Nationalrat und Rechtsprofessor Paul Speiser sowie der Finanzwissenschaftler Jakob Steiger.[127] Die Kommission stellte sich zunächst der Frage, ob der Bund eine Kriegssteuer oder – wie in der Verfassung vorgesehen – Geldbeiträge von den Kantonen erheben sollte. Die Geldbeiträge hatten den Vorteil, dass die Ausscheidung der Steuerkompetenzen nicht angetastet wurde. Für eine direkte Bundessteuer sprach der Faktor Zeit, denn die allermeisten Kantone hätten zuerst selbst Kriegssteuern einführen müssen, um ihre Beiträge an den Bund leisten zu können. Dies hätte Volksabstimmungen in den Kantonen bedingt, wobei der Bundesrat «schwere Kämpfe» erwartete und eine Verschwendung der «politischen und moralischen Kräfte» befürchtete.[128] Zudem schien das System zu umständlich, so Jakob Steiger:

> «Was wäre das für ein Anachronismus gewesen, wenn ein Teil der Kantone Anleihen hätten aufnehmen müssen, um die Anleihen des Bundes

127 Vgl. für dieses Kapitel: Steiger, 1916a.
128 Voranschlag 1915, S. VIII.

zurückzubezahlen. Was hätte das für einen Sinn gehabt, den Kantonen einerseits Geld abzuverlangen […] und ihnen gleichzeitig 20–30 Mill. Franken auszubezahlen in Form von Subventionen […]?»[129]

Hinzu kam, dass die Expertenkommission grosse Bedenken gegenüber der «Geldskala» hegte, die für die Festsetzung der kantonalen Beiträge verwendet wurde. Der Bundesrat und die grosse Mehrheit der kantonalen Finanzdirektoren teilten die Meinung der Expertenkommission, sodass die Wahl auf die Kriegssteuer fiel. Eine Reihe von Alternativvorschlägen wie eine Bundeserbschafts- und Nachlasssteuer oder die Zeichnung einer Bundesanleihe durch Vermögende setzten sich nicht durch.[130]

Der Tessiner Bundesrat Guiseppe Motta (*1871–†1940) – hier in den 1930er-Jahren auf dem Weg durch die Stadt Bern zum Bundeshaus – führte die Kriegssteuer ein.

Die Kriegssteuer: Der Bund lernt von den Kantonen

Bei der Gestaltung der Kriegssteuer orientierte sich die Expertenkommission an den kantonalen Steuersystemen. Gemäss Steiger galt es, «[…] einen möglichst guten Durchschnitt des Vorhandenen zu ziehen und nach

129 Steiger, 1916a, S. 2.
130 Oechslin, 1967, S. 78–80.

Möglichkeit wenigstens eine einheitliche Durchführung zu erstreben».[131] Als Vorlage dienten die Steuergesetze der Kantone Basel-Stadt und St. Gallen, die gemäss Steiger die «modernsten und besten» darstellten.

Die Kriegssteuer wurde als Steuer von Erwerbseinkommen und Vermögen sowie Unternehmensgewinnen gestaltet. Die Progressionskurve verlief im Vergleich zu den kantonalen Steuern aber auch zur deutschen Wehrsteuer steil. Den wohlhabenden Kreisen, so der Bundesrat, sollte ein Opfer auferlegt werden:

> «Diese Steuersätze gehen sehr hoch, das sei ohne weiteres zugegeben. Sie müssen aber so hoch gehen, wenn mittelst der Kriegssteuer etwas Wirksames erreicht werden soll; es würde dem Gedanken, der zu ihrer Erhebung führt, nicht entsprechen, wenn den Steuerpflichtigen das Gefühl eines ausserordentlichen Opfers für das Vaterland erspart bliebe.»[132]

Für die Mitglieder der Expertenkommission war die einheitliche Besteuerung von juristischen Personen der «technische Eckstein der Kriegssteuervorlage». Insbesondere bei der Besteuerung von Aktiengesellschaften sollte Einheit geschaffen werden:

> «Was die Besteuerung der juristischen Personen betrifft, so herrschte hier ein derartiger Wirrwar [sic] in der kantonalen Gesetzgebung vor, dass ohne Zentralisation der Besteuerung wenigstens der anonymen Erwerbsgesellschaften für die Kriegssteuer diese einfach undurchführbar gewesen wäre.»[133]

Die Expertenkommission beschloss, Aktiengesellschaften als Unternehmen und Aktionäre als Privatpersonen zu besteuern. Dadurch wurden Unternehmensgewinne sowohl bei der Gesellschaft als auch beim Aktionär steuerlich erfasst. Für den Bund fiel aus «Gründen der Billigkeit und des

131 Steiger, 1916a, S. 6 f.
132 Schweiz. Bundesrat, 1915, S. 16.
133 Steiger, 1916a, S. 7.

fiskalischen Interesses» nur dieses System in Betracht. Davon ausgehend beschränkte sich die Expertenkommission auf die Besteuerung des Kapitals und nicht auch des Ertrags.

Der föderale Preis der Kriegssteuer

Die Erhebung einer direkten Steuer bedeutete einen Zugriff des Bundes auf eine Steuerquelle, die den Kantonen vorbehalten war. Dies hatte seinen Preis. Die kantonalen Finanzdirektoren forderten eine Abfindung und einigten sich schliesslich mit dem Bundesrat auf einen Anteil von 20 Prozent. Dieser Anteil war sowohl ein zweckfreier Transfer als auch eine Entschädigung für die Kosten der Steuererhebung. Die Kantone sollten auch von einer Erhöhung der eigenen Steuern abgehalten werden:

> «Es ist also nur ein Gebot der Billigkeit, dass der Bund, wenn er die Steuerfähigkeit der schweizerischen Bevölkerung für sich selber in Anspruch nimmt, das nicht tue, ohne auf die Lage der Kantone Rücksicht zu nehmen, die ja bisher ein ausschliessliches Recht auf direkte Steuerbeiträge ihrer Angehörigen besassen und die, wenn nicht in anderer Weise vorgesorgt wird, selber auf die Erhöhung der direkten Steuern angewiesen sind, da sie keine andern, sofort wirksamen Mittel in Anwendung bringen können. Es wäre durchaus unerwünscht, wenn im gleichen Zeitpunkt, wo der Bund die Steuerpflichtigen mit einer erheblichen ausserordentlichen Steuer belastet, die Kantone denselben Weg beschreiten würden; […]».[134]

Die einmalige Kriegssteuer trifft auf breite Unterstützung

Als der Entwurf der Kriegssteuer ins Parlament kam, war die Unterstützung für das Vorhaben in der Bevölkerung gross. Dies erfreute den demokratischen Zürcher Ständerat Oskar Wettstein sichtlich:

---

134 Schweiz. Bundesrat, 1915, S. 162.

> «Ich schicke voraus, dass vielleicht, seit es überhaupt eine schweizerische Steuergesetzgebung gibt, sich keine Steuer dieses Masses von Popularität erfreuen durfte wie die Kriegssteuer. Sie können es überall im Lande hören, selbst bei den Besitzenden, die sehr scharf hergenommen werden: Diese Steuer musste kommen. Sie wurde erwartet. Ja, man darf wohl sagen, was sonst bei einer Steuer kaum je erlebt worden ist: sie wurde gefordert.»[135]

Alle Parteien standen hinter der Kriegssteuer. Die Sozialdemokraten seien zufrieden, erklärte der Basler Nationalrat Eugen Wullschleger: «Die Vorlage ist in ihrer jetzigen Gestalt das Werk eines Kompromisses zwischen verschiedenen Standpunkten und Meinungen. Es ist ein Kompromiss, wie ich glaube, guter Art [...].»[136] Die SP hatte schon seit einiger Zeit die Einführung einer direkten Bundessteuer gefordert und hoffte, dass die Kriegssteuer nicht mehr abgeschafft wird, wie es der Berner SP-Nationalrat Émile Ryser ausführte:

> «Tous les orateurs qui se sont prononcés jusqu'à présent, ont attiré l'attention du Conseil et ont exprimé le désir que cet impôt direct fédéral ne fût qu'une plante qui ne fleurit qu'une fois et qui disparaît immédiatement après. Or nous espérons et nous voulons, pour ce qui nous voulons, pour ce qui nous concerne, nous faire les jardiniers qui reprendront cette plante, qui la cultiveront et qui essayeront de la faire refleurir très régulièrement chaque année.»[137]

Die FDP stand geschlossen hinter der Kriegssteuer und auch bei den Konservativen war die Zustimmung sehr gross. In beiden Lagern wurde die Kriegssteuer als patriotisches Opfer der Wohlhabenden gelobt, so etwa vom katholisch-konservativen Obwaldner Ständerat Adalbert Wirz:

> «Wir fassen diese eidgenössische Kriegssteuer gar nicht als eine Steuer im eigentlichen und gewöhnlichen Sinne des Wortes auf, sondern wir be-

---

135 Amtl. Bull. SR 1915 I 19.
136 Sten. Bull. NR 1915 S. 69.
137 Amtl. Bull. NR 1915 I 67.

> trachten sie vielmehr als ein Opfer, welches die wohlhabenderen Kreise der Bevölkerung auf den Altar des Vaterlandes legen. Es handelt sich dabei um einen Akt, der aus patriotischem Pflichtgefühl entspringt.»[138]

Anders als die Sozialdemokraten unterstrichen aber die Vertreter der FDP, der Konservativen sowie die Vertreter des Bauernverbands die Einmaligkeit der Kriegssteuer. So etwa der freisinnige Aargauer Ständerat und Berichterstatter der Kommission Peter Emil Isler:

> «Der Bundesrat hat erklärt, er wolle von etwas anderem als einer einmaligen Steuer nichts wissen, und ich möchte ihm für diese Erklärung danken, nicht für meine Person, sondern als Vertreter meines Landes. Wir müssen denn doch bei allem Opfersinn, den wir heute haben, unsere Zukunft und den staatsrechtlichen Boden, auf dem wir uns bewegen, nicht aus den Augen lassen. Wir haben vor allem zu bedenken, dass es eine direkte Steuer ist und wir damit in das Gebiet der Kantone hineingreifen.»[139]

Eine Volksabstimmung soll die Kriegssteuer legitimieren

Zu Diskussionen Anlass gab insbesondere die Frage nach der Art und Weise der Einführung der Kriegssteuer. Zwar hatte der Bundesrat am 3. August 1914 von der Bundesversammlung unbeschränkte Vollmachten erhalten, jedoch forderte eine Mehrheit des Parlaments eine Volksabstimmung. Während die Freisinnigen aus der Westschweiz befürchteten, dass die Anwendung der Vollmachten zur Gewohnheit werden könnte, erhofften sich die Demokraten und die Sozialdemokraten ein deutliches Votum der Stimmbürger für die Kriegssteuer. Einzig freisinnige Kreise aus dem Aargau befürchteten, dass die Kriegssteuer an der Urne abgelehnt würde, weshalb sie deren Einführung auf dem Vollmachtenweg forderten.[140]

138 Amtl. Bull. SR 1915 9 f.
139 Amtl. Bull ST 1914 7.
140 Geyer, 1934, S. 52; Oechslin, 1967, S. 80

No. 21. 43. Jahrgang. Zürich, den 26. Mai 1917. Einzelnummer 30 Cts.

Nebelspalter

Inserate: Die sechsspaltige Nonpareillezeile . 30 Cts
Ausland . 50 Cts.
Reklamezeile . 1.– Fr.
Telephon: 4650

Humoristisch-satyrische Wochenschrift

Abonnement: 3 Monate Fr. 3.50
6 Mte. Fr. 6.– 12 Mte. Fr. 11.–
Bei postamtlichen Abonnements ist eine Gebühr von 20 Rp. mehr zu entrichten.
Alle Rechte vorbehalten.

Eidgenössische Reglementitis

Ständerat Dr. Wettstein hat bei den Herren am grünen Tisch in Bern eine neue Krankheit, die „Reglementitis", entdeckt. — NB. Vortrag in der Zürcher Schmiedstube am 15. Mai 1917.

(Zeichnung von J. F. Boscovits)

Rette sich, wer kann!

«Rette sich, wer kann»: Die Regulierungswut des Bundes – Karikatur des *Nebelspalters* von 1917 zur Vorschriftenflut in Kriegszeiten.

Der Bundesrat entschied sich für einen Mittelweg. Er wollte eine Volksabstimmung über den Verfassungsartikel durchführen, das Ausführungsgesetz sollte dann aber ohne Referendumsmöglichkeit erlassen werden, um die Kriegssteuer möglichst schnell einführen zu können.[141] Deswegen war dem Entwurf des Verfassungsartikels ein richtungsweisender Gesetzesentwurf beigefügt, der alle wesentlichen Bestimmungen enthielt.[142] Die Vorlage wurde in beiden Räten einstimmig verabschiedet und von allen grossen Parteien zur Annahme empfohlen. Auch beim Stimmvolk stiess sie auf breite Zustimmung: Am 6. Juni 1915 sagte eine überwältigende Mehrheit von 94.3 Prozent der Stimmenden Ja. Dies war der höchste Ja-Stimmenanteil in der Geschichte der eidgenössischen Volksabstimmungen. Die Stimmbeteiligung lag bei 56 Prozent.

Die Kriegssteuer war als direkte Steuer auf Erwerb und Vermögen von natürlichen Personen und vom Kapital juristischer Personen gestaltet. Der Kapitalertrag blieb steuerfrei. Die Kriegssteuer wurde 1916 und 1917 erhoben. Für die Erhebung waren die Kantone zuständig, die einen Anteil von 20 % erhielten. Der *Vermögensteuertarif von natürlichen Personen* umfasste 91 Klassen. Der jährliche Steuersatz stieg von 0.5 ‰ ab 10'000 Franken auf 7.5 ‰ ab 2.2 Mio. Franken. Der *Erwerbsteuertarif von natürlichen Personen* stieg von 0.25 % für 2'500 Franken auf 4 % ab 64'000 Franken. Bei *Aktiengesellschaften* wurde das ganze Aktienkapital (inkl. offene und stille Reserven) besteuert. Der Steuersatz war abhängig von der Dividende und betrug 10 % der durchschnittlichen Dividende der Jahre 1912 bis 1914 – mindestens aber 2 ‰ und höchsten 10 ‰ des einbezahlten Aktienkapitals. Der Steuersatz für das nicht einbezahlte Aktienkapital betrug die Hälfte. Die *Genossenschaften* mussten 8 % auf den Reingewinn und 4 % auf die Rückvergütungen an die Mitglieder entrichten.[143]

141 Schweiz. Bundesrat, 1915, S. 165–168.

142 Die Einführung der Pauschalerklärung war die einzige nennenswerte Änderung, die im Rahmen der Ausführungsgesetzgebung vorgenommen wurde. Diese bot den Steuerpflichtigen die Möglichkeit, Einkommen und Vermögen nicht zu deklarieren. Stattdessen mussten sie einen Pauschalbetrag entrichten, der höher war, als was sie auf Grund ihres auf kantonaler Ebene versteuerten Einkommens und Vermögens zu bezahlen gehabt hätten. Dabei genossen die Steuerpflichtigen Schutz vor den kantonalen Steuerbehörden. Den Kantonen war es verboten, Steuerhinterziehungen zu ahnden, die sich aus Pauschalerklärungen ableiten liessen.

143 Oechslin, 1967, S. 82–84.

5.3 Eine zögerliche Kriegssteuerpolitik

Nach der überwältigenden Annahme der Kriegssteuer wurde zunächst von einem weiteren Ausbau des Steuersystems abgesehen. Erst als die dank der Kriegssteuer gewonnenen Steuerdaten die kriegsbedingten Einkommen offenbarten, wurden weitere Schritte unternommen. Als dann im Verlauf des Jahres 1916 ein umfassendes Steuerprogramm für die Kriegs- und Nachkriegszeit veröffentlicht wurde, offenbarten sich schon in der vorparlamentarischen Phase Widerstände. Die politischen Verhandlungen wurden wieder mit mehr Härte geführt. Den auf einen radikaleren Kurs einschwenkenden Sozialdemokraten ging die Entwicklung zu langsam und vor allem in die falsche Richtung, weshalb sie eine Initiative für eine grundlegende Neuordnung der Bundesfinanzordnung ergriffen, die in der Bevölkerung auf grossen Anklang stiess.

Steuerdaten geben den Ausschlag für die Kriegsgewinnsteuer

Die Erhebung einer Kriegsgewinnsteuer sei nicht angezeigt, lautete das Fazit des EFD, als es sich im August 1915 im Auftrag des Bundesrats mit der Thematik befasste. Das EFD ging davon aus, dass die Kriegsgewinne durch die Kriegssteuer genügend erfasst würden, sodass eine Kriegsgewinnsteuer nur einen geringen Ertrag abwerfen würde. Die Situation änderte sich aber, als die im Rahmen der Kriegssteuer gesammelten Steuerdaten ausgewertet wurden. Diese offenbarten genau das Gegenteil: hohe Kriegsgewinne, die fiskalisch kaum erfasst wurden.

So geriet die Kriegsgewinnsteuer zu Beginn des Jahres 1916 wieder in den Fokus der Politik. Konservative, Bauern und Sozialdemokraten sowie weite Teile der Freisinnigen unterstützten die neue Steuer. Zwei Bauernvertreter im Nationalrat, der Waadtländer Charles-Eugène Fonjallaz und der Berner Jakob Freiburghaus, reichten in der Märzsession 1916 eine Motion ein. Sie forderten den Bundesrat auf, die Erhebung einer Kriegsgewinnsteuer erneut zu prüfen. Im April 1916 setzte das EFD eine Expertenkommission ein, die sich mit grosser Mehrheit für eine Kriegsgewinnsteuer aussprach. Diese Steuer sollte durch eine Volksabstimmung beschlossen werden. Doch statt einer Abstimmung empfahl die Neutralitätskommission der Bundesversammlung am 21. Juni 1916, den Bundesrat direkt zu ermächtigen. Nach breiter Zustimmung im Nationalrat entschied sich der Bundesrat für diesen Weg und erliess am 29. Juli 1916 einen Vollmachtenbeschluss, der juristische Personen verpflichtete, bis zu 25 Prozent ihres Reingewinns als Kriegsgewinnsteuer vorab zu zahlen.[144]

«Man kann uns doch nicht ganz am Hunger zugrunde gehen lassen!»: Karikatur des *Nebelspalters* (1917), die die Profitgier in Kriegszeiten anprangert.

144 Oechslin, 1966, S. 86 f.

Wiederholte Steuersatzerhöhungen im Verlauf des Krieges

Für das Kriegsgewinnsteuergesetz war die neu geschaffene Kriegssteuerverwaltung des Bundes verantwortlich. Diese orientierte sich bei der Ausarbeitung der Vorlage an den Kriegssteuergesetzen von Italien, England und Frankreich. Der Bundesrat erliess das Kriegsgewinnsteuergesetz am 18. September 1916 und führte rückwirkend auf den 1. Januar 1915 eine Steuer von 25 Prozent auf Kriegsgewinne ein, was dem Durchschnitt der Steuersätze im Ausland entsprach.[145] Damit war die Schweiz das zwölfte Land, das eine Kriegsgewinnsteuer einführte. Die Kriegsgewinnsteuer war die erste Steuer, die der Bund in Eigenregie erhob. Dennoch erhielten die Kantone einen Ertragsanteil von 10 Prozent, was mit dem Eingriff des Bundes in die Steuerhoheit der Kantone begründet wurde.[146]

Tab. 5: Steuersätze auf Kriegsgewinne 1915–1920

Jahr	Steuersatz (%)	Zuschlag für die Arbeitslosenfürsorge (%)	Total (%)
1915	25	–	25
1916	25	5	30
1917/19	25/35*	5/7*	30/42*
1920	20	–	20

Quelle: Darstellung des Autors in Anlehnung an Perret, 1954, S. 39. *Der höhere Satz kam zur Anwendung, wenn der kumulierte Kriegsgewinn seit 1915 50 Prozent des durchschnittlichen Gewinns der Jahre 1912/13 überstieg.

145 Steuerpflichtig waren alle Personen und Gesellschaften, die einen industriellen oder gewerblichen Betrieb oder ein Handelsgeschäft führten, an einem solchen beteiligt waren oder solche vermittelten. Weiter umfasste die Steuerpflicht auch Inhaber, Teilhaber, Kommanditäre und Verwaltungsratsmitglieder ausländischer Gesellschaften, die in der Schweiz niedergelassen waren. Als Kriegsgewinn galt der Reinertrag des Steuerjahres abzüglich eines «Friedensgewinns», der als durchschnittlicher Reinertrag von 1912 und 1913 definiert war. Der Steuersatz betrug 25 Prozent. Als Freigrenze durften 10 Prozent oder mindestens 10'000 Franken des Friedensgewinns abgezogen werden. Für Kollektiv- und Kommanditgesellschaften waren es 15'000 Franken bzw. 20'000 Franken ab drei Mitgliedern. Wegen der Inflation wurden die Freigrenzen für 1919 und 1920 um je 5'000 Franken erhöht (Geyer, 1934, S. 68; Oechslin, 1967, S. 87 f.).

146 Perret, 1954, S. 35 f.; Pessina, 1923, S. 48–53.

Zu Beginn des Jahres 1917 mehrten sich die Forderungen nach einer Erhöhung der Kriegsgewinnsteuer. Ein Grossteil der Bevölkerung machte die «Kriegsgewinnler» für die wirtschaftlichen Schwierigkeiten verantwortlich und verlangte, dass Kriegsgewinne stärker besteuert wurden. Zunächst führte der Bundesrat rückwirkend auf 1916 einen Zuschlag von 5 Prozentpunkten für die Unterstützung der Arbeitslosenfürsorge ein. Am 9. November 1917 erhöhte der Bundesrat den Steuersatz auf 35 Prozent und den Zuschlag für den Arbeitslosenfürsorgefonds auf 7 Prozent.[147]

Nach dem Kriegsende forderten Handel und Industrie die umgehende Aufhebung der Kriegsgewinnsteuer. Aus fiskalischen Gründen wurde sie zunächst weitergeführt. Der Ertrag der Kriegsgewinnsteuer war gewaltig unterschätzt worden: Im März 1917 ging der Bundesrat noch von einem Gesamtertrag von 40 Mio. Franken aus. Bei Jahresende war bereits mehr als das Doppelte eingegangen. Schliesslich endete die Erhebung der Kriegssteuer 1920, wobei der Steuersatz für 1920 wieder auf 20 Prozent gesenkt und der Zuschlag für die Arbeitslosenfürsorge aufgehoben wurde.[148]

Die Finanzreform gerät früh ins Stocken

Einen Monat nachdem die Kriegsgewinnsteuer beschlossen worden war, präsentierte Bundesrat Motta an der «Vertrauensmännerkonferenz» vom 10. bis 14. Oktober 1916 in Luzern ein umfassendes Steuerprogramm. An der Konferenz nahmen 36 «Vertrauensmänner» aus allen politischen Parteien sowie den vier grossen Wirtschaftsverbänden teil. Das von Bundesrat Motta vorgestellte Programm umfasste sechs fiskalische Massnahmen, mit denen der Haushaltsausgleich und die Tilgung der Kriegsschuld sichergestellt werden sollten. Die ordentlichen Einnahmen des Bundes sollten durch Stempelabgaben, das Tabakmonopol und ein Ausbau der Alkoholbesteuerung erweitert werden. Für die Deckung der Mobilisationskosten wurde eine Wiederholung der Kriegssteuer, die Einfüh-

147 Diese Erhöhung galt allerdings nur für Betriebe, deren kumulierte Kriegsgewinne seit 1915 50 Prozent der Referenzjahre 1912 und 1913 überstiegen.

148 Geyer, 1943, S. 65; Oechslin, 1967, S. 88 f.; Schweiz. Bundesrat, 1917a, S. 122.

rung einer Biersteuer sowie eine Reform des Militärpflichtersatzes zur Diskussion gestellt.[149]

An der Vertrauensmännerkonferenz erlitt das bundesrätliche Finanzprogramm allerdings «bedeutende Havarien», so der Ökonom und spätere Sekretär des Handels- und Industrievereins Vorort Ernst Geyer.[150] Mit der Einigkeit unter den Parteien, die bei der Einführung der Kriegssteuer geherrscht hatte, war es vorbei. Die innenpolitischen Spannungen hatten zugenommen und die Konflikte wurden wieder mit mehr Härte geführt.

Einer der Hauptstreitpunkte war die von den Sozialdemokraten geforderte dauernde direkte Bundessteuer, die von den Bürgerlichen klar abgelehnt wurde. Dies veranlasste die SP umgehend, nach der Vertrauensmännerkonferenz im Oktober 1916 mit der Unterschriftensammlung für eine dauerhafte direkte Bundessteuer zu beginnen. Von den anderen Steuern des bundesrätlichen Programms war einzig die Stempelabgabe unbestritten. Hingegen wollten die Bauern der Ausdehnung des Alkoholmonopols nur zustimmen, wenn auch eine Biersteuer eingeführt wird. Die Biersteuer stiess bei allen anderen Parteien auf Widerstand. Eine stärkere Belastung des Tabaks wurde zwar gutgeheissen, jedoch gab es zwischen Sozialdemokraten sowie Bauern- und Gewerbevertreter grosse Differenzen über die Frage, ob ein Tabakmonopol oder eine Tabaksteuer eingeführt werden sollte.[151]

Eine neue Besitzsteuer für den Bund

Im März 1917 veröffentlichte Bundesrat Motta ein neues Finanzprogramm, das sich auf die Stempelabgaben, das Tabakmonopol und die Ausdehnung des Alkoholmonopols beschränkte. Die Wiederholung der Kriegssteuer sei höchstens als «Ultima Ratio» in Betracht zu ziehen.[152] Bei der Umsetzung der Finanzreform wollte Motta stufenweise vorgehen und jede Steuer einzeln an die Urne bringen. Zuerst ging er die Stempelabgaben an, die wenig Vorarbeit benötigten und kaum angefochten wurden. Die parlamentarische

149 Pessina, 1923, S. 58 f.; Grossmann, 1948, S. 237; Oechslin, 1967, S. 75f.
150 Geyer, 1934, S. 24.
151 Steiger & Higy, 1934, S. 36; Geyer, 1934, S. 22–25; Pessina, 1923, S. 60–65.
152 Schweiz. Bundesrat, 1917a, S. 132.

Arbeit konnte schnell umgesetzt werden. Die Aussicht auf Mehreinnahmen veranlasste auch die Kantone, ihren Widerstand aufzugeben. Sie hatten sich noch 1911 erfolgreich gegen eine Übertragung der Stempelabgaben auf den Bund gewehrt.[153] Am 26. Oktober 1916 – anderthalb Wochen nach der Vertrauensmännerkonferenz – traten die kantonalen Finanzdirektoren zusammen und berieten über die finanzielle Entschädigung. Sie forderten einen Kantonsanteil von 20 Prozent, was der Bundesrat akzeptierte:

> «[...] die Herren kantonalen Finanzdirektoren hatten keinen Anlass, sich einer Massnahme zu widersetzen, welche, weit davon entfernt, den kantonalen Interessen zuwiderzulaufen, eher eine Erhöhung der kantonalen Einnahmen zur Folge haben dürfte. Denn durch Vereinheitlichung der Verkehrsabgaben kann deren Ertrag derart erheblich gesteigert werden, dass ein relativ kleiner Teil dieses Ertrages, vom Bunde den Kantonen überlassen, diesen mehr bieten würde als blossen Ersatz der infolge der Vereinheitlichung dahinfallenden kantonalen Einnahmen.» (Schweiz. Bundesrat, 1916, S. 553)

Als die bundesrätliche Vorlage zu den Stempelabgaben im März 1917 ins Parlament kam, war einzig die SP gegen die Steuer. Zwar hatten die Sozialdemokraten der «Besitzsteuer» ursprünglich zugestimmt, jedoch vollzogen sie aus taktischen Gründen eine Kehrtwende. Die Sozialdemokraten setzten alles auf die Initiative für die dauerhafte direkte Bundessteuer, die kurz vor der Einreichung stand. Das Parlament stimmte der Stempelabgabe mit grosser Mehrheit zu, wobei sich die Vertreter der SP im Nationalrat der Stimme enthielten.[154] Darauf sagte das Stimmvolk am 13. Mai 1917 Ja zur Stempelsteuer.[155] Damit wurde die erste dauerhafte Erweiterung der Bundessteuern beschlossen. Mit den Stempelabgaben wurde die erste Verkehr-

---

153 Rossi, 1952, S. 70 f.

154 Mit der Stempelsteuer wurden Wertpapiere, Wechsel, Schecks, Quittungen für Versicherungsprämien und Frachturkunden der Besteuerung durch den Bund unterworfen. Für die Erhebung der Stempelsteuer schuf das EFD die eidgenössische Stempelverwaltung.

155 53.0 Prozent der Stimmenden und 14.5 Stände stimmten zu. Die Stimmbeteiligung lag bei tiefen 42.1 Prozent. Das Ausführungsgesetz wurde am 4. Oktober 1917 erlassen. Nachdem die Referendumsfrist ungenutzt verstrichen war, trat das Bundesgesetz über Stempelabgaben am 1. April 1918 in Kraft.

steuer des Bundes eingeführt. Für die Steuererhebung war die neu geschaffene eidgenössische Stempelverwaltung des Bundes verantwortlich.

Reformstau und ein sozialdemokratischer Ausweg

Die «stufenweise Finanzreform» von Bundesrat Motta nahm Zeit in Anspruch und liess Raum für Diskussion über alternative Steuerprojekte. Die Reform ging schleppend voran, was in bürgerlichen Reihen zunehmend Kritik provozierte. Rund eineinhalb Jahre nach der Vertrauensmännerkonferenz stellte der Thurgauer FDP-Nationalrat Oskar Ullmann konsterniert einen Reformstau fest:

> «Auch mit der Finanzreform im allgemeinen sind wir bis jetzt nicht weit gekommen. […] Man sprach mit Feuereifer vom Tabakmonopol, man spricht von Tabaksteuer, Biersteuer, Erweiterung des Alkoholmonopols, man hat gesprochen von der Stempelsteuer. Von allen diesen Dingen ist bis jetzt einzig die Stempelsteuer sanktioniert worden. Das ist ein Tropfen auf den heissen Stein. Ich persönlich finde also, dass wir eine gewisse Resultatlosigkeit konstatieren können. Ich gebe gerne zu, dass das mehr oder weniger in der Natur der Sache liegt, und zwar deswegen, weil bei allen diesen Punkten die Interessengruppen aufeinanderplatzen. Druck erzeugt gewöhnlich Gegendruck bei allen diesen Postulaten.» (Amtl. Bull. NR 1918 85)

In dieser Situation bot die SP mit ihrer Initiative für eine dauerhafte direkte Bundessteuer, die sie im Juli 1917 eingereicht hatte, für viele einen attraktiven Ausweg. Mit der Forderung, «Besitzende» zur Finanzierung des Bundeshaushalts und zur Tilgung der Bundesschulden heranzuziehen, wurde eine grundlegende Neuordnung der Bundesfinanzordnung angestrebt. Dies veranlasste den Bundesrat, die Behandlung der übrigen Finanzprojekte zurückzustellen, um zuerst das Initiativbegehren zu behandeln.[156]

156 Schweiz. Bundesrat, 1918b, S. 257.

Der Widerstand gegen eine Wiederholung der Kriegssteuer bröckelt

Als die Initiative im März 1918 im Parlament behandelt wurde, präsentierte sich eine neue Ausgangslage. Der Krieg hatte nicht nur die Staatsverschuldung massiv anwachsen lassen, auch die soziale Lage der Bevölkerung hatte sich deutlich verschärft, weshalb die innenpolitischen Spannungen zunahmen. Eine stärkere Besteuerung der Besitzenden fand nun bis in bürgerliche Kreise hinein Zuspruch.

Die Schweiz nagt am Hungertuch – eine Karikatur des *Nebelspalters* von 1917 über die Versorgungsnöte der Neutralen Staaten im Ersten Weltkrieg.

Paul Scherrer, Basler FDP-Ständerat, sprach davon, dass sich «[…] in der Mentalität des Bundesrates und anderer Kreise sukzessive und immer stärker eine einseitig tendierende Wandlung […] vollzogen hat.»[157] Auch für den Grenchner FDP-Nationalrat und späteren Bundesrat Hermann Obrecht war klar, dass sich die Bürgerlichen dieser Frage annehmen mussten: «Es ist nicht zu bestreiten, dass der von den Sozialisten ausgegangene Gedanke bis weit in die bürgerlichen Kreise hinein Anklang gefunden hat […].»[158]

Die bürgerlichen Parteien sahen ein, dass eine temporäre direkte Bundessteuer nicht mehr abwendbar war, und signalisierten Zustimmung zu einer Wiederholung einer Kriegssteuer. Die FDP einigte sich am Parteitag 1917 auf eine Wiederholung der Kriegssteuer, wobei die Jungfreisinnigen und die Aargauer Kantonalpartei für eine dauerhafte direkte Bundessteuer einstanden. Auch die Bauernvertreter und die CVP standen hinter einer Wiederholung der Kriegssteuer. Darauf schwenkte der Bundesrat ein. In seiner Botschaft zur SP-Initiative wurde eine Wiederholung der Kriegssteuer in Aussicht gestellt, um die Initiative abzuwehren:

> «Trotzdem wir somit dauernden direkten Bundessteuern aus prinzipiellen und materiellen Gründen unsere Zustimmung versagen müssen, so können wir uns doch mit dem sozialpolitischen Prinzip, das ja auch den Vorschlägen der Initianten zugrunde liegt: Vermehrte Heranziehung der Leistungsfähigen zur Tragung fiskalischer Lasten, insbesondere im Hinblick auf die Notwendigkeit einer raschen Tilgung unserer Mobilisationsschuld, einverstanden erklären. Dieses Prinzip, […] kann gerade durch die Finanzmassnahme, die wir bei der weitern Durchführung unseres Finanzprogramms in erste Linie stellen, nämlich: durch eine zweite und eventuell durch eine dritte Kriegssteuer, erfüllt werden […].»[159]

157 Amtl. Bull. SR 1918 196.
158 Amtl. Bull. NR 1918 70.
159 Schweiz. Bundesrat, 1918a, 202 f.

Stimmvolk und Kantone lehnen dauerhafte direkte Bundessteuer klar ab

Das Ja der Bürgerlichen zur Wiederholung der Kriegssteuer war gleichsam das Nein an eine dauerhafte direkte Bundessteuer, so der Schwyzer Ständerat Joseph Räber:

> «Wir sind unsererseits ganz dafür, dass eine Wiederholung der Kriegssteuer den Besitz und namentlich die grossen Vermögen und Einkommen stark heranziehen solle; was wir aber ablehnen, ist eine dauernde direkte Bundessteuer auf Besitz und Einkommen, sowohl nach dem Rezept der Sozialisten als auch ihrer feindlichen Brüder, der Jungfreisinnigen.» (Amtl. Bull. SR 1918 14)

Die Bauernvertreter fürchteten um die Stellung der Zölle im Finanzhaushalt, die ihnen Schutz vor ausländischen Importen boten. Die Bürgerlichen führten in erster Linie föderalistische Gründe gegen die direkte Bundessteuer an. Der Berner FDP-Vertreter Gottfried Kunz brachte die Bedenken auf den Punkt, als das Initiativbegehren im März 1918 im Ständerat behandelt wurde:

> «Ob man mit vollen Segeln in rascherer oder langsamerer Fahrt, aber doch mit Sicherheit in absehbarer Zeit die kantonale Souveränität in ihrer wichtigsten Äusserung, nämlich in der Selbständigkeit ihrer Finanzen, zugunsten der Zentralgewalt liquidieren oder ob man die Kantone in ihrem Bestande erhalten will, wozu aber nach unserer Auffassung die Unantastbarkeit ihrer Steuerhoheit gehört. Will man das erstere, so kann man der Steuerinitiative zustimmen; will man das letztere, dann heisst es: Wehret den Anfängen, und die Initiative muss schon aus diesem Grunde abgewiesen werden.»[160]

Ähnlich argumentierte der Bundesrat, der davon ausging, dass eine dauerhafte direkte Bundessteuer dazu führen würde, dass sich die Kantone mit finanziellen Forderungen an den Bund richten würden:

160 Amtl. Bull. SR 1918 I 5.

> «[Der Bund würde] dann nicht eines, sondern 25 Finanzprobleme zu lösen haben; er wird, was er mit der einen Hand genommen, mit der andern zurückerstatten müssen. Voraussichtlich wird er mehr geben müssen, als er selbst empfangen hat. Ein solches Übertragen von Einnahmen und Ausgaben vom Konto der Kantone auf das des Bundes bedeutet aber keine Sanierung der Bundesfinanzen.»[161]

Zudem wurde seitens der Bürgerlichen argumentiert, dass die Initiative die Steuergerechtigkeit verletze, da nur 8 Prozent der Erwerbstätigen die Einkommensabgabe und 3.6 Prozent der Wohnbevölkerung die Vermögensabgabe leisten müssten. Für Bundesrat Motta ein Instrument des Klassenkampfes:

> «L'initiative populaire est un instrument de lutte de classes. Le parti socialiste cherche plus encore que la réalisation d'une pensée financière la réalisation d'un but politique; je suis persuadé qu'aucun des socialistes qui m'écoutent ne voudra le contester. Ils n'ont pas d'intérêt au fond à travailler comme nous à la reconstitution rapide des finances de la Confédération, parce que tout ce qui désagrège l'Etat, tout ce qui le met dans l'embarras, tout ce qui travaille à sa destruction, semble marcher dans la direction de leurs vœux et de leurs doctrines.»[162]

Nachdem eine Wiederholung der Kriegssteuer als Gegenvorschlag auf dem Tisch lag, riefen bürgerliche Parteien und der Bauernverband zur Ablehnung der Initiative auf. Damit waren es im Abstimmungskampf neben der SP einzig die Demokraten und der Grütliverein, die sich für die direkte Bundessteuer aussprachen. Nach einem heftig geführten Abstimmungskampf wurde die dauerhafte direkte Bundessteuer in der Volksabstimmung vom 2. Juni 1918 von 54.1 Prozent der Stimmenden und von 14.5 Kantonen abgelehnt. Die Stimmbeteiligung betrug 65.4 Prozent. Nun wollte der Bundesrat zuerst die Modalitäten der neuen Kriegssteuer klären, bevor weitere Steuerprojekte für den Bund angegangen werden.

161 Schweiz. Bundesrat, 1918a, S. 179.
162 Amtl. Bull. 1918 NR 97 f.

5.4 Der Bund greift zur «Ultima Ratio» und erhebt eine neue Kriegssteuer

Um die Pläne der SP für die dauerhafte Einführung einer direkten Bundessteuer zu verhindern, hatte die Landesregierung eine Wiederholung der Kriegssteuer angekündigt. Die Vermögenden, so der allgemeine politische Tenor, sollten einen substanziellen Beitrag zur Tilgung der Kriegsschulden leisten. Als nach Kriegsende über die Frage diskutiert wurde, wie hoch der Beitrag ausfallen und in welchem Zeitrahmen er geleistet werden sollte, offenbarten sich allerdings sehr unterschiedliche Ansichten.

Was sind Kriegsschulden?

Nach der Ablehnung der dauerhaften direkten Bundessteuer am 2. Juni 1918 wandte sich Bundesrat Motta der «neuen» Kriegssteuer zu. Deren Wiederholung war zwar versprochen worden – jedoch war die zentrale Frage über die Höhe des Steueraufkommens noch offen (also die Summe der Einnahmen, die dem Bund durch die Erhebung zufliessen soll). Bundesrat Motta traf sich bereits Ende Juni mit einer vom Finanz- und Zolldepartement eingesetzten Expertenkommission, um über die Abgrenzung der Kriegsschulden zu diskutieren – eine Frage, mit der sich bereits Steuerexperten und die kantonalen Finanzdirektoren befasst hatten. Bundesrat und Expertenkommission kamen zum Schluss, dass mit der neuen Kriegssteuer – zusammen mit der ersten Kriegssteuer und der Kriegsgewinnsteuer – drei Viertel der Mobilisationskosten ohne Zinskosten für die Anleihen gedeckt werden sollten (Amtl. Bull. NR 1918 IV 292).

Diese Abgrenzung war im Nationalrat – wie zuvor auch in der Expertenkommission – heftig umstritten. Nach langen und kontroversen Diskussionen gelang es einer Allianz von welschen Freisinnigen und Katholisch-Konservativen, die Steuer auf einen Ertrag von 500 Mio. Franken und drei vierjährige Steuerperioden (1921/24, 1925/28 und 1929/32) zu beschränken. Die Sozialdemokraten forderten die Deckung der gesamten Kriegskosten und warfen den Bürgerlichen vor, die vor der Volksabstimmung zur dauerhaften direkten Bundessteuer gemachten Versprechen nicht einhalten zu wollen. Aber auch innerhalb der FDP sorgte die Begrenzung für Unmut.[163]

Ein Nein zu einem Opfer der Vermögenden

Ein Vorschlag des freisinnigen Nationalrats Maurice Goetschel, der mit seiner «Opfermotion» die neue Kriegssteuer abwenden wollte, blieb chancenlos. Goetschel schlug vor, die neue Kriegssteuer durch eine einmalige Vermögensabgabe von 1 bis 8 Prozent zu ersetzen. Dieses «Opfer» fand allerdings weder bei der politischen Linken noch bei den Bürgerlichen Unterstützung. Die Freisinnigen wollten die Steuerlast auf mehrere Jahre verteilen und die Sozialdemokraten hofften auf die Verstetigung der direkten Bundessteuer. Nur die Konservativen attestierten dem Vorschlag gewisse Vorzüge – allerdings hielten auch sie die neue Kriegssteuer für das kleinere Übel, so Nationalrat Jean-Marie Musy:

> «Si je m'inspirais exclusivement de l'intérêt politique fédéraliste, j'accepterais la solution Goetschel. Elle aurait le considérable avantage de nous libérer d'un seul coup du danger de l'impôt permanent. Malheureusement les raisons d'ordre fiscal et économique que l'on peut invoquer contre la solution Goetschel m'ont convaincu que malheureusement elle est inacceptable. Je combats cette proposition avec le profond regret de ne pouvoir m'y rallier parce qu'elle donnerait pleine satisfaction à mes soucis d'ordre politique.»[164]

163 Amtl. Bull. NR 1918 248, 343; Geyer, 1934, S. 75 f.; Zitt, 1929, S. 77–79.
164 Amtl. Bull. NR 1918 233.

Einigung auf eine «ausserordentliche» Steuer unter dem Eindruck des Landesstreiks

Der Waffenstillstand vom 11. November und der Landesstreik vom 12. bis 14. November 1918 änderten die Ausgangslage für die Beratung der Kriegssteuer im Ständerat grundlegend. Zum einen wuchs die Bereitschaft zur Tilgung der Kriegsausgaben unter dem Eindruck der sozialen Unrast und zum andern konnte deren Höhe nun exakt berechnet werden. Der Ständerat folgte dem Antrag seiner Kommission und beschloss, die Mobilisationskosten vollumfänglich zu begleichen. Von den Mobilisationskosten von rund 1.1 Mrd. Franken mussten noch 500 Mio. Franken gedeckt werden, womit der Beschluss des Ständerats ohnehin in Einklang mit dem des Nationalrats stand. Obwohl der Beschluss somit eher symbolischen Charakter hatte, wurde er von den Bürgerlichen im Nationalrat zelebriert. Der Thurgauer FDP-Nationalrat und spätere Bundesrat Heinrich Häberlin erkannte eine «Probestunde der bürgerlichen Demokratie»:

Der Sozialdemokrat Robert Grimm (*1881–†1958), hier an einer Kundgebung gegen die Teuerung 1917 in Winterthur, war die treibende Kraft des Landesstreiks.

> «Wo der Besitz, wo die Regierenden diese Verpflichtung ablehnen, wo sie glauben, den Besitz schützen zu müssen, wenn erhöhte Anforderungen in Notzeiten gestellt werden, da kommt die Reaktion gegen eine derartige Ablehnung der Pflicht zuerst in der Form der Demagogie [...]. Es kommt die Revolution und die Anarchie, wenn nicht rechtzeitig die Schritte freiwillig getan werden, die notwendig sind zur Erfüllung der Pflicht.»[165]

Auch im Welschland fand man sich mit der Tilgung der 500 Mio. Franken ab. Allerdings nicht ohne auf den ausserordentlichen Charakter der Steuer zu pochen, wie es der liberal-demokratische Genfer Nationalrat Horace Micheli tat:

> «Nous savons que le capital doit prendre sa part, sa large part, de la dette de mobilisation et des sommes nécessaires à l'accomplissement des réformes sociales dont nous sommes partisans sincères. Nous accepterions même des taux supérieurs aux taux actuels, qui sont cependant déjà très hauts, mais à une condition sine qua non, c'est qu'il s'agisse d'un impôt exceptionnel, unique, prélevé une fois pour toutes, quitte à le répartir sur un certain nombre d'années, mais non d'un impôt qui, par sa longue durée, est fatalement destiné à devenir permanent.»[166]

Keine Ausdehnung der Zweckbestimmung durch die Hintertüre

Während der Differenzbereinigung zwischen den Räten sorgte ein Postulat des freisinnigen Basler Nationalrats Christian Rothenberger für hitzige Diskussionen. Rothenberger forderte, 200 Mio. Franken der Kriegsgewinnsteuer für eine Alters-, Invaliden- und Hinterlassenenversicherung zu verwenden. Damit wollte er nicht zuletzt die Spannungen zwischen den Sozialdemokraten und Bürgerlichen abbauen: «Wir vollbringen eine sozi-

165 Amtl. Bull. NR 1918 342 f.
166 Amtl. Bull. NR 1919 I 68.

ale Tat, die Besitzende gegenüber Nichtbesitzenden aussöhnt!», so Rothenberger.[167] Während sich neben den Sozialdemokraten auch Teile der Freisinnigen aus der Deutschschweiz für diese Forderung erwärmen konnten, fiel die Reaktion aus dem Welschland heftig aus. Der freisinnige Waadtländer Nationalrat Emile-Louis Gaudard warf den Befürwortern vor, eine Hintertüre für die direkte Bundessteuer öffnen zu wollen:

> «Mais nous autres Suisses romands, vos confédérés, nous qui sommes en Suisse en état de minorité, minorité de race et minorité de langue, nous, Messieurs, qui avons notre mentalité comme vous avez la vôtre, quand nous avons lutté contre l'impôt fédéral direct, nous l'avons fait en disant que son rejet c'était une condition de l'existence des cantons et de l'union entre confédérés. Aujourd'hui où l'on veut introduire dans le texte constitutionnel la proposition Rothenberger, nous le disons bien haut, c'est l'impôt fédéral direct que l'on cherche en fait à introduire d'une manière définitive et permanente dans nos institutions fédératives.»[168]

Welsche Freisinnige warfen den Befürwortern aus der Deutschschweiz vor, einen «radikal-sozialistischen Block» bilden zu wollen. Dies wurde jedoch von den Beschuldigten klar zurückgewiesen.[169] Das Postulat Rothenberger wurde vom Ständerat einstimmig abgelehnt. Daraufhin lancierte Rothenberger eine Initiative, die im Mai 1925 an die Urne kam (→ Kapitel 6.2).

Hohe Zustimmung zur neuen ausserordentlichen Kriegssteuer

Im Abstimmungskampf genoss die Kriegssteuervorlage breite bürgerliche Unterstützung – ausgenommen jene der Westschweizer Föderalisten. Die Befürworter betonten, eine sozialgerechte Steuer geschaffen zu haben, die insbesondere die Wohlhabenden belastet. Die neue Kriegssteuer orientierte

167 Amtl. Bull. NR 1919 48.
168 Amtl. Bull. NR 1919 78.
169 Amtl. Bull. NR 1919 I 221.

sich weitgehend an der ersten, jedoch war die Progression deutlich stärker. Zudem hatte das Parlament einige sozialpolitische Anpassungen für tiefe Einkommen und Vermögen vorgenommen.[170] Der Zürcher FDP-Nationalrat und spätere Bundesrat Albert Meyer sprach von einer «demokratischen» Steuervorlage:

> «Die vorgesehene Progression ist von unerhörter Schärfe, wogegen nach unten eine weitgehende Steuerbefreiung stattfindet; mit dem Ansatz von 4000 Fr. steuerfreiem Einkommen, wozu für jedes Kind weitere 400 Fr. in Abzug gelangen, geht die Vorlage mit Bezug auf Familien von drei und mehr Kinder sogar beträchtlich über das hinaus, was die sozialdemokratische Initiative gefordert hatte. Es lässt sich wirklich keine demokratischere Steuervorlage denken.»[171]

Die SP vollzog eine Woche vor der Volksabstimmung eine Kehrtwende. In der Hoffnung, dass die Wiederholung der Kriegssteuer einer direkten Bundessteuer den Weg ebnet, hatte der Parteivorstand der SP zunächst die Ja-Parole beschlossen. Als aber elf kantonale Sektionen als Reaktion auf die Verurteilung von vier Sozialdemokraten im Landesstreikprozess die Nein-Parole beschlossen, schwenkte die Landespartei um.[172] Dies änderte aber nichts daran, dass die neue ausserordentliche Kriegssteuer am 4. Mai 1919 mit einem sehr guten Resultat, aber weniger deutlich als die erste angenommen wurde.[173]

---

170 Amtl. Bull. SR 1918 248; Schweiz. Bundesrat, 1918b, S. 269–274; Oechslin, 1976, S. 109 f.; Pessina, 1923, S. 87–89.

171 NZZ, 27.04.1919.

172 Meierhans, 1922, S. 74 f..

173 65.1 Prozent der Stimmenden und 20 Stände sagten Ja. Die Stimmbeteiligung betrug 53.75 Prozent.

«Direkte Bundessteuer Ja»: Abstimmungsplakat zur Volksinitiative für die Einführung einer dauerhaften direkten Bundessteuer.

Die neue ausserordentliche Kriegssteuer war eine direkte Steuer auf Erwerb und Vermögen von natürlichen Personen und vom Kapital juristischer Personen. Sie wurde drei Mal in vierjährigen Perioden von 1921–1932 erhoben. Für die Erhebung waren die Kantone zuständig, die wieder einen Anteil von 20 % erhielten. Der Vermögensteuertarif von *natürlichen Personen* umfasste 91 Klassen. Er stieg von 1 ‰ ab 10'000 Franken auf 25 ‰ ab 2.3 Mio. Franken. Der jährliche Maximalsatz betrug 6.25 ‰, da der geschuldete Steuerbetrag für die vierjährige Steuerperiode galt. Die Freigrenze hing von der Höhe des Erwerbseinkommens ab. Sie lag grundsätzlich bei 10'000 Franken; für Steuerpflichtige ohne ausreichendes Einkommen bei 25'000 Franken; für Steuerpflichtige mit Unterhaltspflichten bei 35'000 Franken. Die Steuerminima waren von der Höhe des Vermögens abhängig: 4'000 Franken bei einem Vermögen bis 10'000 Franken; 3'000 Franken bei einem Vermögen zwischen 10'000 Franken und 20'000 Franken und 2'000 Franken, wenn das Vermögen 20'000 überstieg. Für jedes Kind wurde die Steueruntergrenze um 400 Franken erhöht. Der Erwerbsteuertarif besass 81 Klassen und stieg von 0.4 % ab 2'000 Franken auf 20 % ab 96'000 Franken. Da der Steuerbetrag ebenfalls für die vierjährige Steuerperiode geschuldet war, betrug der jährliche Maximalsatz 5 %.[174]

Aktien- und Kommanditaktiengesellschaften mussten eine kombinierte Kapital- und Ertragsteuer abliefern, deren Steuersatz vom Verhältnis des Reinertrags zum Aktienkapital und den Reserven abhängig war. Durch diese Änderung zur ersten Kriegssteuer, bei der sich der Satz nach der Dividende gerichtet hatte, wurden auch Gewinne erfasst, die in die Reserve flossen. Der Steuertarif umfasste 66 Klassen, wobei das einbezahlte Kapital mit 1 ‰ bis 10 % belastet wurde. Der Minimalsatz galt bei einem Reingewinn von 1 %, der Maximalsatz ab 65 %.[175]

---

174 Oechslin, 1967, S. 111–113.
175 Oechslin, 1967, S. 111–113.

6. Der Versuch einer Rückkehr zu den Vorkriegsverhältnissen und eine notrechtliche Finanzpolitik während der Weltwirtschaftskrise

Der Erste Weltkrieg war ein Wendepunkt in der Weltgeschichte. Er brachte die Auflösung mehrerer dynastischer Reiche, darunter des Osmanischen Reiches, des Habsburgerreiches, des Hohenzollern- und des Russischen Reiches. Zeitgleich begann der Aufstieg der Vereinigten Staaten, die sich zu einer Weltmacht entwickelten. Auf der Pariser Friedenskonferenz von 1919 legten die siegreichen Alliierten die Friedensbedingungen für die besiegten Mittelmächte fest. Unter der Leitung der Staats- und Regierungschefs Grossbritanniens, Frankreichs, der Vereinigten Staaten und Italiens wurden fünf Verträge geschlossen, die die Landkarte Europas sowie Teile Asiens und Afrikas neu festlegten und finanzielle Sanktionen vorsahen. Deutschland und seinen Verbündeten, die bei der Konferenz kein Mitspracherecht hatten, wurden die Kriegsschuld zugewiesen und hohe Reparationszahlungen auferlegt.[176]

Die «soziale Frage» als Katalysator der Staatsausgaben

Viele Länder standen vor der Herausforderung des Wiederaufbaus, der Wiedereingliederung der Kriegsrückkehrer und der Wiederherstellung geordneter gesellschaftlicher Verhältnisse. Die durch den Krieg enorm strapazierten öffentlichen Finanzen erschwerten diese Aufgabe. Viele zeitgenössi-

176 Vgl. Eichengreen, 1992; James, 2022, S. 183–230; Leonhard, 2018; Pressler, 2019.

sche Experten sahen in der Rückkehr zum Goldstandard und damit einer monetären Stabilität einen wichtigen ersten Schritt. Allerdings gestaltete sich die Wiederherstellung einer liberalen, freihändlerischen Wirtschaftsordnung auf Grund der Kriegsfolgen und der instabilen politischen Lage als schwierig. Die Wirtschafts- und Währungspolitik, die sich vor 1914 an der Stabilität der Weltwirtschaft und des Weltwährungssystems orientiert hatte, war nach 1918 viel stärker innenpolitischen Kräften unterworfen. Die sozialen Folgen des Krieges hatten in vielen Ländern der revolutionären Stimmung Nahrung geboten und mussten politisch adressiert werden. Dies trug zusammen mit der Bedienung der Kriegsschulden dazu bei, dass die Staatsquoten höher blieben als vor dem Kriegsausbruch. Hinzu kam der weltweite Wirtschaftsabschwung, der die frühen 1920er-Jahre kennzeichnete («Depression von 1920/21»). Dabei handelte sich um eine kurze, aber schwere Depression.

Nachkriegsdepression in den USA und Grossbritannien

Die Vereinigten Staaten, die als einziges Land unmittelbar nach Kriegsende zum Goldstandard zurückkehrten, und Grossbritannien, das von einem kurzen Nachkriegsboom profitiert hatte, wurden von der Depression stark getroffen. In beiden Ländern schrumpfte die Wirtschaft zwischen 1920 und 1921 drastisch. Anderen grossen Volkswirtschaften erging es nicht viel besser – mit der wichtigen Ausnahme Deutschlands. Interessant ist die unterschiedliche Entwicklung danach: In den USA setzte nach 1921 eine schnelle Erholung ein und das Land erlebte die «roaring twenties». Grossbritannien hingegen hatte mit strukturellen Problemen zu kämpfen und erlebte einen langfristigen wirtschaftlichen Niedergang. Dies war zum Teil auf die starke Abhängigkeit von Exporten zurückzuführen, die sich angesichts der schleppenden Entwicklung des Welthandels und einer erstarkten Konkurrenz aus dem Ausland kaum erholten.[177]

177 Anderson & Chang, 2022, S. 4 f.; Carter & Mears, 2011, S. 154–160; Kunz, 1931; Soule, 1947.

Frankreich geht es besser

Frankreich blieb zwar von der Krise weitgehend verschont, hatte aber Mühe, sich von den Verwüstungen des Ersten Weltkriegs zu erholen. Das Land hatte wegen der hohen Kreditaufnahme des Staates und des Anstiegs der Geldmenge ab 1922 mit einer starken Inflation zu kämpfen. Die Abwertung des Francs und die gute Konjunktur in den Vereinigten Staaten trug zur Erholung der Exportwirtschaft bei und schliesslich setzte 1924 der Aufschwung ein. Das Exportvolumen stieg zwischen 1923 und 1927 um 42 Prozent an. Der Regierung von Raymond Poincaré, die 1926 an die Macht kam, gelang es, die Staatsfinanzen zu stabilisieren. Schliesslich kehrte Frankreich 1928 zum Goldstandard zurück. Die Regierung legte den Wert des Franc auf einen Fünftel des Vorkriegsniveaus fest, was der internationalen Wettbewerbsfähigkeit der Wirtschaft nicht abträglich war.[178]

Deutschland versinkt in der Hyperinflation

Anders in Deutschland, wo internationale Investitionen und die Inflation die Produktions- und Beschäftigungszahlen nach dem Krieg in die Höhe trieben. Um die fragile politische Stabilität nicht zu gefährden, wurde der soziale Frieden mit öffentlichen Ausgaben gestützt und dafür hohe Haushaltsdefizite in Kauf genommen. Gleichzeitig hielt die Reichsbank an der monetären Staatsfinanzierung fest. Als sich im Sommer 1922 abzuzeichnen begann, dass Deutschland seinen Schuldendienst und die Reparationszahlungen nicht leisten kann, liess der Kapitalfluss nach und die Mark verlor drastisch an Wert. Die Arbeitslosigkeit begann zu steigen, während die Reallöhne sanken und Streiks rasant zunahmen. Die Inflation wurde zur Hyperinflation, die erst am 15. November 1923 mit Einführung der Rentenmark zu einem Ende kam. Die nach 1923 verfolgte restriktive Finanzpolitik zur Stützung der jungen Währung löste eine Anpassungskrise aus, die das Jahr 1924 bestimmte. Danach begann

178 Caron, 1995, S. 190–198; Price, 1993, S. 219–230.

der Wiederaufstieg. Mit dem Inkrafttreten des Dawes-Plans strömte ab der zweiten Jahreshälfte 1924 wieder Auslandskapital ins Land und die Konjunktur zog an. Die Währung stabilisierte sich und es gab eine Phase des Wachstums. 1927 überstieg das reale BIP pro Kopf schliesslich den Wohlstand von 1913.[179]

Traumatische Weltwirtschaftskrise

Im Zuge der Weltwirtschaftskrise, die 1929 in den USA ihren Anfang nahm, wurde die Welt mit einer der tiefgreifendsten und langanhaltendsten wirtschaftlichen Herausforderungen ihrer Geschichte konfrontiert. Viele Staaten wandten sich von den Prinzipien einer liberalen Wirtschaftspolitik ab. Der Rückgang der Globalisierung setzte sich fort. Probleme im internationalen Währungs- und Finanzsystem, strukturelle Schwächen und eine zunehmend protektionistische Wirtschafts- und Handelspolitik machten aus einem konjunkturellen Abschwung eine verheerende ökonomische und soziale Katastrophe. Die sinkende amerikanische Nachfrage, die rückläufigen Kapitalexporte und die Verflechtung von amerikanischen mit europäischen Banken trug dazu bei, dass sich die Wirtschaftskrise von 1929 bis 1931 auf andere Länder übertrug. 1933 war in den meisten Ländern der Wendepunkt erreicht. Allerdings verlief die wirtschaftliche Erholung unterschiedlich. In einigen Ländern war die Krise bis zum Ausbruch des Zweiten Weltkriegs nicht überstanden.[180]

Roosevelts Finanzpolitik der Nachfragestimulierung

Das Epizentrum der Krise lag in den USA, wo das BIP von 1929 bis 1932 um mehr als ein Viertel zurückging und die Arbeitslosigkeit von unter 5 auf 25 Prozent stieg. Der damalige Präsident Herbert Hoover war der

179 Balfour, 1968, S. 85 f.; Baltensperger & Schaltegger, C. A., 2023; Baten & Wagner, 2003, S. 1–28; James, 2022, S. 160–168; Teupe, 2022; Temin, 1971, S. 213–239.

180 Vgl. beispielsweise Bernanke & James, 1991, S. 33–68; Bernanke, 2002; Temin, 1989.

Überzeugung, dass sich die Wirtschaft selbstständig erholen würde. Direkte Interventionen des Bundes waren selten. 1932 wurden öffentliche Arbeiten in Auftrag gegeben, die «Reconstruction Finance Corporation» gegründet, die Banken und Versicherungen finanziell stützte. Diese Massnahmen sollten mit dem ebenfalls 1932 unterzeichneten «Revenue Act»» mittels Steuererhöhungen umgesetzt werden. 1933 kam es unter dem neuen Präsidenten Franklin D. Roosevelt zu einem Richtungswechsel. Die Staatsausgaben stiegen von 8 Prozent des BIP 1932 unter Hoover auf 10.2 Prozent 1936 unter Roosevelt. Roosevelt verabschiedete den «New Deal» – eine Reihe von Programmen zur Stimulierung der Wirtschaft und Stärkung der sozialen Sicherheit. Es floss viel Geld in die Landwirtschaft und den Bau von Infrastrukturprojekten. Im April 1933 entkoppelte die Regierung den Dollar vom Gold, worauf dieser um 40 Prozent abwertete. Dennoch sollte es noch bis zum Zweiten Weltkrieg dauern, bis die Krise überwunden war.[181]

Brünings Deflationspolitik scheitert

Deutschland gehörte mit den USA zu den Ländern, die am stärksten von der Weltwirtschaftskrise betroffen waren. Dies war auf die Abhängigkeit von amerikanischen Krediten zurückzuführen: Die deutsche Wirtschaft brach ein, als die USA 1930 die Kreditvergabe einstellte. Der Staat konnte die arbeitslose Bevölkerung kaum unterstützen. Nach den Erfahrungen mit der Hyperinflation kamen für Kanzler Heinrich Brüning eine Ausweitung der Staatsverschuldung und monetäre Staatsfinanzierung nicht in Frage. Er verfolgte stattdessen eine Deflationspolitik. Mittels mehrerer Notverordnungen wurden die Staatsausgaben gesenkt sowie Miet-, Lohn- und Preissenkungen durchgesetzt. Im Mai 1931 führten erhebliche Goldabflüsse bei der Reichsbank zu einer gravierenden Bankenkrise in Deutschland. Als Reaktion darauf führte die Regierung Devisenkontrollen ein, um die Finanzstabilität zu wahren. Im Mai 1932 entliess Reichspräsident Hindenburg seinen Reichskanzler Brüning.

---

181 Fishback, 2010, S. 385–413; Mitchell, 1947, S. 404.

Als Adolf Hitler 1933 an die Macht kam, setzte er auf massive staatliche Intervention unter Ausschaltung der Demokratie und der Errichtung einer Diktatur. Er erliess umfangreiche Ausgabenprogramme für den Bau von Autobahnen und die militärische Aufrüstung. Dies regte die Wirtschaft an, schuf Kaufkraft und senkte die Arbeitslosenzahlen. Das reale BIP wuchs zwischen 1933 und 1937 um etwa die Hälfte. 1936 war Vollbeschäftigung überschritten. Finanziert wurde der Staatshaushalt weitgehend durch eine verschleierte monetäre Staatsfinanzierung. Dass die wachsende Geldmenge und die staatliche Nachfrage nicht zu einer offenen Inflation führten, war auf ein ausgeklügeltes System von Lohn- und Preiskontrollen zurückzuführen.[182]

Das britische Pfund verlässt den Goldstandard

Grossbritannien hatte sich noch nicht vom Ersten Weltkrieg erholt, weshalb der Einbruch der Wirtschaftsleistung verhältnismässig gering ausfiel. Gleichwohl halbierte sich der Wert der britischen Exporte bis Ende 1930. Divergierende Pläne zur Sanierung des Staatshaushaltes spalteten die regierende Labour Partei. Die im August 1931 gebildete «nationale Regierung» – bestehend aus Vertretern von Labour, den Konservativen und den Liberalen – präsentierte sich als Zusammenschluss gegen die wirtschaftlichen Herausforderungen. Sie verabschiedete einen Nothaushalt, der Lohnkürzungen und Steuererhöhungen enthielt. Da die Goldflucht anhielt, gab das Finanzministerium im September 1931 den Goldstandard auf. Das Pfund verlor 25 Prozent seines Wertes, was die Exportwirtschaft wieder wettbewerbsfähig machte. Der Grundstein für eine allmähliche wirtschaftliche Erholung war gelegt. In der zweiten Hälfte der 1930er-Jahre waren es dann insbesondere die Rüstungsanstrengungen, die zur konjunkturellen Erholung beitrugen.[183]

---

182 Baten, 2016, S. 61 f.; Baten & Wagner, 2006; Ritschl, 2002.
183 Baten, 2016, S. 25; Carter & Mears, 2011, S. 154–160; Dewey, 1997; Eichengreen, 2004.

Frankreich folgt diesem Schritt 1936

Die Abwertung des britischen Pfunds setzte die französische Wirtschaft unter Druck, die bis dahin weitgehend von der Krise verschont geblieben war. Auch in Frankreich verursachte die Grosse Depression Armut und politische Unruhen, jedoch war sie weniger stark ausgeprägt als in anderen Ländern. Der Rückgang der Industrieproduktion und die Arbeitslosenrate blieben vergleichsweise gering. Während der Krise verfolgten die aufeinanderfolgenden Regierungen zunächst eine konservative Haushaltspolitik, um die Staatsfinanzen zu stabilisieren. Eine kurzfristige Abkehr davon in den Jahren 1934/35 verursachte eine Währungskrise. 1935 scheiterte der Versuch, die Löhne zu senken, am Widerstand der Gewerkschaften. Als 1936 die Volksfront-Regierung an die Macht kam, wertete sie den Franc um 30 Prozent ab und setzte soziale Reformen um. Die wirtschaftliche Situation besserte sich, was unter anderem auf die allmähliche Erholung der Weltwirtschaft und die Kriegsvorbereitung zurückzuführen war.[184]

6.1 Eine durchzogene Bilanz: die Wiederherstellung der Vorkriegsverhältnisse

Wie ihre europäischen Nachbarländer stand die Schweiz nach dem Ende des Ersten Weltkriegs vor grossen finanz- und wirtschaftspolitischen Herausforderungen. Das oberste wirtschaftspolitische Ziel war die Rückkehr zum Goldstandard, womit der Finanzpolitik die Richtung vorgegeben wurde. In erster Linie musste der Bund den Budgetausgleich wiederherstellen und sich dabei zum ersten Mal in seiner Geschichte einer Schuldenproblematik stellen. Wichtige Entscheide, wie etwa die Wiederholung der Kriegssteuer, fielen bereits während des Krieges. Allerdings wurde die Umsetzung der finanzpolitischen Ziele durch den Ausbruch der Wirtschaftskrise von 1921 massgeblich erschwert.

184 Drummond, 1979; Mouré, 1988, S. 479–505.

Neue Machtverhältnisse und ein neues Bündnis nach dem Kriegsende

Der Erste Weltkrieg brachte einen Umbruch in die politische Landschaft der Schweiz. Im Verlauf des Krieges hatte sich ein grosser sozialer Graben aufgetan. Die Lage der Arbeiterschaft verschlechterte sich angesichts der Inflation, des fehlenden Lohnersatzes und der sinkenden Lebensmittelversorgung zusehends, während Unternehmer teilweise hohe Kriegsgewinne erwirtschafteten und die Bauern von der Kriegskonjunktur profitierten. Die innenpolitische Lage war von einer «klassenkämpferischen Frontstel-

«Gleiches Recht für alle»: Eidgenössische Volksinitiative für die Proporzwahl des Nationalrates von 1918.

Bundesrat Jean-Marie Musy (*1876–†1952) prägte das Eidgenössische Finanz- und Zolldepartement von 1920 bis 1934. In seine Amtszeit fiel der Ausbruch der Weltwirtschaftskrise.

lung zwischen bürgerlicher Regierungskoalition und sozialistischer Opposition» geprägt, so der Berner Historiker Erich Gruner.[185]

Nachdem die Volksinitiative für die Proporzwahl des Nationalrates am 13. Oktober 1918 deutlich angenommen wurde, kam es 1919 zu vorgezogenen Parlamentswahlen.[186] Die FDP ging als grosse Verliererin aus der Wahl hervor, während die neugegründeten Bauernparteien (allen voran jene Berns)[187] und die Sozialdemokraten stark zulegen konnten. Die FDP schloss sich mit den Katholisch-Konservativen zum «Bürgerblock» zusammen und gestand ihnen einen zweiten Bundesratssitz zu. Die Wahl fiel auf den Freiburger Nationalrat und Finanzexperten Jean-Marie Musy, der sich während der Kriegsjahre als entschiedener Föderalist und Gegner der direkten Bundessteuer hervorgetan hatte. Musy wurde 1920 Vorsteher des EFD, das durch den Krieg an zentraler Bedeutung gewonnen hatte. Die Koalition des Bürgerblocks wurde später durch die BGB erweitert, die mit der Wahl Rudolf Mingers in den Bundesrat 1929 erstmals an der Regierung beteiligt wurde.[188]

Rückkehr zu den Vorkriegsverhältnissen als oberstes Ziel

Das vorrangige wirtschaftspolitische Ziel der Bürgerlichen nach Kriegsende war die Wiederherstellung der stabilen Vorkriegsverhältnisse. Die Rückkehr zur Goldwährung – die Goldbindung war bei Kriegsausbruch zum Schutz der Goldreserven der SNB preisgegeben worden – gehörte zu den vordringlichen wirtschaftspolitischen Zielen. Die politischen Entscheidungsträger und die Wirtschaftsvertreter waren der Überzeugung, durch die Wiederherstellung der Vorkriegsparität die Wirtschaft wieder auf Wachstumspfad bringen zu können. Die Schweiz erreichte dieses Ziel 1924 (de jure 1930) und gehörte damit zu den ersten Ländern, die zum Goldstandard zurückkehrten.[189]

---

185 Gruner, 1977, S. 55.

186 66.8 Prozent Ja-Stimmen und 19.5 zustimmende Stände. Die Stimmbeteiligung betrug 49.5 Prozent.

187 Die Berner Partei nannte sich ab 1921 Bauern-, Gewerbe- und Bürgerpartei (BGB); Gründung der Landespartei 1937.

188 Degen, 1998, S. 148–152; Kölz, 2004, S. 730–732.

189 Halbeisen & Straumann, 2012, S. 1003.

Damit gaben die währungspolitischen Ziele den Rahmen für die Finanzpolitik vor. Für die Rückkehr zur Goldkonvertibilität musste der Bundeshaushalt konsolidiert werden. Es galt, den Budgetausgleichs herbeizuführen und die Schuldentilgung sicherzustellen. Zudem stand die Einführung der Alters- und Hinterlassenenversicherung (AHV) und damit eine wichtige Finanzierungsfrage im Raum (→ Kapitel 6.2). Unmittelbar nach dem Kriegsende und unter dem Eindruck des Landesstreiks forderten grosse Teile der Bevölkerung eine stärkere finanzielle Beteiligung der Besitzenden an den Staatsausgaben, woraufhin sich die bürgerlichen Parteien zu Zugeständnissen bereit erklärten. Ein erster grosser Schritt war mit dem Beschluss über die Wiederholung der Kriegssteuer getan (→ Kapitel 5.4). Mit zunehmendem zeitlichem Abstand zu den sozialen Unruhen und beschleunigt durch die Nachkriegsrezession 1920 schwächte der Reformwille aber ab, und die bürgerlichen Parteien versuchten, auch in der Finanzpolitik die Vorkriegsverhältnisse wiederherzustellen.

Als Jean-Mary Musy am 1. Januar 1920 sein Amt als Vorsteher des Finanzdepartements antrat, sah er sich mit zwei zentralen finanzpolitischen Herausforderungen konfrontiert: dem Haushaltsausgleich und der Finanzierung der AHV (→ Abb. 11). Musy war der festen Absicht, den Bundeshaushalt primär durch Sparmassnahmen wieder ins Gleichgewicht zu bringen. Er gab im Nationalrat bekannt, dass er zuallererst die Ausgaben des Bundes reduzieren möchte: «La première question qui se pose et que se posera certainement le contribuable, est celle de la réduction éventuelle du budget.»[190]

Allerdings stiess dieser Plan auf unüberwindbare Hindernisse. Die starke Verschuldung hatte zur Folge, dass die Zinsen in der Zwischenkriegszeit 30 Prozent der Gesamtausgaben ausmachten. Vor dem Krieg waren es rund 3.5 Prozent. Die Ausgaben für die Landesverteidigung blieben hoch, unter anderem, weil nach Kriegsende wiederholt Truppen aufgeboten wurden, um die öffentliche Ordnung wiederherzustellen. Beredtes Beispiel ist der militärische Ordnungsdienst während des Landesstreiks im November 1918 in Zürich (→ Tab. 6). Ebenfalls ein Erbe der Kriegsjahre war die deutliche Expansion des Beamtenapparats. Eine von Musy angeordnete

190 Amtl. Bull. NR 1920 549.

Abb. 11: Die Ausgaben und Einnahmen des Bundes (1919–1938)

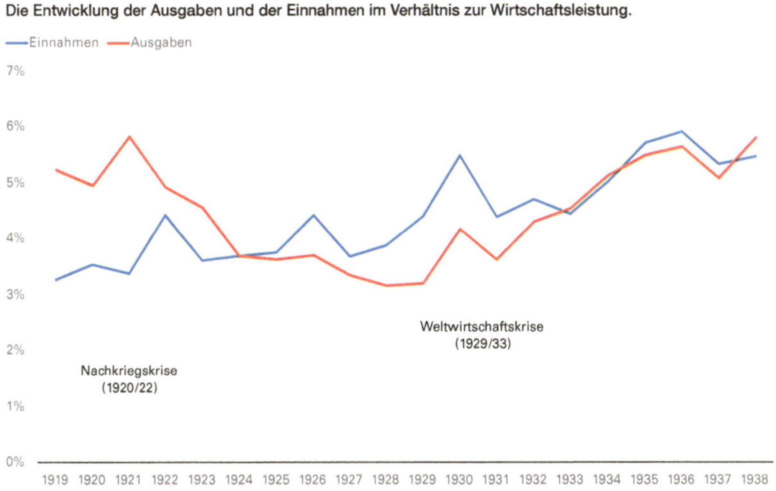

Quellen: Eigene Berechnungen. Rechnungsabschlüsse: Staatsrechnung 1955 (S. 44*); BIP: Stohr (2016).

Untersuchung (die erste überhaupt) ergab, dass die Zahl der Jahresarbeitskräfte zwei Jahre nach Kriegsende einen neuen Höchststand erreicht hatte. Der darauf in Angriff genommene Personal- und Lohnabbau vermochte den Ausgabenanstieg zu bremsen. Die Einführung der Versicherungskasse für das Personal 1921 wog einen guten Teil der Einsparungen auf.[191]

Unmittelbar nach dem Krieg kamen eine Reihe von Massnahmen hinzu, um den sozialen Frieden nach dem Landesstreik wiederherzustellen. Priorität hatte die Ernährungssicherheit. Bis 1921 verbilligte der Bund Güter wie Milch, Brot, Kartoffeln und Brennmaterial. Daneben leistete er Beiträge zur Bekämpfung der Arbeitslosigkeit. Diese wurden während der Nachkriegskrise 1920/21 deutlich ausgebaut. Zudem wandte er auch bedeutende Mittel zur Stützung der Landwirtschaft, der Exportindustrie (Stickerei, Uhren) sowie der Hotellerie auf.[192]

191 Schweiz. Bundesrat, 1933, S. 233–237; Schweiz. Bundesrat, 1948a, S. 352; Voranschlag 1922, S. II; Voranschlag 1931, S. XII.

192 Guex, 2012, S. 1099; HSSO F.18a.; Voranschlag 1931, S. XII.

Tab. 6: Ausgewählte Ausgaben des Bundes 1913, 1918–1930 (in Mio. CHF; zu Preisen von 1913)

Jahr	Ausserordentliche Ausgaben					Ordentliche Ausgaben		
	Mobilisationskosten	Andere militärische Zwecke*	Verbilligung der Lebenshaltung	Bekämpfung der Arbeitslosigkeit	Diverse Hilfsaktionen**	Verzinsung	Subventionen	Personal
1913	–	–	–	–	–	4.3	22.8	19.7
...	...	...	...	...	...	...	...	...
1918	140.1	32.3	-	0.3	-	25.3	10.8	16.9
1919	64.9	0.1	68.7	2.7	2.5	35.1	15.3	19.1
1920	50.8	33.4	48.0	7.7	11.2	36.1	15.8	23.5
1921	23.4	4.3	58.4	17.4	2.0	51.5	23.4	27.9
1922	0.0	1.5	0.0	44.8	22.2	66.8	36.0	31.8
1923	2.8	11.2	0.0	32.7	10.3	66.8	32.2	30.1
1924	0.0	0.0	0.0	16.5	2.5	67.2	30.1	30.1
1925	0.0	0.0	0.0	10.0	10.6	67.2	32.8	30.6
1926	0.0	3.0	0.0	6.5	1.0	67.3	47.4	31.9
1927	0.0	3.4	0.0	1.0	0.4	68.2	52.3	33.9
1928	0.0	2.5	0.0	0.1	0.9	67.6	55.8	34.9
1929	0.0	3.1	0.0	0.0	4.0	66.7	68.3	36.1
1930	19.0	0.4	0.0	0.1	0.0	69.4	86.6	38.3

Quellen: Eigene Berechnung. Ausgaben: HSSO Tab. U.7. KPI: HSSO Tab. H.39.
*Bewachungstruppen, Landesstreik, militärische Ausrüstung. **Unterstützung an die Uhren-, Stickerei-, Hotelindustrie sowie die Landwirtschaft.

Der von Musy verfolgte Ausgabenabbau misslang. Zwar gingen die Ausgaben nach der Nachkriegskrise nominell zurück, von einer Rückkehr auf das Vorkriegsniveau war man aber weit entfernt. Vergleicht man die Vor- mit der Nachkriegsdekade, lässt sich ein treppenartiger Anstieg der Staatsausgaben feststellen: von durchschnittlich 1.8 Prozent des BIP (1904–1913) auf 4.3 Prozent des BIP (1919–1928).[193]

Uneinigkeit über die Steuerprojekte

In der Frage der einnahmenseitigen Strategien zur Haushaltskonsolidierung knüpfte Bundesrat Musy an die Linie seines Vorgängers Motta an: Ausser der Wiederholung der Kriegssteuer sollten keine neuen direkten Steuern implementiert werden.[194] Ende August 1920 lud Musy die Vertreter sämtlicher Parteien und der Wirtschaft zu einer Konferenz nach Kandersteg ein, um über die Sanierung der Bundesfinanzen und die Finanzierung der AHV zu beraten. In Kandersteg wurde über eine ganze Reihe von neuen Fiskalmassnahmen diskutiert, wobei – wie bei der Vertrauensmännerkonferenz von 1916 in Luzern – keine Einigung gelang. Der Berner BGB-Nationalrat Rudolf Minger, der 1929 erster Bauernvertreter im Bundesrat werden sollte, fasste das Ergebnis so zusammen:

> «Die Herren Sozialdemokraten, die schütteln, wie so oft, ihre Häupter. Der Blumenstrauss hat in der Farbe zu wenig Ähnlichkeit mit dem Knopflochsymbol des Herrn Grimm. Aber auch in bürgerlichen Kreisen ist nicht lauter Freude über die Zusammensetzung; es kam dies sehr deutlich zum Ausdruck anlässlich der Konferenz in Kandersteg: die Übergewinnsteuer hat bei den Vertretern der Industrie ein heftiges arges Messen hervorgerufen, die Couponsteuer hat bei einem Hüter des Bankgewerbes ein auffälliges Räuspern verursacht, die Biersteuer wird

193 Dies illustriert den von Alain T. Peacock und Jack Wiseman (1961) beschriebenen Sperrklinkeneffekt. Dieser beschreibt, dass die staatlichen Ausgaben in Krisenzeiten ansteigen und danach auf einem höheren Niveau verharren, anstatt auf das ursprüngliche Ausgangsniveau zurückzufallen.

194 Schweiz. Bundesrat, 1920, S. 413.

bekämpft von den Sozialdemokraten, wir Bauern sagen: ohne Biersteuer keine Ausdehnung des Alkoholmonopols, und die Sozialdemokraten wollen anstelle der Tabaksteuer das Tabakmonopol. Am populärsten wäre die Erbschaftsteuer, aber da kommt das störende Moment der Kontingente.» (Amtl. Bull. NR 1920 695)

Bundesrat Rudolf Minger (*1881–†1955), Agrarpolitiker und Vertreter der Bauern-, Gewerbe- und Bürgerpartei, und Regierungsrat Robert Grimm (*1881–†1958), führender Sozialdemokrat und prägende Figur der schweizerischen Arbeiterbewegung, auf einer undatierten Aufnahme, vermutlich aus dem Jahr 1936.

In der Herbstsession 1920 zog Musy im Nationalrat Bilanz. Er kam zum Schluss, dass alle in Kandersteg besprochenen Steuern nicht genügend Ertrag abwerfen, weshalb er umgehend die Zölle erhöhen wollte: «De l'exposé qui précède, il résulte à l'évidence que les impôts indirects, c'est-à-dire les douanes, resteront la pierre angulaire de la reconstitution financière de la Confédération. La révision de nos tarifs douaniers s'impose.».[195] Musy hatte die Zölle bereits im Juni mit der Unterstützung der bürgerlichen Ratsmehrheit mittels eines dringlichen Bundesbeschlusses erhöht, was gegen den Widerstand der Sozialdemokraten geschah.[196]

Musy verzichtete darauf, ein Konsolidierungsprogramm zu veröffentlichen, äusserte sich dafür im Voranschlag von 1921 mit wenigen Zeilen zum Zustand der Bundesfinanzen. Dies wurde von Robert Grimm während der Beratung der Budgetvorlage im Dezember scharf kritisiert:

195 Sten. Bull. NR 1920, S. 553.
196 Amtl. Bull. NR 1920 857; Humair, 2008, S. 162 f.; Schweiz. Bundesrat, 1920, S. 413.

> «Ich sage, es ist eine Missachtung des Parlaments und eine Missachtung des Volkes, wenn man in einer solchen Situation mit so dürftigen Zeilen kommt, wie sie in dieser Einleitung der Budgetvorlage enthalten sind. Sie können uns nur vertrösten auf Versprechungen, die gemacht werden; es werden vielleicht noch mehr Kanderstegerkonferenzen stattfinden, und irgendwann und irgendwo und irgendeinmal werden wir vielleicht einen Gesamtbericht des Bundesrates über die Art und Weise, wie er den Finanzhaushalt zu sanieren gedenkt, bekommen.» [197]

Weil weder bei der Bundesfinanzordnung noch bei der AHV-Finanzierung Fortschritte erzielt wurden, lancierte die SP im Dezember 1920 die Volksinitiative für die Erhebung einer einmaligen, stark progressiven Vermögensabgabe zu Gunsten der AHV. Die Initiative erwies sich als Misserfolg. Sie wurde am 3. Dezember 1922 mit 87 Prozent Nein-Stimmen und von allen Ständen abgelehnt (→ Kapitel 6.2).

«Lasst doch mein Sparheft in Ruhe»: Postkarte zur Volksinitiative «für die Einmalige Vermögensabgabe» 1922.

197 Amtl. Bull. NR 1920 IV 861.

«Vermögensabgabe Nein»: Abstimmungsplakat zur Volksinitiative für die Einmalige Vermögensabgabe 1922.

Der Zolltarif wird den neuen Verhältnissen angepasst

Zu Beginn des Jahres 1921 lag die Vorlage für den neuen Zolltarif vor. Er wurde vom Parlament bereits am 18. Februar gutgeheissen und für dringlich erklärt. Mit der Ausarbeitung des Tarifs wurde eine Kommission beauftragt.[198] Die Tarifrevision verfolgte in erster Linie fiskalische Ziele. Die durchschnittliche Belastung der Importe hatte sich seit 1913 inflationsbedingt halbiert und sollte nun den neuen Verhältnissen angepasst werden. In der Landwirtschaft zog der Tarif mit den wichtigsten Handelspartnern gleich, die bereits Schutzzölle und Einfuhrbeschränkungen eingeführt hatten.

---

198 Die Kommission setzte sich aus dem Direktor des Bauernverbandes Ernst Laur, dem Zürcher FDP-Nationalrat und Präsident des Handels- und Industrievereins Alfred Frey, dem Neuenburger FDP-Nationalrat und Präsident der Zollkommission Paul Mosimann, dem Chef der Handelsabteilung Arnold Eichmann, dem Oberzolldirektor Arnold Gassmann und dem Generalsekretär des Volkswirtschaftsdepartementes Ernst Wetter zusammen.

Als der Tarif am 1. Juli 1921 in Kraft trat, war der Aufschrei gross. Freihändler kritisierten ihn als zu hoch, den Bauern sowie einem Teil der Wirtschaft waren die Schutzzölle zu niedrig und die SP verurteilte die Umgehung des Referendums und die Mehrbelastung der Konsumenten. Zusammen mit dem Gewerkschaftsbund und dem Verband der Konsumvereine lancierten die Sozialdemokraten die «Zollinitiative», die die Aufhebung des Zolltarifs und das Verbot der Dringlichkeitsklausel für die Zollgesetzgebung forderte. Allerdings wurde die Initiative von den Bürgerlichen geschlossen abgelehnt. Dabei schloss sich auch die Industrie den Gegnern an, als Gegenleistung für die Unterstützung der Bauernschaft bei der Abwehr der Vermögensabgabe. Das Stimmvolk sanktionierte die Dringlichkeitspraxis deutlich und verwarf die Initiative am 15. April 1923 mit über 70 Prozent Nein-Stimmen klar.[199] Darauf war der neue Zolltarif bis 1959 in Kraft.[200]

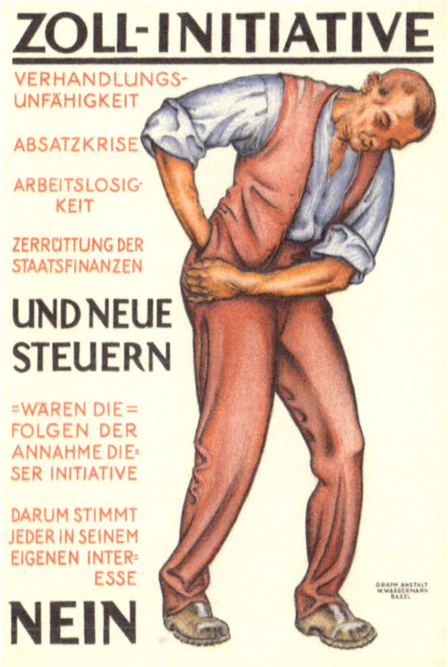

Volksinitiative des Schweizerischen Gewerkschaftsbundes «zur Wahrung der Volksrechte in der Zollfrage» 1923.

199 73.2 Prozent der Stimmenden und alle Stände mit Ausnahme von Basel-Stadt lehnten die Zollinitiative ab. Die Stimmbeteiligung betrug 65.8 Prozent.
200 Schweiz. Bundesrat, 1959, S. 631 f.; Humair, 2008, S. 167–169.

Eine neue «Besitzsteuer» trifft auf wenig Widerstand

Während der Zolltarif ausgearbeitet wurde, begann das Parlament im April 1921 mit der Beratung der Couponsteuer, die noch unter Bundesrat Motta ausgearbeitet worden war. Die Couponsteuer stellte einen Ausbau der Stempelgesetzgebung auf den Ertrag von in- und ausländischen Wertschriften dar und stiess kaum auf politischen Widerstand. Sie war, so der Zürcher FDP-Nationalrat Theodor Odinga, das Gegenstück zur Zolltariferhöhung:

> «Die Notwendigkeit, neben den Erhöhungen des Zolltarifs die Erhebung einer weiteren Objektsteuer in die Wege zu leiten, welche zugestandenermassen als solche den Besitz trifft, ergibt sich schon aus volkswirtschaftlichen Erwägungen.» (Amtl. Bull. NR 1921 204)

Von den Sozialdemokraten wurde die Couponsteuer «warm begrüsst», so der spätere Zürcher SP-Nationalrat Paul Meierhans.[201] Nachdem das Parlament die Couponsteuer einstimmig guthiess, wurde sie am 10. Oktober 1921 vom Bundesrat in Kraft gesetzt.[202]

Die Finanzreform gerät ins Stocken

Ab 1921 wurden keine Fortschritte bei der Finanzreform mehr erzielt. Mit zunehmender zeitlicher Distanz zum Landesstreik zeigten sich die bürgerlichen Parteien in Steuerfragen zu keinen Kompromissen mehr bereit. Dies stiess nicht nur bei den Sozialdemokraten, sondern auch in der bürgerlichen Mitte auf Kritik, wie etwa beim Berner FDP-Nationalrat Ernst Graf:

> «Heute sind die wirtschaftlichen Verhältnisse schlimm geworden. Die Arbeitslosigkeit steigt von Tag zu Tag. Dazu tritt die schlechte Finanzlage des Bundes. Wir haben eine ganze Zahl Finanzkonferenzen erlebt, die grösste in Kandersteg, aber sie alle haben das Mittel nicht gefunden,

---

201 Meierhans, 1922, S. 76; Stockar, 1988, S. 525.

202 Die Abgabe auf Zinsen wurde auf 2 Prozent und jene auf Dividenden auf 3 Prozent festgelegt.

die eidgenössischen Finanzen wieder zu sanieren. Da denkt man sich denn: Am besten geht es, wenn man die Zölle erhöht, dann kommt Geld! Im Jahre 1918 nach den verhängnisvollen Generalstreiktagen tönte es in Kreisen des Bürgertums ganz anders. Damals hiess es: Wir müssen die Finanzreformen und die Sozialversicherung durchführen, dass der Stärkere belastet wird!»[203]

Linke wie Bürgerliche verlangten wiederholt die Vorlage eines Konsolidierungsprogramms. Auf eine konkrete Nachfrage von SP-Nationalrat Emil Klöti reagierte Musy unwirsch: «Je ne veux pas refaire un exposé général de l'état de nos finances. Au mois de septembre dernier, je vous ai dit ce que

«Fort mit der Schulden-wirtschaft, herunter mit den Steuern»: Wahlplakat der Zürcher Freisinnigen 1922.

203 Protokoll der Bundesversammlung NR 1921 83.

j'en pensais. Il me semble du reste superflu de refaire à l'occasion de chaque session de grands discours. Nous avons moins besoin de programme que d'argent.»[204]

Als die Rezession zwei Jahre später am Abflauen war, forderte der Aargauer SP-Nationalrat Arthur Schmid Musy auf, «[...] endlich klar und deutlich zu sagen, dass er überhaupt kein anderes Finanzprogramm hat als dasjenige einer möglichst ausgedehnten Erhöhung der Zölle, [...]».[205] Schmids Prophezeiung sollte sich bewahrheiten. Als 1925 der Budgetausgleich auf der Kippe stand, hiess das Parlament auf Antrag Musys Zollzuschläge auf Gerste, Malz und Bier per Dringlichkeitsbeschluss gut. Dies kam einer Biersteuer nahe, die die SP bis zu diesem Zeitpunkt erfolgreich verhindert hat. Für das Vorgehen Musys fand der Zürcher SP-Nationalrat und spätere Bundesrat Ernst Nobs deutliche Worte: «Es ist nicht ganz Mussolinismus, aber etwas ähnliches: Musylismus.»[206]

Eine misslungene Premiere?

Nachdem 1925 der Budgetausgleich erreicht wurde, wandte sich Musy der Tilgung der Kriegsschulden zu. Die Schuldenquote lag in diesem Jahr bei 22.1 Prozent – ein Anstieg von 7 Prozentpunkten seit dem letzten Kriegsjahr. Dass die Bundesschulden trotz der neuen Kriegssteuer nicht kleiner geworden waren, sorgte in einigen Kreisen für Verwirrung, wie Bundesrat Musy in einer Pressekonferenz im Sommer 1924 ausführte. Die NZZ fasst seine Aussage wie folgt zusammen:

> «Solange die Einnahmen und Ausgaben nicht in dauerhaftem Gleichgewichte stehen, sei eine tatsächliche Tilgung ausgeschlossen. Die zur Verminderung unserer Schulden bestimmte Kriegssteuer habe unvermeidlich zur Bestreitung der laufenden Ausgaben verwendet werden müssen. [...] Der mit der Kriegssteuer verfolgte Zweck, die Abtragung

204 Amtl. Bull. NR 1921 220.
205 NR 7. Sitzung vom 11.12.1923, S. 304.
206 Amtl. Bull. 1927 NR 674.

> der Mobilisationskosten, habe die Hoffnung aufkommen lassen, dass nach Abschluss ihrer Erhebung die Bundesschulden, die ganzen Mobilisationskosten kleiner sein würden.»[207]

Der neue Tilgungsplan trat am 15. Juni 1927 in Kraft. Er sah vor, die gesamten Bundesschulden von rund 1.5 Mrd. Franken innert 40 Jahren zu tilgen. Für den Schuldenabbau sollten die noch ausstehenden 275 Mio. Franken von der Kriegssteuer und danach die Zinseinsparungen auf der abnehmenden Schuld eingesetzt werden. Allerdings kam man schon bald von diesem Plan ab. Dank des Aufschwungs in der zweiten Hälfte der 1920er-Jahre blieb der Bundeshaushalt ausgeglichen. Bis zum Ende der neuen Kriegssteuer 1932 wurden Schulden im Umfang von 235 Mio. Franken abgebaut. Gemessen an der Wirtschaftsleistung bedeutete dies ein Rückgang von 23 auf 21 Prozent (→ Abb. 12).[208]

Abb. 12: Die Schulden des Bundes (1919–1938)

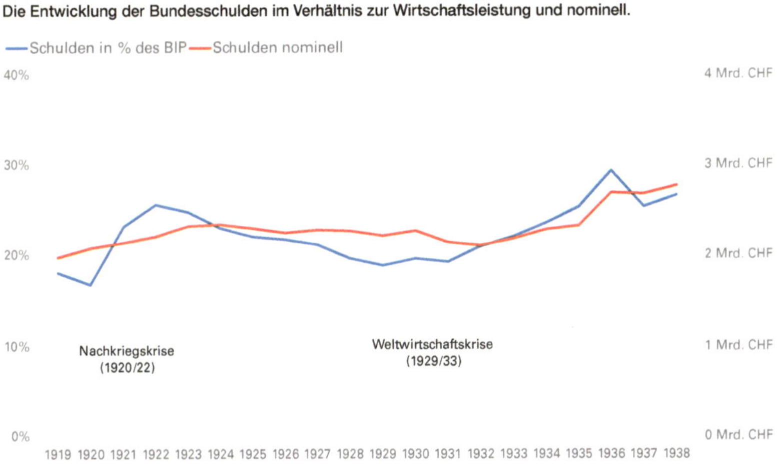

Quellen: Eigene Berechnungen. Schulden: ESTV, Finanzen von Bund, Kantonen und Gemeinden (1944/45); BIP: Stohr (2016).

---

207 NZZ, 01.06.1924.

208 Voranschlag 1927, S. I–III; Voranschlag 1931, S. IX; Schweiz. Bundesrat, 1938a, S. 392, 446.

Allerdings war die Schuldentilgung nach dem Ersten Weltkrieg damit abgeschlossen. Während der Weltwirtschaftskrise wurden keine Schulden mehr getilgt (→ Kapitel 6.2). Zwar erklärte Bundesrat Musy im Rahmen des ersten notrechtlichen Finanzprogramms von 1934, dass die Schuldentilgung angesichts der Krise unbedingt dem Tilgungsplan von 1927 entsprechend weitergeführt werden muss:

> «Wir wollen auch weiterhin das grosse Vertrauen, das wir geniessen, dadurch zu erhalten suchen, dass wir die Tilgung der Staatsschuld durch zielbewusste Anwendung des Tilgungsplanes selbst unter den grössten Schwierigkeiten durchführen. Wir müssen unsern Voranschlag ins Gleichgewicht bringen, ohne jemals zu Anleihen zu greifen, um die Fehlbeträge zu decken.»[209]

Dies wurde von seinem Nachfolger, Bundesrat Albert Meyer, 1935 bekräftigt.[210] Allerdings stellte der Bundesrat 1937 fest, dass keine Schulden mehr getilgt wurden: «Zwar wurden die planmässigen Tilgungen durchgeführt, aber die Tilgungen blieben toter Buchstabe, weil der Haushalt nur einen entsprechend grösseren Ausgabenüberschuss aufwies.»[211] Wie in der Nachkriegszeit hatte während der Grossen Depression lediglich eine Umschichtung der Schulden stattgefunden. Als der Bundesrat 1937 das Notrecht nochmals verlängerte, wurde die Hoffnung geäussert, die Tilgung nun «nicht nur budgetmässig, sondern in der Hauptsache auch tatsächlich zu verwirklichen». Auch dies gelang bis zum Ausbruch des Zweiten Weltkriegs nicht.[212]

---

209 Voranschlag 1933, S. II.
210 Schweiz. Bundesrat, 1935c, S. 786.
211 Schweiz. Bundesrat, 1937, S. 350.
212 Schweiz. Bundesrat, 1937, S. 335.

6.2 Die Grundsteinlegung für die AHV: Die Finanzierungsfrage bleibt ungeklärt

Im Anschluss an den Landesstreik vom November 1918 wurde die Forderung nach einer Sozialversicherung von einer breiten Bevölkerungsschicht getragen. Die Finanzierung stellte den Bund vor eine grosse Herausforderung. Unmittelbar nach dem Kriegsende und unter dem Eindruck des Landesstreiks forderten weite Teile der Bevölkerung eine stärkere Belastung der Besitzenden und die bürgerlichen Parteien erklärten sich zu Zugeständnissen bereit. Mit zunehmendem zeitlichem Abstand zu den sozialen Unruhen und beschleunigt durch das Einsetzen der Nachkriegskrise 1920 schwächte der allgemeine Reformwille aber deutlich ab.

Breiter politischer Rückhalt für die Sozialversicherung

In Anbetracht der sozialen Not, die breite Bevölkerungsschichten während des Krieges erfuhr, fand die Forderung des Oltener Aktionskomitees nach einer Alters- und Invalidenversicherung weit über linke Kreise hinaus Anhänger. Im Mai 1918 nahmen die Jungfreisinnigen die Sozialversicherung in ihr Programm auf und im Dezember 1919 folgte die CVP. Unter dem Eindruck des Landesstreiks fand auch in der mehrheitlich freisinnigen Landesregierung eine «grundlegende Änderung der sozialpolitischen Haltung» statt.[213] Im Juli 1919 hielt der Bundesrat fest, dass der soziale Frieden ernstlich gefährdet sei und «[…] das Kriegsende uns politische Verhältnisse gebracht hat, die es als notwendig erscheinen lassen, rascher als es sonst geschehen wäre, soziale Reformen durchzuführen, […]».[214]

Kurz nach dem Ende des Landesstreiks am 14. November 1918 setzte der Bundesrat eine Expertenkommission ein, die eine Invaliditäts-, Alters- und Hinterlassenenversicherung ausarbeitete. In der AHV-Botschaft vom

---

213 Degen, 2006, S. 30; Kölz, 2004, S. 873; Schmid & Schaltegger, 2021; Schweiz. Bundesrat, 1919, S. 99–105.

214 Schweiz. Bundesrat, 1919, S. 158.

Juni 1919 schlug der Bundesrat vor, die Versicherung durch Beiträge der Versicherten, der Arbeitgeber und der öffentlichen Hand zu finanzieren.

Angesichts der finanziellen Situation sollte die Finanzierung auf Verfassungsstufe geregelt werden, um eine Einführung der AHV ohne die dafür notwendigen Mittel zu verhindern – ein Novum in der Finanzgeschichte des Bundes. Der Bundesrat schlug die Einführung einer direkten sowie mehrere Verbrauchsteuern vor: eine Nachlass- oder Erbschaftsteuer, die Tabaksteuer, die Biersteuer und die Ausdehnung des Alkoholmonopols. Die Erbschaftsteuer sollten die Kantone im Auftrag des Bundes erheben und dafür einen Anteil von fünfzig Prozent erhalten.[215]

Die sozialpolitische Aufbruchstimmung währt kurz

Wie bei der Bundesfinanzreform liess auch bei der AHV die Reformdynamik mit dem Einsetzen der Nachkriegskrise nach. Der Aufruf des St. Galler SP-Ständerats Heinrich Scherrer vom Sommer 1918 sollte sich als Prophezeiung erweisen:

> «Das grosse Werk muss gleichzeitig mit der grossen Finanzreform, in deren Fluss wir stehen, in Angriff genommen werden, sonst wird es ad calendas graecas verschoben. Heute ist das Volk bereit, den Ruf zu hören. Auch die besser situierte Klasse ist bereit, morgen vielleicht nicht mehr.»[216]

Die Finanzierungsfrage wurde zum Dreh- und Angelpunkt der Vorlage, während die Versicherungsfrage in den Hintergrund rückte. Dabei wurden die Debatten bald härter geführt, wie der Zürcher Professor Matthieu Leimgruber feststellt:

> «When social and political unrest ebbed, the pension debate shifted from vague promises to hard bargaining, as bourgeois politicians and

215 Schweiz. Bundesrat, 1919, S. 150–166.
216 Amtl. Bull. NR 1918 119.

> business circles appeared less and less willing to accept social reform. The post-war financial crisis of the federal state and the economic recession of the early 1920s also reinforced the uncompromising attitude of the right toward the AHV.» (2008, S. 62)

Dies stellte auch Jürg Sommer in seiner Dissertation zur Geschichte der sozialen Sicherheit fest: «Die bereits Ende 1920 einsetzende Nachkriegsdepression führte zu einem rapiden Umschwung der politischen Stimmung. Die Bürgerlichen waren zu keinen weiteren Konzessionen mehr bereit.»[217] Als der Nationalrat der AHV-Vorlage am 5. Oktober 1920 zustimmte, wies sie bereits wichtige Änderungen zum bundesrätlichen Vorschlag auf. Auf Wunsch der nationalrätlichen Kommission sollten die Kantone die Erbschaftsteuer erheben und dann dem Bund einen Anteil abliefern. Ausserdem hatte der Nationalrat die von den Sozialdemokraten bekämpfte Biersteuer gestrichen und die Tabaksteuer eingeschränkt.[218]

Das Volk lehnt zwei Finanzierungsvorschläge ab

Während sich die parlamentarische Beratung der AHV hinzog, wurden zwei Initiativen lanciert, die sicherstellen wollten, dass Vermögende einen Beitrag zur Sozialversicherung leisten. Der erste Vorschlag kam von der SP, die im September 1921 die Initiative für eine «einmalige Vermögensabgabe» einreichte. Die Initiative sah eine progressive Vermögensabgabe von 8 bis zu 60 Prozent vor und verlangte die Abschaffung des Bankgeheimnisses. Damit handelte es sich, so Sébastien Guex, um die radikalste Steuerinitiative, die in der Schweiz je ergriffen wurde.[219] Dies ging dem Bundesrat und der bürgerlichen Parlamentsmehrheit zu weit, sodass sie die Ablehnung empfahlen. Der Bundesrat bezeichnete den Maximalsatz als «Raubmassnahme» und sah den Grundsatz der Allgemeinheit der Besteuerung verletzt, da die Vermögensabgabe weniger als ein Prozent der Bevölkerung

217 Sommer, 1978, S. 134.
218 Schweiz. Bundesrat, 1924, S. 683 f.
219 Guex, 2012, S. 1101; Guex, 1994.

betraf.[220] Da der Steuerpflichtige verpflichtet werden konnte, die Steuerschuld in Wertpapieren zu begleichen, war die Initiative in den Augen von Bürgerlichen wie dem Thurgauer FDP-Nationalrat Oscar Ullmann ein Wegbereiter des Kommunismus:

> «Der reine Privatbesitz hört damit auf; für den Anfang nur zu einem Teil. Der Staat wird Teilnehmer des Besitzes mit allen Rechten der übrigen Teilhaber. In welcher Weise sich die weitere Entwicklung vollziehen wird, ist klar. Der Kommunismus ist dann wahrscheinlich auf dem Marsch. Wie ein Vampir wird er sich auf die Industrie und auf unser Wirtschaftsleben stürzen und ihnen das Blut aus den Adern saugen.» (Sten. Bull. NR 1922 774)

Die zweite Initiative wurde vom Basler FDP-Nationalrat Christian Rothenberger lanciert und im Januar 1920 eingereicht. Die Initiative forderte, 250 Mio. Franken vom Ertrag der Kriegsgewinnsteuer für die AHV zu verwenden – ein Vorschlag, mit dem Rothenberger 1918 im Parlament gescheitert war. Weil die Einnahmen der Kriegsgewinnsteuer für die Schuldentilgung vorgesehen waren, hätten bei Annahme der Initiative zusätzliche 250 Mio. Franken mit der neuen Kriegssteuer eingenommen werden müssen. Auch diese Initiative wurde von Bundesrat und Parlament zur Ablehnung empfohlen.

An der Urne wurden beide Initiativen abgelehnt. Die Vermögensabgabe, die nur von der SP und den Gewerkschaften unterstützt wurde, scheiterte am 3. Dezember 1922 mit einem hohen Neinstimmen-Anteil von 87 Prozent. Die Initiative Rothenberger, die von der SP und den Gewerkschaften sowie den FDP Kantonalparteien Basel-Stadt und Aargau unterstützt wurde, erlitt das gleiche Schicksal.[221]

220 Schweiz. Bundesrat, 1922, S. 924, 933.

221 Die Vermögensabgabe lehnten 87 Prozent der Stimmenden und alle Stände am 3. Dezember 1922 ab. Die Stimmbeteiligung betrug 86.3 Prozent, was einen bis heute gültigen Rekord darstellt. Die Initiative Rothenberg wurde von 58 Prozent der Stimmenden und 18 Ständen abgelehnt. Die Stimmbeteiligung betrug 68.2 Prozent.

Die Versicherung wird ausgedünnt und die Finanzierungsfrage verschoben

Im Dezember 1922 beschloss der Ständerat lediglich die Einführung der Altersversicherung. Die Hinterlassenen- und die Invalidenversicherung stellte er zurück. Dies veranlasste den Bundesrat, die Vorlage zu überarbeiten. Er entfernte mehrere umstrittene Punkte und präsentierte in der 1924 veröffentlichten Nachtragsbotschaft eine deutlich schlankere Versicherung. Um die Kosten zu senken und damit die umstrittene Finanzierungsfrage zu entschärfen, wurde die Einführung der Invalidenversicherung zurückgestellt. Dies ermöglichte den Verzicht auf die Erbschaftsteuer, die durch den grossen Widerstand der Kantone zu Fall gebracht worden war. Damit beschränkten sich die Finanzquellen auf die Tabaksteuer und das Alkoholmonopol. Dem ursprünglichen Gedanken einer Finanzierung durch die Besitzenden könne nicht mehr Rechnung getragen werden, so der Bundesrat:

> «In unserer Botschaft vom 21. Juni 1919 haben wir zur Deckung der Ausgaben Konsumsteuern und eine Belastung des Vermögens (Erbschaftsteuer) in Vorschlag gebracht. Nachdem die Letztere als nicht realisierbar betrachtet werden muss, erscheint es nicht mehr möglich, diesem Gedanken der Zweiteilung in der Aufbringung der Mittel Rechnung zu tragen.» (Schweiz. Bundesrat, 1924, S. 724)

Trotz dieser Verschlankung wurde die AHV-Vorlage aufgeteilt in eine Finanzierungsvorlage und eine Versicherungsvorlage: «Den Vorteilen, die eine solche Kombination bieten kann, steht die Gefahr der Kumulierung der Widerstände und der Übertragung derselben von der einen Materie auf die andere gegenüber.»[222] Das Parlament stimmte diesem Kompromiss zu, was die Sozialdemokraten scharf kritisierten, so etwa der Berner Nationalrat Robert Grimm:

> «Die Versicherungslasten sollen von jenen Kreisen getragen werden, für die die Versicherung bestimmt ist. Der Besitz geht steuer- und beitrags-

222 Schweiz. Bundesrat, 1924, S. 725.

> frei aus. Die Lastenverteilung wird nicht abgestuft nach dem Grad der wirtschaftlichen Leistungsfähigkeit. Der Staat übt Wohltätigkeit auf Kosten derer, die der Wohltat bedürfen. Der Arme, nicht imstande, selber für die alten Tage zu sorgen, soll die Mittel für die Finanzierung der Versicherung aufbringen und er soll das tun unter staatlichem Zwang und staatlicher Vormundschaft.» (Grimm, 1925, S. 254)

Emil Klöti erinnerte die Bürgerlichen an die Versprechen, die sie im Anschluss an den Landesstreik abgegeben hatten:

> «Die Arbeiter empfinden dieses Zurückkrebsen als Wortbruch; die Nichteinlösung des Versprechens lässt einen tiefen Stachel in ihnen zurück; sie empfinden es als eine Beleidigung, dass man derart mit ihnen umspringt. Wie eine unpädagogische Mutter einem Kinde, das unruhig ist, etwas verspricht, um es nicht zu halten, in gleicher Weise wurde den Arbeitern in jener Zeit etwas versprochen, um nach Eintritt ruhigerer Zeiten das Versprochene zu vergessen. Durch dieses Verhalten haben Sie eine grosse moralische Einbusse in weiten Schichten des Volkes erlitten.» (Amtl. Bull. NR 1925 215)

Trotz internen Widerständen entschied die SP, sich den bürgerlichen Parteien anzuschliessen und die AHV-Vorlage zur Annahme zu empfehlen. Darauf sagte eine grosse Mehrheit von 65.4 Prozent der Stimmenden und 16.5 Stände am 6. Dezember 1925 Ja zur AHV-Vorlage. Das erste AHV-Gesetz («Lex-Schulthess») scheiterte am 6. Dezember 1931, worauf die Anstrengungen während der Weltwirtschaftskrise zurückgestellt wurden.

6.3 Fiskalnotrecht als Antwort auf die Weltwirtschaftskrise

Als die Weltwirtschaftskrise der 1930er-Jahre die Schweiz erfasste, galt die Sorge der Landesregierung der Verteidigung der Goldwährung. Für die Finanzpolitik bedeutete dies in erster Linie, den Budgetausgleich sicherzu-

Die Schweizerische Volksbank gerät in Schieflage und muss 1933 vom Bund gerettet werden.

Demonstrationszug von Arbeitslosen in Bern 1931.

stellen. Obwohl Bundesrat und Parlament dazu auf Notrecht zurückgriffen, erwies sich dieses Vorhaben im Verlauf der Krise als immer schwieriger, da der Bund in zunehmendem Ausmass Krisenausgaben tätigen musste. Diese Stützungsmassnahmen standen dem Ziel im Weg, mittels einer inneren Abwertung die preisliche Konkurrenzfähigkeit der Schweizer Wirtschaft auf dem Weltmarkt wiederherzustellen.

Das lange Festhalten an der Goldparität

Die Weltwirtschaftskrise, die am 24. Oktober 1929 in den Vereinigten Staaten ihren Anfang nahm, ging als grösste Wirtschaftskrise des 20. Jahrhunderts in die Geschichte ein. Als der konjunkturelle Abschwung in der Schweiz 1931 einsetzte, waren die meisten westlichen Industriestaaten bereits stark von der Krise gezeichnet. Der Rückgang der Exporte betrug zwischen 1929 und 1932 rund 30 Prozent. Mit Verzögerung erfasste die Krise 1931 auch die Binnenwirtschaft, wo bis dahin besonders die Bauwirtschaft stützend gewirkt hatte. Ab 1933 setzte eine leichte Erholung ein, worauf es 1935 und 1936 zu einem Rückschlag kam. Die Krise hatte eine hohe Arbeitslosigkeit zur Folge. Ende der 1920er-Jahre herrschte noch beinahe Vollbeschäftigung, worauf die Arbeitslosenquote ab 1931 stark anstieg und 1936 mit 4.5 Prozent den Höchststand erreichte. Allerdings dürfte die tatsächliche Arbeitslosigkeit höher gelegen haben, da es keine allgemeine obligatorische Arbeitslosenversicherung gab und die Chancen, eine Stelle über das Arbeitsamt zu erhalten, gering waren.[223]

Die Wirtschaftspolitik der Schweiz war während der Weltwirtschaftskrise auf das Festhalten an der Goldparität ausgerichtet. Eine Währungsabwertung, wie sie die USA 1931 und Grossbritannien 1933 vorgenommen hatten, wurde vom Bundesrat, der SNB sowie von den wirtschaftlichen und politischen Entscheidungsträgern kategorisch abgelehnt. Die Schweiz schloss sich 1933 mit Polen, Italien, Belgien, den Niederlanden und Frankreich zum «Goldblock» zusammen und gehörte damit zu jenen Ländern,

223 Prader, 1981, S. 55–59; Sheldon, 2010, S. 16; Zurlinden, 2003, S. 93–96.

die am längsten am Goldstandard festhielten.[224] Erst als der Bundesrat am 24. September 1936 von der bevorstehenden Abwertung des französischen Francs erfuhr, beschloss er zwei Tage später mit 5 zu 2 Stimmen und gegen die Empfehlung des Präsidenten des SNB-Direktoriums, Gottlieb Bachmann, den Franken um 30 Prozent abzuwerten. Dabei deutet vieles darauf hin, dass das Festhalten an der Goldparität massgeblich zur Tiefe und zur Länge des wirtschaftlichen Einbruchs beitrug.[225]

Eine sukzessive Deflationspolitik stösst auf Widerstand

Weil eine Abwertung des Frankens lange Zeit keine Option darstellte, versuchte der Bundesrat, die Konkurrenzfähigkeit der Exportwirtschaft mittels «Anpassungspolitik» (Deflationspolitik) zu erreichen. Im Dezember 1931 erklärte Bundesrat Musy im Nationalrat:

> «La déflation aboutissant à une diminution du coût de la vie, puis à la réduction des frais de production c'est-à-dire à une réduction du prix de revient, est le plus sûr moyen pour la Suisse de reconquérir les marchés que lui dispute la concurrence étrangère.»[226]

Die vom Bundesrat verfolgte Anpassungspolitik war allerdings nicht auf eine radikale Deflation ausgelegt. Vielmehr sollte eine graduale Anpassung stattfinden:

> «Die Schweiz kann keine Preisinsel bilden, sie kann sich dem Einfluss des Auslandes und des Weltmarktes nicht entziehen, und es wird notwendigerweise eine Anpassung der Preise an die des Auslandes eintreten müssen. Der Bundesrat glaubt jedoch, dass diese Anpassung nach und nach erfol-

---

224 Ein Überblick über die Gründe für das lange Festhalten am Gold findet sich in Halbeisen & Straumann (2012, S. 1009 f.). Straumann bietet auch eine Übersicht über die internationale Situation (2010, S. 129–142).

225 Bordo & James, 2007, S. 55–76; Müller, 2012, S. 193–196, 201–204; Schmid & Schaltegger, 2017; Zurlinden, 2003, S.113.

226 Protokolle der Bundesversammlung, NR 14.12.1931, S. 157.

gen sollte, ohne dass unsere Wirtschaft dabei schädlichen Erschütterungen ausgesetzt wird. Es soll ein sukzessiver Abbau eintreten, und eigentliche Preisstürze sollen soweit irgendwie möglich vermieden werden.»[227]

Der Bund verfügte nur über beschränkte Möglichkeiten, die Löhne zu beeinflussen. Weil er auf die Lohngestaltung der Privatwirtschaft keinen Einfluss nehmen konnte, sollten die Löhne des Bundespersonals gesenkt werden, um ein Deflationssignal zu senden. Zu diesem Zweck präsentierte Bundesrat Musy im Juni 1932 die als «Lex Musy» bekannte Abbauvorlage, mit der die Löhne des Bundespersonals um 10 Prozent gekürzt werden sollten. Das Parlament beschränkte den Abbau auf 7.5 Prozent und hiess die Vorlage gut. Ein Komitee aus SP-Vertretern und bürgerlichen Angestelltenkreisen ergriff erfolgreich das Referendum, worauf der Abbauplan in der

«Lohnabbau Nein»: Abstimmungsplakat gegen die vorübergehende Herabsetzung der Löhne des Bundespersonals 1933.

227 Schweiz. Bundesrat, 1932, S. 575.

Volksabstimmung am 28. Mai 1933 verworfen wurde.[228] Fünf Monate später – es sollte die einzige einschneidende staatlich verordnete Deflationsmassnahme bleiben – wurden die Löhne des Bundespersonals notrechtlich um 7 Prozent gekürzt.[229]

Preissenkungen konnte der Bund nicht durchsetzen, da er über keine wirksamen Instrumente zur Preisregulierung verfügte. Zwar wurde 1931 die «Preiskontrollstelle» eingeführt, die auf eine Senkung des Preisniveaus hinarbeitete. Jedoch musste diese sich auf Aufrufe an die Öffentlichkeit, die Kantone und die Wirtschaftsverbände beschränken: «Die Wirkung der Preiskontrolle war durch das Fehlen der Rechtsgrundlage, sowie der Unmöglichkeit, bei Nichtbefolgung ihrer Weisungen immer die nötige Sanktion ergreifen zu können, in starkem Masse eingeschränkt.»[230] So konnten die Vertreter der Landwirtschaft und des Gewerbes 1932 eine Senkung der Binnenpreise erfolgreich verhindern. Als die Preiskontrollstelle im Juni 1936 schliesslich die notwendigen Kompetenzen erhielt, konnte sie sie in der Zeit bis zur Abwertung des Schweizer Frankens nicht mehr nutzen.[231]

Während bereits die graduelle Anpassung schwierig verlief, war der politische Widerstand gegen einschneidende Massnahmen zu gross. Bundesrat Musy legte seinen Amtskollegen am 15. März 1934 ein auf Deflation ausgerichtetes Wirtschafts- und Finanzprogramm vor und drohte mit seinem Rücktritt, sollten sie den Massnahmen nicht zustimmen. Weil die übrigen Bundesräte das Ultimatum ungenutzt verstreichen liessen, trat Musy Ende April 1934 zurück. Im November desselben Jahres hielt der FDP-Bundesrat Edmund Schulthess, der ebenfalls für einen harten Deflationskurs einstand, eine viel beachtete Rede, in der er den Abbau von Löhnen und Preisen zur Lebensfrage der Schweizer Wirtschaft erklärte. Die Reaktionen auf die Rede fielen heftig aus und Schulthess musste sich auch aus den eigenen Reihen anhören, dass er es mit der «Preisdiktatur» zu weit treibe. Schliesslich trat auch Schulthess am 15. April 1935 zurück.[232]

---

228 55.1 Prozent der Stimmenden und 13 Stände sagten Nein. Die Stimmbeteiligung betrug 80.5 Prozent

229 Müller, 2010, S. 228–234; Neidhart, 1970, S. 270.

230 Schweiz. Bundesrat, 1935b, S. 542 f.

231 Hug, 1938, S. 359–361; Müller, 2012, S. 197; Weber, 1938, S. 365 f.

232 Böschenstein, 1966, S. 179; Kaiser, 1999, S. 220–239.

Das «Dringlichkeitsregime»: notrechtliche Wirtschaftspolitik

Um die Wirtschaft vor «schädlichen Erschütterungen» durch die Anpassungspolitik zu schützen und die Auswirkungen der Krise zu mildern, wurden in grossem Umfang Staatseingriffe vorgenommen. Der Bund arbeitete enger mit den Wirtschaftsverbänden zusammen, die ihren politischen Einfluss, den sie während und nach dem Ersten Weltkrieg gewonnen hatten, stark erweitern konnten. Der aufkommende Korporatismus zeichnete sich durch die starke Position der Verbände aus, während die Rolle der Politik eher schwach blieb. Angesichts des Ausmasses der Veränderung, welche die institutionelle Ausgestaltung der Wirtschaftspolitik dabei erfuhr, sprechen Patrick Halbeisen und Tobias Straumann von den 1930er-Jahren als einer wirtschaftspolitischen Schlüsselphase.[233]

Zur Durchsetzung der Absprachen zwischen den Verbänden und dem Bund griffen Bundesrat und Parlament regelmässig auf die Dringlichkeitsklausel zurück und entzogen sie damit dem Referendum («Dringlichkeitsregime»). Dies wurde von Staatsrechtlern wie dem Zürcher Professor Zaccaria Giacometti scharf kritisiert. Giacometti warnte vor einer Parlamentsdiktatur: «Der wirtschaftliche Liberalismus wird somit schrittweise auf dem Notverordnungswege abgetragen.»[234] Die Finanzpolitik bildete keine Ausnahme, weshalb der Berner Professor Ernst Blumenstein von «verfassungswidriger Finanzgebarung des Bundes» sprach.[235] Auf politischer Ebene verurteilten insbesondere die Sozialdemokraten und linke Gruppierungen das Dringlichkeitsregime. Auch aus der bürgerlichen Mitte gab es Kritik – gleichwohl überwog die Sichtweise des Zürcher CVP-Nationalrats Bernhard Widmer: «So unsympathisch der Weg der Dringlichkeit an sich ist, wir kommen nicht darum herum, […].»[236]

---

233 Halbeisen & Straumann, 2012, S. 1016 f.; siehe auch: Kölz, 2004, S. 824 f.; Vatter, 2018, S. 177–179.

234 Giacometti,1937, S. 59.

235 Blumenstein, 1938, S. 369.

236 Amtl. Bull. NR 1936 33.

Eine kostspielige Stützungspolitik

Das Notrecht nutzte der Bund für eine «Schutz- und Verbotspolitik» (Rutz). Dazu gehörte einerseits eine protektionistische Aussenhandelspolitik sowie Massnahmen zur Einschränkung der Konkurrenz auf dem Binnenmarkt, wie beispielsweise ein Verbot für den Bau von Hotels oder für die Eröffnung und Erweiterung von Warenhäusern und ähnlichen Massnahmen zugunsten der Schuhindustrie. Andererseits verfolgte der Bund eine «Stützungspolitik». Dabei tätigte er ab 1931 steigende Krisenausgaben, um die Preise und Löhne zu stützen, Arbeitsplätze zu erhalten, den Export zu fördern und die soziale Not zu lindern (→ Tab. 7).

Die Krisenausgaben machten ab 1933 rund einen Fünftel der Bundesausgaben aus und konzentrierten sich auf zwei Bereiche. Zum einen wurden Arbeitslose unterstützt (Arbeitsbeschaffungsmassnahmen wurden erst nach der Abwertung 1936 ergriffen; siehe unten) und Krisenhilfe gewährt. Zum andern unterstützte der Bund wie bereits in der Rezession nach dem Ersten Weltkrieg stark von der Krise getroffene Branchen direkt. Mit der «Milchpreisstützung» wurde insbesondere die Unterstützung der Bauern massiv ausgebaut. Ausserdem subventionierte der Bund einzelne Industrien und Gewerbe. 1931 beteiligte er sich an der «Allgemeinen Schweizer Uhrenindustrie», einer Holdinggesellschaft, mit der die Uhrenbranche kartelliert wurde. Die Stickerei-Industrie, die sich nicht von den Folgen des Ersten Weltkriegs erholt hatte, wurde ebenso unterstützt wie das Hotelgewerbe und der Tourismus, die unter dem Ausbleiben von ausländischen Gästen litten. Um bedrängten Banken bei Geldknappheit Betriebskapital zur Verfügung stellen zu können, wurde 1932 die Darlehenskasse der Schweizerischen Eidgenossenschaft ins Leben gerufen. Mit Lohnsubventionen («produktive Arbeitslosenfürsorge») und der Exportrisikogarantie, die Verluste bei Exportgeschäften deckte, unterstützte der Bund die Exportindustrie.[237]

---

237 Prader, 1981, S. 76–78; Rutz, 1970, S. 147–210.

Tab. 7. Krisenausgaben 1931–1938 (in Mio. CHF; zu Preisen von 1929)

	1931	1932	1933	1934	1935	1936	1937	1938	1931/38
Sozialpolitische Massnahmen	6.4	29.6	48	48.5	46.6	50.8	55	67.9	352.6
Arbeitslosenversicherung und Krisenhilfe	*6.4*	*29.1*	*44.4*	*42.6*	*37.0*	*36.6*	*27.6*	*20.2*	*243.9*
Krisenbekämpfung und Arbeitsbeschaffung	–	*0.5*	*3.6*	*5.9*	*9.6*	*14.2*	*27.4*	*47.7*	*108.7*
Landwirtschaft	9.3	11.8	40.7	60.3	67.6	46.1	37.3	44.3	317.4
Handel und Industrie	7.2	2.3	4.0	4.3	6.4	16.4	6.3	4.2	51.1
Uhrenindustrie	*6.4*	*0.7*	*0.2*	*0.1*	*0.1*	–	–	–	*7.5*
Stickerei	*0.8*	*0.3*	*2.1*	*1.2*	*0.5*	*0.8*	*0.3*	*0.4*	*6.5*
Hotelgewerbe	–	*1.1*	*1.2*	*1.8*	*1.1*	*1.2*	*1.2*	*1.2*	*9.0*
Produktive Arbeitslosenfürsorge	–	*0.2*	*0.3*	*0.8*	*4.4*	*14.0*	*3.0*	*0.7*	*23.4*
Exportrisikogarantie	–	*0.0*	*0.0*	*0.0*	*0.0*	*0.0*	*1.7*	*1.7*	*3.5*
*Diverses**	–	*0.0*	*0.1*	*0.2*	*0.2*	*0.2*	*0.1*	*0.1*	*0.9*
Tourismus	–	–	0.8	0.8	1.5	1.6	1.9	1.6	8.3
Total	**22.9**	**43.7**	**93.5**	**113.9**	**122.1**	**114.9**	**100.5**	**118**	**729.4**

Quellen: Staatsrechnung 1934, S. VI; Staatsrechnung 1939, S. XV.
*Förderung der Kolonisation; Krisenhilfe an die Krankenversicherung; Krisenhilfe an private Transportunternehmen.

Der Budgetausgleich als oberstes finanzpolitisches Ziel

Angesichts steigender Krisenausgaben drohten Defizite, weshalb Bundesrat Musy im September 1933 ein notrechtliches Finanzprogramm («Finanzprogramm I») für die Jahre 1934 bis 1937 vorlegte. Die Notwendigkeit eines ausgeglichenen Staatshaushalts und der Weiterführung der Schuldentilgung wurde mit währungspolitischen Argumenten begründet:

> «Um den ausgezeichneten Kredit, den wir geniessen, zu bewahren und den Schweizerfranken unerschütterlich auf der Goldparität zu halten, müssen wir trotz aller Schwierigkeiten rechtzeitig die erforderlichen Massnahmen zur Lösung des Finanzproblems treffen. Der Beweis ist unverzüglich zu

leisten, dass die Schweiz Herr der Situation bleibt und imstande ist, die Finanzen des Bundes rasch ins Gleichgewicht zu bringen.»[238]

Seit der Veröffentlichung der Lex-Musy hatten diese Argumente aufgrund einer pessimistischeren Einschätzung über Ausmass und Dauer der Krise mehr Gewicht erhalten. Nachdem bei der Lex-Musy der Lohnabbau im Vordergrund gestanden hatte, enthielt das Finanzprogramm I – neben einem abgeschwächten Lohnabbau und Subventionskürzungen – auch umfangreiche Einnahmeerhöhungen, die in erster Linie der Finanzierung der Krisenausgaben dienten.

Das Finanzprogramm I setzte sich zu 60 Prozent aus neuen Einnahmen und zu 40 Prozent aus Einsparungen zusammen. Neu eingeführt wurde die Krisenabgabe als direkte Bundessteuer, die den Übergang von der Erwerbs- zur Einkommensteuer bedeutete. Zudem wurde die Couponsteuer um 50 Prozent erhöht. Daneben wurden neue Verbrauchsteuern eingeführt und diverse Zölle erhöht. Die Sparmassnahmen gingen zulasten des Bundespersonals (Lohnkürzungen von 7 Prozent) und zulasten des AHV-Fonds, dessen Äufnung eingestellt wurde. Ausserdem sah das Finanzprogramm Subventionskürzungen im Rahmen von 20 Prozent vor.

Das Finanzprogramm I stiess bei den Bürgerlichen auf viel Zuspruch, jedoch wurde auch Kritik an der Anwendung des Dringlichkeitsrechts geübt. Die Krisenabgabe wurde als unumgänglich hingenommen. Die Kantone waren dank ihres Anteils von 40 Prozent milde gestimmt – oder wie es der Luzerner katholisch-konservative Nationalrat Heinrich Walther ausdrückte: «Angesichts dieser berechtigten Bedenken [gegenüber der Anwendung des Notrechts] kann nicht deutlich genug darauf hingewiesen werden, dass realpolitisch die Dinge so liegen, dass die Kantone ohne das Manna des Bundes gar nicht leben könnten.»[239] Einzig die Sozialdemokraten stellten sich gegen das Programm, da damit der Volksentscheid gegen den Lohnabbau aufgehoben werden sollte. Sie forderten die Abkehr von der Anpassungspolitik und den Verzicht auf die Dringlichkeitsklausel.[240]

238 Schweiz. Bundesrat, 1933, S. 199.
239 Amtl. Bull. NR 1933 408.
240 Sten. Bull. NR 1933, S. 391–465, 611–616.

Schliesslich erliess die Bundesversammlung das Finanzprogramm I am 13. Oktober 1933. Weil mit der Krisenabgabe eine zentrale Forderung der Linken erfüllt[241] und im Parlament Erleichterungen für die Arbeitslosen erzielt wurden, wurde das Finanzprogramm I auch von den sozialdemokratischen Gewerkschaftsvertretern gutgeheissen. Dabei stand für den Präsidenten des Gewerkschaftsbundes, Robert Bratschi, die Finanzierung der Krisenausgaben im Vordergrund:

> «Ich habe dem Finanzprogramm 1933 zugestimmt, weil ich anerkannt habe, dass der Staat Mittel nötig hat, um die Krise positiv bekämpfen zu können. Ich habe ihm zugestimmt, weil das Finanzprogramm 1933 mindestens als ernsthafter Versuch einer einigermassen gerechten und tragbaren Lastenverteilung angesehen und bezeichnet werden konnte.»[242]

Der Finanzwissenschaftler Max Weber, der als Sekretär des Gewerkschaftsbundes tätig war und 1952 für die Sozialdemokratische Partei in den Bundesrat gewählt wurde, äusserte sich in versöhnlichen Tönen: «[...] in diesem ersten Finanzprogramm überwogen die Massnahmen, die den Besitz und den entbehrlichen Verbrauch trafen, beträchtlich gegenüber dem Abbau auf den sozialen Leistungen und den Löhnen.»[243]

In Tabelle 8 ist das Ausmass des Fiskalnotrechts ersichtlich. Mit dem Finanzprogramm gelang es, den Budgetausgleich sicherzustellen (→ Abb. 11). Die Defizite der Jahre 1933 und 1934 fielen angesichts des Ausmasses der Krise mit rund 0.1 Prozent des BIP gering aus. Von 1935 bis 1937 verzeichnete der Bund wieder Rechnungsüberschüsse in der Höhe von knapp 0.3 Prozent.

---

241 Sie stellte einen Gegenvorschlag zu der von der SP 1933 eingereichten Initiative für eine Krisensteuer dar, die allerdings hauptsächlich auf dem Vermögen lastete.

242 Amtl. Bull. NR 1936 49.

243 Weber, 1938, S. 366.

Tab. 8. Fiskalnotrecht von 1934 bis 1938 (in Mio. CHF; zu Preisen von 1929)

	1934	1935	1936	1937	1938	1934/38
Mehreinnahmen/Entnahme aus Fonds	77.5	138.7	192.9	170.8	179.2	759.2
Krisenabgabe	*22.5*	*38.3*	*36.2*	*32.4*	*34.9*	*164.4*
Couponsteuer (Erhöhung)	*8.6*	*10.1*	*17.7*	*18.9*	*20.1*	*75.6*
Zollzuschläge auf Gerste, Malz und Bier	*20.5*	*17.2*	*14.9*	*7.8*	*14.3*	*74.8*
Tabak (Zölle und Besteuerung)	*14.9*	*17.9*	*17.6*	*20.8*	*15.6*	*87.0*
Tee und Kaffee (Zollerhöhung)	*8.5*	*8.6*	*9.7*	*9.9*	*9.6*	*46.4*
Zucker (Zollerhöhungen)	–	*11.0*	*20.4*	*17.4*	*20.4*	*69.3*
Motorentreibstoffe (Zollerhöhungen)	–	*13.4*	*21.1*	*14.0*	*18.6*	*67.0*
Zollquittungsstempel	–	–	*8.8*	*9.5*	*9.3*	*27.7*
Preiszuschläge auf importierte Speiseöle und -fett	-	*2.0*	*12.0*	*7.7*	*10.7*	*32.4*
Fiskalische Belastung gebrannter Wasser	*2.5*	–	–	–	–	*2.5*
Getränkesteuer	–	*20.2*	*23.3*	*22.0*	*15.0*	*80.7*
Entnahme aus dem AHV-Fonds	–	–	*9.7*	*9.2*	*9.2*	*28.2*
Entnahme aus dem Versicherungsfonds	–	–	*1.2*	*1.2*	*1.2*	*3.5*
Sparmassnahmen	73.2	76.3	131.4	139.5	150.8	571.2
Personalausgaben (Lohnkürzungen)	*22.8*	*23.7*	*46.0*	*58.8*	*50.7*	*202.0*
Sistierung der Einzahlung in den AHV-Fonds	*34.0*	*34.3*	*33.7*	*32.2*	*32.1*	*166.2*
Subventionen	*12.3*	*13.3*	*25.1*	*24.0*	*26.4*	*101.2*
Sistierung der Verzinsung von Fonds	–	–	*13.7*	*12.7*	*11.8*	*38.3*
Sach- und Verwaltungsabgaben, Betriebskosten	*1.4*	*1.9*	*7.5*	*7.2*	*7.2*	*25.3*
Sistierung der Tilgung der Staatsrechnungsdefizit	–	–	–	–	*18.5*	*18.5*
Militärausgaben	*1.4*	*2.0*	*3.6*	*3.4*	*3.0*	*13.3*
Liegenschaften	*1.2*	*1.0*	*1.7*	*1.2*	*1.2*	*6.4*
Mehrausgaben	8.5	18.6	60.8	55.0	57.8	200.8
Unterstützung von Greisen, Witwen und Waisen	*8.5*	*8.6*	*8.5*	*8.2*	*8.1*	*42.0*
Einlage in den Eisenbahnfonds	–	–	*42.6*	*37.6*	*40.5*	*120.8*
Rückstellungen für die Sanierung der SBB	–	*9.9*	*9.7*	*9.2*	*9.2*	*38.1*
Nettoergebnis	**139.5**	**193.9**	**259.0**	**250.4**	**267.1**	**1109.9**

Quelle: Eigene Berechnung. Staatsrechnung 1939, S. Vf.

Die Forderung nach einer wirtschaftspolitischen Wende schlägt hohe Wellen

Mit zunehmender Dauer der Krise und steigender Arbeitslosigkeit setzte im Verlauf des Jahres 1933 eine grosse Debatte über die Wirtschaftspolitik des Bundes ein. Der Widerstand gegen die Anpassungspolitik ging deutlich über das linke Lager hinaus. Insbesondere die Vertreter der Landwirtschaft, die hart von der Krise getroffen wurden, opponierten gegen die Folgen der Deflation. 1934 lancierte der Gewerkschaftsbund zusammen mit Angestelltenorganisationen und der Jungbauernbewegung, die sich von der Bauernpartei abgespalten hatte, die «Kriseninitiative». Sie forderten einen wirtschaftspolitischen Kurswechsel zu einer aktiven Konjunkturpolitik. Angesichts der Dringlichkeitspraxis mit dem Finanzprogramm I war eine Initiative der einzige Weg, ihre Forderungen «machtpolitisch relevant» zur Diskussion zu stellen, so Prader.[244]

Die Initiative sah eine Reihe von wirtschaftspolitischen Massnahmen vor, darunter einen Lohn- und Preisschutz, Arbeitsbeschaffungsmassnahmen, eine Arbeitslosenversicherung, Massnahmen zur Entlastung der Bauern und des Gewerbes sowie die Förderung von Export und Tourismus. Die Finanzierung der Massnahmen sollte mit Staatsanleihen erfolgen. Die Kriseninitiative wurde von den drei Bundesratsparteien sowie dem Handels- und Industrieverein Vorort, dem Gewerbeverband und dem Bauernverband abgelehnt. Allerdings tat sich innerhalb der Bürgerlichen ein Graben auf. Namentlich in Kreisen von linksgerichteten Freisinnigen, Teilen des Bauern- und des Gewerbeverbands sowie bei katholischen Gewerkschaften stiessen die Forderungen auf Sympathie. Der Abstimmungskampf wurde äusserst heftig geführt. Die bürgerlichen Parteien bezeichneten die Initiative als Instrument zur Einführung des Sozialismus, während die Linke den «Terror des Kapitals» verurteilte. Schliesslich wurde die Vorlage am 2. Juni 1935 bei einer rekordhohen Stimmbeteiligung von 84.4 Prozent mit 57.2 Prozent Nein-Stimmen und 20 ablehnenden Ständen deutlich verworfen.[245]

---

244 Prader, 1981, S. 99.

245 Schweiz. Bundesrat, 1935a, S. 277 f., 343; Sigg, 1978, S. 184–188; Spühler, 1934, S. 329 f.; Zanoli, 2003, S. 120–124.

«Nein zum roten Fünfjahresplan»: Abstimmungsplakat der Gegner der Kriseninitiative 1935.

«Kriseninitiative JA!»: Postkarte des Schweizerischen Gewerkschaftsbundes.

Wachsender Widerstand gegen die Anpassungspolitik

Nachdem der wirtschaftspolitische Kurs durch die Ablehnung der Kriseninitiative vom Stimmvolk indirekt sanktioniert worden war, wurde der eingeschlagene Weg weiterverfolgt. Allerdings hatten die Befürworter eines harten Deflationskurses im bürgerlichen Lager weiter an Boden verloren, nachdem sie bereits durch den Rücktritt Musys geschwächt waren. Im März 1935 sah sich der Bundesrat erneut veranlasst, darauf hinzuweisen, dass er kein Befürworter eines generellen staatlichen Abbaus sei: «Die Wahrheit ist also, dass der Bund durch seine Massregeln den Abbau der Preise und Löhne verlangsamt und stark gemässigt hat und dass diese nirgends so hoch stehen wie in der Schweiz.»[246] Die Unstimmigkeiten im bürgerlichen Lager über Umfang und Geschwindigkeit der Anpassungspolitik standen wirkungsvollen Massnahmen zur Preissenkung im Weg.[247]

Die steigenden Krisenausgaben sowie die immer dringlicher werdende Sanierung der Bundesbahnen veranlassten den Zürcher FDP-Bundesrat Albert Meyer, der das Amt Musys nach dessen Rücktritt 1934 übernommen hatte, im November 1935 das «Finanzprogramm II» vorzulegen. Mit dem zweiten Finanzprogramm wurden die Massnahmen des ersten für die Jahre 1936 und 1937 verschärft.[248] Das Vorgehen wurde von den Bürgerlichen – wenn auch weniger deutlich als beim Finanzprogramm I – unterstützt und vom Parlament per Dringlichkeitsbeschluss am 31. Januar gutgeheissen. Die Linke bekämpfte das Programm dieses Mal geschlossen. Sie sprach von einem «Programm des Abbaus», von dem sie eine Verschärfung der Krise erwartete. Dem entgegnete der Zürcher FDP-Nationalrat und zukünftige Bundesrat Ernst Wetter – und er traf damit einen wunden

246 Schweiz. Bundesrat, 1935a, S. 341.

247 Müller, 2010, S. 509–600; Müller, 2012, S. 201.

248 Die Krisenabgabe wurde um einen Viertel und die Couponsteuer um einen Drittel erhöht. Die Getränkesteuer, die nach heftigem Widerstand der Weinbauern nur noch eine Biersteuer war, und die Tabaksteuer wurden ausgebaut. Die Hauptlast der Einsparungen trug das Personal, wobei die Lohnsenkungen auf 8 Prozent erhöht wurden. Der Abbausatz der Subventionen wurde verdoppelt. Zudem wurde der Unterstützungsbeitrag für den Fonds für Witwen, Greise und Waisen fortan dem AHV-Fonds entnommen und dieser nicht mehr verzinst (Schweiz. Bundesrat, 1935c, S. 757-904). Weil die hoch verschuldete SBB mittlerweile die finanzielle Stabilität des Bundes gefährdete, wurden ausserdem Rückstellungen für deren Sanierung beschlossen (→ Kapitel 4.4).

Punkt der bundesrätlichen Wirtschaftspolitik –, dass das Finanzprogramm keinesfalls ein «Programm des Abbaus» sei:

> «Wohl bemüht man sich im Finanzprogramm, die sogenannten normalen Subventionen zu beschneiden um 25 bis 40 %. [...] Aber man ist nicht daran herangetreten, die ganz grossen Posten, diejenigen, die aus den Stützungsaktionen resultieren, anzurühren. [...] Hat überhaupt die Schweiz bisher das gemacht, was man dem Bundesrate vorwirft, nämlich systematische Deflation, Abbau? Ich habe die Idee, man habe sehr viel davon gesprochen, aber eigentlich sehr wenig in dem Artikel gemacht.»[249]

Die von Ernst Wetter geäusserte Kritik hatte im Verlauf des Jahres 1935 immer mehr Anhänger in den bürgerlichen Reihen gefunden. Ein prominenter Gegner des bundesrätlichen Kurses war der Zürcher Industrielle Dietrich Schindler-Huber, der in einem NZZ-Beitrag vom 13. August 1936 festhielt: «Denn wir haben gar keine Deflationspolitik gemacht, der Bundesrat hat nur dann und wann mit schüchternen Worten der Wirtschaft die Deflation empfohlen und hat in der Praxis eine ganz massive Stützungspolitik betrieben.» Angesichts der zunehmend etatistischen Tendenzen, der steigenden Ausgaben und der rekordhohen Arbeitslosigkeit setzte sich immer mehr die Überzeugung durch, dass die Deflationspolitik gescheitert war.[250]

Bundesrat Albert Meyer (*1870–†1953) übernahm die Leitung des eidgenössischen Finanz- und Zolldepartements während der Weltwirtschaftskrise.

249 Amtl. Bull. NR 1936 64.
250 Müller 2003, S. 119–120; Müller, 2012, S. 204.

Der Anstoss zur Abwertung kommt von Frankreich

Trotz wachsender Kritik an der Wirtschaftspolitik wurde eine Abwertung des Frankens von den politischen Entscheidungsträgern weiterhin abgelehnt, bis der Entscheid Frankreichs, den Franc abzuwerten, den Anstoss zur Abwertung gab. Die Wirtschaftshistoriker Patrick Halbeisen und Tobias Straumann weisen darauf hin, dass Politiker aus allen Lagern überzeugt waren, dass die negativen Folgen einer Abwertung überwiegen würden. Die Abwertung wurde nur akzeptiert, weil eingesehen wurde, dass die Deflationspolitik gescheitert war – zwar ging das Preis- und Lohnniveau klar zurück, jedoch wurde der zur Wiederherstellung der Konkurrenzfähigkeit der Exportindustrie notwendige Preisabbau von 30 Prozent weit verfehlt – und die Abwertung des französischen Francs einen massiven spekulativen Druck gegen den Schweizer Franken auslösen würde. Dass praktisch unmittelbar nach der Abwertung die wirtschaftliche Erholung einsetzte, war für viele eine Überraschung.[251] Damit war der Weg für eine finanzpolitische Verständigung aus währungspolitischer Sicht frei.

Musys Deflationspolitik wirkt tatsächlich expansiv

An den Grundsätzen der Finanzpolitik des Bundes hatte sich während der Weltwirtschaftskrise kaum etwas geändert. Angesichts der Goldbindung war der finanzpolitische Handlungsspielraum klein. Der Bundesrat hielt – wie während der Krise der 1920er-Jahre – am Budgetausgleich fest, damit vom Bundeshaushalt keine Gefahr für die Stabilität des Frankens ausgeht. Zur Durchsetzung der finanzpolitischen Ziele wurde konsequenter als während der Nachkriegszeit auf Notrecht zurückgegriffen. Dass ausgerechnet Bundesrat Jean-Marie Musy – ein überzeugter Föderalist und Verfechter der kantonalen Steuerhoheit – die Krisenabgabe auf dem Dringlichkeitsweg einführte, dürfte die letzten Zweifler überzeugt haben, dass die Trennung der Finanzhoheit zwischen Bund und Kantone der Geschichte angehörte. Daran hatten die Kantone angesichts ihres Anteils von 40 Pro-

251 Halbeisen & Straumann, 2012, S. 1011; Schmid & Schaltegger, 2017.

zent kaum etwas auszusetzen. Wäre die Weltwirtschaftskrise nicht ausgebrochen, hätte die direkte Bundessteuer der Geschichte angehört.

Trotz des notrechtlichen Lohn- und Subventionsabbaus wurde die für eine Deflationspolitik notwendige Senkung der Staatsquote nicht erreicht. Vielmehr liessen die umfangreichen Krisenausgaben die Staatsquote während der Krise ansteigen. Dies deutet darauf hin, dass die Zustimmung zur «Anpassungspolitik» von den verschiedenen Interessengruppen – allen voran den Bauern – auch deshalb so gross war, weil sie ihren Einfluss übermässig ausdehnen konnten. Diese Haltung verurteile der oben zitierte Dietrich Schindler-Huber in einem Vortrag im April 1936: «Die meisten Stände und ihre Wortführer kümmern sich freilich um grundsätzliche Bedenken nichts mehr, sondern fordern einfach staatliche Hilfe, wo sie nur zu haben ist.»[252] Krisenausgaben und Schutzmassnahmen dürften massgeblich dazu beigetragen haben, dass sie ihre Augen vor den negativen Folgen der Stützungspolitik lange Zeit verschlossen. Dabei ermöglichte es das Notrecht, allfälligen Steuerwiderstand zu umgehen und die Transfers mit neuen Einnahmen zu finanzieren. Auch der Historiker Patrick Müller weist darauf hin, dass die Zustimmung des Bauernstands zur Anpassungspolitik in erster Linie dank den hohen Subventionen und des Zollprotektionismus zustande kam.[253]

Damit stellt sich die Frage nach der Rolle der Fiskalpolitik im Rahmen der Deflationspolitik. Dazu muss ihre konjunkturpolitische Wirkung betrachtet werden. Nimmt man die Veränderung der Saldi der Staatsrechnungen in Relation zum BIP als einfachen Indikator, lässt sich die Weltwirtschaftskrise in drei Abschnitte einteilen.

Als sich die Krise 1930 bemerkbar machte, ging von der Fiskalpolitik eine restriktive Wirkung aus, was auf die ausserordentliche Steigerung der Zolleinnahmen zurückzuführen war. In der Phase von 1931 bis 1933 wirkte die Fiskalpolitik angesichts der steigenden Krisenausgaben expansiv. Der Effekt war im ersten Jahr des Fiskalnotrechts 1934 neutral. In der dritten Phase ging von der Fiskalpolitik eine restriktive Wirkung aus, die

252 Zit. in: NZZ, 6. April 1936.
253 Müller, 2012, S. 2004.

Tab. 9. Einnahmen, Ausgaben und Saldi der Finanzrechnung 1929–1936 (in % des BIP)

Jahr	Ausgaben	Einnahmen	Saldo	Wirkung
1929	3.2 %	4.4 %	1.2 %	
1930	4.2 %	5.5 %	1.3 %	restriktiv
1931	3.6 %	4.4 %	0.8 %	expansiv
1932	4.3 %	4.7 %	0.4 %	expansiv
1933	4.5 %	4.4 %	-0.1 %	expansiv
1934	5.1 %	5.0 %	-0.1 %	neutral
1935	5.5 %	5.7 %	0.2 %	restriktiv
1936	5.6 %	5.9 %	0.3 %	restriktiv

Quelle: Eigene Berechnung. Staatsrechnung 1939, S. Vf.

1935 stark und 1936 schwach war.[254] Über die Krisenjahre 1930–1936 dominiert die expansive Wirkung. Dies liefert einen Hinweis darauf, dass von der Finanzpolitik trotz der Lohnsenkungen beim Bundespersonal keine deflationäre Wirkung ausging. In den Jahren mit starker Deflation wirkte die Finanzpolitik klar expansiv (von 1931 bis 1933 gingen die Konsumentenpreise um 17 Prozent zurück). Ein weiteres Indiz, das diese Annahme stützt, ist der Anstieg der Staatsquote von 3.2 Prozent (1929) auf 5.6 Prozent (1936) – dabei wurden entgegen den bundesrätlichen Beteuerungen ab 1932 auch keine Schulden mehr getilgt (→ Kapitel 6.1). Vielmehr scheinen die Krisenausgaben in Kombination mit den wirtschaftspolitischen Schutzmassnahmen zu einer Stützung des Preis- und Lohnniveaus beigetragen zu haben. So nahmen die Subventionen des Bundes (Krisenausgaben und reguläre Subventionen) von 1933 auf 1934 um mehr als einen Drittel zu (nominell und real), obwohl sie mit dem Finanzprogramm I ab 1934 um 20 Prozent gesenkt wurden.[255] Dementsprechend deutlich fiel das Urteil von SP-Nationalrat Max Weber aus. Er bezeichnete die Defla-

254 Diese Einschätzung wird von Prader geteilt (1981, S. 72 f.). Der Fiskalpolitik des Bundes von 1931 bis 1939 attestiert Prader gesamthaft eine restriktive Wirkung. Zurlinden sieht Anzeichen, dass von der Fiskalpolitik während der Weltwirtschaftskrise geringe konjunkturstützende Impulse ausgingen, wobei er die Haushalte aller Staatsebenen betrachtete (2003, S. 97).

255 HSSO. U.20ab.

tionspolitik des Bundesrates als eine «mangelhafte Nachahmung» dessen, was Brüning in Deutschland durchführte.[256] Rutz weist darauf hin, dass die Deflationspolitik durch die behördlichen Stützungsmassnahmen unterlaufen wurde.[257]

Die Finanzprogramme I und II der Zwischenkriegszeit und die Krisenabgabe im Detail

Das *Finanzprogramm I* wurde am 2. September 1933 erlassen und galt von 1934 bis 1937. Es umfasste neben der *Krisenabgabe* als neue direkte Bundessteuer (siehe unten) auch eine *Tabaksteuer* und eine *Getränkesteuer* auf Bier und Wein. Zudem wurde die *Couponsteuer* um 50 % erhöht. 1932 hatte der Bundesrat die *Zollzuschläge auf Gerste, Malz und Bier* und 1933 die *Zölle auf Tee, Kaffee und Tabak* erhöht. Die Sparmassnahmen gingen zulasten des Bundespersonals und der Altersvorsorge. Die *Lohnkürzungen des Bundespersonals* betrug 7 % anstatt der vom Stimmvolk abgelehnten 7.5 %. Die *Äufnung des AHV-Fonds wurde eingestellt* und die für die AHV reservierten Einnahmen (Tabaksteuer und Besteuerung von gebrannten Wassern) für den allgemeinen Bundeshaushalt verwendet. Ausserdem enthielt das Finanzprogramm *Subventionskürzungen* im Rahmen von 20 %, was ein Novum in der Geschichte der Bundesfinanzen darstellte.[258]

Das *Finanzprogramm II* für die Jahre 1936 und 1937 wurde am 31. Januar 1936 erlassen. Damit wurden die Massnahmen des ersten Finanzprogramms deutlich verschärft. Die *Krisenabgabe* wurde um einen Viertel und die *Couponsteuer* um einen Drittel erhöht. Auch die *Getränkesteuer* – die nach heftigem Widerstand der Weinbauern nur noch eine Biersteuer war – und die *Tabaksteuer* wurden ausgebaut. 1935 war bereits eine *Erhöhung der Zollansätze für Zucker und Motorentreibstoffe* beschlossen worden. Die

256 Weber, 1938, S. 366.
257 Rutz, 1970, S. 160 f.
258 Oechslin, 1967, S. 108–144.

Lohnkürzungen beim Bundespersonal wurden auf 8 % erhöht, die *Verzinsung des AHV-Fonds* eingestellt und der *Subventionsabbau* auf 40 % verdoppelt.[259]

Die *Krisenabgabe* wurde als neue direkte Bundessteuer ab 1934 in zweijährigen Perioden auf Einkommen und Vermögen erhoben – im Unterschied zu den Kriegssteuern, die auf Erwerb und Vermögen lasteten. Der Einkommensteuertarif für natürliche Personen umfasste 77 Klassen bei jährlichen Steuersätzen von 0.25 % ab 4'000 Franken und 5 % ab 90'000 Franken. Es wurde ein Haushaltsabzug von 500 Franken sowie ein Abzug von 400 Franken pro Kind und unterstützte Person gewährt. Der Vermögensteuertarif umfasste 19 Klassen bei jährlichen Steuersätzen von 0.125 ‰ ab 50'000 Franken und 2.5 ‰ ab einem Vermögen von 2.5 Mio. Franken. Vom Vermögen konnten Schulden sowie ein Betrag von 25'000 Franken pro Haushalt abgezogen werden. Kapitalgesellschaften entrichteten neben der Gewinnsteuer (0.5 %–5 %) eine Abgabe von 0.5 ‰ auf das einbezahlte Kapital und die Reserven sowie 0.125 ‰ auf das nicht einbezahlte Aktienkapital. Mit dem Finanzprogramm II wurde ein Zuschlag von 25 % eingeführt, nicht bei der Gewinnsteuer.[260]

6.4 Finanzpolitische Verständigung vor dem Kriegsausbruch

Mit der Abwertung des Frankens 1936 war der Weg für eine finanzpolitische Verständigung aus währungspolitischer Sicht frei. In der zweiten Hälfte der 1930er-Jahre kam es zu einer Annäherung zwischen Bürgerlichen und Sozialdemokraten, dennoch scheiterte der erste Versuch einer Neuordnung der Bundesfinanzordnung. Schliesslich wurden angesichts der wachsenden Kriegsgefahr finanzpolitische Kompromisse möglich.

259 Scherrer, 1949, S. 67 f., 154.
260 Oechslin, 1967, S. 115–118.

Die Fronten weichen auf

Obwohl die Kriseninitiative keinen wirtschaftspolitischen Richtungswechsel brachte, trug sie zur Entspannung des Konflikts zwischen Linken und Bürgerlichen bei. Bei der SP und den Gewerkschaften wurden jene Kräfte gestärkt, die sich der bürgerlichen Mitte annähern wollten. Einen wichtigen Schritt hatten die Sozialdemokraten bereits im Januar 1935 unternommen, indem sie sich angesichts der faschistischen Bedrohung zu Demokratie und Landesverteidigung bekannten – ein Meilenstein auf dem Weg zur Konkordanzdemokratie: «[...] die Losung des integralen politischen Kampfes gegen den bürgerlichen Klassengegner wurde aufgegeben», so Robert Grimm.[261]

Die Annäherung setzte sich im Rahmen der im Sommer 1936 formierten «Richtlinienbewegung» fort, benannt nach ihren «Richtlinien für den wirtschaftlichen Wiederaufbau und die Sicherung der Demokratie». Die Mitglieder bekannten sich zu Demokratie und Landesverteidigung. Ihre Forderung war die Abkehr von der Deflationspolitik und dem Dringlichkeitsregime. Zwar trat von den grossen Parteien einzig die SP bei, jedoch sah sich insbesondere die zeitweise von der Spaltung bedrohte FDP veranlasst, ihren politischen Kurs teilweise stark anzupassen.[262]

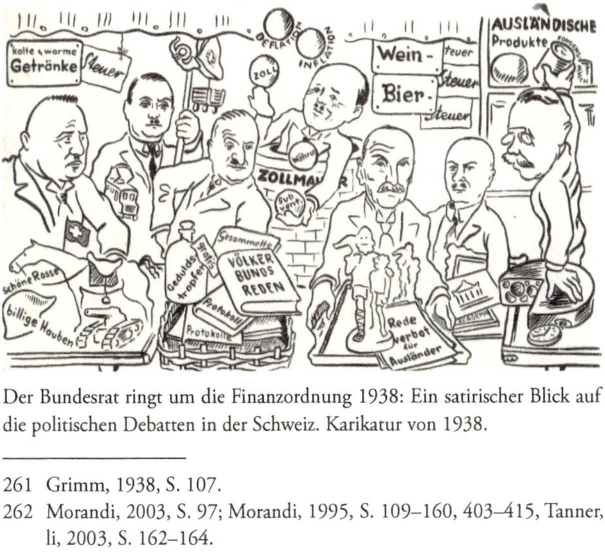

Der Bundesrat ringt um die Finanzordnung 1938: Ein satirischer Blick auf die politischen Debatten in der Schweiz. Karikatur von 1938.

261 Grimm, 1938, S. 107.

262 Morandi, 2003, S. 97; Morandi, 1995, S. 109–160, 403–415, Tanner, 2015, S. 231; Zanoli, 2003, S. 162–164.

Ein Zwischenschritt auf dem Weg zur neuen Finanzordnung genügt nicht

Nach der Abwertung des Frankens schätzte der Bundesrat die wirtschaftliche Lage als unsicher ein und verlängerte mit der Zustimmung des Parlaments das Fiskalnotrecht bis Ende 1938. Die neue Finanzordnungsvorlage, die das Notrecht ablösen sollte, folgte im März 1938. Darin erklärte Bundesrat Meyer, dass die Abkehr vom Fiskalnotrecht, die Sicherung des Budgetausgleichs und die Trennung der Steuerhoheit zwischen Bund und Kantonen angestrebt werde. Allerdings wurde die Vorlage den selbst gesteckten Zielen in einem zentralen Punkt nicht gerecht: Für den Budgetausgleich fehlten 30 Mio. Franken, weshalb eine zweite Vorlage angekündigt wurde.

Der Grund für die Budgetlücke war, dass man sich bei den Vorarbeiten nicht auf ein zusätzliches Steuerprojekt einigen konnte. Konkret wurden drei Steuern geprüft: eine Erbschaftsteuer, die Warenumsatzsteuer und die Kapitalertragsteuer. Die Erbschaftsteuer scheiterte – wie nach dem Ersten Weltkrieg – am Widerstand der Kantone. Die Warenumsatzsteuer hatte die Expertenkommission aus der Vorlage gestrichen, da sie bei der Mehrheit der Kommission und in der Öffentlichkeit auf Ablehnung stiess. Die Vertreter des Gewerbes befürchteten, die Steuer nicht auf die Konsumenten abwälzen zu können, die Sozialdemokraten wollten ebendiese Abwälzung verhindern. Anstelle der Umsatzsteuer wurde eine Kapitalertragsteuer aufgenommen, die dann vom Bundesrat fallengelassen wurde. Die Kapitalertragsteuer wurde von konservativen Kreisen und den Liberalen aus der Westschweiz heftig bekämpft, die die Steuerhoheit zwischen Bund und Kantonen um jeden Preis trennen wollten. Der Waadtländer FDP-Nationalrat Pierre Rochat verglich sie mit dem Trojanischen Pferd:

> «Ce n'est pas par hasard que ceux qui, dans cette salle, se sont toujours faits les champions d'une centralisation aussi complète que possible, se sont immédiatement précipités sur l'idée de l'impôt à la source, car ils y ont vu l'un des moyens les plus directs et les plus faciles d'arriver à cette uniformité [...] qui étouffe les cantons et les réduit au rôle de simples circonscriptions administratives. [...] L'impôt à la source est un vérita-

ble cheval de Troie que les adversaires du fédéralisme installent devant les murailles des cantons.»[263]

Angesichts des Budgetdefizits stiess die Finanzordnungsvorlage im Parlament auf breite Kritik. Der Zürcher FDP-Nationalrat Ernst Wetter, der 1939 Nachfolger von Bundesrat Meyer werden sollte, erklärte, dass er sich «als regierungstreuer Mann» in der ungemütlichen Situation sehe, dem Antrag auf Eintreten nicht zustimmen zu können:

«Und warum diese Haltung? Die Vorlage, die uns heute unterbreitet wird, ist weder eine umfassende Finanzvorlage, also weder eine umfassende definitive Lösung, noch ist sie auch eine blosse verfassungsmässige Konsolidierung des geltenden Finanznotrechts, sondern sie kennzeichnet sich, und sie wird auch so bezeichnet, als die erste Etappe einer Gesamtlösung. Es ist schwer, Finanzsanierungen in Etappen durchzuführen. Das ist kein Abzahlungsgeschäft. Derjenige, der einer ersten Etappe zustimmen sollte, möchte gerne wissen, was nachher kommt. Sie werden es kaum fertigbringen, dass man von allen Seiten die nötigen Konzessionen macht, wenn man nicht weiss, was nachkommt.»[264]

Ähnlich tönte es beim Berner SP-Nationalrat Robert Bratschi:

«Die Vorlage, so wie sie heute vor uns liegt, löst kein einziges Problem, das vom Bundesrat im Dezember gestellt worden ist. Damals hiess es, es müsse ein dauerhaftes Budgetgleichgewicht herbeigeführt, es müsse der Finanzausgleich Bund-Kantone gelöst, es müsse eine umfassende Finanzreform, basierend auf der Bundesverfassung, herbeigeführt werden. Ich frage, welches dieser Probleme wird gelöst durch die Vorlage? Kein einziges! Es gibt darin überhaupt keine Verbesserung; man beschränkt sich darauf, die heutige provisorische Situation in eine definitive umzuwandeln.» (Amtl. Bull. NR 1938 424)

263 Sten. Bull. NR 1938 530.
264 Amtl. Bull. NR 1938 433.

Ohne Steuerkompromiss, dafür mit Budgetdefizit wurde die Finanzordnung in der Schlussabstimmung im Nationalrat am 24. Juni 1938 mit 61 gegen 62 Stimmen abgelehnt. Während die Deutschschweizer Freisinnigen, die Katholisch-Konservativen und die Bauern für die Vorlage stimmten, wurde sie von den Vertretern der welschen Schweiz, der SP und den Kommunisten abgelehnt. Vor dem Scherbenhaufen der Bundesfinanzreform stehend, schoben sich die Parteien gegenseitig die Verantwortung zu. Während ein Teil der Parlamentarier, wie der Basler FDP-Nationalrat Albert Oeri, das Resultat als «liederlichen Betriebsunfall» sah, warfen sich rechtsbürgerliche Kreise und die Richtlinienbewegung gegenseitig mangelnde Kompromissbereitschaft vor.[265] Die Linke wies auf die Krise in der Mehrheitsbildung und die schwindende politische Handlungsfähigkeit im Bürgerblock hin. Die eigenen Reihen, so SP-Präsident Hans Oprecht, hatten der bürgerlichen Finanzvorlage durch Nein-Stimmen und der Stimmenthaltung «höhnisch das Grab geschaufelt».[266]

Ein Weckruf führt zur Verständigung

Nach dem Scheitern der Finanzreform erklärte der Bundesrat, das Fiskalnotrecht um weitere drei Jahre verlängern zu wollen. Dies stiess in weiten Kreisen auf Unverständnis: «Was sich das Parlament am 24. Juni geleistet hat, war empörend. Was der Bundesrat zur Korrektur der verfahrenen Situation zu tun gedenkt, ist deprimierend», fasste die NZZ die Stimmung zusammen.[267] Das Vorgehen des Bundesrates wirkte als Weckruf: «Es besteht im Allgemeinen bei allen Parteien, mit Ausnahme des Bundesrates, Übereinstimmung darüber, dass der Versuch wiederholt werden müsse, das Fiskalnotrecht durch einen verfassungsmässigen Zustand zu ersetzen», so Hans Oprecht.[268] Auf Initiative der Freisinnigen arbeiteten die vier Landesparteien zusammen mit den Verbänden einen Verständigungsvorschlag aus. Dieser sah zwei zentrale Änderungen zur geltenden Finanzordnung vor: Die Krisenabgabe floss in den Ausbau der Landesverteidigung und die Äufnung des AHV-Fonds wurde

265 NZZ, 24. Juni 1938; 26. Juni 1938.
266 Oprecht, 1938, S. 401 f.
267 10. Juli 1938.
268 Oprecht, 1938, S. 106.

wieder aufgenommen.[269] Am 10. August 1938 konnte eine Einigung über die Übergangslösung 1939/41 erzielt werden. Die Vorlage wurde von den Regierungsparteien, der SP und den Verbänden unterstützt und vom Stimmvolk am 27. November 1938 mit grosser Mehrheit angenommen.[270]

Nach der Volksabstimmung strichen Politiker aus beiden Lagern die Bedeutsamkeit des Verfahrens hervor. Für Bundesrat Albert Meyer war das Vorgehen zukunftsweisend:

> «Charakteristisch für die Vorlage ist weiter die Methode, durch die sie ins Leben gerufen wurde, nämlich die Verständigung der Parteien. Das ist ein Weg, der nicht nur für die Neuordnung der Bundesfinanzen im allgemeinen von grossem Wert sein wird. Es ist vielleicht ein Weg, der in Zukunft in der eidgenössischen Politik eine grössere Rolle spielen könnte, als es bisher der Fall gewesen ist. Wir haben gesehen, dass man auf diesem Weg auch beim Volke Anerkennung findet; ich hoffe, diese Lehre werde nicht vergessen werden.»[271]

Meyer sollte mit seiner Einschätzung recht behalten. Die Finanzordnung von 1938 bewies erstmals die politische Handlungsfähigkeit einer breiten Koalition von Parteien und Verbänden, was der Anfang der Institutionalisierung der Konkordanz war, so der Historiker Pietro Morandi. Als die SP 1943 zur stärksten Fraktion im Nationalrat wurde, waren die letzten Widerstände für eine sozialdemokratische Bundesratsbeteiligung überwunden. 1944 nahm Ernst Nobs den ersten Bundesratssitz der SP ein und wurde somit im Krieg zum Vorsteher des EFD.[272]

Die Kriegsgefahr ermöglicht einen finanzpolitischen Konsens

Auch über die Frage der Arbeitsbeschaffung wurde in der zweiten Hälfte der 1930er-Jahre ein Konsens gefunden, wofür die Kriegsgefahr wiederum

---

269 Schweiz. Bundesrat, 1938c, S. 311.
270 72.3 Prozent der Stimmenden hiessen die Vorlage gut. Die Stimmbeteiligung betrug 60.4 Prozent.
271 Amtl. Bull. NR 1938 991.
272 Morandi, 1995, S. 213–242, 399.

eine wichtige Rolle spielte. Noch im Frühjahr 1937 lehnte der Bundesrat eine Initiative der SP ab, die ein umfangreiches nationales Arbeitsbeschaffungsprogramm mit einem Budget von 300 Millionen Franken forderte. Dabei führte er die unsichere wirtschaftliche Situation nach der Währungsabwertung als Begründung an.[273] Die Ausgangslage änderte sich nach dem «Anschluss» Österreichs an das Deutsche Reich am 12. März 1938. Bürgerliche und Sozialdemokraten fanden einen Kompromiss, indem sie die Arbeitsbeschaffung mit der Landesverteidigung verknüpften.

Der Bundesrat präsentierte am 15. Juni 1938 ein Massnahmenpaket im Umfang von 400 Mio. Franken. Die Ausgaben sollten teilweise durch die neue «Ausgleichssteuer» gedeckt werden, eine progressive umsatzabhängige Sondersteuer für grosse Detailhandelsunternehmen. Diese neuartige Steuer sorgte für viel Diskussionen im Parlament, da sie nicht nur fiskalische, sondern auch wirtschaftspolitische Ziele verfolgte. Die Ausgleichsteuer sollte die Wettbewerbsposition von mittelständischen Unternehmen den Grossunternehmen gegenüber stärken.[274] Obwohl eine Verteuerung der Lebensmittel prophezeit wurde, stimmte eine Mehrheit des Parlaments der Ausgleichssteuer zu, nachdem ihr Umfang von 200 auf 140 Mio. Franken gesenkt worden war.[275] Im Gegenzug sollten 75 Mio. Franken aus dem Abwertungsgewinn der SNB zur Finanzierung der Arbeitsbeschaffungsmassnahmen verwendet werden. Dabei kürzte das Parlament auch den Arbeitsbeschaffungskredit auf 328 Mio. Franken (3.2 Prozent des BIP von 1938). Mit diesem Kompromiss waren alle grossen Parteien einverstanden und auch die Zustimmung an der Urne war am 4. Juni 1939 gross.[276] Darauf zog die SP ihre Initiative für ein Arbeitsbeschaffungsprogramm zurück.[277]

273 Schweiz. Bundesrat, 1936, S. 744–750; Schweiz. Bundesrat, 1938b, S. 863.

274 Es galt eine Steuerfreigrenze von 200'000 Franken auf den Umsatz und zudem wurden Selbsthilfegenossenschaften sowie Konsum- und Lebensmittelvereine von der Steuer befreit.

275 Die Ausgleichsteuer wurde bei Warenhäusern, Kaufhäusern, Einheitspreisgeschäften, Filialunternehmungen und Betrieben mit fahrenden Läden erhoben. Der Steuersatz betrug 2 ‰ ab einem Umsatz von 200'000 Franken und stieg auf 4 Prozent ab 5 Mio. Franken. Der zu erzielende Betrag betrug 140 Mio. Franken.

276 69.1 Prozent der Stimmenden und 19 Stände sagten Ja.

277 Schweiz. Bundesrat, 1938b, S. 911–918.

7. Der Zweite Weltkrieg: Eine Schlüsselphase der Bundesfinanzgeschichte

Der Ausbruch des Zweiten Weltkriegs hatte tiefgreifende Auswirkungen auf die globale Wirtschaft. Er führte unmittelbar zu einer erheblichen Einschränkung des internationalen Handels. Protektionistische Massnahmen dienten dem Schutz nationaler Interessen und der Unterstützung der Kriegswirtschaft. Mit der Umstellung auf die Rüstungsproduktion wurde die Marktwirtschaft weitgehend ausgehebelt. Gleichzeitig erfolgte eine zentrale Steuerung der Wirtschaft, um die Versorgung der Armeen und die Ernährung der Bevölkerung sicherzustellen und die Kriegsziele zu erreichen. Die Sowjetunion kannte bereits die kommunistische Zentralverwaltungswirtschaft. In Deutschland hatte sich seit der Devisenknappheit in den 1930er-Jahren schrittweise eine Zentralverwaltung etabliert. Die USA und viele andere Länder nahmen zunächst punktuelle Eingriffe vor, um dann im Verlauf des Krieges Systeme zur Rohstoffzuteilung an die kriegswichtigen Industrien zu entwickeln. Insbesondere bei den Alliierten wurde die Frauenarbeit deutlich ausgeweitet, in Deutschland und der Sowjetunion kam es zu Zwangsarbeit. Stärker als während des Ersten Weltkriegs wurde versucht, die Inflation zu begrenzen und zu verdecken. Dies einerseits durch höhere Steuern, was die Notwendigkeit der monetären Staatsfinanzierung beschränkte und dem sozialen Frieden dienen sollte. Zum andern über Lohn- und Preiskontrollen.[278]

---

278 Vgl. für die Übersicht über den Zweiten Weltkrieg: Harrison, 1998; Harrison, 2020; Milward, 1980.

Britische Kriegswirtschaft erzeugt einen Boom

Die quantitative Überlegenheit der Kriegsproduktion der Alliierten wurde ab 1942 zum entscheidenden Faktor. Grossbritannien stellte die Wirtschaft umgehend und umfassend auf die Rüstungsproduktion um. Der Anteil der Kriegsausgaben am BIP stieg von 7.4 Prozent 1938 auf über 50 Prozent ab 1940. Grossbritannien konnte während des Krieges die Massenarbeitslosigkeit der 1930er-Jahre überwinden und steigerte die Beteiligung der Frauen am Arbeitsmarkt markant. Die Umleitung von Ressourcen in die Kriegsproduktion trug zusammen mit den staatlichen Ausgaben dazu bei, dass das BIP 1941 rund 20 Prozent und 1943 über 25 Prozent höher war als 1938. Die Kriegserfahrung schuf einen Konsens für die Schaffung eines Wohlfahrtsstaats. Daraus entsprang 1942 der Beveridge-Plan, der ein umfassendes Sozialversicherungssystem vorsah. Weil die Exporte schnell einbrachen – sie lagen 1943 bei einem Drittel des Vorkriegsniveaus –, waren die britischen Gold- und Dollarreserven schnell aufgebraucht. Daraufhin wurden die Briten in grossem Umfang von den Vereinigten Staaten wirtschaftlich unterstützt. Mit dem «Lend-Lease-Act» von 1941 wurde den Briten dringend benötigte Güter im Wert von 31.4 Mrd. Dollar zur Verfügung gestellt. Im Gegenzug stimmten die Briten an Freihandel orientierten Strukturen zu und gaben die Handelsbegünstigungen zugunsten der Commonwealth-Staaten auf.[279]

Die nationalsozialistische Wirtschaft setzt auf Zwangsarbeit

Anders als Grossbritannien verblieb Deutschland die ersten Jahre in «friedensähnlicher Kriegswirtschaft» und stellte erst 1942 umfassend auf Kriegswirtschaft um. Der Zugang Deutschlands zu den Weltmärkten war durch die britische Blockade nach Kriegsausbruch stark eingeschränkt, jedoch erhielt es bis zur Kriegserklärung an die Sowjetunion 1941 noch in grossem Umfang Rohstoffe und Nahrungsmittel aus der UdSSR. Die Kriegskosten

279 Broadberry & Howlett, 1998, S. 43–80; Hancock & Gowing, 1949; Dewey, 1997, S. 224–232.

finanzierten die Nationalsozialisten, indem sie Banken und Versicherungen verpflichteten, Staatsanleihen zu zeichnen und Staatskredite zu gewähren. Dadurch erhielten sie Zugriff auf die Guthaben der Bevölkerung, ohne dass es zu Steuererhöhungen kam. Dies funktionierte nur bis Mitte 1943, danach stieg die Regierung auf die monetäre Staatsfinanzierung um. Zudem wurde die deutsche Wirtschaft durch die Ausbeutung der eroberten Gebiete und Bevölkerung sowie die Ausplünderung von Juden finanziert. Von besonderer Bedeutung waren Frankreich, Belgien, die Niederlande und Luxemburg. Norwegen verlor 1940 rund 25 und 1943 rund 40 Prozent seines Nationaleinkommens. Anders als in Grossbritannien oder in den USA verhinderten die sozialen Vorstellungen der Nationalsozialisten eine umfangreiche Mobilisierung weiblicher Arbeitskräfte. Um den Rückgang der zu Kriegszwecken eingezogenen männlichen Arbeitskräfte auszugleichen, griff Deutschland in grossem Umfang auf Kriegsgefangene und Zwangsarbeiter zurück. Deren Anteil an der gesamten Erwerbsbevölkerung lag 1944 bei rund 21 Prozent. Ab dem Jahresende 1944 wurden die deutschen Fabriken durch alliierte Bombenangriffe in rasantem Tempo zerstört, was die Kriegswirtschaft 1945 zum Erliegen brachte.[280]

Zwischen Ausbeutung und Kollaps: Die französische Wirtschaft unter deutscher Besatzung im Zweiten Weltkrieg

Die wirtschaftliche und soziale Entwicklung Frankreichs während des Zweiten Weltkriegs war durch eine tiefe Krise geprägt, charakterisiert durch Ausbeutung und eine signifikante Verschlechterung der Lebensbedingungen. Nach der militärischen Niederlage gegen Deutschland im Jahr 1940 wurde Frankreich geteilt: Der Norden unterlag der direkten deutschen Besatzung, während der Süden als «freie Zone» unter der Verwaltung der Vichy-Regierung stand. Diese kollaborierte eng mit den deutschen Besatzern und übernahm die Kontrolle über die gesamte wirtschaftliche Produktion, wodurch die französische Wirtschaft zu einem integralen Bestandteil der deutschen Kriegsmaschinerie wurde. Frankreich musste hohe Repara-

280 Abdelshauser, 1998; Brodesser, 2011, S. 122–176; Tooze, 2006.

tionen leisten und in grossem Umfang Rohstoffe und industrielle Produkte an Deutschland liefern. Zusätzlich führten Zwangslieferungen von grossen Mengen an Nahrungsmitteln zu einer massiven Lebensmittelknappheit. Zudem wurden Millionen Franzosen als Kriegsgefangene oder durch den «Service du travail obligatoire» zur Arbeit in der deutschen Kriegsindustrie gezwungen. Die Folgen der Ausbeutung der französischen Wirtschaft erschwerten den Wiederaufbau des Landes noch lange nach Kriegsende.[281]

Die USA wird zur Supermacht

Für die USA waren die Kriegsjahre in vielerlei Hinsicht eine Umkehrung der Grossen Depression, geprägt vom Aufstieg zur Supermacht. Die wirtschaftliche Expansion war ausserordentlich stark: Das BIP stieg zwischen 1939 und 1944 um rund 55 Prozent an. Die Arbeitslosigkeit sank in den ersten beiden Kriegsjahren auf 6 Prozent und mit dem Kriegseintritt auf Seiten der Alliierten Ende des Jahres 1941 war die Grosse Depression endgültig überwunden. 1942 begann die Umstellung zur Kriegswirtschaft. Der Anteil der Militärausgaben am BIP stieg von 1.4 Prozent im Jahr 1939 auf 45 Prozent im Jahr 1944. Die USA griff auf eine Vielzahl von Mitteln zur Produktionssteigerung zurück. Die Erwerbsbeteiligung von Männern und Frauen stieg, Arbeitskräfte wechselten von wenig produktiven Niedriglohnberufen zu hoch bezahlten und hoch produktiven Arbeitsstellen mit längeren Arbeitszeiten. Seine Ausgaben finanzierte der Staat in den Kriegsjahren rund zur Hälfte über Steuern sowie zu jeweils einem Viertel über die Notenpresse und über Kredite. Die Notenpresse diente den USA in der frühen Phase zur Finanzierung der Kriegsausgaben und wurde zurückgefahren, als die Steuererhöhungen Wirkung im Staatsbudget zeigten. Das «War Production Board» koordinierte die Produktion, um den militärischen Ansprüchen gerecht zu werden, und das «Office of Price Administration» setzte Rationierungen um, legte Preise für Konsumgüter fest und deckelte Mieten.[282]

---

281 Berger, 2003; Jones, 1982; Mouré, 2010.
282 Rockoff, 1998, S. 81–121; Vatter, 1985.

7.1 Besser vorbereitet und mit mehr Erfahrung durch den Zweiten Weltkrieg

Wie schon beim Ersten Weltkrieg hatte sich auch der Ausbruch des Zweiten Weltkriegs vorgängig abgezeichnet. Geprägt durch die Erfahrungen aus dem Ersten Weltkrieg und dank der finanzpolitischen Verständigung vor dem Kriegsausbruch war die Schweiz nicht nur aus finanzpolitischer Perspektive besser vorbereitet. Der Bundesrat hatte wichtige Lehren gezogen und versuchte, die finanzpolitischen Fehler von damals zu vermeiden. Allerdings stellte der Zweite Weltkrieg den Bundeshaushalt vor eine deutlich grössere finanzielle Herausforderung. Im folgenden Kapitel wird eine Übersicht über die finanziellen Auswirkungen des Zweiten Weltkriegs geboten.

Ein erneuter Fiskalschock für den Bundeshaushalt

Finanzpolitisch gesehen war der Bund besser auf den Krieg vorbereitet, da er schon mit der Krisenabgabe eine direkte Steuer implementiert hatte. In der zweiten Hälfte der 1930er-Jahre hatte der Bund weitere wirtschaftspolitische Vorkehrungen für den Kriegsfall getroffen, indem er Massnahmen zur Versorgung des Landes mit lebenswichtigen Gütern ergriff und eine kriegswirtschaftliche Organisation aufbaute.[283] Die gute Vorbereitung änderte jedoch nichts daran, dass der Bundeshaushalt erneut einen finanzpolitischen Schock erlebte. Die Defizitquote des ersten vollen Kriegsjahrs 1940 betrug 7.2 Prozent im Vergleich zu den 3.7 Prozent von 1915 (→ Abb. 9 und 13).

Während des Zweiten Weltkriegs baute der Bundesrat das Steuersystem entschlossener und umfassender aus als während des Ersten, wofür er auf die ihm bei Kriegsausbruch verliehenen Vollmachten zurückgriff. Weil der Bund bereits über die Krisenabgabe verfügte, blieb die Einnahmenquote bei Kriegsausbruch stabil und konnte mit dem ersten Kriegsfinanzprogramm bereits 1940 erhöht werden. Dieses umfasste die Kriegsgewinnsteuer (1940), das einmalige Wehropfer (1940), die Wehrsteuer als

283 SNB, 1957, S. 33 f.; Tanner, 1986, S. 36–47.

Abb. 13: Die Ausgaben und Einnahmen des Bundes (1935–1950)

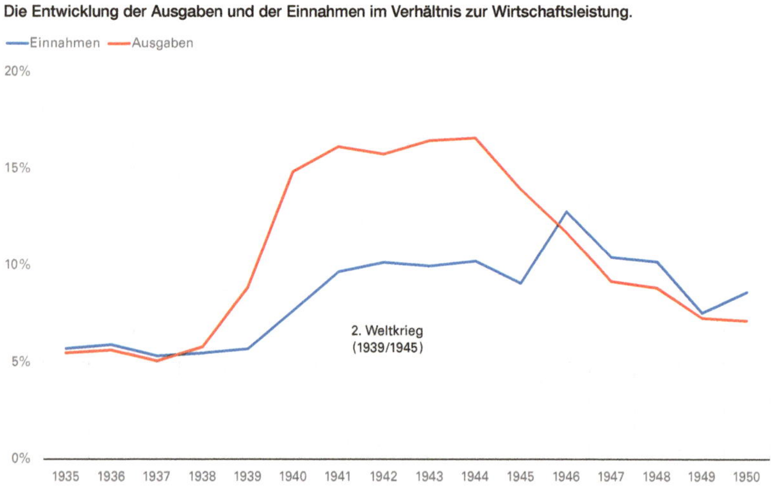

Quellen: Eigene Berechnungen. Rechnungsabschlüsse: Staatsrechnung 1955 (S. 44*); BIP: Stohr (2016).

Ersatz für die Krisenabgabe (1940) und die Warenumsatzsteuer (1941). Es folgten der Auswandererwehrbeitrag (1941) und eine Luxussteuer (1942). Mit dem zweiten Finanzprogramm von 1942 wurden die Steuersätze der Kriegssteuern deutlich erhöht, das Wehropfer wiederholt und die Verrechnungssteuer eingeführt (1943). Die Kriegssteuereinnahmen beliefen sich auf über 2.6 Mrd. Franken (zu Preisen von 1938), was 25.4 Prozent des BIP von 1938 entsprach. Gemessen an der Wirtschaftsleistung des letzten Vorkriegsjahres waren die ausserordentlichen Einnahmen mehr als doppelt so hoch wie im Ersten Weltkrieg (→ Tab. 10).

Ungleich massiver als der Anstieg der Einnahmen war der Anstieg der Ausgaben. Die finanziellen Kosten des Zweiten Weltkriegs waren gemessen am BIP des letzten Vorkriegsjahres rund fünf Mal höher als während des Ersten Weltkriegs. Mehr als die Hälfte wurde für die militärische Landesverteidigung ausgegeben (→ Tab. 11).

Tab. 10. Einnahmen der Kriegssteuern des Bundes 1939–1945

	In Mio. CHF (zu Preisen von 1938)	In % des BIP von 1938
Wehrsteuer	447.5	4.3
Kriegsgewinnsteuer	467.6	4.5
Wehropfer I & II*	974.5	9.4
Warenumsatzsteuer**	604.8	5.8
Verrechnungssteuer	148.1	1.4
Total	**2'642.5**	**25.4**

Quellen: Eigene Berechnungen. HSSO. Tab. U.10b.; BIP: Stohr (2016).
*inkl. Auswandererwehrbeitrag; **inkl. Luxussteuer. Anmerkung: Berücksichtigt wurde der Ertrag der Kriegsgewinnsteuer (1939/46) und die zwei Wehropfer (1940/1942) sowie der Ertrag der Wehrsteuer, der Warenumsatzsteuer und der Verrechnungssteuer während den Kriegsjahren.

Tab. 11 Ausserordentliche Ausgaben des Bundes während des Zweiten Weltkriegs

	In Mio. CHF (zu Preisen von 1938)	In % des BIP von 1938
Militärische Landesverteidigung	4'555.5	43.7
Wirtschaftliche Landesverteidigung*	2'953.7	28.4
Verzinsung**	504.0	4.9
Total	**8'013.2**	**76.9**

Quellen: Eigene Berechnung. Ausgaben: Tanner, 1986, S. 380; KPI: HSSO Tab. H.39.; BIP: Stohr (2016).
*Dazu gehörte: Arbeitsbeschaffung; Verbilligung von Nahrungsmitteln; Bundesleistungen für die Lohn- und Verdienstersatzordnung. **Hierbei handelt es sich um die Zinsausgaben der ausserordentlichen Rechnung, in der die Ausgaben für die militärische und wirtschaftliche Landesverteidigung verbucht wurden.

Angesichts der sozialen Spannungen nach dem Ersten Weltkrieg wurden während des Zweiten Weltkriegs Massnahmen ergriffen, um den Ausbruch sozialer Konflikte zu vermeiden. Die Ausgaben für sozialpolitische Massnahmen («wirtschaftliche Landesverteidigung») machten rund 3 Mrd. Franken und damit mehr als ein Drittel der ausserordentlichen Ausgaben aus. Von besonderer Bedeutung war die finanzielle Absicherung der Soldaten und ihrer Familien. Im Dezember 1939 führte der Bundesrat die Lohnausfallentschädigung für Wehrmänner ein, die im darauffolgenden Jahr zur Lohn- und Verdienstersatzordnung (LVEO) ausgebaut wurde. Sie sollte nach Kriegsende zum Vorbild für die AHV werden. Als weitere sozialpolitische Massnahmen kamen die Arbeitsbeschaffung und die Rationierung von Nahrungsmitteln hinzu. Der Anteil der Verzinsung an den Bundesausgaben war mit 5 Prozent verhältnismässig tief.[284]

Plakat der Mehranbauaktion des Verbands schweizerischer Konsumvereine und der Konsumgenossenschaften 1939 zur Steigerung der Lebensmittelversorgung.

284 Kreis, 2011, S. 45; Wittmann, 1971, S. 139.

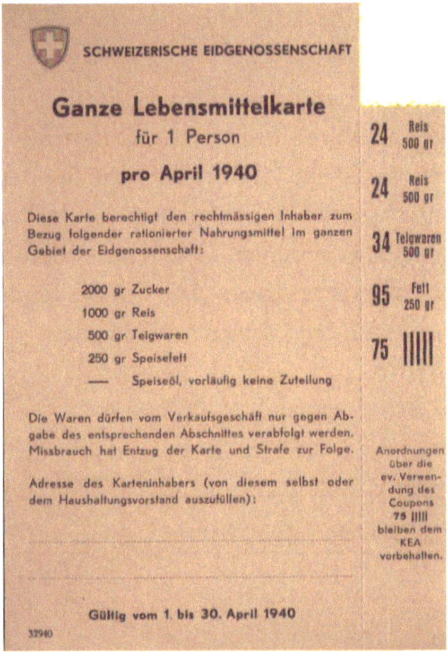

SCHWEIZERISCHE EIDGENOSSENSCHAFT

Ganze Lebensmittelkarte
für 1 Person

pro April 1940

Diese Karte berechtigt den rechtmässigen Inhaber zum Bezug folgender rationierter Nahrungsmittel im ganzen Gebiet der Eidgenossenschaft:

2000 gr Zucker
1000 gr Reis
500 gr Teigwaren
250 gr Speisefett
— Speiseöl, vorläufig keine Zuteilung

Die Waren dürfen vom Verkaufsgeschäft nur gegen Abgabe des entsprechenden Abschnittes verabfolgt werden. Missbrauch hat Entzug der Karte und Strafe zur Folge.

Adresse des Karteninhabers (von diesem selbst oder dem Haushaltungsvorstand auszufüllen):

Gültig vom 1. bis 30. April 1940

32940

24 Reis 500 gr
24 Reis 500 gr
34 Teigwaren 500 gr
95 Fett 250 gr
75 |||||

Anordnungen über die ev. Verwendung des Coupons 75 ||||| bleiben dem KEA vorbehalten.

Eine Schweizer Lebensmittelkarte, April 1940.

Lebensmittelrationierung: Einkauf mit Lebensmittelmarken 1944.

Der Verzicht auf monetäre Staatsfinanzierung

Zur Finanzierung der Defizite griff der Bund auf Anleihen zurück, die sich auch während des Zweiten Weltkriegs umgehend zum wichtigsten Finanzierungsinstrument entwickelten. In Tabelle 12 ist ersichtlich, dass der Bund seine Ausgaben in den Kriegsjahren jeweils mindestens zur Hälfte mit Anleihen deckte. Er gab 26 Anleihen mit einem Gesamtumfang von rund 6.3 Mrd. Franken aus. Dabei kam es ihm zugute, dass sich der Kapitalmarkt als aufnahmefähiger erwies als während des Ersten Weltkriegs.[285]

Tab. 12. Die Finanzierung der Bundesausgaben 1938–1945 (in %)

Jahr	Einnahmen				Anleihen
	Zölle	Steuern	Andere	Total	
1938	38	27	16	81	19
1939	28	21	9	58	42
1940	13	11	24	48	52
1941	8	35	7	50	50
1942	8	35	7	50	50
1943	6	30	7	43	57
1944	3	31	6	40	60
1945	4	34	6	44	56

Quelle: Voranschlag 1947, S. 17*.

Die neuen Steuern und die Anleihen ermöglichten dem Bund den Verzicht auf die monetäre Staatsfinanzierung, was zu den wichtigen wirtschaftspolitischen Lehren aus dem Ersten Weltkrieg zählt.[286] Dadurch hatte man die Inflation besser im Griff, wozu auch die während der Weltwirtschaftskrise geschaffene Preiskontrollstelle beitrug, die die Erhöhung von Warenpreisen, der Miet- und Pachtzinsen sowie der Gas- und Elektrizitätstarife einer Bewilligungspflicht unterstellte. Die Preissteigerung von rund 50 Prozent während des Zweiten Weltkriegs war nur halb so stark wie während des Ersten.

285 SNB, 1982, S. 33; SNB 1957, S. 63 f.
286 Bickel, 1964, S. 295.

Defizite und Schulden erreichen historische Höchststände

1940 verzeichnete der Bund mit 7.2 Prozent des BIP das höchste Defizit in seiner Finanzgeschichte. Dabei war die durchschnittliche Defizitquote während des Zweiten Weltkriegs mit 5.7 Prozent mehr als doppelt so gross wie während des Ersten. Die Schuldenquote schoss explosionsartig in die Höhe von 26 Prozent vor dem Krieg auf über 65 Prozent (1945) und erreichte damit einen historischen Höchststand (→ Abb. 14). Dafür waren jedoch nicht nur die Kriegsschulden, sondern auch die Bereinigung der SBB-Bilanz verantwortlich (→ Kapitel 4.4).

Abb. 14: Die Schulden des Bundes (1935–1950)

Die Entwicklung der Bundesschulden im Verhältnis zur Wirtschaftsleistung und nominell.

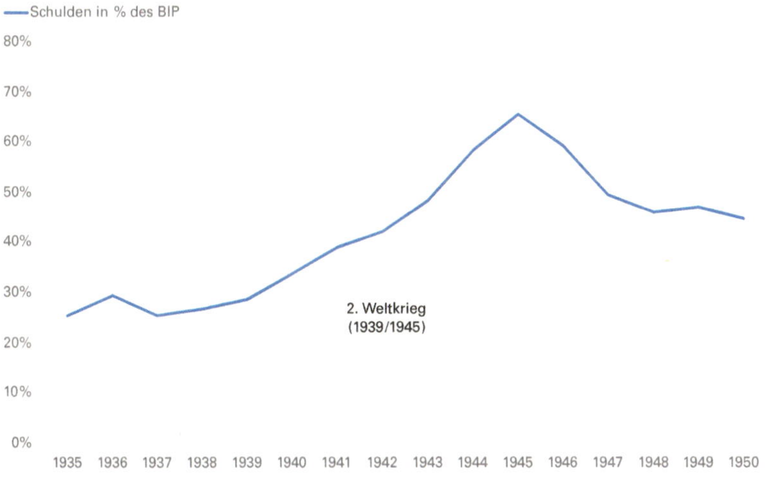

Quellen: Eigene Berechnungen. Schulden: 1925–1941: ESTV, Finanzen von Bund, Kantonen und Gemeinden (1944/45); 1942–1955: ESTV, Finanzen von Bund, Kantonen und Gemeinden (entsprechende Jahrgänge); BIP: Stohr (2016).

7.2 Das Fundament für die Nachkriegsfinanzordnung wird gelegt

Bei Kriegsausbruch rückte das Projekt Neuordnung der Bundesfinanzordnung schnell in den Hintergrund und wurde in die Nachkriegszeit verschoben. Stattdessen wurde umgehend der Ausbau des Steuersystems zur Finanzierung der Landesverteidigung in Angriff genommen. Die Arbeiten gingen schnell voran. Dabei konnte man von den Erfahrungen aus dem Ersten Weltkrieg profitieren und dass im Rahmen der gescheiterten Neuordnung kurz vor Kriegsausbruch bereits eine breite Diskussion über das Steuersystem stattgefunden hatte.

Bundesrat Wetter legt umgehend ein umfassendes Kriegsfinanzprogramm vor

Mit dem Kriegsausbruch ging der Steuerwiderstand in der Bevölkerung deutlich zurück und auch auf politischer Ebene wurden Widerstände abgebaut, sodass die Kompromissfindung über die Verteilung der Steuerlasten beschleunigt und in kurzer Zeit eine Einigung über eine Reihe von neuen Steuerquellen möglich wurde.[287] FDP-Bundesrat Ernst Wetter, der am 1. Januar 1939 die Nachfolge von Bundesrat Meyer angetreten hatte, legte am 19. Januar 1940 und damit nur rund vier Monate nach Kriegsausbruch ein umfassendes Finanzprogramm vor.[288] Eine Woche zuvor hatte der Bundesrat bereits per Vollmachtenbeschluss eine Kriegsgewinnsteuer eingeführt, die weitgehend jener des Ersten Weltkriegs entsprach.

Der Kern des Kriegsfinanzprogramms bildete drei Steuern, die entweder einmalig erhoben wurden oder bis Ende 1945 befristet waren.[289] Die

287 Tanner, 1986, S. 60.

288 Siehe Kasten am Ende des Kapitels für Details.

289 Das Parlament nahm nur wenige Änderungen am Programm vor, die hier berücksichtigt wurden. Ursprünglich hatte der Bundesrat beim Wehropfer für natürliche Personen einen Höchstsatz von 3 Prozent vorgesehen und einen Warenumsatzsteuersatz von 2.5 Prozent vorgeschlagen.

FDP-Bundesrat Ernst Wetter (*1877–†1963) prägte die Finanzpolitik während des Zweiten Weltkriegs.

Wehrsteuer löste die Krisenabgabe als neue direkte Bundessteuer ab. Die Steuersätze wurden erhöht und die Steuerpflicht ausgedehnt.[290] Zur Bekämpfung der Steuerhinterziehung wurde eine an der Quelle erhobene Kapitalertragsteuer eingebaut. Die jährlichen Einnahmen des Bundes wurden auf 100 Mio. Franken geschätzt. Das *Wehropfer* war eine einmalige Abgabe des Vermögens von 1.5 bis 4.5 Prozent bei natürlichen und von 1.5 Prozent bei juristischen Personen. Es wurde in drei Jahresraten erhoben und sollte dem Bund 450 Mio. Franken einbringen. Die Einführung des Wehropfers wurde mit einer allgemeinen Steueramnestie verknüpft. Um Steuerhinterziehung zu verhindern, wurde der Fiskus ermächtigt, beim Tod eines Steuerzahlers ein Inventar zu erstellen. Die *Warenumsatzsteuer* belastete den Verkauf von Waren mit 2 Prozent. Ausgenommen waren Grundnahrungs-

290 Die Minimal- und die Maximalsteuersätze waren im Vergleich zur Krisenabgabe höher (Einkommen: 0.4 bis 6.5 Prozent gegenüber 0.25 bis 6.25 Prozent; Vermögen: 0.5 bis 3.5 ‰ gegenüber 0.15 bis 3.12 ‰). Die Freigrenze wurde gegenüber der Krisenabgabe gesenkt (Einkommen: 3'000 bzw. 2'000 Franken für Alleinstehende bzw. Verheiratete gegenüber 4'000 Franken; Vermögen: 10'000 gegenüber 50'000 Franken). Auch der Maximalsatz war eher fällig (Einkommen: 77'000 bzw. 60'000 Franken für Alleinstehende bzw. Verheiratete gegenüber 90'000 Franken; Vermögen: 1.5 gegenüber 2.5 Mio. Franken).

mittel, Güter des täglichen Bedarfs und Dienstleistungen. Die Warenumsatzsteuer war als Einphasensteuer gestaltet und sollte beim Grossisten erhoben werden. Ihr Ertrag wurde auf jährlich 70 Mio. Franken geschätzt. Ferner sollten 250 Mio. Franken vom Abwertungsgewinn der SNB von 1936 für den Bundeshaushalt verwendet werden.[291]

Der Bundesrat strebt einen finanzpolitischen Ausgleich an

Bundesrat Wetter hob hervor, dass die Besitzsteuern über die Staatsebenen deutlich überwogen, weshalb er mit dem Kriegsfinanzprogramm die Steuerverteilung zwischen Besitz- und Verbrauchsteuern (direkten und indirekten Steuern) unangetastet lassen wollte:

> «Die Unteilbarkeit der Vorlage ist aber nicht nur eine fiskalische Forderung, sondern auch ein steuerpolitisches Postulat. Bekanntlich hat das Verhältnis der Besitzsteuern zu den Verbrauchsteuern in den letzten Jahren keine wesentlichen Verschiebungen erfahren. Daran soll nichts Wesentliches geändert werden.»[292]

Im Sinne der gescheiterten Bundesfinanzreform von 1938 nahm Wetter die Wehrsteuer zur Deckung der Wehrausgaben in das Finanzprogramm auf und stellte der Warenumsatzsteuer ein «Opfer» des Besitzes in Form des Wehropfers gegenüber. Das Parlament war mit dieser Verteilung der Lasten grossmehrheitlich einverstanden und nahm keine grundlegenden Änderungen am Kriegsfinanzprogramm vor.[293] Als die Räte der Vorlage am 11. April zustimmten, wurde sie lediglich von der SP sowie von konservativen Rechten abgelehnt.[294]

---

291 Bickel, 1964, S. 295; Oechslin, 1967, S. 148.

292 Schweiz. Bundesrat, 1940, S. 41.

293 Das Parlament senkte die Warenumsatzsteuer von 2.5 auf 2 Prozent und erhöhte das Wehropfer von 3 auf 4.5 Prozent.

294 Nationalrat:107 Ja und 47 Nein bei 23 Enthaltungen; Ständerat: 32 Ja und 4 Nein bei 6 Enthaltungen.

Der Bundesrat an der Eröffnung der Schweizerischen Landesausstellung in Zürich, 1939 (v.l.n.r.): Marcel Pilet-Golaz, Bundespräsident Philipp Etter, Giuseppe Motta, Hermann Obrecht, Rudolf Minger, Johannes Baumann und Ernst Wetter.

An beiden Enden des politischen Spektrums wurde die Lastenverteilung als einseitig kritisiert: Die SP hätte gerne eine eidgenössische Erbschaft- und Schenkungssteuer in die Vorlage aufgenommen, während die welschen Föderalisten das Wehropfer aus der Vorlage kippen wollten. Alles in allem wurde der Ausgleich in der Mehrbelastung von Verbrauch und Besitz gefunden: «Das KFP I [Kriegsfinanzprogramm] trug unverkennbar den Stempel eines fiskalpolitischen Kompromisswerkes», sagt Jakob Tanner.[295] Dank entsprechender Vorarbeiten wurden die Ausführungsbestimmungen für die die Wehrsteuer, das Wehropfer und die Warenumsatzsteuer schnell erlassen.

295 Tanner, 1986, S. 209; vgl. 208–212.

Das Kriegsfinanzprogramm wird gleichmässig ausgebaut

Die Verschlechterung der Finanzlage veranlasste den Bundesrat dazu, am 3. Januar 1941 einen *Auswandererwehrbeitrag* einzuführen, mit dem das Vermögen von Auswanderern sowie Zuwendungen an ausgewanderte Verwandte besteuert wurden. Am 11. November 1942 folgte das zweite Kriegsfinanzprogramm, mit dem die Wehrsteuer und der Warenumsatzsteuerbeschluss bis 1949 verlängert wurde. Kurz davor, am 13. Oktober 1942, hatte der Bundesrat bereits eine *Luxussteuer* von 10 Prozent auf verschiedene Warengruppen eingeführt. Mit dem zweiten Kriegsfinanzprogramm wurde das Steuersystem deutlich ausgebaut. Dabei hielt der Bundesrat an der Verteilung der steuerlichen Lasten weitgehend fest. Die *Warenumsatzsteuer* wurde verdoppelt und die Liste der steuerbefreiten Waren ausgebaut. Die Wiederholung des *Wehropfers* bildete das Gegenstück auf der Seite der «Besitzsteuern». Die Steuersätze der *Wehrsteuer* wurden um 50 Prozent erhöht. Den Abschluss der steuerlichen Massnahme bildete eine weitere direkte Steuer, die 1944 eingeführte *Verrechnungssteuer*, eine an der Quelle erhobene Kapitalertragsteuer. Ihr Steuersatz betrug 15 *Prozent*, der 1945 auf 25 Prozent erhöht wurde. Indem die Verrechnungssteuer der Bekämpfung der Steuerhinterziehung diente, wurde der Kompromiss gefunden, der die Einführung der 1938 von den Bürgerlichen hart bekämpften Besitzsteuer ermöglichte (→ Kapitel 6.4).[296]

Die Weichen für die Bundesfinanzordnung sind gestellt

Das nach Kriegsausbruch in kurzer Zeit eingeführte Steuersystem war ein institutioneller Durchbruch, der in seiner Langzeitbedeutung kaum überschätzt werden kann, sagt Jakob Tanner.[297] Bereits während der Beratung des Kriegsfinanzprogramms wiesen verschiedene Politiker darauf hin, dass man einer Finanzreform vorgreift. So etwa SP-Nationalrat Max Weber: «Die schweizerische Finanzpolitik wird auf Jahrzehnte hinaus festgelegt.

296 Schweiz. Bundesrat, 1945, S. 626–631.
297 Tanner, 1986, S. 67.

Dadurch wird die dauernde Finanzreform präjudiziert, wenn nicht gar verunmöglicht.»[298] Der Sekretär der Zürcher Handelskammer, Paul Hagenbach, teilte diese Meinung:

> «Im Kampf gegen den Moloch Staatsdefizit kann deshalb nicht nur keine Rede davon sein, dass die vorläufig bis Ende 1945 zur Erhebung gelangende Wehrsteuer und Warenumsatzsteuer nicht zu dauernden Steuern werden, sondern es ist vielmehr mit einer weiteren Zunahme der Fiskalität zu rechnen.»[299]

Wie sich zeigen sollte, traten diese Prophezeiungen ein. Kurz nach dem Kriegsende kündigte der Bundesrat die Verstetigung von zentralen Teilen des Kriegsfinanzprogramms an und begründete dies mit der Notwendigkeit der Schuldentilgung:

> «Ein Abbau des übrigen Fiskalnotrechts kann dagegen mit Rücksicht auf den Tilgungs- und Zinsendienst der Kriegsanleihen [...] so lange nicht in Erwägung gezogen werden, als die zur Zeit fliessenden Geldquellen nicht durch andere ersetzt werden. Gelingt letzteres bis 1949 nicht, so werden die Vorschriften über die Wehr-, Verrechnungs-Warenumsatz- und Luxussteuer [...] ins ordentliche Recht übergeführt oder, wenn dies nicht möglich sein sollte, als Notrecht beibehalten werden müssen.»[300]

298 Amtl. Bull. NR 1940 173.
299 Hagenbach, 1941, S. 226.
300 Schweiz. Bundesrat, 1945, S. 625.

Die neuen Bundessteuern während des Zweiten Weltkriegs

Die *Wehrsteuer* trat am 1. Januar 1941 in Kraft. Für natürliche Personen war sie eine Einkommensteuer mit ergänzender Vermögensteuer. Der Steuertarif wies zwei Einkommensteuertarife auf. Für Verheiratete war er zwischen 3'000 Franken und 77'000 Franken in 82 Klassen unterteilt und belastete das Einkommen mit 0.4 bis 6.5 %. Für Ledige umfasste der Steuertarif 67 Klassen zwischen 2'000 und 60'000 Franken, wobei sich die Steuersätze ebenfalls zwischen 0.4 bis 6.5 % bewegten. Die Ergänzungssteuer auf das Vermögen unterteilte die Vermögen von Ledigen und Verheirateten zwischen 5'000 und 1.5 Mio. Franken in 31 Klassen, wobei der Steuersatz von 0.5 auf 3.5 ‰ stieg. Die Wehrsteuer wurde durch eine Quellensteuer auf den Ertrag inländischer Wertpapiere und den Guthaben bei inländischen Banken sowie auf Lotteriegewinne ergänzt. Die Quellenwehrsteuer betrug 5 % auf Zinsen von Bank- und Wertschriftguthaben sowie Lotteriegewinne. Im Rahmen des zweiten Kriegsfinanzprogrammes von 1942 wurde die Wehrsteuer am 20. November 1942 auf dem Einkommen, nicht aber auf dem Vermögen, um 50 % erhöht. Die Quellenwehrsteuer wurde 1944 aufgehoben und die Steuerobjekte der revidierten Verrechnungssteuer unterstellt. Bei *Aktiengesellschaften* wurde der Reinertrag besteuert, während das einbezahlte Grund- oder Stammkapital und die Reserven einer Ergänzungssteuer unterstellt wurden. Für die Steuererhebung im Zweijahresrhythmus waren die Kantone zuständig, wofür sie einen Ertragsanteil von 30 % erhielten. Sie hatten eine Steuer von 2 bis 8 % des Reingewinns zu entrichten (in Abhängigkeit vom Verhältnis von Reingewinn zum einbezahlten Grund- oder Stammkapital und den Reserven). Hinzu kam eine Abgabe von 0.75 ‰ des einbezahlten Grund- oder Stammkapitals und der Reserven.[301]

301 Oechslin, 1967, S. 158–161; Schweiz. Bundesrat, 1945, S. 626 f.

Die *Warenumsatzsteuer* wurde auf den 1. Oktober 1941 eingeführt. Sie war als Einphasensteuer gestaltet und wurde als Grossistensteuer direkt beim Grossisten (Händler mit einem Jahresumsatz über 35'000 Franken) erhoben. Der Steuersatz betrug 2 %. Steuerfrei blieben Dienstleistungen sowie Waren des täglichen Bedarfs (Gas, Wasser, Elektrizität, Zeitungen) und Grundnahrungsmittel (Getreide, Kartoffeln, Brot, Milch usw.). Der Ertrag der Warenumsatzsteuer ging ausschliesslich an den Bund. Mit dem zweiten Kriegsfinanzprogramm von 1942 wurde der Steuersatz auf den 1. Januar 1943 auf 4 % verdoppelt und die Liste der steuerbefreiten Artikel erweitert.[302]

Die *Kriegsgewinnsteuer* wurde von 1939 bis 1946 erhoben. Als Kriegsgewinn galt die Differenz zwischen dem Reingewinn des Steuerjahres und dem durchschnittlichen Reingewinn zweier frei wählbarer Jahre zwischen 1936–1938. Der Steuersatz war zweistufig: Der erste Viertel des Kriegsgewinns wurde mit 30 % und der Rest mit 40 % besteuert. Dabei galt eine Freigrenze von 10 % des durchschnittlichen Reinertrags. Für die Veranlagung und den Bezug der Kriegsgewinnsteuer war der Bund verantwortlich, wobei die Kantone mit 10 % am Ertrag beteiligt wurden. Am 18. November 1941 erhöhte der Bundesrat die Steuersätze der Kriegsgewinnsteuer auf 50 bzw. 70 % und kürzte den steuerfreien Betrag auf 5 %. Für 1946 galt ein einheitlicher Steuersatz von 40 %.[303]

Das *Wehropfer* war eine Vermögensabgabe, die in drei Raten von 1940 bis 1942 zu entrichten war. Das Reinvermögen von natürlichen Personen wurde mit 1.5 bis 4.5 % besteuert, womit sich die jährliche Abgabe auf 0.5 bis 1.5 % belief. Steuerpflichtig waren natürliche Personen mit einem Vermögen von 5'000 Franken, wenn sie einem Erwerb nachgingen, bzw. von 10'000 Franken, wenn sie keinem Erwerb nachgingen. Der Steuersatz für juristische Personen belief sich auf 1.5 % bzw. jährlich 0.5 %. Für die Veranlagung und den Bezug des Wehropfers waren die Kantone verantwortlich, wofür sie

302 Oechslin, 1967, S. 167–170; Schweiz. Bundesrat, 1945, S. 628 f.
303 Perret, 1954, S. 52–61; Schweiz. Bundesrat, 1945, S. 626.

einen Ertragsanteil von 10 % erhielten. Das zweite Wehropfer entsprach dem Ersten, wobei es dank einigen Anpassungen für Steuerpflichtige mit einem kleinen Vermögen Steuererleichterungen gab. Es war in drei Raten in den Jahren 1945 bis 1947 zu entrichten.[304]

Den *Auswandererwehrbeitrag* mussten Schweizerbürger leisten, die zwischen dem 31. August 1939 und dem 31. Dezember 1946 auswanderten oder in dieser Zeit ausgewanderten Verwandten Zuwendungen machten. Die Steuer betrug bei Auswanderung 5 bis 12.5 % vom Nettovermögen, wenn dieses höher als 50'000 Franken war. Bei Zuwendungen betrug die Steuer 7.5 % des transferierten Betrages.[305]

Die *Verrechnungssteuer* wurde auf den 1. Januar 1944 in Kraft gesetzt. Als Quellensteuer auf Kapitalerträge, Lotteriegewinne und Versicherungsleistungen war sie eine Sicherungssteuer: Sofern das Vermögen und der Vermögensertrag in der Steuererklärung richtig deklariert wurden, wurde die Verrechnungssteuer durch Verrechnung mit den kommunalen oder kantonalen Steuern zurückerstattet. Der Steuersatz betrug 15 %. Per Beschluss vom 31. Oktober 1944 wurde sie auf den 1. Januar 1945 auf 25 % erhöht.[306]

Die *Luxussteuer* wurde 1942 in Kraft gesetzt. Sie war eine Detaillistensteuer auf folgende Waren: alkoholhaltige Schaumweine, Fotoplatten und Filme, Plattenspieler, Schallplatten, Radioapparate, Kosmetika, Parfüm, Felle und Pelzbekleidung, Perlen, Edelsteine, Uhren mit Platin- oder Goldgehäuse und handgeknüpfte Teppiche. Der Steuersatz betrug 10 %. Für Plattenspieler, Schallplatten und Radioapparate galt ein reduzierter Satz von 5 %.[307]

---

304 Schweiz. Bundesrat, 1945, S. 627 f.
305 Schweiz. Bundesrat, 1945, S. 630.
306 Schweiz. Bundesrat, 1945, S. 630.
307 Schweiz. Bundesrat, 1945, S. 629 f.

7.3 Der Bundesrat übernimmt die Finanzpolitik – mit Bedacht

Wie im Ersten Weltkrieg wurde der Bundesrat auch während des Zweiten Weltkriegs mit ausserordentlichen Vollmachten ausgestattet. Mit dem «Vollmachtenbeschluss» vom 30. August 1939 übertrug die Bundesversammlung dem Bundesrat weitreichende gesetzgebende und verfassungsändernde Befugnisse. Während der Bundesrat im Ersten Weltkrieg noch vom Nationalrat dazu gedrängt wurde, die Vollmachten für finanzpolitische Zwecke einzusetzen, machte der Bundesrat im Zweiten Weltkrieg umfassend von ihnen Gebrauch. Dabei versuchte das Parlament im Verlauf des Krieges erfolgreich, vermehrt Mitspracherecht in finanzpolitischen Fragen zu erhalten.

Vorsichtigere Formulierung des Vollmachtenbeschlusses

Inhaltlich war der Vollmachtenbeschluss von 1939 nahe an jenem von 1914, jedoch etwas zurückhaltender formuliert. Die dem Bundesrat übertragenen Vollmachten waren nicht mehr «unbeschränkt» und zur Deckung der Ausgaben wurde ihm nur noch der «notwendige» und nicht mehr «unbegrenzter» Kredit eingeräumt. Neu war die Bestimmung, dass der Bundesrat wichtige Massnahmen vor ihrem Erlass den ständigen «Vollmachtenkommissionen» der Räte zur Begutachtung vorlegen musste. In der Juni- und der Dezembersession musste der Bundesrat der Bundesversammlung ausserdem die Vollmachtenbeschlüsse vorlegen, die nachträglich über deren Genehmigung entschied.[308]

Trotz der vorsichtigeren Formulierung waren die Kompetenzen des Bundesrates umfassend. Der Bundesrat erliess zwischen 1939 und 1949 über fünfhundert Vollmachtenbeschlüsse («Vollmachtenregime»). Allerdings hatten die eidgenössischen Räte mit der Übertragung ihrer Rechte

308 Kölz, 2004, S. 773 f.; Kley, 2013, S. 338 f., 365 f.

an die Landesregierung «keineswegs abgedankt», so Georg Kreis.[309] Der Bundesrat musste im Juni und Dezember Bericht erstatten, wobei sich die Bundesversammlung den Entscheid über die Weiterführung der getroffenen Massnahmen vorbehielt. Zudem wurde der Bundesrat von zwei ständigen Vollmachtenkommissionen begleitet, die als Bindeglied zwischen Bundesrat und Parlament fungierten. Neben dem Parlament und den Vollmachtenkommissionen hatten besonders Wirtschaftsverbände Einfluss auf wirtschafts- und finanzpolitische Entscheidungen des Bundesrates. Die Verbände wurden im Rahmen der Kriegswirtschaft verstärkt eingebunden und konnten den Einfluss festigen, den sie während der Weltwirtschaftskrise erlangt hatten, (→ Kapitel 6.3).[310]

Differenzierte Anwendung der finanzpolitischen Vollmachten

Die Finanzpolitik gehörte zu jenen Bereichen, in denen der Bundesrat umfassend von den Vollmachten Gebrauch machte. In einem ersten Schritt beschränkte sich der Bundesrat darauf, die Kriegsgewinnsteuer auf dem Vollmachtenweg einzuführen. Das Kriegsfinanzprogramm mit der Wehrsteuer, dem Wehropfer und der Warenumsatzsteuer legte er den Räten vor. Dabei waren sich Bundesrat und Parlament einig, dass die neuen Steuern mittels einer Volksabstimmung eingeführt werden sollten. Gerade wegen ihres «Kompromisscharakters» sollte die Vorlage vom Stimmvolk gutgeheissen werden, so Jakob Tanner.[311] Der Entscheid, letztlich doch auf eine Abstimmung zu verzichten, fällte der Bundesrat erst nach Rücksprache mit den Vollmachtenkommissionen. Begründet wurde das Vorgehen damit, dass man angesichts der unsicheren politischen Lage innenpolitische Spannungen während des Abstimmungskampfs unbedingt verhindern wollte.[312] Die Vertreter der SP lehnten das Vorgehen zwar ab, jedoch war der Wider-

309 Kreis, 2004, S. 101.
310 Tanner, 1986, S. 73 f.; Vatter, 2018, S. 177–179.
311 Tanner, 1986, S. 210.
312 Amtl. Bull. NR 1940 472–476.

stand nicht fundamental. Die politische Linke trug das Vollmachtenregime mit und partizipierte in den zentralen Kommissionen.[313]

Das Parlament erhält Mitsprache beim zweiten Kriegsfinanzprogramm

Als 1942 die Pläne für das zweite Finanzprogramm bekannt wurden, forderte der Zürcher SP-Nationalrat Paul Meierhans per Motion, dass das Parlament darüber entscheiden sollte. Bundesrat Ernst Wetter warnte in seiner Stellungnahme im Nationalrat davor, die Kompetenzen zu verwischen: «So war das Vollmachtenregime nicht gemeint.»[314] Die Motion wurde mit 103 gegen 58 Stimmen abgelehnt. Jedoch erklärte sich der Bundesrat bereit, dem Parlament einen Zwischenbericht zur Beratung vorzulegen und das zweite Finanzprogramm erst zu erlassen, nachdem die Massnahmen abgesegnet wurden. Der St. Galler Sozialdemokrat Johannes Huber, Berichterstatter der nationalrätlichen Vollmachtenkommission, würdigte dieses «etwas ungewöhnliche Verfahren» im Juni 1943:

> «Wir wollen ausdrücklich feststellen, dass der Bundesrat stets den allfälligen Aussetzungen [sic] Wünschen, Anregungen, Verständnis entgegengebracht und sie in der Regel berücksichtigt hat. Es ist auch vorgekommen, dass der Bundesrat sogar auf beabsichtigte Beschlüsse verzichtet hat, ein Beweis, dass diese konsultative Vorbehandlung nicht ohne Wert ist.»[315]

Dieses Vorgehen wiederholte sich bei der Verrechnungssteuer, für die der Bundesrat dem Parlament am 1. September 1943 ebenfalls vorgängig einen Zwischenbericht vorlegte. Auch die Verrechnungssteuer wurde vor ihrem Erlass durch den Bundesrat vom Parlament genehmigt.

313 Tanner, 1986, S. 73.
314 Amtl. Bull. NR 1942 III 271.
315 Amtl. Bull. NR 1943 II 165.

Das Parlament fordert sein Budgetrecht zurück – und erhält es schrittweise

Auch die Ausgabenseite kontrollierte der Bundesrat. Der ausserordentliche Haushalt, in dem die Ausgaben für die militärische und die wirtschaftliche Landesverteidigung und damit rund 80 Prozent der Gesamtausgaben des Bundes abgerechnet wurden, lag in den Händen der Landesregierung. Für die ausserordentlichen Ausgaben gab es in den ersten Kriegsjahren keine Voranschläge. Dies, so der Bundesrat, beruhe «[...] nicht nur auf dem Umstand, dass der Bundesrat hierin von der Bundesversammlung freie Hand erhalten hatte, sondern vor allem auch auf der Unübersichtlichkeit des Bedarfs, [...]».[316] Die Rechnung musste der Bundesrat zwar der Finanzdelegation der Räte vorlegen, genehmigte sie aber selbst. Da genaue Vorschriften zur Haushaltsführung fehlten, hatte er viele Freiheiten.[317] Weil zudem eine Abgrenzung zum ordentlichen Haushalt schwer war, bestand die Möglichkeit zur Flucht aus dem Budget, wie der St. Galler CVP-Nationalrat und Präsident der Finanzkommission, Josef Scherrer, 1944 feststellte:

> «Dann und wann können wir auch die Tendenz feststellen, dass wenn die Mittel nicht reichen, die durch die ordentliche Rechnung gegeben sind, der Rest nicht ungern auf das Konto der ausserordentlichen Rechnung gesetzt wird. Damit verliert das Budgetrecht und in einem gewissen Sinne auch das Kontrollrecht des Parlamentes an Bedeutung und Wirkung.»[318]

Im Verlauf der Zeit wurde Kritik an der Umgehung des Parlamentes immer lauter. Die Finanzdelegation der Räte, als einzige parlamentarische Kontrolle über die ausserordentlichen Ausgaben, forderte im November 1943 mit Nachdruck, dass Budgets erstellt und ihr vorgelegt werden: «Offenheit und Klarheit müssen im ganzen Rechnungswesen bestehen, für Eigenbrödeleien gibt es keinen Raum mehr», hielt die Finanzdelegation in

---

316 Protokoll der BR-Sitzung vom 6. Juli 1945, S. 2.
317 Tanner, 1986, S. 69–76.
318 Amtl. Bull. NR 1944 455.

ihrem Bericht fest.[319] Der Bundesrat rechtfertigte sein Vorgehen mit der Gewährleistung der militärischen Sicherheit. Ein neutraler Staat könne seine Ausgaben für die Landesverteidigung nicht offen kommunizieren: «Während des Krieges standen die Ausgaben für die militärische Landesverteidigung im Vordergrund und es hatte keinen Sinn, dass sich die Räte eines Landes, das zur Selbstbehauptung entschlossen war, lange hierüber unterhielten.»[320]

Dennoch reagierte der Bundesrat auf die Kritik und unternahm 1943 einen ersten Schritt in Richtung einer Normalisierung der Verhältnisse, indem die kriegswirtschaftlichen Organisationen ihr erstes Budget vorlegten. Nach einer Aussprache mit der nationalrätlichen Vollmachtenkommission im April 1944 erklärte sich der Bundesrat bereit, bei der Anwendung der Finanzvollmachten vermehrt Zurückhaltung zu üben. Er kam der Forderung der Finanzdelegation nach und beschloss die Budgetpflicht für den ausserordentlichen Haushalt.[321] 1944 folgte das Budget für die militärische und wirtschaftliche Landesverteidigung und 1945 jenes für die Arbeitsbeschaffung. Ab 1944 wurden die Budgets und ab 1945 auch die Rechnungen den Finanzkommissionen der Räte vorgelegt. Im ersten Nachkriegsjahr wurden die ausserordentliche und die ordentliche Rechnung dann wieder zusammengeführt.[322]

Eine Initiative erzwingt die Abkehr vom Vollmachtenregime

Der politische Widerstand gegen die Vollmachten wuchs, als diese nach Kriegsende nur zögerlich abgebaut wurden. Trotz eines Abbaubeschlusses wurden dem Bundesrat viele Dringlichkeitsrechte belassen. Mehrere parlamentarische Vorstösse konnten nichts daran ändern, dass der Bundesrat die Vollmachtenpraxis weiterführte. Schliesslich reichte die von Westschweizer Freisinnigen und Liberalen getragene «Ligue vaudoise» 1946 zwei Initiativen ein. Die erste forderte eine neue Dringlichkeitsklausel: Dringliche Be-

319 Finanzdelegation, 1943, S. 1014.
320 Protokoll der BR-Sitzung vom 6. Juli 1945, S. 5.
321 Protokoll der BR-Sitzung vom 16. Mai 1944, S. 1.
322 Protokoll der BR-Sitzung vom 6. Juli 1945, S. 3.

schlüsse sollten befristet und dem nachträglichen Referendum unterstellt werden. Die zweite hatte die Aufhebung des Vollmachtenregimes und aller bestehender Dringlichkeitsbeschlüsse zum Ziel.[323]

Der Bundesrat verzichtete zunächst darauf, sich den Initiativen anzunehmen. Erst nach einer parlamentarischen Intervention im Februar 1948 legte er seine Botschaft zur Initiative für eine neue Dringlichkeitsklausel vor, in der er sie ohne Gegenvorschlag zur Ablehnung empfahl. Die Botschaft, so der Staatsrechtler Giacometti, war in einem «stark landesväterlich polizeistaatlichen Ton» gehalten.[324] Den Abbau der Dringlichkeitsbeschlüsse, wie es die zweite Initiative forderte, hielt der Bundesrat gar für unmöglich:

> «Man kann wohl ohne Übertretung sagen, dass der Staat dadurch in eine schwere Notlage versetzt würde, deren gefährlichsten Wirkungen nur durch neue Notrechtserlasse begegnet werden könnte. Der Bundesrat hätte dann nur die Wahl, entweder den Ereignissen tatenlos zuzusehen oder die aufgestellten Schranken bewusst zu durchbrechen.»[325]

Allerdings kam es anders, als es sich der Bundesrat erhofft hatte: «Eine Demonstration des Volkes» titelte die NZZ am Tag nach der Annahme der Initiative für die neue Dringlichkeitsklausel durch Volk und Stände am 11. September 1949.[326] Das Resultat war insofern eine Überraschung, da Regierungsparteien wie auch der Bauernverband und der Gewerkschaftsbund die Initiative zur Ablehnung empfohlen hatten. Als Reaktion auf das Abstimmungsresultat beschloss die Bundesversammlung einen indirekten Gegenvorschlag zur zweiten Initiative und schlug den Abbau aller notrechtlichen Beschlüsse bis 1952 vor. Dies genügte der Ligue vaudoise, die daraufhin ihre Initiative zurückzog. Schliesslich trat das Notrecht sieben Jahre nach Kriegsende ausser Kraft.

---

323 Kley, 2015, S. 502 f.
324 Giacometti, 1949, S. 789.
325 Schweiz. Bundesrat, 1948b, S. 991.
326 50.7 Prozent Ja-Stimmen und 12.5 Standesstimmen.

7.4 Steueramnestie: Jetzt zugreifen!

Die immensen Kosten für die Landesverteidigung trugen dazu bei, dass während des Zweiten Weltkriegs neben neuen Steuern auch alternative Möglichkeiten der Mittelbeschaffung an Bedeutung gewannen. Dabei stand insbesondere die Bekämpfung der Steuerhinterziehung im Fokus. Die kurz vor Kriegsausbruch aufgekommene Idee einer Steueramnestie erhielt dadurch wachsenden Zuspruch.

Steuerhinterziehung – eine eidgenössische Tradition

Auslöser der Diskussion um die Steuerhinterziehung war eine Studie des Zürcher Finanzwissenschaftlers Eugen Grossmann zur Steuerbelastung in der Schweiz, die im Jahr 1935 veröffentlicht wurde. Darin schätzte Grossmann das Ausmass der Steuerhinterziehung auf bis zu zwei Drittel des Volksvermögens:

> «Die blosse Tatsache schon, dass bei der letzten Erhebung der eidgenössischen Kriegssteuer (Periode 1929–1932) das Vermögen der physischen Personen nur mit 17.4 Millionen Franken [sic: gemeint waren Milliarden] eingeschätzt wurde, während das schweizerische Volksvermögen kaum unter 45–50 Milliarden betragen dürfte, deutet an, dass es mit der Erfassung der Steuerobjekte nicht gut bestellt sein kann.»[327]

Gemäss Grossmann, der die Steuerhinterziehung als «das grosse Übel im schweizerischen Finanzwesen» bezeichnete, war das Hauptproblem das «völlig veraltete Taxationsverfahren»[328]. Er empfahl dem Bundesrat – sollte der Bund einmal «in eine wirkliche Finanznot geraten» – die Einführung der Quellenbesteuerung:

327 Grossmann, 1935, S. 107.
328 Grossmann, 1938, S. 67.

> «Und doch liegt hier das schweizerische Steuerproblem schlechthin. Weil die Schweiz immer noch, in Bund und Kantonen, das für bäuerlich-kleinbürgerliche Verhältnisse, nicht aber für das Zeitalter des Hochkapitalismus passende System der Erfassung der Einkünfte beim Empfänger anwendet, statt das […] System der Erfassung der Einkünfte, besonders der Kapitalrente, Gehälter und Löhne an der Quelle, d. h. beim Schuldner, […]» (Grossmann, 1935, S. 108 f.).

Allerdings, so prophezeite Grossmann, werde die Quellenbesteuerung auf grossen politischen Widerstand stossen: «Freilich setzt dies eine steuerpolitische Umstellung voraus, für welche die Gemüter, zumal in der Westschweiz, vielleicht nicht einmal durch eine zweite Grenzbesetzung, sondern höchstens durch einen effektiven Krieg reif gemacht werden.»[329] Mit dieser Einschätzung sollte Grossmann recht behalten. Als Ende der 1930er-Jahre die Neuordnung der Bundesfinanzordnung angegangen wurde, verzichtete der Bundesrat entgegen der Empfehlung der Expertenkommission darauf, eine Quellensteuer auf Kapitalerträge in die Vorlage aufzunehmen (→ Kapitel 6.4).

Der Kriegsausbruch ändert die Ausgangslage

Als der Zweite Weltkrieg ausbrach und der Bund dringend auf neue Einnahmen angewiesen war, änderte sich die Situation. Der Bundesrat entschloss, im Rahmen des ersten Kriegsfinanzprogramms Massnahmen zur Bekämpfung der Steuerhinterziehung einzuleiten. Die Wehrsteuer wurde durch eine Quellensteuer ergänzt, die Zinsen von Bank- und Wertschriftenguthaben mit einem Steuersatz von 5 Prozent erfasste. Zudem wurde der Bund im Rahmen der Erhebung des Wehropfers ermächtigt, beim Tod eines Steuerzahlers ein Inventar zu erstellen. Im Gegenzug wurde die erste nationale Steueramnestie gewährt. Die «Wehropferamnestie» verzichtete auf Nachsteuern und garantierte dem Steuersünder Straffreiheit. Dies war, so Bundesrat Ernst Wetter, den Umständen geschuldet:

---

329 Grossmann, 1935, S. 108 f.

> «Dieser ganz exzeptionelle Fall der Erhebung eines Wehropfers, der dem Bürger die Schwere der Situation vor Augen führt und ihn vielleicht veranlasst, etwas in sich zu gehen, sollte doch auch Veranlassung sein, eine Steueramnestie durchzuführen. Denn schliesslich will ja der Fiskus nicht den Tod des Sünders, des Steuersünders also, sondern er will, dass er sich bessere.»[330]

Auch die Einführung einer an der Quelle erhobenen Kapitalertragsteuer wurde wieder zum Thema. Während diese 1938 noch vehement bekämpft worden war, wurde 1942 weniger über ihre Einführung als über ihre Gestaltung diskutiert. Angesichts der Finanznot des Bundes sollten auch die «allzu stillen» Reserven für die Finanzierung der Landesverteidigung herangezogen werden. Drei Vorschläge standen im Zentrum der Diskussion, wobei sich die vom Bundesrat bevorzugte Verrechnungssteuer durchsetzte. Keine Chance hatte der Vorschlag des Appenzeller FDP-Nationalrats Albert Keller, der die Besteuerung des Kapitalertrags ausschliesslich dem Bund übertragen wollte, wie des «Verrechnungssteuernachweises», der die Einlösung von Wertschriftencoupons von einem Versteuerungsnachweis abhängig machen sollte. Während eine grosse Mehrheit der Expertenkommission und der Vollmachtenkommissionen den Vorschlag Kellers als zu radikal empfand, schien der Verrechnungssteuernachweis zu umständlich und unpraktikabel.

Mit der Verrechnungssteuer wurden zwei Ziele verfolgt. Zum einen sollte der Bund den Kapitalertrag an der Quelle erfassen und den Abzug bei richtiger Deklaration des Vermögens in der Steuererklärung zurückerstatten, womit die Verrechnungssteuer der Bekämpfung der Steuerhinterziehung dienen sollte. Gleichzeitig war die Verrechnungssteuer die Antwort auf die Forderung der Arbeiterbewegung, das Bankgeheimnis den Steuerbehörden gegenüber abzuschaffen und das Steuerstrafrecht zu verschärfen.[331]

Für die Festlegung des Verrechnungssteuersatzes von 15 Prozent war die in den USA erhobene Quellensteuer massgebend. Um eine Kapitalflucht zu verhindern, sollten die Steuerabzüge – bestehend aus der Couponsteuer

---

330 Amtl. Bull. 1940 I SR 97.
331 Oechslin, 1967, S. 162 f.

von 4 oder 6 Prozent, der Quellenwehrsteuer von 5 Prozent und der Verrechnungssteuer – die in den USA gültigen Steuerabzüge von 25 Prozent nicht übersteigen. Im Rahmen der Einführung der Verrechnungssteuer stand auch die Durchführung einer zweiten Steueramnestie zur Diskussion, die von den Vollmachtenkommissionen beider Räte gefordert wurde. Da kurz davor die Wehrsteueramnestie erlassen worden war und sich die kantonalen Finanzdirektoren mit knapper Mehrheit gegen eine zweite Amnestie aussprachen, verzichtete der Bundesrat darauf. Mit der Zustimmung der Vollmachtenkommission beschloss der Bundesrat am 1. September 1943 die Einführung der Verrechnungssteuer auf den 1. Januar 1944.[332]

Bekämpfung der Steuerhinterziehung blieb weitgehend erfolglos

Allerdings erwiesen sich die Massnahmen als wenig erfolgreich. Bei der Quellenwehrsteuer war sowohl die Steuerdeklaration als auch die Steuerveranlagung kompliziert und der Aufwand gross. Bei der Verrechnungssteuer schwächte der tiefe Steuerfuss die Wirkung. Die Wehropferamnestie förderte lediglich 1.5 Mrd. Franken zutage, was rund 15 Prozent des bis anhin versteuerten Vermögens entsprach und was bedeutend weniger war, als erwartet wurde. Dafür wurden zwei Gründe angeführt. Einerseits schienen die Durchsetzungsbemühungen nicht ausreichend gewesen zu sein. Andererseits wurde der Rückhalt der Amnestie in der Bevölkerung infrage gestellt, da sie ohne Volksabstimmung durchgeführt worden war.[333]

1944 nahm die Eidgenössische Steuerverwaltung (ESTV) die anhaltende Diskussion über die Steuerhinterziehung zum Anlass, «Licht in das Dunkel der Steuerdefraudation» zu bringen. Dabei kam die Steuerverwaltung zum Schluss, dass sich die Steuermoral der Schweizer Bürger nicht verbessert habe: «Ein grosser Teil unseres Volkes entzieht sich seiner Steuerpflicht oder erfüllt sie nur lässig.»[334] Ein Vergleich des Sollbestands der Ak-

332 Schweiz. Bundesrat, 1944, S. 1206 f.
333 NZZ, 02.11.1944; Oechslin, 1967, S. 156.
334 ESTV, 1944, S. 5.

tien, Obligationen und Sparguthaben mit den beim Wehropfer deklarierten Vermögen ergab, dass rund 6.2 Mrd. Franken nicht versteuert wurden. Ohne Steuerhinterziehung, so die Schätzung der ESTV, hätte das Wehropfer rund einen Drittel mehr abgeworfen und die gesamten Steuereinnahmen des Bundes wären um einen Viertel höher gewesen.[335]

Ein zweiter Anlauf bringt den erhofften Erfolg

Die Erkenntnisse der ESTV veranlassten die Vollmachtenkommissionen der beiden Räte, im September 1944 eine Motion vorzulegen, die eine Verschärfung des Kampfes gegen die Steuerhinterziehung zum Ziel hatte. Sie forderten den Bundesrat auf, die Verrechnungssteuer zu erhöhen und eine Steueramnestie zu prüfen. Der Vorschlag, in rascher Abfolge eine zweite Amnestie durchzuführen, stiess auf teils heftigen Widerspruch. Allerdings setzte sich bei einer Mehrheit der Parlamentarier sowie in den Reihen der kantonalen Finanzdirektoren die Meinung durch, dass der Wille zur Versteuerung angesichts des zunehmenden Drucks ebenfalls zugenommen habe. Schliesslich wurde der Motion am 28. September 1944 im Ständerat mit 34 gegen 7 Stimmen und im Nationalrat mit 97 gegen 26 Stimmen zugestimmt.[336]

Der Bundesrat folgte diesem Antrag und beschloss am 31. Oktober 1944, die Verrechnungssteuer von 15 auf 25 Prozent zu erhöhen und eine zweite Steueramnestie durchzuführen. Gleichzeitig wurde die Quellenwehrsteuer aufgehoben. Dieser Schritt war aus Sicht des Bundesrates unbedenklich, nachdem die USA die Quellensteuer Ende 1943 auf 30 Prozent erhöht hatte. Wie bei der Wehrsteueramnestie wurde den Steuersündern auch im Rahmen der Verrechnungssteueramnestie Straffreiheit und der Verzicht auf Nachsteuern zugesichert. Um der Amnestie zum Erfolg zu verhelfen, wurde eine Reihe von Durchsetzungsmassnahmen ergriffen. Dazu gehörte, dass strengere und häufigere Steuerkontrollen eingeführt und das

335 ESTV, 1944, S. 15.
336 Sten. Bull. NR 1944, S. 544; Sten. Bull. SR 1944, S. 203; Schweiz. Bundesrat, 1944, S. 1206–1209.

interkantonale Informationsaustauschsystem ausgebaut wurden. Zudem startete der Bund eine Informationskampagne und veröffentlichte eine Broschüre mit dem Titel «Vo jetzt a wird alles verstüüret!», worin den Steuerpflichtigen die Konsequenzen der Steuerhinterziehung aufgezeigt wurden.[337] Am 26. Januar 1945 schaltete die ESTV zudem ein Inserat in der NZZ und wies unter dem Titel «Jetzt zugreifen!» darauf hin, dass man sein Vermögen in der Steuererklärung bloss richtig angeben müsse, um von der Amnestie zu profitieren. Die Verrechnungssteueramnestie brachte knapp 6.5 Mrd. Franken zur Besteuerung, was dem Bund jährliche Mehreinnahmen von rund 50 Mio. Franken bescherte. Damit wurde die zweite Amnestie vom Bund als Erfolg gewertet.[338]

«Vo jetz a wird alles verstüüret»: Plakat der Kampagne gegen die Steuerhinterziehung 1944.

337 ESTV, 1944.
338 NZZ, 26. Januar 1945; Schweiz. Bundesrat, 1948a, S. 501.

8. Verstetigung des Steuersystems und mit dem «Wirtschaftswunder» zum Wohlfahrtsstaat

Der Zweite Weltkrieg führte nachhaltige Veränderungen der globalen Wirtschaftsstruktur herbei. Das Bretton-Woods-System von 1944 markierte den Beginn einer neuen Weltwirtschaftsordnung und legte die Grundlagen für die internationale Währungs- und Finanzpolitik. Es führte feste Wechselkurse ein, band die Währungen an den US-Dollar, der wiederum durch Gold gedeckt war, und schuf zentrale Institutionen wie den Internationalen Währungsfonds (IWF) und die Weltbank zur Förderung globaler wirtschaftlicher Stabilität und Wiederaufbau. Die Vereinigten Staaten konnten ihre Stellung als führende Wirtschaftsmacht festigen, während Europa ökonomisch erheblich angeschlagen war. Die USA unterstützten die westeuropäischen Länder mit dem Marshall-Plan, ein von 1948 bis 1952 laufendes Hilfsprogramm im Umfang von 12 Mrd. US-Dollar für den wirtschaftlichen Wiederaufbau und die Förderung der politischen Stabilität. Um die Wirtschaft zu stabilisieren, verstaatlichten viele westliche Regierungen Schlüsselindustrien wie Energie, Transport und Schwerindustrie. In einigen Ländern bedeutete dies auch ein Schritt hin zu einer stärker planwirtschaftlich orientierten Wirtschaft. Der Welthandel wurde über bilaterale Handelsvereinbarungen liberalisiert, die über das Allgemeine Zoll- und Handelsabkommen (General Agreement on Tariffs and Trade «GATT») von 1947 auf weitere Länder ausgedehnt wurden. Im Rahmen des GATT fanden mehrere Zollsenkungsrunden statt, insbesondere die Kennedy-Runde 1960. Der Welthandel war eine wichtige Triebfeder des Aufschwungs. Im Schatten des Kalten Krieges begann in den 1950er-Jahren eine Periode mit ungewöhnlich starkem Wirtschaftswachstum. Die westeuropäischen und ostasiatischen Länder, die Vereinigten Staaten und die Sowjetunion erlebten ein ungewöhnlich hohes und zunächst anhaltendes Wachstum, verbunden mit Vollbeschäftigung.[339]

Wachstumslokomotive USA

Die USA erlebte zwischen dem Ende des Zweiten Weltkriegs und den frühen 1970er-Jahren das «Golden Age of Capitalism». Bereits kurz nach Kriegsende füllte die hohe Nachfrage nach Konsumgütern die Lücke, die aus dem drastischen Rückgang der Rüstungsausgaben entstand. Die Industrie war im Krieg modernisiert und ausgeweitet worden und konnte teilweise umgehend für die Konsumgüterproduktion eingesetzt werden. Die Produktivität wuchs ebenso wie das BIP und die Mittelschicht. Die Schuldenquote ging von 1946 bis 1974 dank hohem Wirtschaftswachstum und Überschüssen von 106 auf 23 Prozent zurück. Die Regierung unter Präsident Eisenhower, der sein Amt 1953 antrat, implementierte eine Wirtschaftspolitik, die sich an antizyklischen Prinzipien orientierte. Dies trug massgeblich dazu bei, den Keynesianismus als eine überparteiliche wirtschaftspolitische Ausrichtung zu festigen. Dennoch wurden die Bundessteuern auf Einkommen und Gewinne, die während des Zweiten Weltkriegs stark angehoben worden waren, nur zögerlich gesenkt. Der grosse Einschnitt kam 1964, als der Kongress die Einkommensteuer und die Körperschaftssteuer auf Bundesebene senkte. Die Einnahmen des Bundes blieben dennoch hoch und ermöglichten es, das Sozialwesen auszubauen (Medicare 1965; Medicaid 1965) und grosse Infrastrukturprojekte wie den Bau des Interstate Highway (1956) in Angriff zu nehmen.[340]

339 Glyn, Hughes, Lipietz & Singh, 1992, S. 39–125; James, 2022, S. 249–301; United Nations, 2017, S. 23–48.

340 Bernstein, 1996; Patterson, 1996.

«Wirtschaftswunder» in Deutschland

Westdeutschland erlebte nach Kriegsende eine schwierige Wiederaufbauphase, die von der zwangsweisen Demontage der Industrieanlagen und bitterer Armut und Hunger der Bevölkerung geprägt war. Der deutsche Wirtschaftsminister Ludwig Erhard initiierte bedeutende Reformen, die das Vertrauen wiederbelebten und damit massgeblich zum «Wirtschaftswunder» beitrugen, das Deutschland in den 1950er- und 1960er-Jahre erlebte. 1948 setzte er eine Währungsreform mit einer weitgehenden Preisfreigabe durch, was die Grundlage für finanzielle Stabilität und wirtschaftliches Wachstum legte. Erhards Politik der «Sozialen Marktwirtschaft», die den freien Markt mit sozialstaatlichen Elementen kombinierte, förderte eine rasche wirtschaftliche Erholung in der Nachkriegszeit. Der Export erlebte dank einer Unterbewertung der Deutschen Mark im Bretton-Woods-System einen Boom. Die Lage auf dem Arbeitsmarkt begann sich zu entspannen und 1962 wurde schliesslich Vollbeschäftigung erreicht. Das durchschnittliche BIP-Wachstum betrug 8.2 Prozent in den 1950er-Jahren und 4.4 Prozent in den 1960er-Jahren.[341]

Dirigistische Wirtschaftspolitik Frankreichs

Frankreich erlebte von 1947 bis 1973 die dreissig glorreichen Jahre («Trente Glorieuses») mit einem durchschnittlichen jährlichen Wirtschaftswachstum von 5 Prozent. Wie in Deutschland dauerte es auch in Frankreich mehrere Jahre, bis die vom Krieg verursachten Schäden beseitigt waren und die Wirtschaft wieder in den Gang kam. Dabei profitierte Frankreich nicht nur vom Marshall-Plan, sondern auch vom umfangreichen Schuldenerlass der Amerikaner im Rahmen des Blum-Byrnes-Abkommen. Unter Charles de Gaulle wurde ein Sozialstaat eingerichtet und zu einer dirigistischen Wirtschaftspolitik übergegangen («dirigisme»). Die Regierung lenkte Investitionen auf bestimmte Branchen und Regionen. Wichtige Wirtschaftssektoren (Energie, Luftverkehr, Sparkassen,

341 Abelshauser, 1983; Rittershausen, 2007; Statistisches Bundesamt, 2024.

Versicherungen) und Unternehmen wurden verstaatlicht. 1946 wurde eine mehrjährige Wirtschaftsplanung eingeleitet. Der erste Plan konzentrierte sich auf grundlegende wirtschaftliche Aktivitäten (Energie, Stahl, Zement, Verkehr, landwirtschaftliche Ausrüstung), der zweite auf breitere Ziele wie den Wohnungsbau, Stadtentwicklung und wissenschaftliche Forschung. Der dritte Plan legte den Schwerpunkt auf die Landwirtschaft. Die Produktivität in der Landwirtschaft stieg sprunghaft an, sodass das Land nicht mehr von Importen abhängig war. Die Suche nach Exportmärkten für die französischen Agrarerzeugnisse war ein wichtiger Grund für den Beitritt Frankreichs zur Europäischen Wirtschaftsgemeinschaft (EWG) im Jahr 1957.[342]

Grossbritannien auf dem Weg in den Wohlfahrtsstaat

In Grossbritannien waren die wirtschaftlichen Folgen des Zweiten Weltkriegs gravierend. Das Land hatte einen Verlust von 18.6 Prozent seines Nationalvermögens erlitten und musste ein Darlehen von den USA in Höhe von 3.75 Mrd. Dollar aufnehmen, um Schulden begleichen und Importe bezahlen zu können.[343] Die Rückkehr zur Friedenswirtschaft dauerte mehrere Jahre. Gleichwohl war die wirtschaftliche Lage im Vergleich zu anderen kriegsversehrten Ländern gut. Bei den Wahlen im Jahr 1945 erzielte die Labour-Partei den Sieg, was den Weg für weitreichende Reformen in der britischen Wirtschaft ebnete. Diese orientierten sich am Beveridge-Plan von 1942, einem nach dem britischen Ökonomen Sir William Beveridge benannten Konzept. Damit wurde der Grundstein für das moderne britische Wohlfahrtssystem geschaffen, einschliesslich der Gründung des National Health Service (NHS). Darüber hinaus wurden Schlüsselindustrien verstaatlicht, darunter Kohle, Stahl, Schiene und Energie, um die Wirtschaft wiederzubeleben und zu modernisieren. Die 1950er- und 1960er-Jahre waren eine Zeit des wachsenden Wohlstands, tiefer Arbeitslosigkeit und wirtschaftlicher Modernisierung. Die Staatseinnahmen waren trotz mehreren

342 Fourastié, 1979; Hanley, Kerr & Waiters, 1984; Price, 1993, S. 279–282.
343 Broadberry & Howlett, 1998.

Steuersenkungen hoch und so konnten grosse Infrastrukturbauten in Angriff genommen werden, namentlich die Autobahnen. Allerdings wuchs die britische Wirtschaft nicht annähernd so schnell wie auf dem Kontinent und erlebte einen graduellen Niedergang. Dieser Abstieg wurde durch den Verlust des britischen Empire, hohe Kriegsschulden, mangelnde Innovationen sowie eine Deindustrialisierung geprägt.[344]

Das Ende von Bretton Woods und die Stagflation der 1970er-Jahre

In Europa und den USA begann sich das Wachstum Ende der 1960er-Jahre zu verlangsamen und die Arbeitslosigkeit stieg wieder an. Aufgrund von Haushaltsdefiziten, des inflationären Drucks und eines Ungleichgewichts in der Zahlungsbilanz setzte die USA 1971 die Konvertibilität des Dollars in Gold vorübergehend aus. Dies bedeutete faktisch das Ende der Nachkriegs-Währungsordnung von Bretton Woods, die feste Wechselkurse zwischen den Währungen der Welt festlegte. In den folgenden Jahren gingen die meisten Länder zu einem System flexibler Wechselkurse über, wodurch die internationale Wirtschaftspolitik grundlegend verändert wurde. Dies führte zu einer stärkeren Volatilität auf den globalen Märkten und zwang die Länder, ihre Wirtschaftspolitik verstärkt auf flexible Währungen und Massnahmen zur Bekämpfung der Inflation auszurichten.[345]

Die 1970er-Jahre waren von geringem wirtschaftlichem Wachstum bei hoher Inflation und hoher Arbeitslosigkeit geprägt (Stagflation). Die «Great Inflation» nahm in den Vereinigten Staaten ihren Anfang und verbreitete sich von dort aus über den Rest der Welt. Nach der Expansionsphase der 1950er- und 1960er-Jahre führte der Aufwärtsdruck zu einer Angebotsbeschränkung und in den 1970ern schliesslich zu einem Angebotsschock. 1973 ereignete sich der «Ölpreisschock» – ein starker Ölpreisanstieg, der in den Industrieländern schwere Rezessionen auslöste. Die Inflation traf die grossen Industriestaaten unterschiedlich stark. 1974 betrug die Inflation in

344 Baten, 2016, S. 25; Judt, 2004, S. 327 f.
345 Eichengreen, 2019, S. 124.

Deutschland 7 Prozent, während sie in den USA bei 11 Prozent und in Italien bei 19.2 Prozent lag. In Grossbritannien erreichte die Inflation 1975 24 Prozent, was eine Währungskrise nach sich zog.[346]

Anfangs verzichteten viele Länder auf eine Anpassung ihrer Währungs- und Finanzpolitik, unter anderem weil der höhere Ölpreis wie die Einführung einer neuen Steuer wirkte. Stattdessen begannen die Regierungen in den USA und in Grossbritannien angesichts der gestiegenen Energiekosten und der wirtschaftlichen Unsicherheiten mit dirigistischen Massnahmen in den Markt einzugreifen. Dazu gehörten Preiskontrollen, die Rationierung von Mangelgütern sowie der verstärkte Einsatz von protektionistischen Massnahmen wie Zöllen und Handelsbeschränkungen, um heimische Industrien zu schützen. In Grossbritannien riefen die grossen Parteien dazu auf, britische Produkte zu kaufen («buy-british»). Die Vereinigten Staaten erzwangen von Japan 1981 eine Begrenzung der Automobilexporte. Gleichzeitig begannen viele Länder nach Möglichkeiten zur Diversifizierung ihrer Energiequellen zu suchen. In Frankreich wurde die Kernkraft ausgebaut, Grossbritannien erschloss in der Nordsee neue Öl- und Gasfelder und in Deutschland drosselte man den Verbrauch. Mit einiger Verzögerung wurde gegen Ende der 1970er-Jahre auch in den USA eine Öl- und Benzin-Sparkampagne lanciert.[347]

Gescheiterte Inflationsbekämpfung

Alle Versuche, die Inflation mit Vorschriften und Preisdeckel unter Kontrolle zu bekommen, blieben erfolglos. In den westlichen Ländern brachte die «Stagflation» eine hohe Arbeitslosigkeit und geringes Wirtschaftswachstum. Dies setzte die verantwortlichen Regierungen unter Druck. In den USA scheiterte Präsident Gerald Ford mit seiner «Whip Inflation now»-Kampagne, eine Volksbewegung zur Bekämpfung der Inflation anzustossen, und sein Nachfolger Jimmy Carter erweckte den Eindruck, dass ihm die Kontrolle abhandengekommen war. In Grossbritannien setzten

346 James, 2022, S. 269.
347 James, 2022, S. 249–301.

Tory- wie auch Labour-Kabinette auf eine Regulierung von Löhnen und Preisen, die weitgehend wirkungslos blieben, dafür aber erbitterte Auseinandersetzungen mit Gewerkschaften provozierten. In Italien und Deutschland gesellte sich der Terrorismus zu den wirtschaftlichen Problemen. In Italien war es die «bleierne Zeit», eine Periode sozialer Unruhen und Umwälzungen, die von den späten 1960er- bis in die späten 1980er-Jahre dauerte und durch politischen Terrorismus von links und rechts gekennzeichnet war. In Deutschland verbreitete die Rote Armee Fraktion während des «Deutschen Herbsts» im Jahr 1977 Angst und Schrecken.[348]

Der «Volcker-Schock» und die angebotsorientierte Wirtschaftspolitik Thatchers

Gegen Ende der 1970er-Jahre wurde in den Vereinigten Staaten und in Grossbritannien damit begonnen, die Inflation mit drastischen Massnahmen zu bekämpfen. In den USA setzte der «Volcker-Schock» – benannt nach Paul Volcker, dem Vorstandsvorsitzenden der Federal Reserve – dem Inflationsprozess ein dramatisches Ende. Volcker stand für einen politischen Kurswechsel in der Geldpolitik. Während die Fed in den 1970er-Jahren eine Stop-and-go-Politik verfolgten, ergriff Volcker drastische Massnahmen. Er hob die kurzfristigen Zinsen 1979 auf 17 Prozent und 1981 auf 19 Prozent an, was eine scharfe Rezession auslöste. Im Sommer 1982 wendete sich dann das Blatt und die Inflation fiel in den einstelligen Bereich. In der zweiten Hälfte der 1980er-Jahre ging sie auf durchschnittlich 3.5 Prozent zurück.[349]

In Grossbritannien machte es sich die neue konservative Regierung von Margaret Thatcher ab März 1980 zum Ziel, die Inflation zu senken. Durch eine drastische Erhöhung der Zinssätze und einer Einschränkung der öffentlichen Ausgaben sank die Inflationsrate von über 20 Prozent auf rund 5 Prozent Mitte der 1980er-Jahre. Der Preis dafür war – ähnlich wie in den USA – eine Rezession und steigende Arbeitslosigkeit. Die USA wie auch Grossbritannien wurden zum Hort der Stabilität, nachdem sie Spitzenrei-

348 James, 2022, S. 263–266.
349 Goodfriend & King, 2005, S. 981–1015.

ter in Sachen Inflation waren. Die Entwicklung in den USA trug zusammen mit dem Rückgang der Ölpreise ebenfalls zur Verringerung der Inflation bei. Auch Deutschland und Frankreich gingen zu einer restriktiven Geldpolitik über und bekamen die Inflation bis zur Mitte der 1980er-Jahre in den Griff. In Deutschland, das von einer vergleichsweise moderaten Inflation betroffen war, ging es etwas schneller.

Schub der Globalisierung

Die Krise der 1970er-Jahre führte – anders als während vorangegangenen Krisen – keine wirtschaftsnationalistische Wende herbei, sondern zu mehr Globalisierung. Möglich wurde dies in erster Linie durch eine Finanzrevolution. Internationale Grossbanken leiteten die Überschüsse der Ölproduzenten in die Finanzmärkte und förderten so den globalen Handel. Neue Technologien sorgten ausserdem dafür, dass der internationale Handel günstiger wurde – insbesondere der Standardcontainer machte den Seehandel effizienter. Dies schlug sich eindrücklich im Anteil des Warenhandels am weltweiten BIP nieder: 1980 betrug der Anteil 18.2 Prozent, während es 1970 noch rund 9.5 Prozent waren.[350]

8.1 Ein «Finanzwunder» ebnet den Weg für die AHV

Die Nachkriegsjahre verliefen auch in der Schweiz stürmisch. Die befürchtete Nachkriegsrezession blieb aus. Stattdessen erlaubte der wirtschaftliche Boom den rasanten Ausbau des Sozialstaats. Nach dem Ende des Zweiten Weltkriegs wurde mit der Einführung der AHV das erste grosse finanzpolitische Projekt umgesetzt. Dank der 1940 eingeführten Erwerbsersatzordnung für dienstleistende Soldaten verfügte man über ein gut funktionierendes Versicherungsmodell, sodass hinsichtlich der organisatorischen Fragen schnell eine Einigung gefunden werden konnte. Erneut stand die Frage nach neuen Einnahmen im Raum. Jedoch sorgte eine überra-

350 James, 2022, S. 276.

schende Wende dafür, dass die politischen Hindernisse schnell überwunden wurden. Dennoch blieb die Frage nach der langfristigen Finanzierung unbeantwortet.

Die Lohnersatzordnung als Vorbild für die AHV

Nach dem Scheitern der Lex-Schulthess 1931 wurde das Projekt Altersversicherung während der Weltwirtschaftskrise zurückgestellt. Erst 1938 machten parlamentarische Vorstösse und Standesinitiativen der Kantone Genf, Neuenburg, Bern und Aargau die AHV wieder zum politischen Thema. Als dann der Krieg ausbrach, hatte die Lohnersatzordnung (LEO) Priorität, die der Bundesrat im Dezember 1939 per Vollmachtenbeschluss einführte und damit die Soldaten bei dienstbedingtem Erwerbsausfall finanziell absicherte. Die LEO wurde 1940 zur Lohn- und Verdienstersatzordnung (LVEO) und damit auch auf Selbstständigerwerbende und Landwirte ausgeweitet. Die LVEO genoss grosse Popularität und wurde bald als mögliche Vorlage für die Altersversicherung gehandelt. 1940 forderte der Gewerkschaftsbund, die LVEO-Ausgleichskassen nach Kriegsende in AHV-Versicherungskassen umzuwandeln. Er lancierte zu diesem Zweck eine von der SP und der FDP unterstützte Volksinitiative, die 1942 eingereicht wurde.

Bundesrat Walther Stampfli (*1884–†1965) spielte eine wichtige Rolle bei der Realisierung der AHV und wird oft als deren «Vater» bezeichnet.

Der Startschuss für die Einführung der AHV fiel, als FDP-Bundespräsident Walther Stampfli in seiner Neujahrsansprache von 1944 ankündigte, die Altersvorsorge innert vier Jahren einzuführen. Im Mai 1944 wurde eine Expertenkommission eingesetzt, die ihren Bericht im März 1945 vorlegte. Als dann der Zweite Weltkrieg anfangs September 1945 ein Ende fand, wurde umgehend mit den Vorbereitungen begonnen. Der Bundesrat wollte die Sozialversicherung noch vor der Bundesfinanzreform angehen, da ihre Einführung «zu dringend» sei und er bei gleichzeitiger Beratung der beiden finanzpolitisch brisanten Vorlagen zu viele Widerstände erwartete. Im Oktober verabschiedete der Bundesrat gestützt auf seine Vollmachten eine Übergangsordnung, die provisorische Renten bis zur Einrichtung der AHV garantierte.[351]

«Keine Versicherung ohne Finanzierung» – aber wie?

Der Bundesrat hielt sich bei seinem Gesetzesentwurf zur AHV vom 24. Mai 1946 weitgehend an die Empfehlungen der Expertenkommission, die im Vernehmlassungsverfahren ausser bei den Konservativen auf grosse Zustimmung gestossen waren. Die Gestaltung der AHV stütze sich stark auf die LVEO, wie es die Volksinitiative von 1942 vorsah. Die neue Sozialversicherung war eine auf dem Umlageverfahren beruhende, obligatorische Versicherung als Ergänzung zur Selbstvorsorge. Die Versicherung sah das Rentenalter 65 für Männer und Frauen vor, wobei die Renten innerhalb eines gesetzlich festgelegten Rahmens nach der Höhe der Beitragsleistungen abgestuft waren. Die Finanzierung der AHV wurde einerseits durch Beiträge von Arbeitgeber und Arbeitnehmer und andererseits durch Bund und Kantone sichergestellt. Der Anteil der öffentlichen Hand wurde auf 50 Prozent begrenzt, wovon der Bund zwei Drittel und die Kantone einen Drittel übernahmen.[352]

351 Binswanger, 1986, 26 f.; Leimgruber, 2009, S. 126 f.; Sommer, 1978, S. 184 f., 209.

352 Binswanger, 1986, S. 29–31; Schweiz. Bundesrat, 1946a, S. 374–382; Schweiz. Bundesrat, 1946b, S. 589–591; Sommer, 1978. S. 215.

1943 wurde der Zürcher Ernst Nobs (*1886–†1957) als erster Sozialdemokrat in den Bundesrat gewählt. Er stand dem Finanzdepartement von 1944 bis 1951 vor.

Mehr Schwierigkeiten als die Gestaltung der Versicherung bereitete die Finanzierungsfrage. Der Bundesrat hielt am 1919 aufgestellten Grundsatz «Keine Versicherung ohne Finanzierung» fest und wollte neue Einnahmen beschaffen, damit die Sozialversicherung nicht den allgemeinen Bundeshaushalt belastet.[353] Der Bundesbeitrag sollte stufenweise ansteigen, von 127 Mio. Franken in der ersten Phase (1948–1967) auf 180 Mio. Franken in der zweiten (1968–1977) und auf 220 Mio. Franken in der dritten (ab 1978). Der sozialdemokratische Vorsteher des EFD, Ernst Nobs, beschränkte sich darauf, die Finanzierung der ersten Stufe sicherzustellen. Danach würde der Ausbau der Bundesbeiträge leichter fallen, so Nobs, da bereits ein Teil der Staatsschulden aus dem Zweiten Weltkrieg getilgt sei. Um die Beiträge der ersten Stufe decken zu können, betrug der Finanzbedarf 55 Mio. Franken. Zu diesem Zweck sollte die Tabaksteuer um 25 Mio. Franken erhöht und eine Nachlasssteuer im Umfang von 30 Mio. Franken eingeführt werden. Allerdings lehnten die Katholisch-Konservativen wie auch die kantonalen Finanzdirektoren die Nachlasssteuer ab. Erstere standen der AHV kritisch gegenüber und wollten keine neuen Bundessteuern einführen, letztere wollten keine weitere Steuerquelle mit dem Bund teilen.[354]

353 NZZ, 31.5.1946.
354 Schweiz. Bundesrat, 1946b, S. 632; Schweiz. Bundesrat, 1946c, S. 594.

Das Finanzierungsproblem wird abgewälzt

Ende September 1946 – zwei Wochen nach der Annahme des Versicherungsgesetzes im Nationalrat – kam es zu einer überraschenden Wende. Nur vier Monate nach der Veröffentlichung der Finanzierungsbotschaft liessen neue Erkenntnisse über die zu erwartende Zahl der «Übergangsrentner» (AHV-Bezüger der ersten Generation, die selbst keine Beiträge zahlten) und die demografische Entwicklung «deutlich eine Verschiebung der zeitlichen Staffelung der Belastung» erkennen. Daraus wurde eine entsprechende «zeitliche Verschiebung im Finanzbedarf» abgeleitet. Dies bedeutete eine stärkere Belastung späterer Generationen zugunsten der ersten:

> «Aus der technischen Bilanz geht nun klar hervor, dass die durchschnittliche Gesamtzuwendung der öffentlichen Hand nicht reduziert werden kann, ohne das finanzielle Gleichgewicht zu gefährden. Wenn man also die erste Treppenstufe senkt, so muss deshalb unbedingt wenigstens die letzte Stufe entsprechend erhöht werden.»[355]

Die neuen Berechnungen erlaubten den Bundesbeitrag während der ersten Phase um 20 Mio. Franken zu senken, was den Verzicht auf die Nachlasssteuer ermöglichte. Dafür fielen die Beiträge in der zweiten um 6 Mio. Franken und in der dritten Stufe um 13 Mio. Franken höher aus als ursprünglich vorgesehen. Zudem sollten 400 Mio. Franken vom Überschuss des LVEO-Fonds in den AHV-Fonds überführt werden und der Zinsertrag jeweils zur Hälfte für die Beiträge von Bund und Kantone verwendet werden.

Als die neuen Berechnungen bekannt wurden, sprach die politische Linke spöttisch von einem «Finanzwunder». SP-Nationalrat Willy Spühler warf Bundesrat Stampfli, aus dessen Feder das AHV-Gesetz stammte, Kalkül vor: «Waren [die neuen Berechnungen] etwa während den Beratungen des Nationalrates unbequem und hätten sie die Strategie des Volkswirtschaftsministers, die auf konsequente Ablehnung aller Verbesserungen des Rentenaufbaues hinauslief, allzu sehr gestört?»[356] Im Parlament überwog je-

355 Schweiz. Bundesrat, 1946c, S. 595.
356 Amtl. Bull. NR 1946 856.

doch die Ansicht, dass die gegenwärtige Generation bereits starken kriegs- und krisenbedingten Belastungen ausgesetzt sei. Die Veröffentlichung der neuen Berechnungen erfolgte daher für den Luzerner CVP-Nationalrat Vinzenz Winiker zum richtigen Zeitpunkt:

> «Es ist die Entdeckung gemacht worden, dass die finanziellen Verpflichtungen für die erste Stufe geringer seien. Ich stelle fest, dass der Moment für diese Entdeckung richtig gewählt war. Wäre sie nämlich früher erfolgt, dann wären die Lasten der Versicherung gesteigert und damit das Versicherungswerk noch mehr belastet und die Frage der Finanzierung noch mehr erschwert worden.»[357]

Gleichzeitig wurde dem Bundesrat von unterschiedlicher Seite vorgeworfen, dass lediglich die Finanzierung der ersten Phase gesichert wird. Bundesrat Nobs hielt eine politische Einigung auf weitere Steuern zu diesem Zeitpunkt für aussichtslos. Er argumentierte, dass die späteren Generationen diese Frage beantworten müssen, und wies darauf hin «[...], dass es vielleicht kein Heldenstück wäre, heute Bestimmungen zu beschliessen für Steuerleistungen, die nach 30 Jahren wirksam werden sollen.»[358]

Eine Mehrheit des Parlaments war mit diesem Vorgehen einverstanden und stimmte dem AHV-Gesetz am 20. Dezember 1946 zu. Wie bereits 1931 ergriffen rechtsliberale Kreise aus der Westschweiz und katholisch-konservative Gruppierungen erfolgreich das Referendum. Dieses Mal blieben sie jedoch chancenlos. Neben den vier Regierungsparteien gaben auch die Gewerkschaften sowie der Bauern- und der Gewerbeverband die Ja-Parole heraus. Der Handels- und Industrieverein und die Arbeitgeber verzichteten auf eine Parole. Das Stimmvolk sagte am 6. Juli 1947 deutlich Ja: 80 Prozent der Stimmenden und 23.5 Stände standen hinter der Vorlage. Die Stimmbeteiligung betrug 79.6 Prozent. Daraufhin wurde die AHV am 1. Januar 1948 eingeführt – beinahe ein Vierteljahrhundert nachdem das Volk den verfassungsmässigen Auftrag dazu gegeben hatte.[359]

---

357 Amtl. Bull. 1946 IV 862.
358 Amtl. Bull. NR IV 869.
359 Sommer, 1978, S. 228.

Das Abstimmungsplakat «AHV JA» 1947.

8.2 Das lange Ringen um die Bundesfinanzreform

Nach dem Ende des Zweiten Weltkriegs war der Zeitpunkt gekommen, sich der Neuordnung der Bundesfinanzen zu widmen. Wie sich vor dem Zweiten Weltkrieg bereits abgezeichnet hatte, gestaltete sich die Neuordnung mühsam und zeitaufwendig. Bevor das Stimmvolk 1958 die neue Finanzordnung annahm, lehnte es zwei Vorlagen ab, weshalb der Bund zwei Mal auf Übergangsordnungen ausweichen musste. Als zentrale Streitfrage erwies sich zunächst die Weiterführung der direkten Bundessteuer. Erst ein vergeblicher Anlauf für einen Systemwechsel schuf die Voraussetzungen dafür, dass die Frage der Weiterführung hinter die Frage der Gestaltung der Wehrsteuer – insbesondere in Relation zur Warenumsatzsteuer – zurücktrat. Als sich dank der guten konjunkturellen Entwicklung hohe Rechnungsüberschüsse beim Bund einstellten und klar war, dass keine Finanzierungslücke im Haushalt droht, begann sich die finanzpolitische Debatte um gerechte Steuererleichterungen zu drehen, wobei die politische Kompromissfindung leichter fiel.

Keine Bundesfinanzordnung ohne direkte Bundessteuer

Am 5. Oktober 1945 begann eine 29-köpfige Kommission – bestehend aus Vertretern der Parteien, der Kantone und der Wirtschaftsverbände sowie dem Finanzwissenschaftler Eugen Grossmann von der Universität Zürich – unter der Leitung von Bundesrat Ernst Nobs mit den Arbeiten an der Finanzreform. Die Aufgabe bestand in der Sicherstellung des Budgetgleichgewichts und der Organisation der Schuldentilgung. In Bezug auf den Finanzausgleich wurde eine «zweckmässige Trennung der Aufgabenbereiche und Einnahmequellen zwischen Bund und Kantonen» angestrebt. In der Kommission kristallisierte sich die Weiterführung der direkten Bundessteuer als Schlüsselfrage der Bundesfinanzreform heraus. In ihrem Bericht vom 14. März 1947 kam sie zum Schluss, dass der Bund eine direkte Bundessteuer erheben sollte. Eine Beschränkung auf indirekte Steuern wurde nicht zuletzt mit dem Argument der mangelnden Steuergerechtigkeit wegen der fehlenden Progression abgelehnt. Schliesslich war auch der Widerstand der Kantone gegen eine Reihe von Ersatzvorschlägen zu gross.[360] Bei allen Vorschlägen, die jeweils auf unterschiedlichen Varianten von «Kantonskontingenten» (Kantonsbeiträgen an den Bund) beruhten, gelang es nicht, eine allseits akzeptierte Bemessungsgrundlage zu finden.[361]

Der Bundesrat schloss sich der Meinung der Expertenkommission an und präsentierte am 22. Januar 1948 eine Finanzordnungsvorlage, die sich an der Vollmachtenordnung orientierte und neben der direkten Bundessteuer auch die Warenumsatzsteuer enthielt (→ Kapitel 8.3). Die direkte Bundessteuer sollte der Tilgung der Staatsschulden dienen und war

360 Eine Übersicht über die diskutierten Alternativen findet sich im Kasten am Ende des Kapitels.
361 Ammon, 1948, S. 13–21; Schweiz. Bundesrat, 1948a, S. 444.

auf sechzig Jahre beschränkt.[362] Da eine Trennung der Steuerhoheit zwischen dem Bund und den Kantonen unmöglich schien, sollte zumindest der Kantonsanteil an der direkten Bundessteuer von 30 auf 10 Prozent gesenkt werden. Auch die «zweckmässige Trennung der Aufgabenbereiche» sah die Konsolidierung der bestehenden Verhältnisse vor – ein Bekenntnis zum Vollzugsföderalismus:

> «Die Kompetenzausscheidung zwischen Bund und Kantonen ist auf weitaus den meisten Gebieten so getroffen, dass die Anwendung und Vollziehung des Bundesrechtes den Kantonen obliegt. [...]. Diese Art der Kompetenzausscheidung stellt zweifellos ein starkes Mittel zur Erhaltung der föderativen Struktur der Eidgenossenschaft dar. [...] Überall, wo Bund und Kantone dergestalt zusammenarbeiten, kommt der Föderalismus zur Auswirkung. Ein Bundesstaat, in dem die auseinandergenommenen Kompetenzen nicht wieder sinnvoll zusammengefügt werden, in dem Bund und Gliedstaaten nur als Gegensätze und Konkurrenten statt als Mitarbeiter am gemeinsamen Ganzen empfunden werden, ist nicht lebensfähig.»[363]

Stattdessen sollte der Finanzausgleich zugunsten der finanzschwachen Kantone umgestaltet werden. Indem die Subventionen der Finanzkraft der Kantone (gemessen am Wehrsteuerertrag pro Kopf) entsprechend gewährt werden sollten, wurden sie in den Dienst des interkantonalen Finanzausgleiches gestellt.[364]

Im Parlament stand die direkte Bundessteuer im Mittelpunkt der Diskussion. Die Katholisch-Konservativen und die welschen Föderalisten beriefen sich auf die Maxime «direkte Steuern den Kantonen und indirekte dem Bund» und lehnten sie strikt ab. Sie sahen die letzte Chance gekommen, um die unter dem Notrecht vollzogene Kompetenzverlagerung zum Bund rückgängig zu machen.[365] Es sei eine Frage des Prinzips, so der Waadtländer CVP-Ständerat Maurice Troillet:

---

362 Im Unterschied zur Wehrsteuer wurde auf eine Ergänzungssteuer vom Vermögen verzichtet und stattdessen der Maximalsteuersatz von 9.75 auf 20 Prozent erhöht.

363 Schweiz. Bundesrat, 1948a, S. 323.

364 Schweiz. Bundesrat, 1948a, S. 309–610.

365 Amonn, 1948, S. 55–64; Ceresole, 1946, S. 13–24.

> «[...] plus la Confédération disposera de ressources, plus elle cédera à la tendance à développer et à multiplier ses interventions. Or, c'est là que réside le danger. Le Conseil des Etats a le devoir de lutter de toutes ses forces contre l'étatisme et la centralisation, qui constituent une grave menace pour la structure fédéraliste de la Suisse.»[366]

Für die Arbeiterbewegung hingegen war die direkte Bundessteuer ein Instrument der Steuergerechtigkeit und als solches eine unabdingbare Bedingung für ihre Zustimmung zur Warenumsatzsteuer, wie es der Basler SP-Ständerat Gustav Wenk ausführte:

> «Für uns Sozialdemokraten ist bei der Bundesfinanzreform das Wesentliche, dass die Lasten, die der Krieg dem Bund verursacht hat, möglichst gerecht verteilt werden und dass der Bund auch in Zukunft den finanziellen Verpflichtungen dem Volk und seinem Personal gegenüber gewachsen sei. Es handelt sich für uns hier zwar nicht um Heiliges, aber um Grundsätzliches, nämlich um das Prinzip der Gerechtigkeit, das uns höher steht als der Föderalismus.»[367]

Die bürgerliche Mehrheit im Ständerat lehnte die direkte Bundessteuer jedoch konsequent ab und ersetzte sie durch die vom rechtskonservativen Redressement National vorgeschlagenen «Verrechnungssteuerkontingente». Dabei hätten die Kantone im Sinne einer Kontingentsleistung auf die ihnen bisher vom Bund rückvergütete Verrechnungssteuer verzichtet. Der Nationalrat lehnte diesen Vorschlag mit der Begründung ab, dass die Verrechnungssteuerkontingente die finanzielle Leistungsfähigkeit der Kantone nur unzureichend abbilde. Er hielt an der Tilgungssteuer fest, kam aber den Föderalisten entgegen, indem er ihre Laufzeit auf zwanzig Jahre senkte.[368]

Da sich die Räte auch im Differenzbereinigungsverfahren nicht einigen konnten, musste im Sommer 1949 eine Verständigungskonferenz einberufen werden. Dort setzte sich der Ständerat durch. Man einigte sich auf

366 Amtl. Bull. SR 1948 114.
367 Amtl. Bull. SR 1948 153.
368 Amtl. Bull. SR 1949 128.

«Wehrsteuerkontingente», deren Höhe auf Grundlage der Wehrsteuerleistung der natürlichen Personen bestimmt wird.[369] Die Kontingente wurden durch eine Bundessteuer für juristische Personen ergänzt. Von dieser Lösung liessen sich auch die Freisinnigen überzeugen, die sich zuvor mehrheitlich für die Tilgungssteuer ausgesprochen hatten. Allerdings war die Zustimmung zu den Kantonskontingenten im Nationalrat mit 95 gegen 68 Stimmen knapp, wobei sich 19 Bürgerliche der Stimme enthielten.[370] Man habe eine faire Lastenverteilung gefunden, war der Aargauer CVP-Ständerat Hans Fricker überzeugt:

> «Es geht nicht an, einfach immer und immer wieder zu behaupten, wir hätten nur indirekte Steuern vorgesehen. Die Kontingente können nach meiner Auffassung in den Kantonen nicht anders erhoben werden als durch Zuschläge auf vorhandene Steuern oder durch neue Steuern usw., aber es handelt sich nur um direkte Steuern, weil ja die indirekten Steuern dem Bunde vorbehalten sind.»[371]

Dieses Argument liess die SP nicht gelten, da die kantonalen Tarife das Arbeitseinkommen stärker belasteten und weil die Progression der Tilgungssteuer schärfer war. Die Sozialdemokraten «[...] hoffen, das Volk werde durch eine wuchtige Verwerfung der Vorlage den Willen kundgeben, dass ihm die Räte eine Vorlage unterbreiten, die seinen Begriffen von Solidarität und Gerechtigkeit besser entspricht [...]», so der Zürcher Ständerat Emil Klöti.[372]

Diese Hoffnung erfüllte sich, als die Vorlage am 4. Juni 1950 von 64.5 Prozent der Stimmenden und 16 Ständen abgelehnt wurde. Dass sich weder das Welschland noch die katholisch-konservativen Kantone geschlossen für die Vorlage aussprachen, wurde als klares Votum gegen die Kontingentslösung gewertet, so NZZ-Redaktor Franz Aschinger:

---

369 Später sollte die Verteilungsskala der Entwicklung der Beitragsleistungen an die AHV entsprechend angepasst werden.

370 Schweiz. Bundesrat, 1950a, S. 615–629; Tanner, 1986, S. 221.

371 Amtl. Bull. SR 1950 12.

372 Amtl. Bull. SR 1950 11.

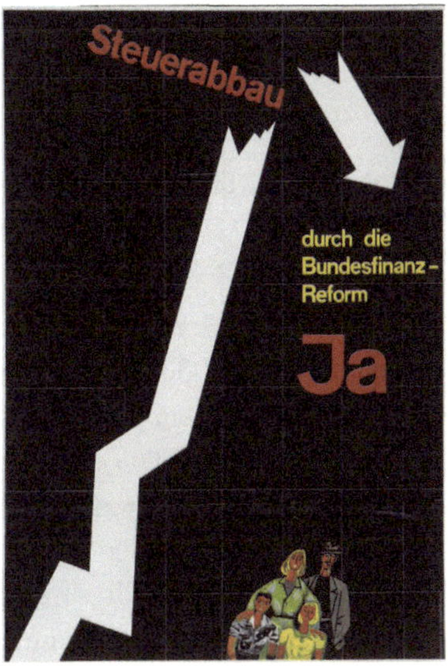

«Steuerabbau durch die Bundesfinanz-Reform – Ja»: Abstimmungsplakat des Aktionskomitees zur Bundesfinanzreform 1950.

«Finanzreform auf einem Bein? Nein»: Plakat des Schweizerischen Gewerkschaftsbunds gegen die neue Finanzordnung 1950.

> «Eine weitgehende Klärung ist seit dem 4. Juni 1950 auch darüber eingetreten, dass nach jenem Abstimmungsresultat [...] die Kontingentsidee fallengelassen werden muss. Dies umso mehr, als es sich bei jenem Vorschlag wohl um einen der denkbar besten Kontingentsvorschläge handelte und dieser vor dem Souverän trotzdem keine Gnade fand.»[373]

Nach der Volksabstimmung einigten sich die Regierungsparteien auf einen politischen Burgfrieden in Form der Übergangsordnung 1951/54, ähnlich wie bei der Übergangsordnung 1939/41. Trotz Bedenken auf bürgerlicher Seite wurden auf Betreiben der Sozialdemokraten Steuererleichterungen für tiefe und mittlere Einkommensschichten gewährt.[374] Die Übergangs-

373 Aschinger, 1952, S. 13.

374 Bei der Warenumsatzsteuer wurde die Freiliste auf alle Lebensmittel ausgedehnt und bei der Wehrsteuer der Abzug vom steuerbaren Vermögen (von 10'000 auf 30'000 Franken) wie auch die Steuerfreigrenze beim Einkommen um 1'000 Franken erhöht (auf 5'000 Franken für Verheiratete).

ordnung 1951/54 wurde von allen Landesparteien und Verbänden unterstützt und am 3. Dezember 1950 mit grosser Mehrheit angenommen[375]

Nein zu «Steuern auf Vorrat»: Auch der zweite Anlauf zur Finanzreform scheitert

Die zweite Bundesfinanzordnungsvorlage nach dem Kriegsende wurde von SP-Bundesrat Max Weber ausgearbeitet, der das Amt 1952 von seinem Parteigenossen Ernst Nobs übernommen hatte. Das Problem war gemäss Weber «zur Genüge bekannt» und konzentrierte sich auf die Frage direkte Bundessteuer oder Ersatzlösung. Webers Fazit nach zwei Konferenzen mit den Parteien, den Finanzdirektoren und den Wirtschaftsverbänden lautete, dass alle Alternativen auf noch grösseren Widerstand stiessen als die direkte Bundessteuer. Damit entsprach die Finanzordnungsvorlage vom 20. Januar 1953 im Kern jener von 1948.[376]

SP-Bundesrat Max Weber (*1897–†1974) wurde 1952 Vorsteher des Finanzdepartements. Er trat nach dem Scheitern der Bundesfinanzordnung 1953 zurück.

---

375 69.5 Prozent der Stimmenden und alle Kantone mit Ausnahme von Genf und Waadt sagten Ja.
376 Weber, 1969, S. 34.

Die Wehrsteuer und die Warenumsatzsteuer sollten gemäss Weber Gleichbehandlung erfahren: «Diese beiden Steuern sind, ob Sie wollen oder nicht, vom politischen Gesichtspunkte aus wie siamesische Zwillinge. Wenn Sie diese beiden Steuern anders behandeln wollen, so werden beide Zwillinge zugrunde gehen, das ist meine Überzeugung.»[377] Dies bedeutete in der Verfassung festgeschriebene Maximalsätze von 4 Prozent für die Warenumsatzsteuer und 15 Prozent für die Wehrsteuer sowie eine zeitliche Beschränkung von 20 Jahren für beide Steuern. Die Wehrsteuer wurde nicht an die Schuldentilgung gebunden. Stattdessen wurde zur «elastischen Schuldentilgung» übergegangen, die im Sinne der antizyklischen Finanzpolitik eine Tilgung mit Rechnungsüberschüssen vorsah. Ausserdem gab Bundesrat Weber dem Druck der Kantone nach und verdoppelte den Kantonsanteil an der Wehrsteuer im Vergleich zur Vorlage von 1948 auf 20 Prozent.[378]

Die parlamentarischen Beratungen waren schnell abgeschlossen. Die direkte Bundessteuer wurde in den bürgerlichen Reihen überwiegend als unausweichlich akzeptiert, jedoch mangelte es ihnen an einem gemeinsamen Konzept, um zentrale Änderungen an der Vorlage durchzusetzen. Ein Vorstoss aus den Reihen der FDP für einen Maximalsatz von 12.5 Prozent bei der Wehrsteuer scheiterte ebenso wie die von einigen Konservativen und welschen Freisinnigen geforderte Zweckbindung der Wehrsteuer an die Landesverteidigung oder die Schuldentilgung. Letztlich nahm das Parlament keine wesentlichen Änderungen an der Vorlage vor, verkürzte aber die Befristung der beiden Hauptsteuern auf 12 Jahre.

Im Abstimmungskampf wurde die Finanzordnung von allen grossen Parteien sowie dem Bauernverband und den Gewerkschaften unterstützt. Nicht aber von den Verbänden: Der Industrie- und Handelsverband Vorort, der Gewerbeverband und die Bankiervereinigung lehnten die Vorlage wegen der direkten Bundessteuer ab. Aber auch innerhalb der Konservativen und der Freisinnigen gab es ablehnende Minderheiten. Mehrere Kantonalparteien wichen von der Ja-Parole ihrer Landespartei ab. Sie lehnten die Vorlage teilweise wegen der Wehrsteuer an sich, teilweise wegen der Progression und teilweise wegen des Höchstsatzes ab. Den Gegnern gelang es, eine deutliche

377 Amtl. Bull. NR 1953 119.
378 Schweiz. Bundesrat, 1953, S. 106 f., 158–160, 175–177, 192–195.

Mehrheit der Stimmenden zu überzeugen: 58 Prozent der Stimmenden und 22 Stände lehnten die Finanzordnung in der Volksabstimmung vom 6. Dezember 1953 ab. Die Stimmbeteiligung betrug 60.4 Prozent.[379]

«Schützt die Heimat!»: Abstimmungsplakat für die Neuordnung des Finanzhaushaltes 1953.

«Fass ohne Boden»: Plakat der Kampagne gegen die Neuordnung des Finanzhaushaltes 1953.

Zwei Tage nach der Abstimmung verkündete Bundesrat Weber überraschend seinen Rücktritt. Er zeigte sich in der NZZ vom Abstimmungskampf schockiert:

> «Doch was sich diesmal die Gegner in ihrer Propaganda erlaubten, hat glücklicherweise nur sehr wenige Vorbilder in der Geschichte unserer Demokratie. Es ist leider eine Tatsache, dass man mit genügend Finanzmitteln, mit 1 oder 2 Millionen, eine Abstimmung machen, jedenfalls eine Vorlage zur Verwerfung bringen kann. Auf diese Weise wird aber unsere Demokratie zuschanden geritten und schliesslich funktionsunfähig gemacht.»[380]

---

379 Longchamp, 2014, S. 632–666; Tanner, 1986, S. 227.
380 NZZ, 17.12.1953.

Der Schritt Webers veranlasste die SP zum Gang in die Opposition. Nun mussten die Bürgerlichen in ihren Reihen nach einem Nachfolger für Weber suchen. Die Wahl fiel auf den Zürcher Freisinnigen Hans Streuli. Als Streuli das Amt im Februar 1954 übernahm, blieb ihm nicht mehr genug Zeit, um rechtzeitig vor dem Auslaufen der Übergangsfinanzordnung 1951/54 eine neue Finanzordnungsvorlage auszuarbeiten. In dieser Situation einigten sich die Regierungsparteien darauf, den Burgfrieden von 1950 zu verlängern. Die neue Übergangsordnung 1955/58 wurde unter der Parole «unverändert für vier Jahre» weitergeführt und fand grosse Zustimmung beim Stimmvolk. Streuli kam einer Forderung des Gewerbeverbandes nach und senkte die Luxussteuer in den Ausführungsbestimmungen.[381]

Eine seltene Einigkeit: Der Steuerabbau von 1955

Im Hinblick auf die Wahlen von 1955 und den als «Finanzwunder» bezeichneten Überschuss von 360 Mio. Franken (1.1 Prozent des BIP) in der Staatsrechnung von 1954 begann der finanzpolitische Burgfrieden bald zu bröckeln.[382] Nachdem linke Kreise in den 1940er-Jahren angesichts der deutlich gestiegenen Steuerbelastung in den Kantonen Steuererleichterungen durchgesetzt hatten (sechzehn Kantone reduzierten zwischen 1950 und 1955 ihre Steuerbelastung), wurde die Forderung von den Bürgerlichen auf Bundesebene gehoben.[383] Den Stein ins Rollen brachten die Luzerner Freisinnigen im April 1955, als sie die Initiative «für den Steuerabbau im Bund» ins Leben riefen. Diese zielte auf Ermässigungen bei den beiden Hauptsteuern ab und wurde am 3. November 1955 eingereicht.[384]

381 Die Übergangsordnung 1955/58 wurde am 24. Oktober 1954 von 70 Prozent der Stimmenden und von allen Ständen mit Ausnahme Genfs angenommen. Die Stimmbeteiligung betrug 46.8 Prozent.

382 Vgl. Longchamp, 2014, S. 703–708; Hürlimann, 2017, S. 277–280.

383 Hürlimann, 2018, S. 274 f.; Amtl. Bull. 1955 NR 252.

384 Bei der Wehrsteuer sollte die Steuerfreigrenze beim Einkommen erhöht und damit rund ein Drittel der Steuerpflichtigen von der Wehrsteuer befreit werden. Ausserdem sollten die Folgen der kalten Progression ausgeglichen werden, indem von dem für die Bestimmung des Wehrsteuersatzes relevanten Einkommen ein Drittel abgezogen wird. Zudem war die Streichung der Ergänzungssteuer vom Vermögen vorgesehen. Bei der Warenumsatzsteuer sollte die Freiliste deutlich ausgebaut werden.

Die Idee der Luzerner Freisinnigen fand schnell Nachahmer. In der Junisession 1955 wurde eine ganze Reihe von Motionen und Postulaten mit Steuerabbauvorschlägen eingereicht. Schliesslich schlossen sich die drei grossen bürgerlichen Parteien zusammen und überwiesen dem Bundesrat eine Motion, mit der sie Steuersenkungen für die Wehrsteuer und die Warenumsatzsteuer forderten. Die SP wollte die Überschüsse eigentlich in Richtung Sozialausgaben lenken, sah sich aber zu einem Strategiewechsel veranlasst: «Durch die bürgerlichen Anträge war jedoch in weiten Kreisen der Appetit nach Steuerermässigung schon zu sehr gereizt worden, als dass die Sozialdemokraten in einer ganz unnachgiebigen Haltung noch hätten verharren können», so der Zürcher Nationalrat Valentin Gitermann.[385] Die SP reichte ebenfalls eine Motion für Steuersenkungen ein und lancierte im Sommer die Initiative «für den Abbau der Wehrsteuer und der Warenumsatzsteuer», die sie im Dezember 1955 einreichte.[386]

Bundesrat Streuli versuchte, sich den Abbauforderungen zu widersetzen und verwies auf die Anforderungen der antizyklischen Finanzpolitik. Allerdings sah er sich bald zum Einlenken gezwungen: «Angesichts des übereinstimmenden Wunsches des Volkes und der Parteien sind nun aber auch beim Bund Steuererleichterungen zur politischen Notwendigkeit geworden.»[387] Streuli kündigte an, dass die neue Finanzordnungsvorlage 1957 als indirekter Gegenvorschlag zu den beiden Steuerabbauinitiativen gestaltet werde. Zudem beantragte er einen Steuerrabatt von 10 Prozent auf der Warenumsatzsteuer ab 1956 und bei der Wehrsteuer für natürliche Personen bereits rückwirkend auf den 1. Januar 1955. Dabei sollten die unteren Einkommensschichten durch einen zusätzlichen Steuerabzug stärker entlastet werden. Dies reichte dem Parlament nicht. Es dehnte den Steuerabbau weiter aus und stimmte ihm am 21. Dezem-

---

385 NZZ, 11.07.1955.

386 Die Initiative forderte einen einkommensabhängigen Wehrsteuerrabatt in Form einer Erhöhung der Steuerfreigrenze (auf 9'000 Franken für Verheiratete), wenn das Einkommen unter 100'000 Franken liegt. Das steuerfreie Vermögen sollte von 30'000 auf 100'000 Franken erhöht werden. Bei der Warenumsatzsteuer war ein Ausbau der Freiliste vorgesehen, der im Unterschied zur Initiative der Freisinnigen auch Textilien umfasste.

387 Schweiz. Bundesrat, 1955, S. 967.

Dem Freisinnigen Zürcher Bundesrat Hans Streuli (*1892–†1970) glückte 1958 die verfassungsrechtliche Neuordnung des Finanzhaushaltes.

ber 1955 zu.[388] Ein denkwürdiger Moment, so der Zürcher LdU-Nationalrat Hans Munz: «Es kommt gewiss nicht häufig vor, dass eine steuerpolitische Forderung im Parlament mit einer derartigen Einigkeit und Geschlossenheit vertreten wird wie die heutige nach Steuerreduktion.»[389]

Die neue alte Bundesfinanzordnung von 1958

Während in den Räten über den Steuerabbau beraten wurde, arbeiteten mehrere Studienkommissionen an der neuen Finanzordnungsvorlage. Es war Bundesrat Streulis Absicht, die Reform «umfassender» zu lösen als seine beiden Vorgänger. Allerdings war ihm dabei kein Erfolg beschieden. Der demokratische Zürcher Nationalrat und Präsident der Kommission für

---

388 Streuli gewährte bei der Wehrsteuer im Sinne der sozialdemokratischen Forderungen für die ersten 500 Franken der Jahressteuer einen Rabatt von 40 Prozent. Das Parlament gewährte den zehnprozentigen Wehrsteuerrabatt auch den juristischen Personen und weitete ihn bei den natürlichen Personen zugunsten der Mittelschicht aus, indem der Abzug auf den Steuerbetrag zwischen 500 und 2'000 Franken auf 25 Prozent erhöht wurde.

389 Amtl. Bull. NR 1955 264.

die Bundesfinanzvorlage, Paul Hauser, brachte das Resultat auf den Punkt: «Verzicht auf das Betreten steuerpolitischen Neulandes und Verzicht auf eine grundsätzlich neue Aufgabenteilung zwischen Bund und Kantonen.»[390]

Anstelle einer Reform musste sich Streuli im Wesentlichen mit einer Weiterführung der Übergangsfinanzordnung zufriedengeben – wobei er die direkte Bundessteuer und die Warenumsatzsteuer auf 12 Jahre befristete. Im Nationalrat erklärte Streuli, dass er angesichts der Steuerabbauinitiativen die Steuerbelastung «bis an die Grenzen des Möglichen reduziert».[391] Konkret senkte er den Maximalsatz der Wehrsteuer auf 10 Prozent, erhöhte die Freigrenze beim Einkommen und verzichtete auf die Ergänzungssteuer des Vermögens. Im Vergleich zur Vorlage von 1953 machte Streuli den Kantonen gegenüber weitere Zugeständnisse, indem er ihren Anteil an der Wehrsteuer auf 30 Prozent erhöhte. Zudem verbesserte er den Finanzausgleich zugunsten finanzschwacher Kantone, indem ein Sechstel des Kantonsanteils an der Wehrsteuer für den Finanzausgleich reserviert wurde und sich die Höhe der Subventionen fortan nach der Finanzkraft der Kantone richten sollte. An den Modalitäten der Schuldentilgung änderte sich formell nichts, jedoch wurde der Bund ausdrücklich verpflichtet, den Fehlbetrag der Bilanz unter Berücksichtigung der Lage der Wirtschaft abzutragen.[392]

Die Steuern werden weiter gesenkt

Während der parlamentarischen Beratung der Finanzordnung traten die Bürgerlichen geschlossener auf als bei der letzten Vorlage und setzten eine Reihe von Steuersenkungen durch. Das Parlament beschloss einen Wehrsteuermaximalsatz von 8 Prozent. Die Forderung der SP nach 12 Prozent war chancenlos. Zudem wurde die Freigrenze beim Einkommen weiter erhöht. Wie bei der Übergangsordnung 1951/54 und dem Steuerabbau von 1953 wurde auch die Forderung der Sozialdemokraten berücksichtigt, indem die Warenumsatzsteuer im Sinne eines sozialen Ausgleichs abgebaut

390 Amtl. Bull. NR 1957 470.
391 Sten. Bull. NR 1957 516.
392 Schweiz. Bundesrat, 1957a, S. 547.

«Bachab mit der Vorlage des reichen Mannes»: Abstimmungsplakat zur Neuordnung des Finanzhaushaltes des Bundes 1958.

wurde. Dabei wurde der Maximalsatz von ursprünglich 4 auf 3.6 Prozent gesenkt und die Freiliste deutlich erweitert. Um den Föderalisten die Zustimmung zu erleichtern, senkte das Parlament die Befristung der beiden Hauptsteuern kurz vor dem Abschluss der Beratung auf sechs Jahre.[393]

Die Finanzordnung wurde von den grossen bürgerlichen Parteien und dem LdU gegen den Widerstand der Sozialdemokraten verabschiedet. Die SP warnte davor, dass wegen des Steuerabbaus nicht genügend Mittel für den Ausbau des Sozialstaats zur Verfügung stehen werden. Altbundesrat Max Weber, der nach seinem Rücktritt wieder in den Nationalrat gewählt worden war, verglich die Vorlage mit «einer Art Ausverkauf».[394] Auch der volkswirtschaftliche Mitarbeiter und spätere Sekretär des Gewerkschaftsbunds, Waldemar Jucker, warnte vor der Volksabstimmung eindringlich vor Rechnungsdefiziten.[395] Die Bürgerlichen teilten diese Befürchtungen

393 Amtl. Bull. NR 1957 469–498; Amtl. Bull. NR 1958 14–16; Oechslin, 1967, S. 188 f.
394 Sten. Bull. NR 1957 494.
395 Jucker, 1958, S. 110.

nicht. Zudem wiesen sie auf die der sozialdemokratischen Steuerabbauinitiative gegenüber gemachten Zugeständnisse hin, wodurch die Zahl der Wehrsteuerpflichtigen beinahe halbiert werde. Mit diesen Argumenten gelang es den bürgerlichen Parteien zusammen mit dem LdU, den grossen Verbänden und den Angestelltenorganisationen eine Mehrheit der Stimmenden von der Vorlage zu überzeugen. Die neue Bundesfinanzordnung wurde am 11. Mai 1958 mit einem Ja-Stimmenanteil von 54.6 Prozent und mit 17.5 Standesstimmen gutgeheissen. Die Finanzordnung erhielt mit der Ausnahme von Neuenburg auch in der Westschweiz Zustimmung, was ihrer «Kantonsfreundlichkeit» zugeschrieben wurde. Daraufhin zogen die FDP und die SP ihre Steuerabbauinitiativen zurück.[396]

Finanzordnung 1965/74: Der Kompromiss von 1958 wird deutlich bestätigt – nun auch von der SP

Obwohl mit der Finanzordnung von 1959 ein wichtiger Schritt getan war, entsprach sie wegen der sechsjährigen Befristung der beiden Hauptsteuern eher einer verlängerten Übergangsordnung. Bereits 1961 wurde unter dem konservativen Freiburger Jean Bourgknecht, der zwei Jahre davor zum Vorsteher des EFD gewählt worden war, mit den Vorarbeiten zur Verlängerung begonnen. Bourgknecht wollte im Sinne der antizyklischen Finanzpolitik eine «Flexibilitätsreserve» bei der Wehrsteuer und der Warenumsatzsteuer einführen, sodass die Höchstsätze auf dem Gesetzesweg um einen Viertel erhöht werden können. Dies stiess allerdings im Vernehmlassungsverfahren im Sommer 1961 auf so starken Widerstand, dass Bourgknecht auf jegliche Änderung an der geltenden Finanzordnung verzichtete und deren unveränderte Weiterführung für zehn Jahre vorschlug.

Während eine Mehrheit der Kantone, Verbände und Parteien zunächst Zustimmung signalisierte, schlug die Stimmung nach der Veröffentlichung der Staatsrechnung von 1961 um. Diese wies einen Rekordüberschuss von 328 Mio. Franken und Rückstellungen von 159 Mio. Franken auf (zusammen 1 Prozent des BIP). Die gute Konjunkturlage hatte dazu beigetragen,

396 Amtl. Bull. SR 1957 968; Guex, 2012, S. 1116; NZZ, 03.03.1958; 14.04.1958.

dass sich der Bundeshaushalt besser entwickelt hatte, als es von den optimistischsten Stimmen vorausgesagt worden war. Dies trug dazu bei, dass sich ein Teil der Linken der geltenden Finanzordnung gegenüber versöhnlich zeigte, wie aus einer Pressemitteilung des Gewerkschaftsbundes hervorgeht:

> «Interessanterweise sind wir nun also dort angelangt, wo die Bundesfinanzpolitik des Gewerkschaftsbundes und der Sozialdemokratischen Partei hinzielte: nämlich bei einer Finanzordnung, die dem Bund erlaubt, seine Aufgaben namentlich in sozialer Beziehung, zu erfüllen und zugleich die Bundesschuld durch Quoten von angemessener Höhe zu reduzieren. Wenn dieses Ziel trotz dem durchgezwängten Steuerabbau dank der Hochkonjunktur erreicht werden konnte, umso besser!»[397]

Die Räte liessen den Plan des Bundesrates fallen und stellten erneut eine Reihe von Abbauforderungen, die sich auf die Wehrsteuer konzentrierten. Man hatte, wie Gisela Hürlimann betont, 1955 eine Pfadabhängigkeit geschaffen.[398] Den ersten Vorstoss zum Abbau der Wehrsteuer machte Altbundesrat Max Weber, der 1958 noch an vorderster Front vor der unvermeidlichen Schuldenwirtschaft des Bundes gewarnt hatte. Weil die Zahl der Wehrsteuerpflichtigen konjunkturell bedingt wieder deutlich angestiegen war, hatte der Steuerabbau auch für die SP Bedeutung, so der St. Galler Nationalrat Mathias Eggenberger:

> «Dem von der Wirtschaftstheorie geforderten antizyklischen Verhalten entsprechen die Abbauvorschläge zweifellos nicht. Der Druck der politischen Begehren erweist sich wieder einmal als stärker denn alle nationalökonomische Theorie. Vielleicht ist das nicht einmal ein grosses Unglück. Man darf übrigens feststellen, dass es sich um relativ massvolle Abbauanträge handelt. Im allgemeinen war der Wille auf allen Seiten vorhanden, dem Bunde auch in den kommenden Jahren die Mittel zur Verfügung zu stellen, die er zur Bewältigung seiner Aufgaben benötigt.»[399]

---

397 NZZ, 28.8.1962.
398 Hürlimann, 2018, S. 281–283.
399 Amtl. Bull. NR 1963 60.

Die Verhandlungen entbehrten jeglicher Brisanz. Das Parlament einigte sich auf die Erhöhung der Sozialabzüge und den Ausgleich der kalten Progression.[400] Ausserdem wurde für die Zeit bis zum Inkrafttreten der neuen Finanzordnung ein Rabatt von 10 Prozent auf die Wehrsteuer beschlossen, dies aufgrund des Drucks der vom Redressement National im September 1962 lancierten Volksinitiative «für den Wehrsteuerabbau».

Der Freiburger CVP-Bundesrat Jean Bourgknecht (*1902–†1964) wurde 1960 zum Vorsteher des Finanzdepartements gewählt. Aufgrund einer Krankheit musste er im September 1962 zurücktreten.

In dieser Form wurde die Finanzordnung 1965/74 vom Parlament mit grosser Mehrheit verabschiedet und im Abstimmungskampf von den vier Regierungsparteien unterstützt. Auch die SP fasste in Anbetracht der Entlastung für die unteren Einkommensschichten die Ja-Parole. Entsprechend gross war die Zustimmung: Die Finanzordnung 1965/74 wurde am 26. Mai 1963 von 77.6 Prozent der Stimmenden und allen Ständen gutgeheissen. Die Stimmbeteiligung betrug 41.8 Prozent.

400 Der Steuertarif wurde um zehn Prozent gestreckt, die steuerfreien Abzüge erhöht (von 7'500 auf 9'700 Franken für Verheiratete) und die Kinderabzüge auf 1'000 Franken verdoppelt.

Tab. 13. Übersicht über die Finanzordnung 1939/41 sowie die Finanzordnungsvorlagen von 1948, 1953 und 1958

		Finanzordnung 1939/41*	Finanzordnungsvorlage 1948		Finanzordnungsvorlage 1953		Finanzordnungsvorlage 1958	
			Vorschlag Bundesrat	Parlament	Vorschlag Bundesrat	Parlament	Vorschlag Bundesrat	Parlament
Wehrsteuer								
Natürliche Personen								
Einkommensteuersatz		0.4–9.75 %	2–20 %	Ersetzt durch Kantonskontingente	0.24–15 %	0.24–15 %	n.a.–10 %	0.16–8 %
unterste/oberste Steuerklasse	Ledig	2'000/60'000 CHF	8'000/48'000 CHF		4'000/95'000 CHF	4'000/95'000 CHF	5'000/ n. a.	6'000/120'000 CHF
	Verheiratet	3'000/77'000 CHF	10'000/50'000 CHF		5'000/124'000 CHF	5'000/124'000 CHF	6'500/ n. a.	7'500/120'000 CHF
Juristische Personen								
Gewinnsteuersatz		3–12 %	5 %	7.5 %	7 %	7 %	7 %	8 %
Kapitalsteuersatz		0.75 ‰	1 ‰	1.5 ‰	1 ‰	1 ‰	1 ‰	0.75 ‰
Nettoertrag Bund		155 Mio. CHF	180 Mio. CHF	110 Mio. CHF	200 Mio. CHF	200 Mio. CHF	200 Mio. CHF	n/a
Kantonsanteil		30 %	10 %	-	20 %	20 %	30 %	30 %
Befristung		1939/45	60 Jahre	keine	20 Jahre	12 Jahre	12 Jahre	6 Jahre
Warenumsatzsteuer								
Steuersatz		4 %	4 %	4 %	4 %	4 %	4 %	3.6 %
Freiliste		Wichtigste Lebensmittel	Notwendige Lebensmittel	Notwendige Lebensmittel	Lebensmittel	Lebensmittel	Lebensmittel	Lebensmittel; Diverses***
Gesamtertrag		280 Mio. CHF	330 Mio. CHF	-	450 Mio. CHF**	-	585 Mio. CHF	-
Befristung		1939/45	keine	keine	20 Jahre	12 Jahre	12 Jahre	6 Jahre

Quellen: Schweiz. Bundesrat 1948a; Schweiz. Bundesrat, 1953a; Schweiz. Bundesrat, 1957a sowie entsprechende Bundesbeschlüsse. *Nach den Aufschlägen von 1943; **In Phasen der Hochkonjunktur (Ertrag inkl. Biersteuer und Luxussteuer); ***Bücher, Medikamente, Brennstoffe, Waschmittel und Seifen, alkoholfreie Getränke, Blumen, Pflanzen, Sämereien und landwirtschaftliche Hilfsstoffe.

Alternativen zur direkten Bundessteuer[401]

- Die *Verrechnungssteuerkontingente* sahen vor, dass die Kantone zugunsten des Bundes auf die ihnen zustehenden Verrechnungssteuerbeträge von natürlichen Personen verzichten. Dieser Vorschlag wurde wegen der Berechnungsbasis (der Ertrag inländischer Wertpapiere und Bankguthaben der natürlichen Personen) abgelehnt. Die Basis sei zu schmal und nicht immer proportional zum Erwerbseinkommen, da die Vermögensanlagegewohnheiten regional erhebliche Unterschiede aufwiesen. Zudem blieben die Erträge der juristischen Personen nicht berücksichtigt.
- Bei den *Wehrsteuerkontingenten* sollte jeder Kanton dem Bund einen Betrag in der Höhe der bis anhin erhobenen Wehrsteuer entrichten. Im Verlauf der Zeit sollten die Kontingente an die Entwicklung der Steuerkraft angepasst werden. Diesen Vorschlag lehnte der Bundesrat wegen den zukünftig mutmasslich «unerquicklichen Auseinandersetzungen» über die Kontingentsbemessung ab.
- *Kantonskontingente in der Höhe des kantonalen Erwerbseinkommens*, die mittels der Beitragsleistung der AHV-Versicherten bestimmt werden. Ergänzend sollte das Kapitaleinkommen anhand der kantonalen Vermögensteuereinschätzungen errechnet werden. Bundesrat und Expertenkommission bemängelten den administrativen Aufwand, welcher die Erfassung von Unselbstständigerwerbenden verursacht, die über die Kantonsgrenze pendeln. Ebenfalls kritisiert wurde, dass die AHV bei Selbstständigerwerbenden nicht an der Quelle abgezogen, sondern mittels Selbstdeklarationsverfahren festgesetzt wird. Ferner blieben auch die Erträge juristischer Personen unberücksichtigt.
- Die *eidgenössische Kapitalertragsteuer* sah eine Trennung nach Steuerobjekten vor. Anstelle der Coupon- und der Verrechnungssteuer sollte der Bund eine Steuer von 30 Prozent auf Kapitalerträge erheben, die der Coupon- und der Verrechnungssteuer unterlagen (inländische Wertpapiere, Bankguthaben und Lotteriegewinne). Dieser Vorschlag wurde vom Bundesrat abgelehnt, weil Kapitalerträge in Abhängigkeit von der Anlageform verschiedenen Belastungen unterworfen wären.

401 Quelle: Schweiz. Bundesrat, 1948a; 1953a.

- Die *direkte Bundessteuer für juristische Personen* sah eine Aufteilung nach Steuersubjekten vor. Der Bundesrat lehnte sie wegen der ungleichen Rückwirkungen auf die Kantone und Gemeinden ab. Eine Beteiligung der Kantone am Ertrag hätte den Bundesanteil zu stark geschmälert (geprüft wurde ein Anteil von 50 Prozent).
- Eine *Bundeserbschaft- oder -nachlasssteuer* lehnte der Bundesrat mit der Begründung ab, dass der politische Widerstand der Kantone zu stark sei.
- *Bundeserbschaftsteuer nach amerikanischem Vorbild:* Dieses System sah vor, dass kantonale Erbschaftsteuern von der Bundeserbschaftsteuer abgezogen werden können (wobei der Abzug auf maximal 50 Prozent der Bundessteuer begrenzt war). Dieser Vorschlag wurde wegen des zu geringen Ertrags verworfen.
- *Bundessteuer auf hohe Einkommen:* Die «Supertax» auf hohe Einkommen hätte die Konkurrenz mit den Kantonen auf die Besteuerung von hohen Einkommen beschränkt und den administrativen Aufwand verringert. Diese Lösung wurde abgelehnt, weil die Supertax nur eine Minderheit belastet hätte und sich die Kantone entschieden gegen jede Lösung aussprachen, die sie zu Änderungen an ihrer Steuergesetzgebung zwang.
- *Eine Bundessteuer juristischer Personen unter Beteiligung der Kantone*. Dieses Modell sah einen kantonalen Zuschlag zur Bundesquote vor. Dieser Vorschlag stiess auf breiten Widerstand, da er einen Eingriff des Bundes in die Steuerhoheit der Kantone bedeutete. Es wurde befürchtet, dass die Kantone in eine Abhängigkeit des Bundes geraten könnten, da die Kompetenz zur Festsetzung der kantonalen Zuschläge Bundessache sein sollte. Ferner wurde bemängelt, dass Steuerpflichtige durch die Wahl der zivilrechtlichen Form auch die Steuerhoheit wählen könnten.
- Eine die kantonalen Steuern juristischer Personen *überlagernde Bundessteuer juristischer Personen* wurde allseitig abgelehnt, da nicht nur juristische Personen zur Finanzierung des Bundes herangezogen werden sollten.
- Die *centimes additionnels*: Bundeszuschläge zu den kantonalen direkten Steuern. Diese Lösung wurde abgelehnt, weil sie mit den kantonalen Steuern als Grundlage die interkantonalen Belastungsunterschiede auf die Bundesbesteuerung übertragen hätten.

8.3 Antizyklische Finanzpolitik und ihre Grenzen: Zurückhaltende Ausgabenpolitik, Steuerabbau und eine «automatische» Schuldentilgung

Während auf politischer Ebene über die Bundesfinanzordnung debattiert wurde, war der Bundeshaushalt dank der Weiterführung der Wehrsteuer und der Warenumsatzsteuer in den Übergangsfinanzordnungen bereits ab dem ersten Nachkriegsjahr ausgeglichen. Gleichwohl galt es, eine Lösung für die Tilgung der Staatsverschuldung zu finden, die ungleich höher war als nach dem Ersten Weltkrieg. Zudem wurde – geprägt von den Erfahrungen nach dem Ersten Weltkrieg – nach dem Kriegsende eine Rezession erwartet. Zu diesem Zweck wurde der Bund verfassungsmässig ermächtigt, unter anderem im Bereich der Finanzpolitik konjunkturpolitische Massnahmen zu ergreifen. Jedoch führte das markante Wirtschaftswachstum bald dazu, dass die Finanzpolitik vor neuen Herausforderungen stand.

Neue wirtschaftspolitische Kompetenzen für den Bund

Zwei Jahre nach Kriegsende wurden dem Bund umfangreiche wirtschaftspolitische Kompetenzen übertragen. Die Schwierigkeiten bei der Bewältigung der Weltwirtschaftskrise und die hohe Zustimmung zur Kriseninitiative hatten bereits in der zweiten Hälfte der 1930er-Jahre den Boden für eine Reform der Wirtschaftsverfassung des Bundes bereitet (→ Kapitel 6.3). Wegen des Kriegsausbruchs verschob der Bundesrat die Volksabstimmung über die 1939 vom Parlament verabschiedete Vorlage. Die nach Kriegsende nochmals überarbeiteten «Wirtschaftsartikel» wurden mit der Unterstützung von allen grossen Parteien und Verbänden in der Volksabstimmung vom 6. Juli 1947 vom Souverän gutgeheissen. Damit erhielten zahlreiche der seit der Zwischenkriegszeit eingeführten und auf Vollmachtenrecht beruhenden konjunkturpolitischen Massnahmen eine Verfassungsgrundlage.[402]

402 53.0 Prozent der Stimmenden und 13 Stände sagten Ja. Die Stimmbeteiligung betrug 79.7 Prozent.

Die Verhütung von Wirtschaftskrisen und die Bekämpfung von Arbeitslosigkeit wurden nun zu Bundesaufgaben, wodurch die antizyklische Finanzpolitik im Ansatz in der Verfassung verankert wurde. Zudem wurde der Bund ermächtigt, in Abweichung von der Handels- und Gewerbefreiheit Massnahmen zur Unterstützung gefährdeter Branchen sowie wirtschaftlich bedrohter Landesteile zu erlassen und gegen Kartelle vorzugehen. Die Wirtschaftsartikel definierten nicht nur neue stabilitätspolitische Aufgaben, sie schufen auch die Grundlage für die in den 1930er-Jahren institutionalisierte Anhörung der Kantone und der Wirtschaftsorganisationen im Gesetzgebungsprozess, was den Einfluss der Spitzenverbände im Vernehmlassungsverfahren und in den Expertenkommissionen des Bundes stärkte.[403]

Finanzpolitische Krisenvorsorge nach dem Kriegsende

Weil die grosse Mehrheit der politischen Entscheidungsträger und der Wirtschaftsexperten nach dem Kriegsende eine Rezession wie nach dem Ersten Weltkrieg erwartete, genoss die Verhütung einer Wirtschaftskrise oberste wirtschaftspolitische Priorität. Es kam allerdings anders: Die Schweiz wurde von einem markanten Wirtschaftswachstum erfasst. Der Bundesrat verfolgte eine auf Krisenvorsorge ausgerichtete, antizyklische Finanzpolitik: «In solchen Jahren sollte die öffentliche Hand nicht auch noch ihrerseits dazu beitragen, die Nachfrage durch Staatsaufträge und andere Ausgaben zu vergrössern, vielmehr gilt es, durch Beschränkung der Ausgaben Rechnungsüberschüsse zu erzielen.[404] Da die Einnahmen reichlich flossen, bereitete die Erzielung von Überschüssen keine Probleme (→ Abb. 15). Derweil ging der Bund dazu über, öffentliche Arbeiten konjunkturgerecht zu vergeben, was in erster Linie den weitgehenden Verzicht auf Investitionen bedeutete. So sollte verhindert werden, dass die Konjunktur weiter angeheizt wird. Zudem sollten für den Krisenfall Arbeitsbeschaffungsprojekte im Infrastrukturbereich bereitstehen. Um diese Projekte im Bedarfsfall finanzieren zu können, floss ein Teil der Überschüsse in den «Fonds für die Krisenbekämpfung und Arbeitsbeschaffung».[405]

403 Frey, 2007, S. 6; Kölz, 2004, S. 866–870.
404 Schweiz. Bundesrat, 1948a, S. 408.
405 Prader, 1981, S. 147–160.

Abb. 15: Die Ausgaben und Einnahmen des Bundes (1946–1973)

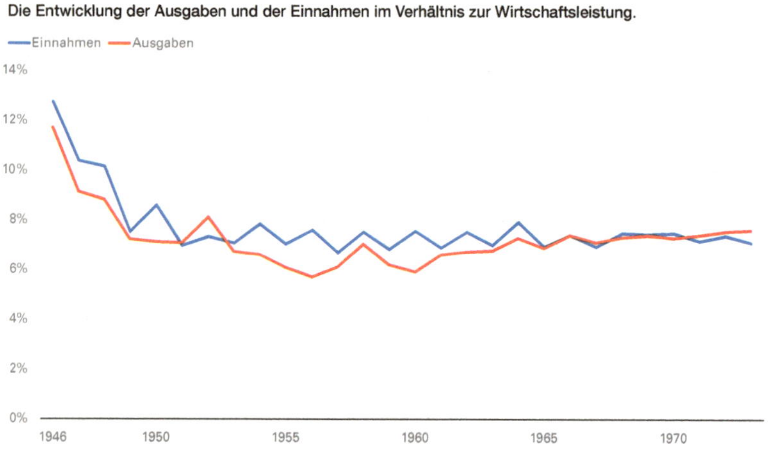

Quellen: Eigene Berechnungen. Rechnungsabschlüsse: 1930–1954: Staatsrechnung 1955 (S. 44*); 1955–1973: Staatsrechnung 1990 (S. 102); BIP: Stohr (2016).

Allerdings wurde – anders als nach dem Ersten Weltkrieg – ausgabenseitig keine Rückkehr zu den Vorkriegsverhältnissen angestrebt. Es sei nicht möglich, «[…] die gegenwärtigen Aufgaben des Bundes auf eine frühere Entwicklungsstufe zurückzuschneiden», schrieb der Bundesrat in der Botschaft zur Bundesfinanzreform von 1948.[406] Auch beim Abbau der «wirtschaftlichen Landesverteidigung» ging der Bund mit Bedacht vor und führte die Verbilligung von Lebens- und Futtermittel bis 1950 weiter. Zusammen mit der Einführung der AHV als teure neue Aufgabe schlug sich diese Zurückhaltung in einem deutlichen Niveauverschiebungseffekt nieder.[407] Der treppenartige Anstieg der Staatsquote von rund 3.2 Prozentpunkten von der Vor- zur Nachkriegsdekade war deutlich stärker als die 2.4 Prozentpunkte nach dem Ersten Weltkrieg (→ Abb. 1).

Um die Resilienz des Bundeshaushalts zu erhöhen, wurde der Abbau der Staatsschulden nach Kriegsende schnell vorangetrieben. Während das Parlament im Rahmen der Bundesfinanzordnungsvorlage von 1948 kon-

406 Schweiz. Bundesrat, 1948a, S. 323.

407 Beschrieben von Peacock & Wiseman, 1961.

trovers über die Umwandlung der Wehrsteuer in eine auf sechzig Jahre begrenzte Steuer zur Schuldentilgung diskutierte, herrschte über die Notwendigkeit des Schuldenabbaus allgemeiner Konsens. Die reichlich fliessenden Einnahmen ermöglichten einen Abbau der Bundesschulden von 11.2 Mrd. Franken (1946) auf 10.2 Mrd. Franken (1949). Gemessen am BIP gingen die Schulden von 59.2 auf 46.9 Prozent zurück (→ Abb. 16).

Abb. 16: Die Schulden des Bundes (1946–1973)

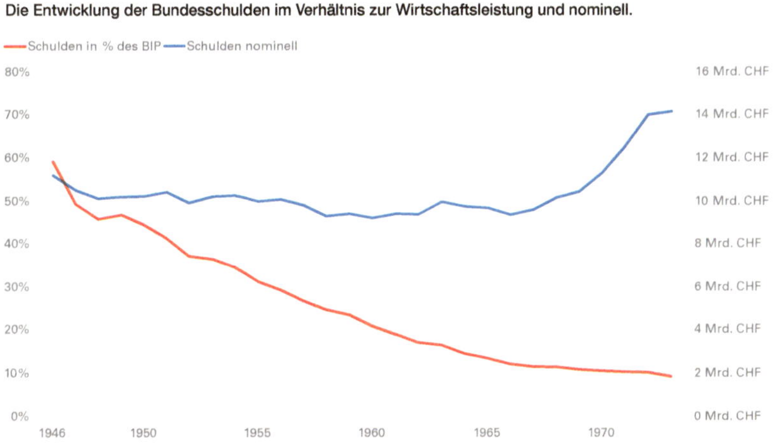

Quellen: Eigene Berechnungen. Schulden: ESTV, Finanzen von Bund, Kantonen und Gemeinden (entspr. Jahrgänge); BIP: Stohr (2016).

Von der Krisenvorsorge zur Konjunkturdämpfung

Je länger das Wirtschaftswachstum anhielt, desto mehr ebbte die Angst vor einer Rezession ab. Weil dem Bundesrat nun die Inflation zunehmend Sorgen bereitete, verschoben sich die wirtschaftspolitischen Ziele fliessend von der Krisenvorsorge in Richtung Konjunkturdämpfung. Dies bedeutete die Weiterführung der zurückhaltenden Ausgabenpolitik, um den Preisauftrieb nicht zu forcieren. Eine Mehrheit des Parlaments liess sich für dieses Ziel gewinnen und beschloss trotz des Widerstands der Sozialdemokraten und eines Teils der Bauernschaft, eine Ausgabenbremse in die Übergangsfinanzordnungen von 1951/54 und 1955/58 einzubauen.

Ein deutliches Signal war auch das Bundesgesetz über besondere Sparmassnahmen von 1953, mit dem die Bundesbeiträge um 90 Mio. Franken gesenkt wurden. Zudem lancierte ein bürgerliches Komitee 1953 zwei «Sparinitiativen». Die erste forderte die Einführung eines Kontrollorgans für Einsparungen bei der Bundesverwaltung. Der Bund führte daraufhin die «Zentralstelle für Organisationsfragen» ein und die Initiative wurde zurückgezogen. Die zweite Initiative sah neben einem Finanzreferendum eine Ausgabenbremse und eine Deckungsklausel für Ausgabenbeschlüsse vor. Sie wurde zugunsten eines Gegenvorschlags zurückgezogen, der eine Ausgabenbremse und das Finanzreferendum umfasste. Allerdings wurde die Vorlage am 30. September 1956 vom Volk und den Ständen klar abgelehnt.[408] Dies veranlasste den Bundesrat dazu, in der Finanzordnungsvorlage von 1957 auf eine Ausgabenbremse zu verzichten. [409]

Keine neuen Einnahmen: Die Rüstungsfinanzierung scheitert

Während die aus Sicht der antizyklischen Finanzpolitik notwendige Ausgabenbegrenzung durchgesetzt werden konnte, liess sich für neue Steuern keine Mehrheit finden. Als der Bundesrat angesichts des Koreakriegs im Februar 1951 ein Rüstungsprogramm im Umfang von 1.5 Mrd. Franken (6 Prozent des BIP) vorlegte, wollte er zu dessen Finanzierung eine Getränkesteuer und progressive Zuschläge zur Wehrsteuer von 10 bis 30 Prozent einführen. Für den Vorsteher des Finanzdepartements, Bundesrat Max Weber, war es notwendig,

> «[…] dass der Bund mit seiner Finanzpolitik konjunkturgerecht vorgeht, das heisst, dass der Staat keine zusätzlichen Geldausschüttungen vornimmt und dass er auch keine Beanspruchung der brachliegenden Mittel vornimmt, das heisst mit andern Worten, dass keine Rechnungsdefizite auftreten dürfen, sondern im Gegenteil Überschüsse erzielt werden soll-

408 54.5 Prozent der Stimmenden und 15 Stände lehnten die Vorlage ab. Die Stimmbeteiligung betrug 43.8 Prozent.
409 Schweiz. Bundesrat, 1957a, S. 513–515.

ten. Das ist schon oft erklärt worden, von Kommissionen, von wissenschaftlichen Gremien, und die Presse hat auch eingestimmt. Aber es genügt nicht, nur davon zu sprechen, wir müssen auch danach handeln.»[410]

«Steuereingänge wie noch nie!»: Die «Aktion gegen überflüssige Steuern» wollte eine Erhöhung der Getränke- und der Wehrsteuer Finanzierung des Rüstungsprogramms 1952 verhindern.

«Sand ins Getriebe»: Abstimmungsplakat des Schweizerischen Aktionskomitee gegen die Vermögensabgabe («Friedensopfer») 1952.

Der Ausgabenbeschluss für das Rüstungsprogramm wurde rasch gefasst. Die zur Finanzierung vorgesehenen Zuschläge zur Warenumsatzsteuer auf Getränke lehnten Volk und Stände am 6. Juli 1952 jedoch klar ab.[411] Auch das von der SP vorgeschlagene «Friedensopfer», mit dem die Vermögenden für die Rüstungsfinanzierung herangezogen werden sollten, war zuvor am 18. Mai 1952 an der Urne deutlich abgelehnt worden.[412] Das Rüstungs-

410 Amtl. Bull. NR 1952 25.

411 Friedensopfer: 56.3 Prozent Nein-Stimmen und 20 ablehnende Stände. Die Stimmbeteiligung betrug 53.9 Prozent. Die Vorlage des Parlaments wurde von 58 Prozent der Stimmmenden und von 22 Ständen abgelehnt. Die Stimmbeteiligung betrug 44.2 Prozent.

412 Das Friedensopfer war eine an das Wehropfer angelehnte Vermögensteuer von 1.5 bis 4.5 Prozent für natürliche und von 1.5 Prozent für juristische Personen.

programm bescherte dem Bundeshaushalt daraufhin 1952 ein Defizit von 210 Mio. Franken (0.8 Prozent des BIP).[413]

Die konjunkturgerechte Finanzpolitik gerät unter Druck

Zu Beginn der 1950er-Jahre wurde die Äufnung des Krisenfonds eingestellt. National- und Ständerat waren sich einig, dass der Fonds mit 400 Mio. Franken (1.6 Prozent des BIP von 1951) ausreichend dotiert sei. Weil ein Fonds über kurz oder lang Begehrlichkeiten wecke, so das Argument, sollten die Haushaltsüberschüsse in die Schuldentilgung fliessen:

> «Sowohl der Ständerat wie der Nationalrat gaben mehrheitlich der Auffassung Ausdruck, dass die für die Äufnung eines solchen Krisenfonds vorgesehenen Beträge zur zusätzlichen Schuldentilgung verwendet werden sollten. Entscheidend war dabei die Feststellung, dass es praktisch auf dasselbe herauskomme, ob eine zusätzliche Schuld getilgt oder ein Fonds geäufnet würde. Erfahrungsgemäss wecke ein solcher Fonds die Begehrlichkeiten und schliesse damit die Gefahr in sich, früher als wirklich notwendig neue Staatsausgaben auszulösen, für die er Deckung bringe.»[414]

Allerdings wurde die Schuldentilgung in den frühen 1950er-Jahren weitgehend eingestellt. Dies hatte zwei Gründe. Zunächst begann sich in den 1950er-Jahren die Lehrmeinung durchzusetzen, dass die Staatsverschuldung relativ zur Wirtschaftsleistung beurteilt werden muss:

> «In den vergangenen Jahren hat sich in der Schweiz wie im Ausland die Auffassung immer mehr durchgesetzt, dass auf starre Tilgungspläne verzichtet werden sollte, wenigstens dann, wenn die Staatsschuld nicht in einem untragbaren Verhältnis zum Volksvermögen bzw. der Aufwand für die Verzinsung der Schulden in einem tragbaren Verhältnis zum Volkseinkommen steht. […] Man kann deshalb die Ansicht vertreten, die derzeitige Bundesschuld sei nicht untragbar.»[415]

---

413 Schweiz. Bundesrat, 1951, S. 919–933; 1952, S. 432 f., 439.

414 Schweiz. Bundesrat, 1950b, 110 f.

415 Schweiz. Bundesrat, 1953a, S. 106 f.

Dank der niedrigen Zinsen belastete die Bedienung der Staatsschulden den Haushalt kaum, und durch das Wirtschaftswachstum löste sich die Schuldenfrage praktisch von selbst. 1957 titelte die NZZ: «Der überwundene Schuldenberg des Bundes», und erklärte die Kriegsverschuldung des Bundes für «verdaut».[416] Die Schuldenquote ging getrieben durch das Wachstum des BIP und die Inflation bis 1970 auf 13 Prozent zurück (→ Abb. 16).

Der zweite Grund war, dass der Bund in den frühen 1950er-Jahren in Absprache mit der SNB zu einer «Sterilisierungspolitik» überging. Um den Preisauftriebstendenzen entgegenzuwirken, wurden die Rechnungsüberschüsse grösstenteils bei der Nationalbank zinslos angelegt («sterilisiert»). Aus demselben Grund floss ein Teil der Überschüsse auf Konten im Ausland. Allerdings war die Widerstandskraft der Sterilisierungspolitik gegen politische Einflüsse gering. 1955 waren rund 1 Mrd. Franken (3.1 Prozent des BIP) sterilisiert, was sowohl von den Bürgerlichen als auch von den Linken kritisiert wurde. Einig waren sich beide Lager darin, dass die Sterilisierung zu teuer sei, da die sterilisierten Gelder grösstenteils unverzinst waren, während die Schulden weiterhin verzinst werden mussten. Von linker Seite wurde dem Bundesrat zudem vorgeworfen, dass er unter dem Deckmantel der antizyklischen Finanzpolitik die Interessen des Banken- und Finanzsektors verfolge. So kritisierte SP-Altbundesrat Max Weber 1955: «Aber heute ist eine starke Verschuldung der öffentlichen Hand wünschbar, damit das Privatkapital Anlagemöglichkeiten hat. Man betreibt also eine privatwirtschaftlich orientierte Finanzpolitik.»[417] Auch in den bürgerlichen Reihen wurde mit Kritik am Vorgehen des Bundesrates nicht gespart. Dabei führten sie im Kern dieselben Argumente an, wie gegen die Äufnung des Krisenfonds, so beispielsweise vom St. Galler CVP-Nationalrat Albert Gemperli:

> «Der Hinweis auf die Anforderungen einer konjunkturgerechten Finanzpolitik schlägt aber nicht durch, solange man die Rechnungsüberschüsse nicht direkt zur Schuldentilgung verwendet, solange man Steuern auf Vorrat (wie der ominöse Ausdruck lautet) sammeln will, um sie zu ‹blockieren› oder zu ‹sterilisieren›, wie die Fachausdrücke etwa heissen.»[418]

416 NZZ, 20.06.1957.
417 Weber, 1955, S. 210.
418 Sten. Bull. NR 1955 253.

Die Meinung, dass Budgetüberschüsse und sterilisierte Mittel über kurz oder lang zu einer freigiebigen Ausgabenpolitik führen, war weit verbreitet. Aus diesem Grund forderten die bürgerlichen Parteien Steuersenkungen. Auch die Sozialdemokraten erklärten sich für einen Steuerabbau bereit (→ Kapitel 8.2). Bundesrat Streuli versuchte, den Steuerabbau mit konjunkturpolitischen Argumenten abzuwenden, und verwies dabei auf England:

> «Es ist in diesem Zusammenhang interessant festzustellen, dass in der heutigen Hochkonjunktur England sich gezwungen sieht, die Steuern, und zwar auch die Warenumsatzsteuer, im Kampfe gegen die Inflation zu erhöhen, während sich bei uns die Politiker der verschiedenen Parteien – entschuldigen Sie diese Bemerkung – mit Steuerabbauvorschlägen gegenseitig überbieten. [...] Es mag zwar nun sein, dass der Steuerabbau zu einer politischen Notwendigkeit gemacht worden ist. Eine weitblickende Finanz-, Wirtschafts- und Währungspolitik müsste uns allerdings ein anderes Verhalten diktieren.»[419]

Letztlich musste sich Streuli dem grossen politischen Druck beugen und veröffentlichte darauf die Steuersenkungsvorlage von 1955. Zusammen mit dem Steuerabbau im Rahmen der Finanzordnung von 1958 wurden die Bundeseinnahmen um rund 14.7 Prozent gesenkt.[420]

8.4 Steueramnestie statt Steuererhöhung

Nach der Verrechnungssteueramnestie von 1945 mehrten sich gegen Ende der 1950er-Jahre die Anzeichen, dass sich die Steuermoral nicht nachhaltig verbessert hatte. Wichtigstes Indiz dafür lieferte die Verrechnungssteuer, deren Ertrag sich in der zweiten Hälfte der 1950er-Jahre mehr als verdoppelt hatte.[421] Ein wichtiger Treiber hinter der Bekämpfung der Steuerhinterziehung waren die Kantone, die angesichts zunehmender Finanznöte eine allgemeine Steueramnestie sowie die Erhöhung der Verrechnungssteuer forderten.[422]

419 Amtl. Bull. NR 1955 557.
420 Prader, 1981, S. 177.
421 Voranschlag 1961, S. 15*.
422 Vgl. Hürlimann, 2016, S. 95.

Die Forderung nach Massnahmen hat breiten Rückhalt

Den Stein ins Rollen brachte der St. Galler SP-Nationalrat Mathias Eggenberger, der am 28. Juni 1960 zusammen mit 38 Mitunterzeichnenden eine Motion zur Bekämpfung der Steuerhinterziehung einreichte, die von beiden Räten für erheblich erklärt wurde. Eggenberger ging von der damals weitverbreiteten Annahme aus, dass Vermögenswerte im Umfang von 12 bis 15 Mrd. Franken nicht versteuert wurden, und forderte den Bundesrat auf, Massnahmen zu ergreifen. In der Motion wurden verschiedene Möglichkeiten zur Diskussion gestellt. Darunter eine schärfere Verfolgung von Steuerdelikten, die Verschärfung des Steuerstrafrechts und eine Versteuerungsnachweispflicht[423] als Ersatz für die Verrechnungssteuer sowie eine Steueramnestie.[424] Die Motion wurde vom Freiburger CVP-Bundesrat Jean Bourgknecht entgegengenommen, der daraufhin von der ESTV einen umfassenden Bericht über die Steuerhinterziehung und deren Bekämpfung ausarbeiten liess, der im Mai 1962 veröffentlicht wurde.

Im «Defraudationsbericht» schätzte die ESTV, dass Einkommen von 2 Mrd. Franken, Kapitalvermögen von 17 bis 23 Mrd. Franken und Grundbesitz von 65 Mrd. Franken nicht versteuert werden. Die Steuerausfälle beliefen sich auf 35 bis 50 Mio. Franken für den Bund und 233 bis 296 Mio. Franken für die Kantone.[425] Zu den vorgeschlagenen Massnahmen gegen die Steuerhinterziehung gehörte unter anderem die Beseitigung von Lücken und Härten im Steuersystem, eine bessere Steueraufklärung, die Anstellung von besser qualifiziertem Personal, die Erhöhung der Verrechnungssteuer, neue Bewertungsmethoden für Immobilien, die Ausdehnung der Buchführungspflicht, eine konsequentere Inventarisation im Todesfall sowie die Erweiterung der Auskunftspflicht. Auch eine Steueramnestie wurde in Kombination mit den oben genannten Massnahmen in Betracht gezogen. Der Bericht erwähnte zudem, dass das Bankgeheimnis

---

423 Zinsen, Dividenden und ähnliche Kapitalerträge dürfen vom Schuldner nur vergütet werden, wenn der Anspruchsberechtigte nachweisen kann, dass er die betreffenden Vermögenswerte versteuert. Ohne diesen Versteuerungsnachweis dürfen die Titel weder eingelöst noch verkauft oder übertragen werden.

424 Schweiz. Bundesrat, 1962, S. 1057 f.

425 Schweiz. Bundesrat, 1962, S. 1062–1075.

die Steuerhinterziehung «wesentlich begünstigt», eine Aufhebung jedoch «kaum in Betracht gezogen werden kann».[426]

Der «Defraudationsbericht» schlägt hohe Wellen

Die Reaktionen über den Bericht fielen unterschiedlich aus. In Wirtschafts- und Bankenkreisen sorgten die Ausführungen zum Bankgeheimnis für einen Aufschrei. Die Bankiervereinigung übte erheblichen politischen Druck aus, um einer möglichen Aufhebung des Bankgeheimnisses entgegenzuwirken.[427] Bei den bürgerlichen Parlamentsmitgliedern war die Empörung gross. Karl Obrecht, FDP-Ständerat und Mitglied des SNB-Bankrats aus dem Kanton Solothurn, kritisierte, dass der Steuerzahler unter Generalverdacht gestellt werde. Der Bericht sei die «fleissige Arbeit eines mit einem erheblichen Grad von Déformation professionnelle behafteten Steuerspezialisten», der von «Steuersadismus» beherrscht sei.[428] Die Ratslinken, die den Bericht begrüssten, konnten nicht verhindern, dass das Parlament darauf verzichtete, dem Bericht zuzustimmen, und ihn lediglich zur Kenntnis nahm. Dies war «[...] so etwas wie eine schickliche Beerdigung der Vorlage», so Karl Obrecht.[429]

Das Stimmvolk lehnt die Amnestie ab

Anstatt zu den vom Bundesrat aufgezeigten Möglichkeiten zur Verbesserung der Steuerverhältnisse Stellung zu nehmen, verabschiedete eine grosse parlamentarische Mehrheit eine Amnestievorlage, die im Rahmen der Ausführungsgesetzgebung Massnahmen zur Verhinderung von Steuerhinterziehungen vorschrieb. Jedoch kam es kurz darauf zu einem Stimmungsumschwung. Auf bürgerlicher Seite wuchs das Misstrauen gegenüber den nicht näher definierten Massnahmen zur Bekämpfung der Steuerhinterziehung. Gleichzeitig wurden innerhalb der politischen Linken immer mehr Beden-

426 Schweiz. Bundesrat, 1962, S. 1078.
427 Hürlimann, 2012, S. 59 f.
428 Amtl. Bull. SR 1963 II 186.
429 SR 1963 II 187.

ken über die Gerechtigkeit einer Steueramnesie laut. Dementsprechend fielen die Abstimmungsempfehlungen weniger klar aus, als es im Parlament noch den Anschein hatte. Zu den Befürwortern zählten neben den Katholisch-Konservativen auch fast alle kantonalen SP-Parteien (die Landespartei beschloss Stimmfreigabe), der Gewerkschaftsbund und die BGB. Die Freisinnigen und die beiden grossen kantonalen BGB-Parteien Bern und Zürich sowie der Handels- und Industrieverein Vorort und der Gewerbeverband fassten die Nein-Parole. Das Stimmvolk, das zum ersten Mal über eine Amnestie entscheiden konnte, liess sich nicht überzeugen und sagte am 2. Februar 1964 klar Nein. 58.0 Prozent der Stimmenden und 21 Stände lehnten die Vorlage ab. Die Stimmbeteiligung betrug 44.3 Prozent.[430]

Steueramnestie statt Steuererhöhung

Damit war das Thema Steueramnestie noch nicht vom Tisch. Bereits einen Monat nach der Volksabstimmung reichte der katholisch-konservative St. Galler Ständerat Rudolf Mäder eine Motion ein, die vom Bund bedingungslose Anschlussamnestien beim Erlass kantonaler Steueramnestien für die Wehrsteuer forderte. Nach einigem Hin und Her einigten sich die Räte auf eine Amnestievorlage, die jener von 1964 entsprach, die aber keine Verpflichtung zur Bekämpfung der Steuerhinterziehung vorsah.[431] Dieses Projekt wurde von den grossen bürgerlichen Parteien und den Wirtschaftsverbänden unterstützt. Die SP und der LdU beschlossen erneut Stimmfreigabe. Während die Argumente der Gegner wieder auf die Moral zielten, hoben Befürworter wie der Zürcher EVP-Nationalrat Willy Sauser nun verstärkt auch die sich abzeichnende Finanznot der öffentlichen Haushalte hervor:

> «Die Amnestie legt den Weg frei zurück zur Steuerehrlichkeit, füllt die Kassen der Gemeinden und Kantone und berichtigt die Massstäbe für den interkantonalen Finanzausgleich. Zudem ist die Ausführungsgesetzgebung bereits bekannt. Am 18. Februar will man die Defraudanten nicht belohnen, sondern dazu anhalten, in Zukunft alles richtig zu

430 NZZ, 28.01.1964; 03.02.1964.
431 Schweiz. Bundesrat, 1966a, S. 936, 948.

versteuern. Das bedeutet zugleich Entlastung jenes Steuerzahlers, der schon bis jetzt Einkommen und Vermögen ehrlich deklariert hat.»[432]

Dank der bürgerlichen Unterstützung wurde die Steueramnestie im zweiten Anlauf am 18. Februar 1968 von Volk und Ständen mit grosser Mehrheit angenommen.[433] Die Amnestie von 1969 war ein Erfolg. Der amnestierte Vermögensbetrag wurde vom Finanz- und Zolldepartement auf 11.5 Mrd. Franken geschätzt, was rund 12 Prozent des BIP von 1969 entsprach. Das amnestierte Einkommen und der fiskalische Mehrertrag liessen sich hingegen nur schwer abschätzen.[434]

8.5 Eine verhängnisvolle Aufholjagd

Zu Beginn der 1960er-Jahre geriet der Bundeshaushalt in ein Spannungsfeld zwischen sozial-, wachstums- und konjunkturpolitischen Erfordernissen. Der Ausbau der Staatstätigkeit auf der Bundesebene wurde unausweichlich, was sich dank steigenden Einnahmen problemlos finanzieren liess. Dabei nahmen die Staatsausgaben in kurzer Zeit eine schwer zu kontrollierende Dynamik an. Der sich abzeichnenden finanzpolitischen Trendwende hin zu Defiziten wurde jedoch kaum Beachtung geschenkt.

Ein Nachholbedarf macht sich bemerkbar

Der wirtschaftliche Aufschwung der Nachkriegszeit ging mit einem gesellschaftlichen Wandel einher, der von grossem technischem und wissenschaftlichem Fortschritt geprägt war. Zu den massgeblichsten Entwicklungen gehörten das Bevölkerungswachstum und die starke Zuwanderung von ausländischen Arbeitskräften sowie die Verstädterung und der steigende Wohlstand. Je länger dieser Prozess andauerte, desto stärker fand ein Ausbau der Staatstätigkeit Zustimmung in der breiten Bevölkerung. Die Ansprüche an

432 NZZ, 16.02.1968.
433 61.9 Prozent der Stimmenden und alle Stände sagten Ja. Die Stimmbeteiligung betrug 41.8 Prozent.
434 Schweiz. Bundesrat, 1972, S. 5, 11–13.

die Infrastruktur stiegen, wobei sich angesichts der zurückhaltenden Ausgabenpolitik in den 1950er-Jahren ein grosser Investitionsrückstand gebildet hatte. Auch der Ausbau des Sozialstaats wurde verzögert, so dass ein deutlicher Nachholbedarf vorhanden war. Obwohl aus konjunkturpolitischer Perspektive mehr denn je Zurückhaltung geboten war, setzte sich die Einsicht durch, dass eine Ausweitung der Staatstätigkeit eine wachstumspolitische Notwendigkeit darstellt: «Der Bundesrat gelangte nach 15 Jahren verfehlter Ausgabenpolitik zur Einsicht, dass die Finanzpolitik sich nicht ewig nach konjunkturellen Erfordernissen gestalten liesse», stellte der Freiburger Finanzwissenschaftler Walter Wittmann fest.[435]

Weil eine Vielzahl der neuen gesellschaftlichen und wirtschaftlichen Herausforderungen die ganze Schweiz betrafen und einheitliche Regelungen sinnvoll schienen, wurde in vielen Fällen eine Lösung auf Bundesebene gesucht. Da sich die neuen Aufgaben dank des konjunkturell bedingten Einnahmenanstiegs mühelos finanzieren liessen, wurde der Verteilungskonflikt massgeblich reduziert. Die Einigkeit unter den Regierungsparteien und die politische Unterstützung für neue Aufgabenprojekte im Bereich der Infrastruktur und des Sozialwesens war äusserst gross. Gleichzeitig wurden viele politische Widerstände abgebaut, indem der Bund für die Umsetzung der neuen Aufgaben traditionsgemäss keine eigenen Organe aufbaute, sondern die Kantone mit dem Vollzug beauftragte und sie dafür mit Subventionen entschädigte. Nicht zuletzt, weil die Haushalte der Kantone, auf denen seit Kriegsende der Grossteil des Infrastrukturausbaus lastete, mittlerweile in Bedrängnis geraten waren, erwies sich der Vollzugsföderalismus als einfachster Weg für den Finanzausgleich

Der Freiburger Professor Walter Wittmann (*1935–†2016) prägte die finanzpolitische Debatte in der Schweiz über Jahrzehnte. Das Foto wurde am 5. Mai 2004 in seinem Heim in Bad Ragaz aufgenommen.

435 Wittmann, 1971, S. 140.

zwischen den Staatsebenen. Der Bundeshaushalt entwickelte sich endgültig zu einem Transferhaushalt: Der Anteil der Transfers an den Bundesausgaben stieg zwischen 1960 und 1970 von 43 auf 56 Prozent und erreichte 1980 65 Prozent. Es zeigte sich das «Vollbild» des Vollzugsföderalismus, so die Politologen Dieter Freiburghaus und Felix Buchli.[436] (→ Kapitel 9.3).

Strukturelle Veränderungen im Bundeshaushalt

Das Tempo und das Ausmass, mit dem der Ausbau der Staatstätigkeit vonstattenging, war gewaltig. Die Staatsquote stieg zwischen 1960 und 1980 um beinahe die Hälfte von 5.9 auf 8.7 Prozent. Markus Redli, der Direktor der Eidgenössischen Finanzverwaltung, sprach 1966 von einer eigentlichen Umwälzung: «Es kam zu Dammbrüchen und als Folge zur Explosion der staatlichen Ausgaben.»[437] Der Ausbau ging mit einer strukturellen Veränderung der Bundesausgaben einher (→ Abb. 2). Diese war durch einen stetigen Rückgang der Landesverteidigung geprägt, deren Anteil an den Bundesausgaben zwischen 1960 und 1980 von 37.3 auf 20.3 Prozent sank. Indessen gewannen drei Aufgabengebiete besonders an Bedeutung.

Die Soziale Wohlfahrt löste die Landesverteidigung als wichtigste Aufgabe ab. Nach der Einführung der AHV im Jahr 1948 wurde die Soziale Wohlfahrt zunächst kaum ausgebaut, bis in den 1960er- und 1970er-Jahren eine enorme Expansion einsetzte («Tschudi-Tempo» nach dem damaligen Vorsteher des eidgenössischen Departements des Inneren, Bundesrat Hans-Peter Tschudi). Ihr Anteil an den Bundesausgaben stieg von 1960 bis 1980 von 12,5 Prozent auf 20,6 Prozent.[438] Von erheblicher langfristiger finanzieller Bedeutung war der Übergang von festen Beiträgen zu einer anteilsmässigen Finanzierung im Rahmen der 6. AHV-Revision von 1964. Dabei wurde der Bundesanteil auf 15 Prozent festgesetzt. Bei der Einführung des Drei-Säulen-Systems 1972 wurden mit dem Obligatorium für die berufliche Vorsorge auch existenzsichernde AHV- und IV-Renten und

436 Freiburghaus & Buchli, 2003, S. 47.
437 NZZ, 28.06.1966.
438 Ischer, 2005.

deren Anpassung an die Teuerung beschlossen. Die 8. AHV-Revision von 1973 brachte die Verdoppelung der Renten bis 1975. Dieser Ausbau wurde zwar hauptsächlich über Lohnprozente finanziert, jedoch machten sich die finanziellen Folgen auch beim Bund bemerkbar. Ab 1972 musste der Bund zur Finanzierung seiner Beiträge auch auf allgemeine Bundesmittel zurückgreifen, da die zweckgebundenen Einnahmen aus der Tabak- und der Alkoholsteuer nicht mehr ausreichten. Zudem wurden 1960 die Invaliditätsversicherung, 1966 die Ergänzungsleistungen zu den AHV- und IV-Renten und 1976 die obligatorische Arbeitslosenversicherung eingeführt.

Das Aufgabengebiet mit dem grössten relativen Wachstum war der Verkehr, wofür der Bau des Nationalstrassennetzes verantwortlich war. Nachdem der Bund 1958 vom Stimmvolk den Auftrag für den Bau erhalten hatte, stiegen die Kosten explosionsartig an. 1955 waren 3.8 Mrd. Franken für den Bau budgetiert. Dieser Betrag wurde kurz vor Baubeginn im Jahr 1960 auf 5.7 und 1963 auf 12.5 Mrd. Franken korrigiert (20.8 Prozent des BIP von 1963). Dadurch stieg der Anteil des Verkehrs an den Bundesausgaben von 1960 bis 1980 von 6.2 auf 15.7 Prozent.

Abstimmungsplakat für den Nationalstrassenbau 1961.

Ebenfalls einen starken Anstieg erfuhren die Ausgaben für Unterricht und Forschung. Angesichts steigender Studierendenzahlen und der wachsenden Bedeutung der technischen Wissenschaften investierte der Bund stark in die ETH Zürich und übernahm 1969 die École Polytechnique Fédérale de Lausanne als zweite eidgenössische technische Hochschule. Zudem erhielt der Bund die Kompetenz zur Förderung der kantonalen Universitäten (1968) und der wissenschaftlichen Forschung (1973). Ferner investierte der Bund auch vermehrt in das berufliche Bildungswesen. Dies führte zu einer anteilmässigen Verdoppelung der Bildungsausgaben von 4.3 auf 8.7 Prozent zwischen 1960 und 1980.[439]

Eine zunehmende Scherenbewegung zwischen Einnahmen und Ausgaben

Im Verlauf der 1960er-Jahre liess das Wachstum der Einnahmen auf Grund der integrationsbedingten Zollausfälle im Rahmen der EFTA nach, wodurch der budgetäre Spielraum gegen die Mitte der Dekade immer enger wurde (→ Abb. 15). Dass die Landesregierung seit dem Ende der 1950er-Jahre vor den finanziellen Konsequenzen der Zollintegration warnte, änderte allerdings nichts daran, dass in den 1960er-Jahren weiter Steuern abgebaut wurden. Neben dem oben erwähnten Steuerabbau von 1963 beschloss das Parlament in der Herbstsession 1965, die Couponsteuer von 3 Prozent abzuschaffen. Obwohl im Gegenzug die Verrechnungssteuer von 27 auf 30 Prozent erhöht wurde, entstand ein finanzieller Ausfall für den Bund. Die einzige Ausnahme bildeten zweckgebundene Steuern. Die an den Nationalstrassenbau gebundenen Treibstoffzollzuschläge wurden nach ihrer Einführung 1962 schrittweise bis 1968 von 5 auf 15 Rappen pro Liter erhöht. Auch die an die Finanzierung der Altersversicherung gebundenen Tabakzölle wurden im Rahmen der 6. AHV-Revision ab 1966 ausgebaut.[440]

439 Schweiz. Bundesrat, 1966b, S. 646 f.
440 Prader, 1981, S. 221; Schweiz. Bundesrat, 1964, S. 1132.

Während sich das Wachstum der Einnahmen verlangsamte, stiegen die Ausgaben ungebremst an. Zwar brachte der Bundesrat ab Mitte der 1960er-Jahre den Willen zum Ausdruck, die Staatsquote langfristig zu stabilisieren, jedoch wurde kaum etwas gegen ihren Anstieg unternommen. Die einzige nennenswerte Anstrengung zeigte nur bescheidenen Erfolg. Angesichts steigender Transfers reichte die nationalrätliche Finanzkommission im Dezember 1964 eine Motion zur Überprüfung der Bundessubventionen ein, die von den Räten oppositionslos erheblich erklärt wurde. Die im März 1965 mit dieser Aufgabe betraute Kommission unter der Leitung des Berner Professors Paul Stocker veröffentlichte ihren Bericht im Juli 1966. Dieser enthielt Sparvorschläge im Umfang von 140 Mio. Franken, was rund 10 Prozent der Subventionen entsprach. Angesichts der Finanznöte der Kantone war der Widerstand gegen einschneidende Massnahmen allerdings gross. Nachdem erst der Bundesrat und dann das Parlament Abstriche am Programm der Kommission vorgenommen hatte, wurden 1968 Subventionen an die Landwirtschaft im Umfang von 80 Mio. Franken abgebaut. Gleichwohl erreichten die Landwirtschaftssubventionen in diesem Jahr einen neuen Höchststand.[441]

Schockierende Finanzplanungsprognosen werden schnell verdaut

Anstelle von Sparpaketen und Steuererhöhungen zur Sicherung des Budgetausgleichs setzte der Walliser CVP-Bundesrat Roger Bonvin auf die Institutionalisierung der Finanzplanung. Angesichts des Ausgabenwachstums wollte er ein Instrument schaffen, mit dem sich die langfristigen Konsequenzen von finanzpolitischen Entscheidungen besser abschätzen lassen. Dadurch sollte es die Finanzplanung ermöglichen, angesichts der konjunktur- und wachstumspolitischen Anforderungen entsprechende Schwerpunkte zu setzen.[442]

441 Higy, 1968, S. 542 f.; Schweiz. Bundesrat, 1969, S. 760.
442 Schweiz. Bundesrat, 1968, S. 1240.

Unter dem Walliser CVP-Bundesrat Roger Bonvin (*1907–†1982) wurde 1968 die Finanzplanung institutionalisiert.

Im Frühjahr 1965 beauftragte das Finanz- und Zolldepartement eine Kommission unter der Führung des St. Galler Professors Walter Adolf Jöhr, die Grundlagen für die Finanzplanung zu erarbeiten und Schätzungen über die Entwicklung des Bundeshaushalts anzustellen. Der Kommissionsbericht wurde 1966 veröffentlicht. Die Einführung der Finanzplanung war unumstritten und wurde im Finanzhaushaltgesetz vom 18. Dezember 1968 gesetzlich verankert. Jedoch sorgten die im Bericht enthaltenen Prognosen über die Haushaltsentwicklung für einen Schock, wie die NZZ schrieb:

> «Nach der Euphorie der guten Jahre löste die Konfrontation mit dieser finanzpolitischen Wirklichkeit einen Schock aus. […] Der Bericht der Expertenkommission Jöhr projizierte ein durch wachstumspolitische Prognosen untermauertes Bild der künftigen Staatsausgaben, das beinahe den Eindruck einer kaum noch abzuwendenden Naturkatastrophe erweckte.»[443]

Bereits für das laufende Jahr wurde ein Defizit in Millionenhöhe prognostiziert, das bis 1974 auf jährlich 2 Mrd. Franken ansteigen sollte (1.2 Prozent des BIP von 1974). Weil die Analyse ergab, dass eine Drosselung der Ausgabenentwicklung «nicht sehr ergiebig» wäre, empfahlen die Experten

443 NZZ, 30.12.1966.

dem Bundesrat, Einnahmen von 1 Mrd. Franken zu beschaffen.[444] Wegen dieser Forderung und der von manchen als fatalistisch wahrgenommenen Schätzung der Ausgabenentwicklung war der Jöhr-Bericht politisch stark umstritten: «Die Studie geriet damit nicht nur in den Strudel unmittelbarer finanzpolitischer Auseinandersetzungen, sie setzte sich auch, da die genannte Grössenordnung ausserhalb der politischen Realisierbarkeit stand, dem Vorwurf der Praxisferne aus», so Rudolf Rohr, der spätere Direktor des Redressement National.[445]

Bundesrat Bonvin reagierte umgehend und präsentierte im November 1966 ein Sofortprogramm zur Beschaffung von 400 Mio. Franken, was in etwa dem integrationsbedingten Zollausfall zu Beginn der 1970er-Jahre entsprach.[446] Nachdem der Nationalrat dieser Vorlage in der Gesamtabstimmung im Dezember deutlich zugestimmt hatte, kam es aber zu einer Wende. Die SP entschloss sich nachträglich, die Vorlage abzulehnen, weil sie mit ihrer Forderung nach einer schärferen Wehrsteuerprogression nicht durchgedrungen war. Und als kurz darauf bekannt wurde, dass die Staatsrechnung von 1966 mit einem konjunkturell bedingten Überschuss abschloss, fassten die Freisinnigen denselben Entschluss. Damit war das Schicksal der Vorlage im Wahljahr 1967 besiegelt. Sie wurde am 15. März 1967 in der Schlussabstimmung im Nationalrat mit 87 Stimmen gegen 73 Stimmen verworfen.[447]

Eine Kompromissformel für die siamesischen Zwillinge

Weil der konjunkturelle Aufschwung den Beginn der Defizitperiode nur verzögert hatte, wollte der Tessiner Freisinnige Nello Celio, der 1968 das Amt des Vorstehers des EFD von Roger Bonvin übernahm, wie sein Vorgänger breite Einnahmeerhöhungen durchführen. Er zog die Überarbei-

444 Kommission Jöhr, 1966, S. 226.

445 Rohr, 1972, S. 39.

446 Vorgesehen war neben der Aufhebung des zehnprozentigen Rabatts bei Wehrsteuer und Warenumsatzsteuer auch die Ausdehnung der Besteuerung von baugewerblichen Leistungen und eine Rückbildung der Freiliste bei der Warenumsatzsteuer (Schweiz. Bundesrat, 1966b, S. 651–654).

447 NZZ, 19.03.1967.

tung der 1974 auslaufenden Finanzordnung vor und verband dies mit einer Steuererhöhung im Umfang von 300 Mio. Franken. Indem Celio die Erhöhung der Warenumsatzsteuer im Sinne einer «Opfersymmetrie» mit einer Belastungsumschichtung zulasten der oberen Einkommensklassen bei der Wehrsteuer kombinierte, gelang es ihm, die verteilungspolitischen Widerstände abzubauen, welche die Debatte um das Sofortprogramm geprägt hatten.[448] Für Kontroversen sorgte jedoch die vorgesehene Aufhebung der zeitlichen und materiellen Beschränkung der beiden Hauptsteuern, mit der Celio dem Bund künftige Einnahmeerhöhungen erleichtern und gleichzeitig ein Hindernis auf dem Weg zur Steuerharmonisierung beseitigen wollte (→ Kapitel 9.2). Dieser Plan stiess bei den Kantonen auf starken Widerstand, so BGB-Ständerat Dewet Buri:

> «Der Ständerat folgt dieser Empfehlung nicht, weil in unserem Bundesstaat die direkten Einkommens- und Vermögensbesteuerungen als Domänen der Kantone und der Gemeinden gelten müssen. Sie sei deshalb eine sachliche Beschränkung in der Verfassung, sagt man uns, eine Sicherung vor Übergriffen des Bundes. Das vertreten insbesondere auch kantonale Finanzdirektoren. Man spricht nun von einem Freibrief für beliebige Steuerfestsetzungen, der hier geschaffen würde, falls diese materielle Begrenzung aufgehoben würde.»[449]

Allerdings stand die Mehrheit des Nationalrats hinter dem Vorschlag Celios. Um den Kantonen die Zustimmung zu erleichtern, wurde ihr Verrechnungssteueranteil von 6 auf 12 Prozent erhöht, worauf sich der Ständerat dem Nationalrat nach langem Ringen mit knapper Mehrheit anschloss.[450] Während sich alle Bundesratsparteien für die Finanzvorlage aussprachen, offenbarten sich im bürgerlichen Lager parteiinterne Gegensätze. Nicht alle Kantonalparteien der Freisinnigen hielten sich an die Vorgabe der Landespartei und empfahlen die Ablehnung der Vorlage. Dies führte dazu, dass

448 Bei der Warenumsatzsteuer sollte der Rabatt von 10 Prozent gestrichen werden. Bei der Wehrsteuer sollte der Rabatt auf 5 Prozent gesenkt, die kalte Progression ausgeglichen, die Sozialabzüge erhöht und der Höchstsatz für natürliche Personen von 8 auf 9 Prozent angehoben werden.
449 Sten. Bull. SR 1970 147.
450 Sten. Bull. NR 1970 474; Sten. Bull. SR 1970 247.

Der Tessiner FDP-Bundesrat Nello Celio (*1914–†1995) versuchte, die Defizite im Bundeshaushalt durch eine Erhöhung der Einnahmen auszugleichen.

Gegen die Abschaffung der Befristung und der Maximalsätze von Wehr- und Warenumsatzsteuer: Abstimmungsplakat zur Finanzordnung 1970.

die Finanzordnung am 15. November 1970 – als dritte Vorlage überhaupt – trotz Volksmehr am Ständemehr scheiterte.[451] Somit hatten die Kantone die Aufhebung der Befristung der direkten Bundessteuer verhindert.

Nur ein Monat nach der Volksabstimmung veröffentlichte Bundesrat Celio eine angepasste Finanzordnungsvorlage. Die Vorlage befristete beide Hauptsteuern bis 1982 und umfasste wieder Höchstsätze. Der Wehrsteuermaximalsatz für natürliche Personen wurde auf 9.5 anstatt auf 9 Prozent erhöht. Zudem erhielten die beiden Hauptsteuern eine Flexibilitätsreserve, um die Höchstsätze gegebenenfalls um 10 Prozent erhöhen zu können. Mit der Unterstützung aller grossen Parteien wurde die Finanzordnung in der Volksabstimmung vom 6. Juni 1971 von 71.7 Prozent des Stimmvolks und von allen Ständen angenommen. Sie trat ab 1972 in Kraft, womit

451 Der Ja-Stimmenanteil betrug 55.4 Prozent, jedoch sagten 13 Nein. Die Stimmbeteiligung war mit 41.4 Prozent gering.

dem Bundeshaushalt nicht nur höhere Einnahmen gesichert waren, er verfügte erstmals auch über eine Flexibilitätsreserve, die verhältnismässig einfach ausgeschöpft werden konnte.

Die Wende im Bundeshaushalt wird spürbar

Allerdings mussten sich Regierung und Parlament schneller als erwartet wieder mit der Finanzordnung auseinandersetzen. Der Auslöser war das Defizit in der Staatsrechnung von 1971, das mit einem in Friedenszeiten nie erreichtem Ausmass von 293 Mio. Franken ein Schock war (dies entsprach 0.2 Prozent des BIPs – ein Massstab, der damals noch keine gängige Bezugsgrösse war). Bundesrat Celio beantragte am 2. Oktober 1972 die Ausschöpfung der Flexibilitätsreserven bei der Warenumsatzsteuer und der Wehrsteuer ab 1974, dem die Räte am 21. März 1973 mit wenig Begeisterung zustimmten.[452] Als Bundesrat Celios Nachfolger, der Lausanner freisinnige Georges-André Chevallaz, zu Beginn des Jahres 1974 die Staatsrechnung von 1973 vorlegte, präsentierte sich die Haushaltslage deutlich schlechter als prognostiziert. In Erwartungen einer deutlichen Abschwächung des Wirtschaftswachstums sprach Chevallaz von einem neuen Kapitel in der Entwicklung des Bundeshaushalts (→ Kapitel 9.1).[453]

«Bundesratsreisli» 1968: Nello Celio (*1914–†1995) (l.) nimmt zusammen mit seinen Amtskollegen Roger Bonvin (*1907–†1982) und Rudolf Gnägi (*1917–†1985) (r.) eine Erfrischung zu sich.

452 Amtl. Bull. NR 1972 2150–2182.
453 NZZ, 25.02.1974.

9. Schuldenkrise und Reformwerke

Die 1990er-Jahre waren von weltpolitischen und wirtschaftlichen Ereignissen geprägt, die den Übergang in eine neue Weltordnung markierten. Das Ende des Kalten Krieges bedeutete den Abschluss einer Ära langanhaltender Spannungen und Konfrontationen zwischen den Vereinigten Staaten mit ihren NATO-Verbündeten und der Sowjetunion mit ihren verbündeten Satellitenstaaten. Dies ebnete den Weg für eine neue Zeit der internationalen Zusammenarbeit. Die deutsche Wiedervereinigung im Jahr 1990 nach dem Fall der Berliner Mauer beendete die Teilung des Kontinents und war ein epochaler Schritt in der europäischen Geschichte nach dem Zweiten Weltkrieg. Ebenfalls weitreichende politische, wirtschaftliche und soziale Folgen hatte der Zusammenbruch der Sowjetunion im Dezember 1991, der zur Unabhängigkeit mehrerer ehemaliger Sowjetrepubliken führte.

Zusammenbruch der Sowjetunion und Sieg der Marktwirtschaft

Mit dem Ende des Kalten Krieges und dem Zusammenbruch der Sowjetunion öffneten sich ehemals abgeschottete Volkswirtschaften dem Weltmarkt. Viele osteuropäische Länder unternahmen bedeutende wirtschaftliche Reformen, um von der Planwirtschaft zur Marktwirtschaft überzugehen. Dies führte zu einem Anstieg ausländischer Investitionen in diesen Regionen und einer Erweiterung und Intensivierung der globalen wirtschaftlichen Verflechtungen. Internationale Institutionen wie der Internationale Währungsfonds (IWF), die Weltbank und die Welthandelsorganisation (WTO) spielten eine zunehmend wichtige Rolle bei der Gestaltung der globalen Wirtschaftspolitik. Diese Institutionen förderten die Einführung marktwirtschaftlicher Reformen in Entwicklungs- und Transformationsländern und unterstützten die Integration dieser Länder in die Weltwirtschaft.

Rasante Globalisierung

Angetrieben durch technologische Fortschritte in der Kommunikation und im Transportwesen sowie einer Liberalisierung des Welthandels begann in den 1990er-Jahren auch eine Phase mit intensiver wirtschaftlicher Globalisierung. Nach der Gründung eines gemeinsamen Marktes in Südamerika (MERCOSUR) 1991 wurde 1994 das nordamerikanische Freihandelsabkommen (NAFTA) abgeschlossen und als Folge der Maastrichter Verträge 1993 der Europäische Binnenmarkt etabliert, der 1994 mit dem Europäischen Wirtschaftsraum erweitert wurde. Die rasante Entwicklung im Bereich der Informationstechnologie und insbesondere das Aufkommen des Internets revolutionierten die Art und Weise, wie Geschäfte abgeschlossen und Informationen ausgetauscht wurden. Diese Entwicklungen förderten das Wachstum multinationaler Unternehmen und die Verbreitung einer Wirtschaftspolitik, die auf freie Märkte, weniger staatliche Eingriffe und die Öffnung nationaler Grenzen für den Handel und das Kapital basierte.

Eine Deregulierungswelle

Viele Regierungen von Industrie- wie auch Entwicklungsländern setzten auf Privatisierung von Staatsunternehmen und die Deregulierung von Märkten, um die Effizienz zu fördern und den Wettbewerb zu verstärken. Dieser Prozess hatte bereits in den 1980er-Jahren unter Margaret Thatcher im Vereinigten Königreich weltweit an Dynamik gewonnen. Grossbritannien war europäischer Pionier in Sachen Privatisierungen. Viele Unternehmen in den Bereichen Verkehr, Energie, Kommunikation und Trinkwasserversorgung wurden privatisiert, darunter British Aerospace (1981), Cable & Wireless (1981), Britoil (1982), Jaguar (1984), British Telecom (1984), British Airways (1987), Water Authority (1989) und Electricity Companies (1990). Auch US-Präsident Ronald Reagan (1981–1989) liess in den Vereinigten Staaten Regierungsfunktionen an private Auftragnehmer auslagern. Seine Strategie zielte allerdings in erster Linie auf Deregulierung, Senkung der Staatsausgaben sowie der Steuern. Staatliche Unternehmen wurden hingegen kaum verkauft, beredte Ausnahme ist die Privatisierung der «Conrail» 1987, einer staatlichen Eisenbahngesellschaft. Über eine Privatisierung der Post und des Luftverkehrskontrollsystems wurde zwar diskutiert, aufgrund negativer Reaktionen hingegen nicht umgesetzt. In Deutschland wurde nach der Wiedervereinigung der «Treuhandanstalt» die Eigentumsrechte an den DDR-Staatsbetrieben übertragen. Innerhalb weniger Jahre entschied die Anstalt über Privatisierung oder Stilllegung von fast 13'000 Unternehmen, die zuvor im «volkseigenen» Besitz waren.[454]

9.1 Zuerst sparen, dann Steuern – Die Haushaltskonsolidierung nach dem Boom

Von den geopolitischen Verschiebungen waren auch die Schweiz und ihr Staatshaushalt betroffen. Nachdem der Bundeshaushalt wegen des starken Ausgabenwachstums 1971 aus dem Gleichgewicht geraten war, verschlechterte sich dessen Situation nach dem Ausbruch der Rezession 1974/76 massiv. Die Defizite stiegen sprunghaft an und machten die Haushaltssanierung zum dominierenden finanzpolitischen Thema. Nun galt es zum ersten Mal in der Geschichte der Bundesfinanzen, eine Haushaltskrise ohne den Rückgriff auf Notrecht zu überwinden. Dieses Vorhaben erwies sich als ambitioniert. Die politische Kompromissfindung zur Begrenzung des Ausgabenwachstums war schwierig. Gleichzeitig machte sich beim Stimmvolk ein deutlicher Steuerwiderstand bemerkbar. Als der Budgetausgleich Mitte der 1980er-Jahre schliesslich erreicht war, weckten die Rechnungsüberschüsse umgehend neue Begehrlichkeiten.

Eine finanzpolitische Neuausrichtung wird notwendig

In den 1970er-Jahren fand die beinahe dreissig Jahre dauernde Expansionsphase der Nachkriegszeit ein abruptes Ende. Der wirtschaftliche Einbruch durch den starken Ölpreisanstieg («Ölpreisschock») war in der Schweiz mit

454 Maurer, Sander & Schmidt, 1991; Schneider, 2001; Tingle, 1988.

einem BIP-Rückgang von rund 7.3 Prozent ungewöhnlich stark. Einen Einfluss darauf hatte auch der konsequente Stabilitätskurs, den die SNB nach dem Übergang zu flexiblen Wechselkursen 1973 einschlug. Der geldpolitische Kurswechsel senkte die Inflation zwischen 1974 und 1976 von zehn auf zwei Prozent – weshalb es «keine grosse Überraschung» sei, dass der wirtschaftliche Einbruch in der Schweiz zwar kurz, aber äusserst stark war, so der Berner Professor Ernst Baltensperger.[455] Nach der Krise veränderten sich die wirtschaftlichen Rahmenbedingungen nachhaltig. Das Wirtschaftswachstum ging zurück und stabilisierte sich auf einem deutlich tieferen Niveau: Das durchschnittliche reale BIP-Wachstum seit 1974 betrug rund 1.4 Prozent, während es von 1947 bis 1973 rund 5 Prozent waren.

Als der Waadtländer freisinnige Georges-André Chevallaz 1974 das Amt des Vorstehers des EFD übernahm, hatte sich die Situation des Bundeshaushalts bereits deutlich verschlechtert (→ Kapitel 8.5). In seiner ersten Rede als neugewählter Bundesrat im Februar 1974 gab Chevallaz seiner Überzeugung Ausdruck, dass man das Ende einer beispiellosen Wachstumsphase erreicht habe und der Bundeshaushalt vor einer grundsätzlichen Neuausrichtung stehe.[456] Diesen Standpunkt unterstrich er zwei Monate später bei der Präsentation die Staatsrechnung von 1973, die ein rekordhohes Defizit von

Ein Spaziergänger auf der Autobahn: Die Erdölkrise von 1973 veranlasste den Bundesrat zur Verhängung von drei autofreien Sonntagen.

Der Lausanner FDP-Bundesrat Georges-André Chevallaz (*1915–†2002) setzte zahlreiche Massnahmen zur Sanierung der Bundesfinanzen durch.

455 Baltensperger, 2012, S. 229.
456 NZZ, 25.02.1974.

778 Mio. Franken (0.5 Prozent des BIP) auswies (→ Abb. 19). Die Zeiten, in denen das Wirtschaftswachstum dem Bund trotz neuer Verpflichtungen positive Rechnungsabschlüsse sichere, seien nun vorbei, so Chevallaz.[457]

Chevallaz' Strategie sah vor, den Bundeshaushalt bis 1979 durch die Einführung der Mehrwertsteuer zu sanieren. Um die Defizite zwischenzeitlich zu begrenzen, einigten sich die Bundesratsparteien 1974 auf ein von Chevallaz als «Minimalprogramm» bezeichnetes Massnahmenpaket im Umfang von 1.5 Mrd. Franken (0.9 Prozent des BIP). Über die Notwendigkeit von Mehreinnahmen herrschte Einigkeit. Die Warenumsatzsteuer und der Maximalsatz der Wehrsteuer sollten erhöht werden.[458]

Um das Ausgabenwachstum zu bremsen, war ein Personalstopp und Fristerstreckungen bei geplanten Projekten vorgesehen. Den «Bremsweg» nahm Chevallaz explizit in Kauf. Der Solothurner FDP-Ständerat Ulrich Luder beschrieb dies als den «[…] Versuch, im hintersten Wagen den Zug zu bremsen, ohne gleichzeitig die Geschwindigkeit der Fahrt zu begrenzen».[459] Die Bürgerlichen beschlossen gegen den Willen der SP eine Ausgabenbremse in Form einer qualifizierten Mehrheitsregel für Ausgabenbeschlüsse und bekundeten damit erstmals den Willen, der Expansion des Staats Grenzen setzen zu wollen.

Dem Stimmvolk ging die Einnahmeerhöhung allerdings zu weit: «Zuerst sparen, dann Steuern!», fasste die NZZ die Abstimmungsresultate vom 8. Dezember 1974 zusammen.[460] Trotz der Unterstützung der Regierungsparteien, der Wirtschaftsverbände und der Arbeitnehmerorganisationen wurde das Massnahmenpaket klar verworfen. Die Ausgabenbremse wurde hingegen deutlich angenommen. Sie konnte aber nicht in Kraft treten, da sie an das Massnahmenpaket gekoppelt war.[461]

Chevallaz reagierte umgehend und präsentierte innert Monatsfrist ein neues Massnahmenpaket, das nach einigen Änderungen im Parlament Mehr-

---

457 NZZ, 20.04.1974.

458 Die Warenumsatzsteuer wurde für Detaillisten von 4.4 auf 6 Prozent und für Grossisten von 6.6 auf 9 Prozent erhöht. Der Wehrsteuermaximalsatz wurde für natürliche Personen von 10.45 auf 12 Prozent und für juristische Personen von 8.8 auf 10 Prozent erhöht.

459 Amtl. Bull. SR 1974 403.

460 NZZ, 11.12.1974.

461 Steuerpaket: 55.6 Prozent Nein-Stimmen und 18 ablehnende Stände; Ausgabenbremse: 67.0 Prozent Ja-Stimmen und alle Standesstimmen. Die Stimmbeteiligung betrug 39.6 Prozent.

einnahmen und temporäre Sparmassnahmen im Umfang von je rund 1.2 Mrd. Franken (0.7 Prozent des BIP) umfasste. Neben einer Erhöhung der Warenumsatzsteuer und der Wehrsteuermaximalsätze wurde nun auch die Verrechnungssteuer (temporär für 1975–1979) erhöht. Die Sparmassnahmen konzentrierten sich auf die AHV (1975/77), die Subventionen (1975/77) und die Kantonsanteile an den Bundeseinnahmen (1975).[462] Das neue Massnahmenpaket wurde vom Souverän am 8. Juni 1975 gutgeheissen und auch die Ausgabenbremse trat nach dem zweiten Ja in Kraft (→ Tab. 14).[463] Am selben Tag kamen zwei Einnahmeerhöhungen an die Urne, die das Parlament im Herbst 1974 beschlossen hatte, gegen die das Referendum ergriffen worden war. Dabei erwies sich die Erhöhung der Treibstoffzollzuschläge für den Nationalstrassenbau als mehrheitsfähig, die Erhöhung des Heizölzolls nicht.[464]

Im April 1980 schritten Königin Elisabeth II. und Bundespräsident Georges-André Chevallaz gemeinsam die Ehrenkompanie am Flughafen Zürich-Kloten ab.

462 Bei der Wehrsteuer wurde der Maximalsatz für natürliche Personen auf 11.5 und für juristische Personen auf 9.8 Prozent erhöht. Zudem wurden die Sozialabzüge für Verheiratete ausgebaut. Die Warenumsatzsteuersätze wurden auf 5.6 Prozent und 8.4 Prozent und die Verrechnungssteuer wurde für 1975–1979 von 30 auf 35 Prozent erhöht. Die Sparmassnahmen konzentrierten sich auf die Bundesbeiträge an die AHV (540 Mio. Franken) für 1975–1977, die Subventionen (400 Mio. Franken) für 1975–1977 und die Kantonsanteile an den Bundeseinnahmen (200 Mio. Franken) für 1975.

463 Massnahmenpaket: 56.0 Prozent Ja-Stimmen und 17 Standesstimmen. Ausgabenbremse: 75.9 Prozent Ja-Stimmen und alle Standesstimmen. Die Stimmbeteiligung betrug 36.8 Prozent.

464 Treibstoffzollzuschläge: 53.5 Prozent Ja-Stimmen; Erhöhung des Heizölzolls: 51.9 Prozent Nein-Stimmen. Die Stimmbeteiligung betrug 36.8 Prozent; (Amtl. Bull. NR 1975 174; NZZ, 28.04.1975; 09.06.1975).

Tab. 14. Sanierungsmassnahmen 1975–1984 (in Mio. CHF)

	Einnahmen		Ausgaben	
	temporär	**dauerhaft**	**temporär**	**dauerhaft**
Massnahmenpaket (1975)	350	990	1'160	80
Erhöhung Warenumsatzsteuer (5.6 % / 8.4 %)		*990*		
Erhöhung Verrechnungssteuer von 30 auf 35 % für 1975–1979	*350*			
Kürzung AHV-Bundesanteil von 15 auf 9 % für 1975–1977			*540*	
Kürzung der Kantonsanteile an den Bundeseinnahmen 15 % (1975)			*220*	
Subventionsabbau 10 % für 1975–1977			*400*	
Kürzungen Landesverteidigung				*80*
Erhöhung Treibstoffzollzuschläge (1975)		400		
Sparpaket I (1977)				500*
Finanzmassnahmen (1977)		260	220	170
Kürzung der Kantonsanteile an den Bundeseinnahmen um 15 % (1977)			*220*	
Abbau Brot- und Buttersubventionen				*170*
Erhöhung Stempelabgaben		*160*		
Erhöhung Tabaksteuer		*100*		
Sparmassnahmen (1980)			360	370
Subventionsabbau 10 % für 1981–1985			*360*	
Aufhebung Kantonsanteile Stempelsteuer				*135*
Abbau Kantonsanteil am Reinertrag der Alkoholverwaltung				*135*
Abbau Brotverbilligung				*100*
Finanzordnung 1983/94		300**		
Schwerverkehrsabgabe (1984)		100		
Autobahnvignette (1984)		250		
Total	**350**	**2'300**	**1'740**	**1'120**

Quellen: Schweiz. Bundesrat, 1975b, S. 340, 353, 356; Schweiz. Bundesrat, 1977a, S. 789–860; Schweiz. Bundesrat, 1977b, S. 1466; Schweiz. Bundesrat, 1980a, S. 529; NZZ, 26.11.1981, 16.07.1984. Anmerkungen: 1 Mit dem Sparpaket wurden die linearen Kürzungen des Massnahmenpakets von 1975 ins ordentliche Recht überführt; 2 Aus einer Erhöhung der Warenumsatzsteuer und Erleichterungen bei der Wehrsteuer resultierten Mehreinnahmen von 300 Mio. Franken.

Die Rezession macht der Sanierung einen Strich durch die Rechnung

Der Ausbruch der Rezession 1974 machte die Bemühungen um eine Konsolidierung zunichte. Die Schere zwischen Einnahmen und Ausgaben öffnete sich weiter und der Bundeshaushalt verzeichnete ein Defizit von 0.9 Prozent des BIP. Das Wachstum der Einnahmen wurde zum einen von der Warenumsatzsteuer gebremst, deren Ertrag rund zur Hälfte aus der Belastung von Investitionen stammte, die stark zurückgegangen waren. Zum andern liess das Wachstum der Zollerträge nach. Im Rahmen der Zollintegration wurden 1977 die Zölle auf Industriegüter im europäischen Freihandelsraum vollständig abgebaut. Auch konnte das Gewichtzollsystem nicht mit der Inflation Schritt halten, da es Zölle basierend auf dem Gewicht und nicht auf dem steigenden Wert der Waren berechnete (→ Abb. 17).

Angesichts der Krise wurde die restriktive Ausgabenpolitik im Sommer 1975 wieder gelockert. Auf Initiative der SP und des LdU wurde im Juni ein Investitionsprogramm verabschiedet, das auch von der FDP unterstützt wurde. Auf das erste Programm folgten zwei weitere im Dezember 1975 und im März 1976.

Die ersten beiden kamen dem Baugewerbe und das dritte der Industrie zugute. Gesamthaft wendete der Bund 2.1 Mrd. Franken auf (1.25 Prozent des BIP von 1976), womit das Sparpaket vom Dezember 1974 überkompensiert wurde.[465]

Für die verhältnismässig tiefen Arbeitslosenzahlen von rund 0.7 Prozent während der Krise waren aber weniger die Investitionsprogramme als vielmehr das Fehlen einer obligatorischen Arbeitslosenversicherung verantwortlich, weshalb die offiziellen Statistiken das Ausmass der Arbeitslosigkeit nicht widerspiegelten. Von Arbeitslosigkeit betroffen waren hauptsächlich Ausländer, die über temporäre Arbeitsbewilligungen verfügten und in ihre Heimat zurückkehrten («Export der Arbeitslosigkeit»), sowie Frauen, Jugendliche und Ältere, die sich aus dem Erwerbsleben zurück-

465 Balastèr, 2009, S. 26–29; Prader, 1981, S. 399–411; 464–481.

Abb. 17: Die Ausgaben und Einnahmen des Bundes (1970–2018)

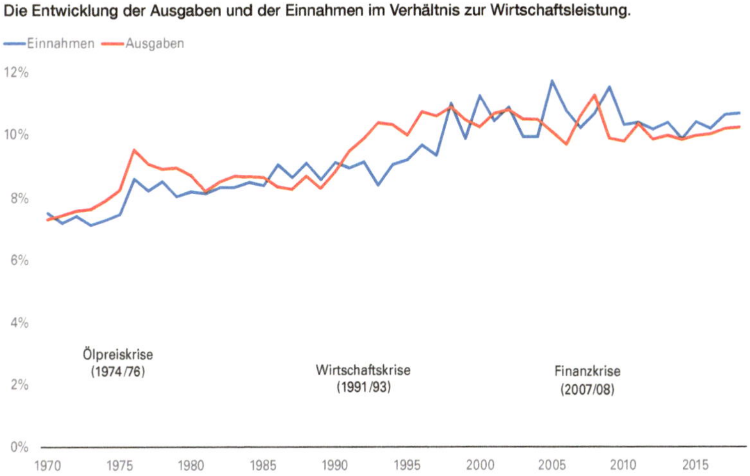

Quellen: Eigene Berechnungen. Rechnungsabschlüsse: 1849–1912: BFS, Statistisches Jahrbuch 1935 (S. 326 f.); 1913–1954: EVF, Staatsrechnung 1955 (S. 44*); 1955–1989: EFV, Staatsrechnung 1990 (S. 102); 1990–2018: EFV Staatsrechnung (entspr. Jahrgänge). BIP: Stohr (2016); BFS (2019).

zogen.[466] Wie Patrick Halbeisen und Tobias Straumann hervorheben, wären die Defizite des Bundes in der Rezession der 1970er-Jahre deutlich grösser ausgefallen, hätte er den ausländischen Arbeitskräften Arbeitslosengelder auszahlen müssen.[467]

466 Expertengruppe Wirtschaftslage, 1977, S. 202–205; Prader, 1981, S. 421–436; Schmidt, 1985, S. 37 f.

467 Halbeisen & Straumann, 2012, S. 1056.

Chevallaz nimmt die grosse Reform in Angriff

Nach Jahrzehnten, in der die Staatsverschuldung politisch kaum Beachtung fand, geriet sie in den frühen 1970er-Jahren plötzlich wieder ins Rampenlicht. Dieser Wandel wurde durch einen raschen Anstieg der Schuldenquote von 9,3 Prozent im Jahr 1973 auf 14,4 Prozent im Jahr 1976 ausgelöst (→ Abb. 18). Der überproportionale Anstieg der Zinskosten löste bald Diskussionen über die Grenzen der Staatsverschuldung aus.[468]

Abb. 18: Die Schulden des Bundes (1970–2018)

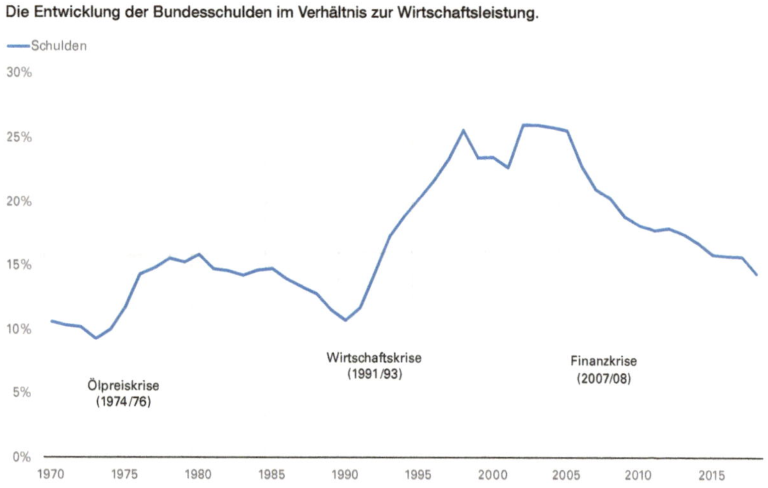

Quellen: Eigene Berechnungen. Schulden: 1849–1912: EFV, Staatsrechnung (entspr. Jahrgänge); 1913–1941: ESTV, Finanzen von Bund, Kantonen und Gemeinden (1944/45); 1942–1970: ESTV, Finanzen von Bund, Kantonen und Gemeinden (entsprechende Jahrgänge); 1971–1989: EFV; 1990–201: EFV, Staatsrechnung (entspr. Jahrgänge); BIP: Stohr (2016); BFS (2019).

Chevallaz hielt das Potenzial von Sparmassnahmen für die Haushaltssanierung für zu gering, weshalb er die Arbeit an der Mehrwertsteuer beschleunigte und bereits im März 1976 die entsprechende Botschaft vorlegte. Chevallaz plante die grösste Steuererhöhung in der Geschichte des Bundesstaats: Er wollte dem Bund mit dem Wechsel zur 10-prozentigen Mehrwertsteuer

468 Wittmann, 1982, S. 917–927.

Einnahmen von 3 Mrd. Franken (1.8 Prozent des BIP von 1976) beschaffen. Als Antwort auf die Reichtumsteuer-Initiative der SP war ausserdem eine Erhöhung des Wehrsteuermaximalsatzes auf 14 Prozent und ein Ausbau der Sozialabzüge vorgesehen (→ Kapitel 9.2).[469]

Die Vorlage sorgte für einen Aufschrei im bürgerlichen Lager: «Zuerst mehr Steuern, dann ergibt sich alles von selbst!», lautete der Kommentar des Zürcher LdU-Ständerats Albin Heimann.[470] Die Bürgerlichen verlangten ein weiteres Sparpaket (Sparpaket I) und erklärten in beiden Räten eine Motion für eine stabile Staatsquote und den Budgetausgleich bis 1980 für erheblich. SP-Präsident Helmut Hubacher erklärte, dass seine Partei die «Kröte» Mehrwertsteuer schlucke, wenn die Bürgerlichen die Wehrsteuer verdauten.[471] Nach langem Ringen einigten sich die Parteien schliesslich auf einen Wehrsteuermaximalsatz von 13 Prozent. Die SP signalisierte Zu-

«Mehr Steuern, Mehr Preise»: Abstimmungsplakat gegen die Einführung der Mehrwertsteuer 1977.

«Mehrwertsteuer alles teurer»: Abstimmungsplakat gegen die Einführung der Mehrwertsteuer 1979.

469 Die Sozialabzüge sollten erhöht und der Freibetrag von 9'700 auf 25'000 Franken angehoben werden. Der Höchstsatz für natürliche Personen sollte von 11.5 auf 14 Prozent erhöht werden.

470 Amtl. Bull. SR 1976 128.

471 Amtl. Bull. NR 1976 664.

stimmung zum Sparpaket I, das die Überführung der 1975 beschlossenen Subventionskürzungen ins ordentliche Recht vorsah.[472]

Allerdings erwies sich der Kompromiss als brüchig. Offiziell wurde die Vorlage von den Bundesratsparteien wie auch vom Vorort und den Arbeitnehmerorganisationen unterstützt, wobei je nach politischer Gesinnung entweder das Sparpaket oder die Sicherung des Sozialstaats hervorgehoben wurde. Jedoch fassten mehrere Kantonalparteien der SVP und FDP die Nein-Parole und auch innerhalb der SP war die Vorlage umstritten. Angesichts dieser Ausgangslage überraschte die Ablehnung der Mehrwertsteuer nicht. Jedoch fiel das Abstimmungsresultat am 12. Juni 1977 mit 59.5 Prozent Nein-Stimmen und dem Nein aller Stände ausser Graubünden unerwartet deutlich aus. Die Stimmbeteiligung betrug 50.5 Prozent.

Der Grundstein für härtere (finanz-)politische Konfrontationen ist gelegt

Das Scheitern des Mehrwertsteuervorschlags markierte ein vorläufiges Ende der seit den 1960er-Jahren bestehenden finanzpolitischen Harmonie zwischen den Bundesratsparteien. Auf allen Seiten wurde Kritik laut, dass man in den vergangenen Jahren zu viele Kompromisse eingegangen sei. Im bürgerlichen Lager forderten allen voran die Freisinnigen umgehend Sparmassnahmen, um einen weiteren Anstieg der Verschuldung zu verhindern. Die SP hingegen interpretierte das Abstimmungsresultat als Nein zu «unsozialen» Steuern. Sie wollte eine «Denkpause» einlegen, um Zeit für die Ausarbeitung einer ausgewogenen Finanzordnung zu haben, und nahm einen Anstieg der Verschuldung in Kauf.[473]

Obwohl 1977 eine konjunkturelle Erholung einsetzte, kam eine Denkpause für Chevallaz nicht infrage. Er legte dem Parlament im August mit den «Finanzmassnahmen 77» ein Spar- und Einnahmenpaket vor.[474] Dies

472 Prader, 1981, S. 482–501.

473 NZZ, 6.6.1977; 18.6.1977.

474 Die Finanzmassnahmen 77 sahen den Abbau der Kantonsanteile an den Bundeseinnahmen um 15 Prozent, die Streichung der Brot- und Buttersubventionen sowie die Erhöhung der Stempelsteuer um 50 Prozent und der Tabakbesteuerung um 20 Prozent vor.

war im Sinne der bürgerlichen Parlamentsmehrheit, welche die Vorlage gegen den Widerstand der SP verabschiedete. Insbesondere der darin vorgesehene Subventionsabbau erzürnte die Sozialdemokraten, allen voran Ezio Canonica, Nationalrat und Präsident des SGB: «Diese Strafaktion ist politisch instinktlos und sehr, sehr fragwürdig.»[475] Die SP ergriff das Referendum gegen den Abbau der Brot- und Buttersubventionen und gab auch die Unterstützung für das im Rahmen der Mehrwertsteuervorlage ausgearbeitete Sparpaket I auf, wogegen linke Kleinparteien erfolgreich das Referendum ergriffen hatten. Allerdings bekräftigte die Mehrheit des Stimmvolkes erneut seinen Sparwunsch. Das Sparpaket I wurde ebenso deutlich gutgeheissen wie die Finanzmassnahmen 77 (→ Tab. 14).[476]

Die AHV wird konsolidiert

Uneinigkeit herrschte nicht nur über die Frage der Sanierung der Bundesfinanzen. Nachdem in den 1960er-Jahren ein grosser Konsens über den Ausbau des Sozialstaats bestanden hatte, gingen die Meinungen in der ersten Hälfte der 1970er-Jahre auseinander. Angesichts der Haushaltskrise sprachen sich die Bürgerlichen für einen «Marschhalt» bei der AHV und eine Konsolidierung des Sozialstaats aus. Die politische Linke kritisierte die «soziale Demontage» durch die Reduktion der Bundesbeiträge an die AHV im Rahmen des Massnahmenpakets von 1975 und pochte auf einen weiteren Ausbau. Allerdings wuchs der Wille zur Eindämmung des Expansionsprozesses, wofür der Nationalrat ein untrügliches Signal sendete, als er in der Frühjahrssession 1974 zum ersten Mal nicht auf die bundesrätliche Botschaft zu einer AHV-Revision eintrat. Diese 9. AHV-Revision sah unter anderem eine Volldynamisierung der Renten (Anpassung an die Teuerung und die Lohnentwicklung) vor. Als sich das Parlament nach kontroversen Diskussionen auf einen Mischindex (Mittel zwischen der Preis- und Lohnentwicklung) einigte, wurde von einem rechtsbürgerlichen Komi-

475 Amtl. Bull. NR 1977 1184.

476 Das Sparpaket I erzielte am 4. Dezember 1977 62.4 Prozent Ja-Stimmen. Die Stimmbeteiligung betrug 38.2 Prozent. Der Abbau der Brot- und der Buttersubventionen erzielte am 28. Mai 1978 54.8 Prozent Ja-Stimmen. Die Stimmbeteiligung betrug 48.7 Prozent.

tee erfolgreich das Referendum ergriffen. Im Abstimmungskampf erfuhr die 9. AHV-Revision – die erste, die an die Urne kam – breite Unterstützung und wurde am 26. Februar 1978 klar angenommen. Am selben Tag wurde hingegen die Initiative der Progressiven Organisationen der Schweiz («POCH») für eine Senkung des Rentenalters massiv verworfen. Damit setzte der Souverän dem expansiven Kurs der AHV engere Grenzen, was aber nichts daran änderte, dass der relative Anteil der Sozialausgaben an den Bundesausgaben weiter zunahm (→ Abb. 2).

Chevallaz bleibt ratlos zurück: Die Mehrwertsteuer scheitert erneut

Nach der Sparrunde vom Dezember 1977 erklärte Chevallaz, dass es keinen Spielraum für Einsparungen mehr gebe und neue Einnahmen unausweichlich seien.[477] Nach Rücksprache mit den Parteien und Verbänden präsentierte er im März 1978 eine mit jener von 1977 identischen Mehrwertsteuervorlage, die aber tiefere Steuersätze und weniger Sozialabzüge vorsah. Das Parlament diskutierte kontrovers und verabschiedete die Vorlage erst nach einem Differenzbereinigungsverfahren, wobei der Wehrsteuermaximalsatz auf 13.5 Prozent erhöht und die Sozialabzüge ausgebaut wurden.[478]

Obwohl der Maximalsatz der Wehrsteuer höher war als in der letzten Vorlage, kritisierten die Sozialdemokraten, dass die Haushaltssanierung einseitig auf den Schultern der Konsumenten laste. Sie machten eine Bankensteuer zur Bedingung für ihre Zustimmung, was ihnen angesichts der 1979 anstehenden Parlamentswahlen den Vorwurf des wahltaktischen Verhaltens einbrachte. Die bürgerliche Parlamentsmehrheit weigerte sich, neue Steuern im Rahmen der Finanzordnung zu behandeln, und beauftragte stattdessen den Bundesrat mit einer Motion, die Besteuerung von Banken zu prüfen – was die SP wiederum als «reine Alibiübung» bezeichnete.

Das Ausscheren der SP trug dazu bei, dass in bürgerlichen Kreisen der Widerstand gegen die Mehrwertsteuervorlage wuchs. Während die bürger-

477 NZZ, 05.12.1977.

478 Mehrwertsteuer: 8 anstatt 10 Prozent; Wehrsteuermaximalsatz: 12.5 anstatt 13 Prozent.

lichen Landesparteien die Ja-Parole beschlossen, scherten erneut mehrere Kantonalparteien der FDP und SVP aus. Chevallaz versuchte, die Vorlage zu retten, indem er sechs Wochen vor der Volksabstimmung ankündigte, den Mehrwertsteuersatz während mindestens zwei Jahren bei 7 Prozent zu belassen. Allerdings konnte er damit nicht verhindern, dass die Mehrwertsteuer beim zweiten Anlauf vom 20. Mai 1979 noch deutlicher abgelehnt wurde.[479] In einer Stellungnahme nach der Volksabstimmung zeigte sich Chevallaz ratlos. Es sei nicht absehbar, wie sich die Vorstellungen der Bürgerlichen mit jenen der Sozialdemokraten vereinbaren liessen. Schliesslich sah er sich nach drei verlorenen Volksabstimmungen veranlasst, auf 1980 ins Militärdepartement zu wechseln.[480]

Ritschard erbringt eine Vorleistung

Das Amt Chevallaz' übernahm der Solothurner Sozialdemokrat Willi Ritschard, der davor dem Verkehrs- und Energiedepartement vorstand. Ritschard machte sich umgehend an die Haushaltssanierung. Sein Sanierungsplan sah vor, mit dem «Sparpaket 80» im Sinne einer Vorleistung verschiedene Transferzahlungen zu senken. In einem zweiten Schritt wollte er sich der 1982 auslaufenden Finanzordnung annehmen. Zudem sollte die Warenumsatzsteuer auf Energieträger ausgedehnt und die von der SP geforderte Bankensteuer sowie eine Schwerverkehrsabgabe eingeführt werden.[481] Die Sozialdemokraten reagierten zurückhaltend auf den Plan ihres Bundesrats. Angesichts der anahaltenden Defizitperiode erklärte sich nun auch die SP grundsätzlich zu Sparmassnahmen bereit, erwartete im Gegenzug aber die Kooperation der Bürgerlichen bei den Einnahmenprojekten («Sondersteuern»). Obwohl sich viele politische Widerstände bei den Sparmassnahmen überlagerten, gelang es, das Sparpaket im Umfang von 700 Mio. Franken (0.35 Prozent des BIP von 1980) ohne grössere Abstriche zu verabschieden. Trotz Referendumsdrohung akzeptierte die SP auch

479 65.4 Prozent der Stimmenden und alle Stände sagten Nein. Die Stimmbeteiligung betrug 37.6 Prozent.
480 Amtl. Bull. 1978 NR 1924–1926; NZZ, 10.5.1979; 12.05.1979; 16.05.1979; 21.05.1979.
481 Schweiz. Bundesrat, 1980b, S. 726–732.

die Subventionskürzung um 10 Prozent für 1982 und 1983, nachdem sie einige Milderungen durchsetzen konnte.[482] Das Stimmvolk bekundete am 30. November 1980 zum dritten Mal innert drei Jahren deutlich seinen Sparwillen, indem es drei Massnahmen zustimmte, die Verfassungsänderungen notwendig machten[483] (→ Tab. 14).[484]

«Die Finanzlage der Eidgenossenschaft ist nicht das Resultat einer liederlich verbrachten Nacht. Die Defizite des Bundes sind ein in Jahren und Jahrzehnten gewachsenes Strukturproblem.» Der Sozialdemokrat Willi Ritschard (*1918–†1983) stand dem Finanzdepartement von 1980 bis 1983 vor.

«Helft Ritschard»: 16 Vorschläge, wie man die leere Bundeskasse füllen könnte. Karikatur im *Nebelspalter* 1980.

482 Die ursprünglich bis 1982 beschränkten Massnahmen wurden mit Beschluss vom 17. Dezember 1982 bis 1985 verlängert und dann durch Einsparungen in den Bereichen Unterricht und Forschung, Landwirtschaft sowie SBB und Verkehr abgelöst.

483 Abbau der Kantonsanteile an den Stempelabgaben: 67.3 Prozent Ja-Stimmen und 20 Standesstimmen; Abbau der Kantonsanteile am Reinertrag der Alkoholverwaltung: 71.0 Prozent Ja-Stimmen und 21 Standesstimmen; Abbau der Brotverbilligung: 63.5 Prozent Ja-Stimmen und 20 Standesstimmen. Die Stimmbeteiligung betrug 41.9 Prozent.

484 Reich, 1980, S. 14 f.; Hablützel, 1984, S. 42–58

Konsenszwang bei der Bundesfinanzordnung – Sondersteuern für den Verkehr

Diese Vorleistung der SP trug dazu bei, dass sich die Stimmung unter den Bundesratsparteien entspannte. Allerdings warf die SP den Bürgerlichen bald eine «Sabotage» der Haushaltssanierung vor, da diese darauf beharrten, zuerst die Weiterführung der Finanzordnung abzuschliessen, bevor mit der Arbeit an den «Sondersteuern» begonnen wird. Gleichwohl ging die Verlängerung der 1982 auslaufenden Finanzordnung reibungslos über die politische Bühne. Ritschard erhielt viel bürgerliches Lob dafür, dass er die siamesischen Zwillinge trennte, indem er die Warenumsatzsteuer, nicht aber die Wehrsteuerprogression (deren Erhöhung seit 1970 Bestandteil jeder Vorlage war) erhöhte. Obwohl die Vorlage aus Ritschards Sicht das absolute Minimum darstellte, dünnte sie das Parlament stark aus und reduzierte die Mehreinnahmen auf rund 300 Mio. Franken für den Bund. Die FDP und die SVP setzten eine Reduktion der Warenumsatzsteuersätze durch und die SP bewirkte zusammen mit der CVP eine Erhöhung der Sozialabzüge bei der Wehrsteuer.[485] Damit war «[...] die für die helvetische Politik anzustrebende mittlere Unzufriedenheit hergestellt», so der Luzerner CVP-Ständerat und spätere Bundesrat Alphons Egli.[486] So gering der Enthusiasmus seitens der Politik über diesen Kompromiss war, so deutlich war am 29. November 1981 die Zustimmung für die Weiterführung der Finanzordnung bis 1994 an der Urne (→ Tab. 14).[487] Noch bevor die neue Finanzordnung 1983 eingeführt wurde, gelang Bundesrat Willi Ritschard Historisches, indem die Wehrsteuer am 13. Januar 1982 per Bundesratsbeschluss in direkte Bundessteuer umbenannt wurde.

Auch bei den «Sondersteuern» musste Ritschard Abstriche hinnehmen. Die Besteuerung des Bankensektors scheiterte, weil die SP im Nationalrat in einem taktisch ungeschickten Manöver auf einer Gesamtabstimmung beharrte, anstatt auf moderatere Vorschläge der Bürgerlichen

---

485 Die Warenumsatzsteuer sollte für Detaillieferungen von 5.6 auf 6.4 Prozent und für Engroslieferungen von 8.4 auf 9.6 Prozent erhöht werden. Das Parlament einigte sich schliesslich auf 6.2 Prozent und 9.3 Prozent.

486 Sten. Bull. 1981 SR 218.

487 69.0 Prozent der Stimmenden und alle Stände sagten Ja. Die Stimmbeteiligung betrug 30.4 Prozent.

einzugehen. Die Ausdehnung der Warenumsatzsteuer auf steuerbefreite Energieträger wurde lange verzögert und erst 1989 im Rahmen der Verlängerung der Finanzordnung angegangen. Wie Chevallaz gelang auch Ritschard die Einführung von Sondersteuern nur im Verkehr. Der Neuregelung der Treibstoffzölle stimmte der Souverän am 27. Februar 1983 knapp zu, womit deren Zweckbindung an den Nationalstrassenbau gelockert und 10 Prozent des Grundzolls dem Bundeshaushalt zugewiesen wurde.[488] Die Schwerverkehrsabgabe war unbestritten und wurde in der Volksabstimmung vom 26. Februar 1984 deutlich angenommen.[489] Am selben Tag stimmte der Souverän auch der Autobahnvignette zu, die auf Betreiben des Parlaments eingeführt wurde[490] (→ Tab. 14).[491]

Der konjunkturelle Aufschwung bringt die Kehrtwende

Zwar war es Ritschard gelungen, die Finanzordnung zu verlängern, mit der Haushaltsanierung ging es aber kaum voran. Die Einnahmeprojekte wurden verzögert und die Staatsquote stieg trotz den Sparmassnahmen ab 1981 wieder leicht an. Letzteres insbesondere, da die Bundesbeiträge mit der 9. AHV-Revision von 1978 schrittweise auf ihr ursprüngliches Niveau zurückgeführt wurden. Zudem wurde im März 1983 unter dem Eindruck einer weltweiten Konjunkturabkühlung ein Beschaffungsprogramm für Bau und Industrie im Umfang von 900 Mio. Franken beschlossen (0.9 Prozent des BIP von 1983).

Die Situation änderte sich erst, als im Verlauf des Jahres 1983 ein starkes Wirtschaftswachstum einsetzte und die Einnahmen wieder anstiegen. Die Warenumsatzsteuer profitierte von den steigenden Investitionen und die rege Aktivität an der Börse liess den Ertrag der Stempelabgaben und der Verrechnungssteuer ansteigen. Dank eines Einnahmensprungs fand die

488 Von den Bundesratsparteien beschloss einzig die SP Stimmfreigabe. Die Zustimmung fiel am 27. Februar 1983 mit 52.7 Prozent Ja-Stimmen und 15.5 Standesstimmen knapp aus.

489 Die Einführung der Schwerverkehrsabgabe wurde von allen grossen Parteien unterstützt und am 26. Februar 1984 mit 58.7 Prozent Ja-Stimmen und 15.5 Standesstimmen angenommen.

490 Zur Autobahnvignette sagten 53 Prozent der Stimmenden und 17 Stände Ja.

491 Schweiz. Bundesrat, 1981a, S. 282; Amtl. Bull. NR, 1983, S. 9; NZZ, 02.02.1983; 07.02.1983.

fünfzehnjährige Defizitperiode 1986 mit dem grössten je erzielten Einnahmenüberschuss von 1.9 Mrd. Franken (0.7 Prozent des BIP) ein aufsehenerregendes Ende (→ Abb. 19).

Umgehend folgen neue Ausgaben und Steuersenkungen

Trotz Budgetausgleich war der Bundeshaushalt 1986 nicht stabilisiert. Die Finanzplanzahlen zeigten deutlich, dass die strukturellen Schwächen keinesfalls beseitigt, sondern nur von der guten Konjunkturlage überdeckt werden. Bereits im Geschäftsbericht von 1986 wies der Bundesrat darauf hin, dass eine dauerhafte Sanierung nicht erreicht sei:

> «Die Verbesserung der Haushaltlage ist aber nur vorübergehender Art. Bereits für die Zeit nach 1988 kündigt die Finanzplanung erneut beträchtliche Ausgabenüberschüsse an. Daran zeigt sich deutlich, dass das strukturelle Ungleichgewicht des Bundeshaushaltes [...] nach wie vor besteht. [...]»[492]

Im September des folgenden Jahres warnte der Bundesrat vor der aufkommenden finanzpolitischen Sorglosigkeit:

> «Der Bundesrat möchte verhindern, dass die verbesserte Finanzlage zum Anlass genommen wird, falsche Signale und Rahmenbedingungen für die künftige Finanzpolitik zu setzen. Weder sollen die Einnahmenüberschüsse dazu verwendet werden, grosszügig Ausgaben für weniger Dringliches zu bewilligen, noch sollen Steuersenkungen vorgenommen werden, welche das Haushaltgleichgewicht erneut infrage stellen.»[493]

Allerdings erwies sich die Warnung des Bundesrates letztlich als berechtigt. Zwar konnte dank des BIP-Wachstums die Staatsquote bis Ende der 1980er-Jahre stabil gehalten werden und auch die Schuldenquote ging

492 Geschäftsbericht des Bundesrates, 1986, S. 259.
493 Voranschlag 1988, S. 8.

bis 1990 beinahe auf den Stand von 1974 zurück (→ Abb. 18). Jedoch wurden die konjunkturell bedingten Mehreinnahmen umgehend für eine Reihe neuer Aufgaben verwendet. Starke Ausgabenschübe verzeichneten die Bereiche Bildung und Forschung und die Beziehungen zum Ausland. Auch die Ausgaben für die Bereiche Umweltschutz, Verkehr, Infrastruktur und Landesverteidigung stiegen überdurchschnittlich an.[494] Innert weniger Jahre dynamisierte sich die Ausgabenentwicklung, sodass der Bundesrat im Voranschlag für 1991 davor warnte, dass die neuen Aufgaben langfristig nicht finanzierbar seien:

> «Unter dem Eindruck der positiven Rechnungsabschlüsse und der konjunkturbedingt hohen Steuereingänge wurde in den letzten Jahren ein Aufgabenausbau an die Hand genommen, der auf Dauer die finanziellen Möglichkeiten des Bundes bei Weitem übersteigt.»[495]

Kurz nach dem Budgetausgleich wurden nicht nur neue Aufgaben, sondern auch Steuererleichterungen in Angriff genommen. Die Bestrebungen dazu gingen von den Bürgerlichen aus. Als Reaktion auf die von der FDP 1985 lancierte Initiative «für ehe- und familiengerechtere Besteuerung» einigte sich das Parlament – getragen von den Liberalen, den Konservativen und der SP – kurz vor den Wahlen 1987 auf ein vierjähriges Sofortprogramm (1989–1992). Damit wurde neben einem tieferen Verheiratetentarif auch höhere Abzüge für Kinder und den Zweitverdiener eingeführt – was die Einnahmen des Bundes um 365 Mio. Franken senkte.

Steuerexperimente hatten hingegen keine Chance an der Urne. Am 2. Juni 1991 lehnte das Stimmvolk eine Weiterführung der Bundesfinanzordnung deutlich ab, die aus fiskal- und referendumspolitischen Gründen mehrere Projekte vereinte. Vorgesehen war neben der Einführung der Mehrwertsteuer auch die Einführung des Proportionaltarifs für Unternehmen bei der direkten Bundessteuer sowie eine Senkung der Stempelsteuern zur Wiederherstellung der internationalen Wettbewerbsfähigkeit des Finanzplatzes. Obwohl alle Bundesratsparteien die Ja-Parole beschlossen

494 Gygi, 2000, S. 30 f.; Legislaturplan 1987–1991, S. 534–536.
495 Voranschlag 1991, S. 8.

hatten, war die Ablehnung des Stimmvolks deutlich.[496] Als die Senkung der Stempelsteuern am 27. September 1992 erneut an die Urne kam, war die Zustimmung deutlich.[497]

9.2 Steuerharmonisierung: Der Bund greift in die kantonale Steuerhoheit ein

Eine Harmonisierung des Steuerwesens der Schweiz wurde seit dem Ende des Ersten Weltkriegs aus verschiedenen Gründen immer wieder angeregt, ohne dass die Forderung auf politischer Ebene mehrheitsfähig war. In der zweiten Hälfte der 1960er-Jahre änderte sich die Situation: «Ihre grundsätzliche Notwendigkeit [der Harmonisierung] ist unbestritten, die damit verbundenen Zielvorstellungen und Vorschläge sind hingegen beinahe ebenso vielfältig wie die 25 schweizerischen Steuerrechte, die es zu harmonisieren gilt», stellte der freisinnige Zürcher Finanzdirektor Albert Mossdorf 1975 fest.[498] So weit die Meinungen über die Art und den Umfang der Steuerharmonisierung auseinandergingen, so lange dauerte auch die Kompromissfindung. Dabei gingen einige der ursprünglich verfolgten Ideen und Ziele verloren.[499]

Unterschiedliche Motive für eine Steuerharmonisierung

Der Hauptttreiber hinter der Steuerharmonisierung waren die Kantone, die mehr Transparenz für den Finanzausgleich schaffen wollten.[500] Mit der Industrialisierung und Verstädterung in der Nachkriegszeit differenzierte die Finanzkraft der Kantone zunehmend. Während die Stadtkantone ihre

496 54.4 Prozent Nein-Stimmen und mit 20.5 ablehnenden Ständen. Die Stimmbeteiligung betrug 33.3 Prozent.
497 SP und SGB hatten erfolgreich das Referendum gegen diesen Beschluss ergriffen, worauf 61.5 Prozent der Stimmenden und alle Stände das Bundesgesetz über die Stempelabgaben guthiessen.
498 NZZ, 14. 11. 1975.
499 Vgl. Hürlimann, 2012, S. 62–64; 2016, S. 98–111; 2017, S. 86–93.
500 Ritschard, 1970, S. 22–28; Wittmann, 1969, S. 101–104.

Wirtschaft entwickeln konnten, vermochten die Land- und Gebirgskantone mit der allgemeinen Steigerung des Wohlstandes nicht Schritt zu halten. Der Finanzausgleich von 1959 erwies sich bald als ungenügend, weshalb die finanzschwachen Kantone auf einem Ausbau zu ihren Gunsten pochten. Diese Forderung bedingte für den Bundesrat eine Steuerharmonisierung: «Die notwendige Verbesserung des gegenwärtigen Finanzausgleichs ist auf den bisherigen Grundlagen kaum mehr möglich, weil die unterschiedlichen Steuer-, Bewertungs- und Rechnungsgrundlagen der Kantone keine verfeinerte Messung der Finanzkraft zulassen.»[501]

Die finanzstarken Kantone unterstützten dieses Vorhaben. Sie wollten verhindern, dass «Steuerparadiese» mit Bundeszuschüssen belohnt werden, so der Solothurner Regierungsrat und spätere SP-Bundesrat Willi Ritschard:

> «Die ‹reichen› Kantone können den Verdacht nicht loswerden, dass die weniger reichen ihre Steuerquellen nicht so ausschöpfen, wie sie selber das tun. Immer wieder stösst man auf die Behauptung, dass mancher unserer Stände auch weniger Grund zum Klagen hätte, wenn er bei der Steuerveranlagung strenger wäre.»[502]

Eine Mehrheit der kantonalen Finanzdirektoren wollte eine Steuerharmonisierung, um eine exaktere Messung der Finanzkraft der Kantone zu ermöglichen. Die Finanzkraft war das zentrale Element des Finanzausgleichsgesetzes von 1959. Sie diente als Grundlage für die Bemessung der Kantonsanteile an der direkten Bundessteuer und für die Verteilung der Subventionen.

Ein weiterer Treiber hinter der Steuerharmonisierung war die zunehmende internationale Kritik an den kantonalen Steuerprivilegien. Als Massnahme zur Vermeidung der Dreifachbesteuerung von Gesellschaftsgewinnen (bei Tochtergesellschaft, Muttergesellschaft und Aktionär) waren Holdinggesellschaften in den meisten Kantonen von der Gewinnsteuer befreit und unterlagen oft nur einer ermässigten Kapitalsteuer. Dies hatte massgeblich dazu beigetragen, dass die Schweiz in den frühen 1960er-Jah-

---

501 Schweiz. Bundesrat, 1968, S. 1243 f.
502 Ritschard, 1970, S. 22.

ren einen massiven Anstieg von Aktien- und Holdinggesellschaften verzeichnet hatte. Darunter waren viele ausländische Unternehmen, die ihren Sitz in die Schweiz verlegten und die Doppelbesteuerungsabkommen (DBA) zur Steueroptimierung nutzten. Trotz des Bundesratsbeschlusses gegen den Missbrauch der DBA von 1962 musste die Schweiz Mitte der 1960er-Jahre mit mehreren Ländern die DBA neu aushandeln und dabei Konzessionen machen.

Der Druck aus dem Ausland bestärkte jene Kräfte in der Schweiz, die den Steuerwettbewerb unter den Kantonen durch eine materielle Steuerharmonisierung beschränken wollten. Das Abwerben von Steuersubstrat auf Kosten anderer Kantone und die grossen Unterschiede in der Steuerbelastung wurden bis ins bürgerliche Lager hinein kritisiert. Gleichzeitig spiegelte die Diskussion um die Steuerharmonisierung auch die Entwicklung in der Europäischen Wirtschaftsgemeinschaft wider, die in den 1960er-Jahren eine umfassende Harmonisierung der Steuergesetzgebung anstrebte und 1967 in einem ersten Schritt die Umsatzsteuern harmonisierte.[503]

Bundesrat und Finanzdirektoren wollen eine formelle Harmonisierung

Einen ersten Anlauf in Richtung Steuerharmonisierung unternahm der Bundesrat im Rahmen der Bundesfinanzordnung von 1971. Wie er in der Botschaft vom September 1969 ausführte, wurden die Uneinheitlichkeit des schweizerischen Steuersystems und die ungleiche steuerliche Belastung zwischen den Kantonen in zahlreichen Vernehmlassungen beanstandet. Allerdings sei die Zeit für eine völlige Harmonisierung der direkten Steuern noch nicht reif. Stattdessen schlug der Bundesrat die Umwandlung der direkten Bundessteuer in eine Anrechnungssteuer vor, was der Einführung einer Mindestbelastung gleichkam.[504] Jedoch musste er das Projekt bereits im erstberatenden Ständerat fallenlassen. Stattdessen beschlossen die Räte zur

503 Hürlimann, 2016, S. 98–101; 2017, S. 86–93; Ritschard, 1970, S. 28.

504 Der Bund hätte die Anrechnungssteuer in der Höhe der durchschnittlichen Steuerbelastung von Bund, Kantonen und Gemeinden erhoben und den Steuerpflichtigen den Abzug der an die Gemeinde und den Kanton entrichteten Steuern erlaubt.

Verbesserung des Finanzausgleichs eine Erhöhung des Kantonsanteils an der Verrechnungssteuer von 6 auf 12 Prozent, was der Walliser CVP-Ständerat Hermann Bodenmann als «Stillhalteprämie» bezeichnete.[505] Der Rückzug des Bundesrates war eine Reaktion auf die mittlerweile unternommenen Anstrengungen der Kantone für ein Steuerharmonisierungsgesetz, wie der Vorsteher des EFD, FDP-Bundesrat Nello Celio, im Nationalrat ausführte:

> «Wir haben in unserem Projekt die Anrechnungssteuer fallenlassen, weil man einmal nicht richtig verstanden hat, was eine Anrechnungssteuer war, und weil es zum andern nicht richtig ist, dass wir in diesem Moment mit einer eigenen Lösung kommen. Es gibt viele Lösungen, die in Diskussion stehen, und wenn die Finanzdirektoren sich verpflichtet haben, eine Lösung vorzuschlagen, müssen wir doch darauf warten.»[506]

Die Finanzdirektoren hatten im September 1968 die Ausarbeitung eines Rahmengesetzes für die Harmonisierung der direkten Steuern der Kantone und Gemeinden bei einer Expertenkommission unter der Leitung von Willi Ritschard, damals Regierungsrat des Kantons Solothurn, in Auftrag gegeben. 1970 wurde eine zweite Kommission unter der Leitung des St. Galler Professors Ernst Höhn beauftragt, ein Konkordat zur Steuerharmonisierung auszuarbeiten. Die Kommission Ritschard legte das Rahmengesetz 1972 vor, das sich auf eine formelle Steuerharmonisierung beschränkte. Eine Harmonisierung der Steuerbelastung, hiess es im Bericht, sei unter den gegebenen Umständen völlig unmöglich: «Die Finanzkraft der Kantone, die Einkommensstrukturen und die wirtschaftlichen Verhältnisse sind noch viel zu unterschiedlich.»[507] Ein Jahr später stimmte die Finanzdirektorenkonferenz (FDK) dem Mustergesetz zu. Die Finanzdirektoren waren aber mittlerweile zum Schluss gekommen, dass ein Konkordat zur Durchsetzung der Steuerharmonisierung nicht ausreicht, und sprachen sich deshalb für eine Bundeskompetenz hinsichtlich einer formellen Steuerharmonisierung aus.

505 Amtl. Bull. SR 1970 261.
506 Amtl. Bull. NR 1970 140.
507 Ritschard, 1972, S. 106.

Ambitionierte parlamentarische Initiativen

Mitte März 1971 akzentuierte der Solothurner SP-Nationalrat und spätere Bundesrat Otto Stich die Diskussion um die Steuerharmonisierung, indem er eine parlamentarische Initiative einreichte, die dem kantonalen Steuerwettbewerb um juristische Personen ein Ende bereiten sollte. Stich wollte dem Bund das Recht übertragen, die Besteuerung von Holdinggesellschaften zu vereinheitlichen und alle übrigen Steuern formell zu harmonisieren. Diese Vorschläge fanden auch in konservativen Kreisen Unterstützung. Auf Stich folgte CVP-Nationalrat Laurent Butty, der im Dezember 1973 ebenfalls eine parlamentarische Initiative zur Steuerharmonisierung einreichte, die teilweise über die Forderungen Stichs hinausging. Butty wollte die Steuerbelastung harmonisieren sowie das Steuersystem und den Finanzausgleich rationalisieren. Dazu sollten die direkten Steuern von Bund und Kantonen – mit Ausnahme der kantonalen Steuern für juristische Personen – zu einer einheitlichen Bundessteuer zusammengefasst werden. Der Ertrag dieser Steuern sollte zu einem Viertel dem Bund zukommen und der Rest unter den Kantonen im Verhältnis ihrer Wohnbevölkerung verteilt werden. Jeder Kanton hätte zudem das Recht, Zuschläge zu erheben und über den entsprechenden Ertrag selbst zu verfügen.[508]

Eine formelle Steuerharmonisierung als gemeinsamer Nenner

Im Februar 1974 wurde das Vernehmlassungsverfahren zu vier Verfassungsartikeln zur Steuerharmonisierung eröffnet. Neben den Initiativen Butty und Stich sowie dem Vorschlag der Finanzdirektorenkonferenz stand auch ein Vorschlag der nationalrätlichen Kommission zur Diskussion, der sich kaum von jenem der Finanzdirektorenkonferenz unterschied. Im Vernehmlassungsverfahren blieb die materielle Harmonisierung chancenlos. Angesichts des in den 1970er-Jahren wieder erstarkten Föderalismusgedankens und der besseren Finanzlage der Kantone hatte

508 Hürlimann, 2016, S. 101; Nationalrätliche Kommission, 1975, S. 1757–1763.

der Steuerwettbewerb wieder an Akzeptanz gewonnen (→ Kapitel 9.3). Insbesondere die Vertreter der FDP standen für die Steuerkonkurrenz ein und hoben deren positiven Einfluss auf die Haushaltsdisziplin hervor. Dabei setzte sich auf bürgerlicher Seite die Ansicht durch, dass die Belastungsunterschiede nicht über einheitliche Steuertarife, sondern durch einen verbesserten Finanzausgleich gesenkt werden sollten.[509] Der Bundesrat übernahm schliesslich die Vorlage der nationalrätlichen Kommission. Die Steuerharmonisierung konnte schnell verabschiedet werden und wurde von allen grossen Parteien unterstützt, worauf sie am 12. Juni 1977 an der Urne klare Zustimmung fand.[510]

Initiativen für eine «gerechtere Besteuerung» chancenlos

Zwei Volksinitiativen, die auf eine materielle Steuerharmonisierung zielten, erwiesen sich als nicht mehrheitsfähig. Der LdU strebte mit der 1973 lancierten Initiative «für eine gerechte Besteuerung und Abschaffung der Steuerprivilegien» eine grundlegende Neugestaltung des Steuerwesens an. Der LdU wollte die direkten Steuern von Bund und Kantonen zu einer allgemeinen Bundessteuer zusammenfassen und schloss dabei im Unterschied zu Buttys Vorschlag auch die kantonalen Steuern für juristische Personen mit ein, um «Steueroasen» zu eliminieren. Die Kantone sollten ihren Finanzbedarf durch Anteile an der allgemeinen Bundessteuer decken und konnten notfalls Zuschläge erheben. Ein Teil der allgemeinen Bundessteuer war für den Finanzausgleich reserviert, um die Steuerbelastung unter den Kantonen anzugleichen. Ferner sah die Initiative die Einführung einer Bundeserbschafts- und Schenkungssteuer vor, deren Ertrag an die Kantone fliesst, sowie einer Energiesteuer und einer Alkoholsteuer. Während das Konzept auf Anerkennung stiess, war es politisch nicht umsetzbar und wurde von keiner anderen Partei als dem Landesring unterstützt. Die bürgerlichen Parteien sprachen sich zusammen mit den Wirtschaftsverbänden

509 Nationalrätliche Kommission, 1975, S. 1770 f.; Hürlimann, 2017, S. 94; NZZ, 14.02.1974.

510 61.3 Prozent der Stimmenden und 19 Stände hiessen die Steuerharmonisierungsvorlage gut. Die Stimmbeteiligung betrug 49.9 Prozent.

«Reichtumsteuer JA»: Abstimmungsplakat der SP zur Reichtumsteuer-Initiative 1977.

«Den Millionen an die Wurzel»: Abstimmungsplakat der SP zur Reichtumsteuer-Initiative 1977.

für die Ablehnung der Initiative aus, nur die SP beschloss die Stimmfreigabe.[511] Das Stimmvolk und die Stände lehnten eine grundlegende Reform der Steuerordnung deutlich ab.[512]

Auch die SP brachte sich mit ihrer Initiative «zur Steuerharmonisierung, zur stärkeren Besteuerung des Reichtums und zur Entlastung der unteren Einkommen» in die Harmonisierungsdiskussion ein. Dabei legte sie den Fokus stark auf Umverteilung. Die «Reichtumsteuerinitiative» sah neben einer formellen Harmonisierung aller Steuern eine materielle Harmonisierung in Form von Mindeststeuersätzen für Einkommen ab 100'000 Franken und Vermögen ab einer Million Franken vor. Zudem wollte die SP die Besteuerung von juristischen Personen ausschliesslich dem Bund übertragen, wobei sie genaue Vorgaben für eine entsprechende Bundes-

511 Hürlimann, 2016, S. 106–109; Schweiz. Bundesrat, 1975a, S. 273–275.

512 57.8 Prozent der Stimmenden sowie alle Stände mit Ausnahme von Basel-Stadt sagten am 2. März 1976 Nein. Die Stimmbeteiligung betrug 39.3 Prozent.

steuer machte.[513] Die Kantone sollten mit einem Anteil von zwei Dritteln an der Bundessteuer für juristische Personen beteiligt werden. Mit diesem Vorschlag stiess die SP ausser beim Gewerkschaftsbund und linken Kleinparteien auf Ablehnung. Da vier Fünftel der Wehrsteuerpflichtigen von der Reichtumsteuer befreit wären, sprachen die Bürgerlichen von einer Klassensteuer, die «Gratisbürger» schaffe. Zudem waren die Kantone nicht bereit, die Besteuerung von juristischen Personen dem Bund zu überlassen.[514] Das Stimmvolk liess sich von den Gegnern überzeugen und lehnte die Reichtumsteuerinitiative deutlich ab.[515]

Das lange Ringen um die formelle Steuerharmonisierung

Nach der Volksabstimmung über die Steuerharmonisierung dauerte es sechs Jahre, bis der Bundesrat im Mai 1983 die Botschaft mit den beiden Gesetzesvorlagen vorlegte: Im Bundesgesetz über die Harmonisierung der direkten Steuern der Kantone und Gemeinden (StHG) wurden die Grundsätze der formellen Steuerharmonisierung aufgestellt (Steuerpflicht, Gegenstand und zeitliche Bemessung der Steuern sowie Verfahrens- und Steuerstrafrecht), die mit dem Bundesgesetz über die direkte Bundessteuer (DBG) auf die direkte Bundessteuer übertragen wurden.[516] Mittlerweile war die Begeisterung über die Steuerharmonisierung deutlich abgeklungen, wie der Zürcher SVP-Ständerat Jakob Stucki rückblickend feststellte:

---

513 Der Steuersatz für natürliche Personen bei den Staats- und Gemeindesteuern betrug 21 Prozent bei einem steuerbaren Einkommen von 100'000 Franken und stieg bis auf 33.4 Prozent ab 1 Mio. Franken. Vermögen von 1 Mio. Franken sollten mit 7 ‰ besteuert werden und der Teil des Vermögens, der l Mio. Franken übersteigt, mit 1 Prozent. Dabei galt eine Freigrenze von 100'000 Franken. Bei der Wehrsteuer betrug der Steuersatz 6 Prozent bei einem Einkommen von 100'000 Franken und stieg auf 14 Prozent ab 1 Mio. Franken. Für die Wehrsteuer von juristischen Personen war in den Übergangsbestimmungen ein Steuersatz von 30 Prozent des Reinertrags sowie von 0.8 Prozent von Kapital und Reserven vorgesehen.

514 Schweiz. Bundesrat, 1976, S. 1506–1534; NZZ, 17.11.1973.

515 Am 4. Dezember 1977 wurde die Reichtumsteuerinitiative mit 55.6 Prozent Nein-Stimmen und von 19.5 Ständen abgelehnt. Die Stimmbeteiligung betrug 38.3 Prozent.

516 Schweiz. Bundesrat, 1983, S. 4 f.

«Nun gehört es zur politischen Tradition in unserem Lande, selbst bei ursprünglich begeisternden politischen Ideen, die hernach entdeckten Kanten und Spitzen abzufeilen, um eine Vorlage über die politischen Hürden bringen zu können. Dabei geht selbstverständlich auch die ursprüngliche politische Leuchtkraft der Ideen etwas verloren, wobei wir uns allerdings auch daran gewöhnt haben, mit dieser geringeren Leuchtkraft zu leben.» (Amtl. Bull. SR 1986 110)

Obwohl sich die Steuerharmonisierung auf die formellen Aspekte beschränkte, dauerte es sieben Jahre, bis alle Kanten und Spitzen soweit abgefeilt waren, dass sich die eidgenössischen Räte einigen konnten. Besonders umstritten waren die *Vereinheitlichung der zeitlichen Bemessung*, die Einführung einer *Beteiligungsgewinnsteuer* und die Frage der *Familienbesteuerung*. Zudem waren mit der Einführung eines *proportionalen Tarifs für juristische Personen* und der *Automatisierung des Ausgleichs der kalten Progression* auch zwei Neuerungen vorgesehen, welche nur die direkte Bundessteuer betrafen (siehe unten). Während den zäh verlaufenden Verhandlungen drohten beide Kammern mit dem Scheitern der Harmonisierung. Erst nach einem Differenzbereinigungsverfahren konnten das DBG und das StHG am 14. Dezember 1990 verabschiedet werden. Nachdem die Referendumsfrist ungenutzt verstrich, trat das StHG 1993 und das DBG 1995 in Kraft.

Das StHG macht das Holdingprivileg obligatorisch

Im Rahmen des StHG galt es auch, verbindliche Kriterien für das kantonale Holdingprivileg festzulegen, dessen Abschaffung ein Auslöser der Diskussion über die Steuerharmonisierung war. Der Bundesrat schlug vor, die in den Kantonen gängige Regelung zu übernehmen, wobei auf Bundesebene kein Holdingprivileg vorgesehen war. Holdinggesellschaften, die in der Schweiz keine Geschäftstätigkeit ausüben, sollten keine Gewinnsteuer zahlen müssen, sofern ihre Beteiligungen oder die Erträge aus ihnen mindestens 70 Prozent der gesamten Aktiven oder Erträge ausmachen. Einer bürgerlichen Minderheit, der auch der Obwaldner CVP-Ständerat Wilfried Hophan angehörte, ging dieser Eingriff zu weit:

> «Die Vorlage, die Sie heute vor sich haben, hat die formelle Harmonisierung sehr weit getrieben, für meine Verhältnisse fast etwas zu weit. [...] Dann sollte auch die Besteuerung der Holding- und Domizilgesellschaften, die aus dem modernen Wirtschaftsleben nicht mehr wegzudenken sind, den Kantonen überlassen bleiben. Nach wie vor glaube ich, der materielle Spielraum der Kantone sollte auch im Holding- und Domizilprivileg ausgenutzt werden können.»[517]

Der 1984 in den Bundesrat gewählte Otto Stich, der als Nationalrat für die Abschaffung des Holdingprivilegs gekämpft hat, musste die Vorlage im Parlament als Vorsteher des EFD vertreten. Das Holdingprivileg, führte Stich aus, habe seine Berechtigung, da das schweizerische Steuerrecht keine Massnahme kenne, welche die internationale Doppelbesteuerung auch ohne den Abschluss von DBA vermeide:

> «Der Entwurf zum Steuerharmonisierungsgesetz räumt daher diesen Gesellschaften bei der Gewinnsteuer für das kantonale Recht gewisse Steuererleichterungen ein. Diese sind jedoch in klar umschriebene Grenzen verwiesen, die für alle Kantone gleichermassen gelten. Dadurch sollen die Steuerkonkurrenz unter den Kantonen auf diesem Gebiet ausgeschaltet und die Steuererleichterungen auf ein sachlich vertretbares Mass beschränkt werden.»[518]

Den Vorwurf, dass diese Regelung den Föderalismus arg tangiere, hielt Stich für unbegründet: «Meines Erachtens ist der Föderalismus, die Selbständigkeit der Kantone, mehr bedroht, wenn diese zum Bund gehen und dort die hohle Hand machen müssen, als wenn man ihnen vom Bund aus ermöglicht, alle Steuerzahler gleichmässig zur Kasse zu bitten.»[519] Nachdem ein Minderheitsantrag der beiden FDP-Ständeräte Peter Hefti aus Glarus und Othmar Andermatt aus Zug, den Beteiligungsanteil auf 50 Prozent festzulegen, scheiterte, wurde er später auf Initiative des Nationalrats auf zwei Drittel gesenkt.

517 Amtl. Bull. SR 1986 118.
518 Amtl. Bull. SR 1986 119.
519 Amtl. Bull. SR 1986 119.

Umstrittene Punkte der formellen Steuerharmonisierung

- Bei der *Vereinheitlichung der zeitlichen Bemessung* für natürliche Personen handelte es sich gemäss Bundesrat Stich um die wichtigste Frage der Steuerharmonisierung.[520] Stich und eine Mehrheit des Nationalrats favorisierten den Übergang von der zweijährigen Pränumerando-Besteuerung (Vergangenheitsbemessung) auf die einjährige Postnumerando-Besteuerung (Gegenwartsbemessung). Vertreter der Linken und ein Teil der Bürgerlichen strichen die schnellere Anpassung an die wirtschaftlichen Verhältnisse der Steuerzahler hervor und verwiesen auf die Praxis in der EG. Der Ständerat und die kantonalen Finanzdirektoren lehnten den Systemwechsel hingegen ab. Ihre Hauptargumente waren die Mehrbelastung der Steuerzahler sowie der Mehraufwand für den Steuerzahler und die Verwaltung. Zudem gehe es nicht an, «[…] dass der Bund gegen den Willen von 21 Kantonen, die heute die zweijährige Steuerveranlagung haben, die einjährige durchsetzen will», so der Obwaldner CVP-Ständerat Niklaus Küchler.[521] Schliesslich akzeptierte der Nationalrat gegen den Willen seiner Kommission einen Kompromissvorschlag des Ständerats. Man einigte sich darauf, dass die Kantone während acht Jahren nach Inkraftsetzung des StHG die freie Wahl haben. Damit werde sich das Problem von selbst lösen, so der Berner SVP-Nationalrat Ulrich Zimmerli: «Dieses System [der Gegenwartsbemessung] ist besser, und ich bin überzeugt, dass sich in acht Jahren diese Erkenntnis in der Mehrzahl der Kantone auch politisch durchgesetzt haben wird.»[522] Zimmerli behielt recht. Bis zum Ablauf der Übergangsfrist hatten die meisten Kantone auf die einjährige Gegenwartsbesteuerung umgestellt, die dann ins StHG aufgenommen wurde.

520 Amtl. Bull. SR 1986 145.
521 Amtl. Bull. SR 1989 562.
522 Amtl. Bull. SR 1989 563.

- Die von Bundesrat Stich vorgeschlagene Einführung einer *Beteiligungsgewinnsteuer* auf den Verkauf von Beteiligungen ab 20 % an Kapitalgesellschaften wurde von der bürgerlichen Ratsmehrheit gegen den Willen der SP verworfen. Stich wollte eine Besteuerungslücke schliessen und argumentierte mit der Steuergerechtigkeit. Für die Bürgerlichen ging die Einführung einer neuen Steuer weit über den verfassungsmässigen Auftrag einer formellen Steuerharmonisierung hinaus. Zudem stand die Beteiligungsgewinnsteuer als «gewerbefeindliche Sondersteuer» in der Kritik, da Beteiligungen an grossen Publikumsgesellschaften kaum je 20 % erreichten.[523]

- Ebenfalls eine zentrale Frage der Steuerharmonisierung war die *Familienbesteuerung.* Der Anstieg von Doppelverdiener-Ehepaaren und Konkubinatspaaren hatte die Forderung nach der Ablösung der Familien- durch die Individualbesteuerung aufkommen lassen. Grund war die «Heiratsstrafe»: Wegen der Steuerprogression werden Verheiratete stärker belastet, da ihr Einkommen und Vermögen kumuliert besteuert wird. Die Ratslinke argumentierte, dass die Individualbesteuerung der sich wandelnden Gesellschaft gerecht wird und Ausgleichsversuche bei der Belastungsrelation zwischen Konkubinats- und Ehepaaren hinfällig werden. Nicht zuletzt ging es auch um die Anerkennung der Rechtspersönlichkeit der Ehefrau im Steuerrecht. Der Bundesrat und die Parlamentsmehrheit argumentierten, dass eine Familie als wirtschaftliche Gemeinschaft einheitlich besteuert werden soll. Die Individualbesteuerung erhöhe den administrativen Aufwand für die Steuerbehörde und die Steuerpflichtigen und es würde sich die Frage stellen, ob und wie gegenseitige Leistungen unter Familienmitgliedern verrechnet werden können. In der Frage nach einem steuerlichen Ausgleich zwischen Ehe- und Konkubinatspaaren gab die FDP mit der 1985 lancierten Initiative «für ehe- und familiengerechtere Besteuerung» die Richtung vor. 1989 trat ein auf vier Jahre befristetes Sofortprogramm in Kraft, das einen tieferen Verheiratetentarif sowie

523 Amtl. Bull. SR, 1986, S. 108–123; Amtl. Bull. NR 1987, S. 1738.

höhere Abzüge für Kinder und den Zweitverdiener umfasste. Diese Regelung fand auch im StHG und im DBG Eingang. Das StHG schrieb den Kantonen vor, Verheiratete durch einen niedrigeren Tarif oder einen Abzug vom Steuerbetrag zu entlasten und einen Zweitverdienerabzug einzuführen. Der Umfang der Ermässigung war den Kantonen überlassen. Im DBG wurde der Verheiratetentarif übernommen. Der *Doppeltarif* brachte Verheirateten eine Entlastung in der Höhe von 25 %, mindestens aber 2'000 und höchstens 6'000 Franken.

- Nur das DBG betraf der *Ausgleich der kalten Progression.* Der Verzicht auf einen umfassenden Ausgleich der kalten Progression im Rahmen der Weiterführung der Finanzordnung von 1981 hatte mehrere parlamentarische Vorstösse und 1982 auch die Volksinitiative «für den Ausgleich der kalten Progression» provoziert, die den vollumfänglichen Progressionsausgleich gesetzlich festschreiben und automatisieren wollte. Nachdem der Bundesrat einen automatischen Ausgleich beim Erreichen einer Teuerung von 10 % vorgeschlagen hatte, einigte sich das Parlament im Differenzbereinigungsverfahren auf einen Kompromissvorschlag der nationalrätlichen Kommission, der eine Teuerungsschwelle von 7 % vorsah. Daraufhin zogen die Initianten ihre Initiative zurück.

- Ebenfalls umstritten war der Übergang zum *Proportionaltarif für juristische Personen* bei der direkten Bundessteuer. Bundesrat Stich und eine Mehrheit des Nationalrats hielten den Wechsel wegen der wettbewerbsverzerrenden Effekte des renditeabhängigen Dreistufentarifs für notwendig. Im Ständerat hingegen überwogen die Bedenken wegen den Belastungsverschiebungen. Die beiden Kammern schlossen einen Kompromiss, der die Zustimmung des Ständerats zum Proportionaltarif umfasste, während der Nationalrat im Rahmen der Neuordnung der Bundesfinanzen 1991 den Wechsel auf die Mehrwertsteuer unterstützte. Weil das Stimmvolk die Bundesfinanzordnung am 2. Juni 1991 aber ablehnte, kam der Wechsel nicht zustande.

9.3 Föderalismusreform in der Politikverflechtungsfalle

Der massive Ausbau des Finanzausgleichs in den 1960er-Jahren löste nicht nur eine Diskussion über die gerechte Verteilung der Mittel aus, auch die Rolle der Kantone bei der staatlichen Aufgabenerfüllung wurde zunehmend hinterfragt. Viele Stimmen legten ein Bekenntnis zum Föderalismus ab und forderten eine Neuverteilung der Aufgaben, um die Rolle der Kantone zu stärken. Darauf wurde zum ersten Mal in der Geschichte des Bundesstaats eine Entflechtung der Aufgaben in Angriff genommen. Die Frage gewann im Verlauf der 1970er-Jahren an Brisanz, da die Defizitperiode im Bundeshaushalt Einsparungen im Transferbereich unumgänglich machte. Dies trug dazu bei, dass die ambitionierten Ziele immer mehr unter politischen Druck gerieten.

Die Anziehungskraft des zentralen Etats wirkt stärker als je zuvor

Als die Anforderungen an den Staat angesichts der wirtschaftlichen und gesellschaftlichen Entwicklung in der Nachkriegszeit stiegen, wurden viele der neuen Aufgaben dem Bund übertragen, da sie das ganze Land betrafen und nach einheitlichen Lösungen gesucht wurde (→ Kapitel 8.5). Allerdings wurden dem Bund nicht nur Aufgaben übertragen, bei denen es das Subsidiaritätsprinzip nahelegte. Vielmehr hielt der Bundesrat 1968 fest, dass ein Teil der Aufgaben, die beim Bund lagen, ohne Beeinträchtigung der verfolgten Ziele auch von den Kantonen übernommen werden könnten. Notwendig sei nur der «entschlossene Wille der Kantone».[524]

Deutlichere Worte fand eine von der Finanzverwaltung eingesetzte Expertengruppe zur Überprüfung der Bundessubventionen. Die Kommission strich die finanziellen Motive hinter der Aufgabenübertragung an den Bund heraus. Sie hielt in ihrem Bericht fest, dass die Kantone gerne zu-

524 Schweiz. Bundesrat, 1968b, S. 1218.

gunsten des Bundes auf die Übernahme von Aufgaben verzichteten und sich stattdessen die Umsetzung finanzieren liessen.[525] Dabei wirkten die Anreize des Finanzausgleichs über die Übertragung von neuen Kompetenzen an den Bund hinaus. Auch bei Aufgaben, die in ihrem eigenen Kompetenzbereich lagen, waren die Kantone gerne breit, dem Bund Mitsprache- und Kontrollrechte zu gewähren, wenn sie im Gegenzug Subventionen erhielten. Bereits 1962 stellte der Bundesrat fest,

> «[...] dass starke Kräfte am Werke sind, den föderalistischen Aufbau unseres Staatswesens sozusagen ‹auf kaltem Wege› zu untergraben. Immer mehr dessen, was früher in kantonaler Hoheit und Gestaltung stand, wird der Mitfinanzierung durch den Bund unterstellt. [...] Verhängnisvoll dabei ist die Tendenz, auch auf Gebieten, die von jeher ganz in der Obhut von Gemeinden und Kantonen standen, in zunehmendem Masse finanzielle Unterstützung des Bundes nachzusuchen.»[526]

Wie der Schaffhauser FDP-Nationalrat Hermann Wanner 1966 unterstrich, ging die Initiative auch in sensiblen Bereichen wie der Schulhoheit von den Kantonen aus:

> «[...] wir dürfen feststellen, dass die traditionelle und bis anhin sorgsam behauptete kantonale Schulhoheit immer mehr angetastet wird, da die Entwicklung es dem Bunde gestattete, in die Festung der kantonalen Schulhoheit einzudringen, wobei die Kantone – das wollen wir festhalten – die drängende und der Bund die zögernde Partei waren und sind.»[527]

CVP-Bundesrat Kurt Furgler sprach von einem Teufelskreis: «Eine gewisse Ohnmacht hat sich breitgemacht. [...] eine Ohnmacht, welche die Bereitschaft der Kantone, Aufgaben selbsttätig und selbstständig zu lösen, verkümmern lässt, dagegen die Tendenz eindeutig stärkt, immer mehr Aufgaben dem Bund zu übertragen.»[528]

---

525 Kommission Stocker, 1966, S. 16.
526 Staatsrechnung 1962, S. 20*.
527 Amtl. Bull. NR 1966 210.
528 Amtl. Bull. SR 1973 213.

Die Kantone gründen eine Standesorganisation

Der wachsende Einfluss der vertikalen Verflechtungen zwischen Bund und Kantonen trug dazu bei, dass neue Formen der Kooperation zwischen den Kantonen entstanden, die im Verlauf der Zeit immer mehr politisches Gewicht erlangten. Dabei siedelten sich die zahlreichen Organisationsformen der interkantonalen Zusammenarbeit auf verschiedenen Hierarchiestufen an. So bildeten sich ab Mitte der 1960er-Jahre mehrere regionale Regierungskonferenzen. Der föderale Dialog zwischen dem Bundesrat und den Kantonsregierungen wurde mit dem «Kontaktgremium Bund – Kantone» institutionalisiert. Letztes wurde dann 1993 durch die Konferenz der Kantonsregierungen (KdK) abgelöst. Zudem traten verschiedene gesamtschweizerische Direktoren- und Fachkonferenzen in unterschiedlichen Politikbereichen an die Stelle der einzelnen Kantone.

Die horizontalen Institutionen dienten zum einen dazu, die Interessen der Kantone dem Bund gegenüber zu wahren und dabei vermehrt auf die Gestaltung von Bundespolitiken einzuwirken. Zum andern machte gerade der Vollzug der Verbundaufgaben des Bundes auch eine Verstärkung der Koordination zwischen den Kantonen notwendig. So trugen diese Konferenzen zu einer Harmonisierung der kantonalen Politik bei, was sich unter anderem in der regelmässigen Ausarbeitung von Mustergesetzen, Konkordaten und gemeinsamen Richtlinien äusserte. Der Vollzugsföderalismus wurde mehr zu einem Grundprinzip der Wahrnehmung öffentlicher Aufgaben. Zusammen mit dem daraus resultierenden Harmonisierungsdruck unter den Kantonen gab es einen Trend zu einheitlichen Lösungen und weniger Wettbewerb.[529]

Die Kritik am Vollzugsföderalismus wächst

Diese Entwicklung nahm im Verlauf der 1960er-Jahre ein Ausmass an, das zunehmend Kritik provozierte. Weil die Kantone im Unterschied zu früher in vielen Fällen neue Vollzugsinstanzen schaffen mussten, um die Aufgaben

529 Vatter, 2018, S. 469–471.

des Bundes zu erbringen, wurden sie immer häufiger als «Vollzugsorgane des Bundes» bezeichnet.[530] Die Stimmen, die vor einer Auflösung der föderativen Ordnung warnten und die Schweiz auf dem Weg zu einem Zentralstaat sahen, mehrten sich. Damit gewann die Föderalismusdebatte wieder an Dynamik, wie CVP-Ständerat Julius Binder rückblickend feststellte:

> «Man begann von einer Krise des Föderalismus zu sprechen. Die Kantone spürten, dass sie an staatsrechtlicher Substanz und Eigenständigkeit immer mehr an den Bund abgeben mussten. Der Bund wurde zu einer riesigen staatlichen Transfermaschinerie umgebaut. Der Transferföderalismus ist aber kein echter Föderalismus mehr.»[531]

Durch den Vollzugsföderalismus gerieten insbesondere finanzschwache Kantone in eine finanzielle Abhängigkeit vom Bund. Die Innovationskraft des Föderalismus geriet unter Druck, so CVP-Bundesrat Kurt Furgler: «Diese ständig anhaltende Entwicklung birgt die Gefahr in sich, dass die schöpferische Kraft des Föderalismus langsam erstickt, was den Bundesrat mit echter Sorge erfüllt.»[532] Viele Kritiker wiesen ausserdem auf die unbefriedigenden Resultate der föderalen Aufgabenteilung hin. Ein besonders prominenter Gegner des Vollzugsföderalismus war der SP-Bundesrat und ehemalige Vizepräsident der Konferenz der kantonalen Finanzdirektoren, Willi Ritschard. Er stellte 1980 fest:

> «[...] der Bund kann nur Gesetze für alle machen. Er kann nicht ein Gesetz schaffen für den Kanton Appenzell, eines für den Kanton Basel und eines für den Kanton Genf. Daher kommt es auch, dass so viele Leute in diesem Lande unzufrieden herumlaufen. Jeder muss Konfektion tragen, niemand hat mehr einen Massanzug. Darum hat man gelegentlich auch den Eindruck, es werde am Morgen Essig getrunken statt Kaffee.»[533]

530 Freiburghaus & Buchli, 2003, S. 52.
531 Amtl. Bull. SR 1982 585.
532 Amtl. Bull. SR 1973 213.
533 Amtl. Bull. SR 1980 96.

Eine Neuverteilung der Aufgaben wird in Angriff genommen

In der ersten Hälfte der 1960er-Jahre begann sich das Parlament mit den Auswirkungen des wirtschaftlichen und gesellschaftlichen Wandels auf den Bundesstaat und die Frage der bundesstaatlichen Aufgabenerfüllung zu beschäftigen. Eine 1965 angestossene Verfassungsrevision wurde nicht weiterverfolgt, nachdem sie 1977 im Vernehmlassungsverfahren auf breite Kritik gestossen war – nicht zuletzt, weil die Aufgabenverteilung zwischen Bund und Kantonen ungelöst blieb.[534]

Aufgrund einer Motion des CVP-Nationalrats Julius Binder vom 15. Dezember 1971 wurde in den 1980er-Jahren schliesslich eine Neuverteilung der Aufgaben zwischen Bund und Kantonen in Angriff genommen. Mit viel Enthusiasmus forderte Binder die Rückkehr zu einem «richtig verstandenen» Föderalismus:

> «Es wäre für Experten, Verwaltung, Regierung und Parlament eine faszinierende Beschäftigung, eine neue, strahlungskräftige und leistungsfähige Schweiz zu organisieren. Kantone und Gemeinden sollten auch in dieser neuen Schweiz ihren Platz, ihr Eigengewicht und ihr Eigenleben besitzen. Ein richtig verstandener Föderalismus ist heute so zeitgemäss wie vor 120 Jahren, als der Bundesstaat gegründet wurde. Aber es muss endlich aufhören, dass Kantone und Gemeinden nur noch an Bundeskrücken gehen können.»[535]

Nach einem langwierigen Prozess, währenddem mehrere Vorstudien ausgearbeitet und zwei Vernehmlassungsverfahren durchgeführt wurden, legte der Bundesrat im September 1981 Vorschläge für eine Aufgabentrennung vor.

534 Kölz, 2004, S. 906.
535 Amtl. Bull. NR 1972 1679.

Eine Lastenverschiebung auf die Kantone erzeugt Widerstand

Während den langjährigen Vorarbeiten an der Neuverteilung der Aufgaben hatte sich die finanzielle Situation zwischen Bund und Kantonen ins Gegenteil verkehrt. Während des Ausbaus der Transferzahlungen in den 1960er-Jahren waren viele Kantonshaushalte defizitär, während der Bund jährlich Überschüsse verzeichnete. Zu Beginn der 1970er-Jahre geriet nun der Bund in eine lange Defizitperiode, während sich die Lage bei den Kantonen verbesserte (→ Kapitel 9.1).

Angesichts der Defizitprobleme des Bundes hatte sich zum staatspolitischen Gedanken hinter der Aufgabentrennung auch das Motiv einer finanziellen Entlastung des Bundes gesellt, der eine Lastenverschiebung zu den Kantonen anstrebte. Die kantonalen Finanzdirektoren hatten sich im Vorfeld zu einer «massvollen» Lastenumverteilung bereit erklärt. Allerdings kündeten sie Widerstand an, sollten die Kantone im Rahmen der «Sparmassnahmen 1980» zu stark belastet werden. Die geplante Aufhebung der Kantonsanteile an der Stempelsteuer und am Reinertrag der Alkoholverwaltung belaste das Projekt Aufgabenteilung stark, so der Zürcher SVP-Regierungsrat und Finanzdirektor Jakob Stucki:

> «Bei einer Streichung der Einnahmenanteile hingegen wird die Bereitschaft der Kantone mit guten Gründen schwinden, zusätzliche Lastenverschiebungen im Rahmen der Aufgabenteilung zu übernehmen. Damit wird das Reformwerk der Aufgabenteilung in Frage gestellt – ein Preis, der angesichts der strukturellen Probleme, die früher oder später doch einmal gelöst werden müssen, zu gross ist.»[536]

Entgegen dieser Warnung wurde der Abbau der Kantonsanteile beschlossen und am 20. Juni 1980 vom Stimmvolk mit grosser Mehrheit gutgeheissen (→ Kapitel 9.1). Der föderalistisch strukturierte Staat gehe geschwächt aus der Aufgabenteilung hervor, so Stucki – womit er einen deutlichen Fingerzeig auf den weiteren Verlauf der Aufgabentrennung gab.[537]

---

536 NZZ, 11.02.1980.
537 NZZ, 11.02.1980; Schweiz. Bundesrat, 1981b, S. 739–759.

Konkrete Massnahmen stossen auf Widerstand

Die Neuverteilung der Aufgaben sollte in zwei Schritten durchgeführt werden. Im ersten Paket waren Massnahmen in elf Aufgabenbereichen vorgesehen.[538] Allerdings stiessen die Vorschläge schnell auf unüberwindbaren politischen Widerstand. Das Parlament folgte mehreren Anträgen entweder gar nicht oder nur teilweise. In linken Kreisen wurden die Bereitschaft und die Kompetenz der Kantone infrage gestellt, die ihnen zufallenden Aufgaben auf gleichem Niveau weiterzuführen. Föderalistisch gesinnte Kreise argwöhnten, dass der Bund lediglich die Finanzierung abschieben, nicht aber die Kontrolle abgeben wollte. Und auch in der Verwaltung gab es Widerstände, so Werner Bussmann, der die Aufgabenneuverteilung als Mitarbeiter des Bundesamtes für Justiz begleitete:

> «Die Beamten des Bundes und der Kantone wehrten sich zusammen mit Verbänden der Betroffenen sehr vehement gegen die Vorschläge zur Aufgabenneuverteilung in ihrem Sachgebiet. Oft konnten sie die bestehenden beratenden Kommissionen des Bundes für die Verteidigung ihrer Anliegen gewinnen.»[539]

Zur Nagelprobe kam es am 10. März 1985, als die «Stipendienvorlage», welche die Übertragung des Stipendienwesens an die Kantone vorsah, Volk und Ständen zur Abstimmung unterbreitet wurde. SP, LdU, die Grünen sowie Studierendenverbände traten gegen das Vorhaben an und warnten vor einem Leistungsabbau in finanzschwachen Kantonen. Die staatspolitischen Argumente der Bürgerlichen und der Wirtschaftsverbände vermochten das Stimmvolk nicht zu überzeugen. Eine Mehrheit der Stimmenden und der Kantone lehnten die Vorlage ab.[540] Die NZZ sprach von einer «Amputierung der Aufgabenneuverteilung» und stellte fest, «[...], dass häufig das Hemd der kantonalen Finanzen dem Stimmberechtigten näher

---

538 Straf- und Massnahmenvollzug; Zivilschutz; Volksschule; Stipendien; Turnen und Sport; Gesundheitswesen; Alters- und Hinterlassenenversicherung; Altersheime; Ergänzungsleistungen AHV/IV; Unterstützung von Flüchtlingen; Wohnbauförderung.

539 NZZ, 17.09.1991.

540 52.4 Prozent Nein-Stimmen und 14.5 ablehnende Stände. Die Stimmbeteiligung betrug 34.7 Prozent.

liegt als der Rock der Bundeskasse».[541] Zwei Jahre später, am 6. Dezember 1987, scheiterte auch die Aufgabenteilung im Bereich der Krankenversicherung, die ebenfalls ein zentrales Element des ersten Pakets darstellte.[542]

Die Ansprüche werden zurückgeschraubt

Die Widerstände, die der Aufgabenteilung entgegenwirkten, liessen das Vertrauenskapital des Bundesrates in das Projekt schwinden. Angesichts der Erfahrungen mit dem ersten Paket sah er sich veranlasst, die inhaltliche Tragweite des zweiten deutlich zu reduzieren.[543] Als die Vorlage 1989 in den Ständerat kam, war die Euphorie verflogen. Angesichts der geplanten Aufgabentrennung im Bereich der Schulwandkarten verwies der Thurgauer SP-Ständerat Thomas Onken spöttisch auf die Hoffnungen, die Julius Binder siebzehn Jahre zuvor gehegt hatte:

> «Von dieser neuen, strahlungskräftigen Schweiz, die er ordnen wollte, ist es fürwahr ein weiter Weg bis zur Schulwandkarte und bis zur Aufhebung eines Bundesbeschlusses aus dem letzten Jahrhundert, ist es auch ein sehr weiter Weg zu den übrigen Erlassen, die da notdürftig und teilweise wenig zusammengehörig in dieses Paket verschnürt worden sind. Vom grossen Atem der staatspolitischen Erneuerung, der konzeptionellen Neuordnung unseres föderativen Systems ist in diesem Aufgabenpaket nichts mehr zu spüren.»[544]

Im Parlament wurde die Vorlage weiter ausgedünnt. Der Schwerpunkt, die Totalrevision des Hochschulförderungsgesetzes, wurde aus der Vorlage entfernt. Letztlich wurden kaum Entflechtungen umgesetzt. In den meisten Bereichen beschränkten sich die Massnahmen auf administrative und organisatorische Vereinfachungen.

---

541 NZZ, 11.03.1985.

542 71.3 Prozent Nein-Stimmen. Die Stimmbeteiligung betrug 47.7 Prozent.

543 Hochschulförderung; Schulwandkarte; Invalidenversicherung; Wasserbau; Fischerei; Strassenverkehr; Militärische Landesverteidigung; Bundesgesetz über die Krankenversicherung: 71.3 Prozent Nein-Stimmen. Die Stimmbeteiligung betrug 47.6 Prozent.

544 Amtl. Bull. SR 1989 281.

9.4 Die Bundesfinanzen an einem Scheideweg: Die Schuldenkrise der 1990er-Jahre

Die Haushaltskonsolidierung der 1980er-Jahre war nicht von langer Dauer, da die tieferliegenden Probleme nur von der guten konjunkturellen Entwicklung überdeckt wurden. Als 1991 infolge der Immobilienmarktkrise eine dreijährige Rezession das Land lähmte, traten diese Schwächen umgehend zutage. Der Bundeshaushalt geriet erneut in eine Defizitperiode und verzeichnete eine stark steigende Verschuldung (→ Abb. 17 und 18). Zunächst wurde versucht, den Haushalt mit einem «klassischen» Konsolidierungsprogramm bestehend aus Spar- und Einnahmenpaketen auszugleichen. Weil der Aufschwung nach der Rezession auf sich warten liess, gelang es nicht, das Defizit in den Griff zu bekommen. Steigender Problemdruck und ein innovatives Vorgehen ermöglichten es, ein Konsolidierungsprogramm und institutionelle Reformen umzusetzen, welche die Bundesfinanzpolitik nachhaltig prägten.

Eine Wirtschaftskrise als Ausgangspunkt für fundamentale Reformen

Während den 1990er-Jahren wurde die Schweizer Wirtschaftspolitik auf Deregulierungskurs gebracht.[545] Es kam zu einer umfassenden Neuordnung der wirtschaftspolitischen Rahmenbedingungen, sodass die Wirtschaftshistoriker Patrick Halbeisen und Tobias Straumann von einem Schlüsseljahrzehnt sprechen.[546] In Europa schritt die Liberalisierung von staatlich geschützten Sektoren seit dem Ende der 1980er-Jahre voran und genoss in der europäischen Politik seit der Schaffung des EU-Binnenmarkts 1993 ei-

545 Zu den wichtigsten Massnahmen gehörten das Binnenmarktgesetz (1995), die Verschärfung des Kartellgesetzes (1995), die Einrichtung der Wettbewerbskommission (1996) als Nachfolgerin der Kartellkommission, das Bundesgesetz über technische Handelshemmnisse (1995) sowie Liberalisierungsschritte im Bereich der Infrastrukturdienstleistungen (insbesondere der Telekommunikation) und der Landwirtschaft. Zudem wurden die Post und die SBB aus der Bundesverwaltung ausgegliedert.

546 Halbeisen & Straumann, 2012, S. 1058, vgl. auch S. 1058–1066; Mach, 1999.

EWR/EG NEIN: Abstimmungsplakat zum Europäischen Wirtschaftsraum 1992.

Christoph Blocher kämpfte 1992 erfolgreich gegen einen Beitritt der Schweiz zum Europäischen Wirtschaftsraum (EWR).

nen besonderen Stellenwert. Während Europa erste Liberalisierungsschritte unternahm, mehrten sich in der Schweiz die Warnungen vor einem ordnungspolitischen Zerfall und wachsenden Standortnachteilen.[547]

Spätestens seit dem Nein zum EWR-Beitritt im Dezember 1992 war sich auch in der Schweiz eine grosse Mehrheit der politischen und wirtschaftlichen Entscheidungsträger einig, dass man eine Liberalisierungspolitik umsetzen muss. Reformbedarf wurde nicht zuletzt auch in der Finanzpolitik erkannt. Dieser Eindruck wurde durch den Umstand verstärkt, dass sich die Schweiz in den 1990er-Jahren in der längsten und beharrlichsten Stagnationsphase der Nachkriegszeit befand. Das jährliche Wirtschaftswachstum betrug noch rund 1 Prozent, womit sie das Schlusslicht in der OECD bildete. Die Schweiz war 1991 in eine Rezession geraten, die bis 1993 andauerte und von einer dreijährigen Stagnationsphase abgelöst wurde.[548] Dabei waren die 1990er-Jahre im Unterschied zur Rezession der 1970er-Jahre durch eine hohe Arbeitslosigkeit geprägt: 1997 lag die Arbeitslosenquote bei 4.7 Prozent und damit höher als während der Weltwirtschaftskrise der 1930er-Jahre.[549]

547 Siehe z. B. Schwarz, 1988; Schwarz, 1990; Hauser, Schwarz & Vallender, 1991.
548 Borner, 2004.
549 Sheldon, 2010, S. 15–18.

Düstere Perspektiven für den Bundeshaushalt

Als Bundesrat Stich im Dezember 1991 die Verlängerung der 1994 auslaufenden Finanzordnung anging, stand er vor einer grossen Aufgabe: «Die Perspektiven […] bieten vollends das Bild eines strukturell überlasteten Haushaltes.»[550] Die Defizite mit der Rezession erklären zu wollen, bezeichnete Stich als Selbsttäuschung: «Die Defizite des Bundeshaushaltes sind vorab Resultat der zügellosen Ausgabenpolitik.»[551] Dabei entwickelte sich die Lage deutlich schlechter, als prognostiziert worden war. 1993 betrug die Defizitquote 2 Prozent und war damit doppelt so hoch wie in den 1970er-Jahren (→ Abb. 19).

Abb. 19: Der Haushaltssaldo des Bundes (1970–2018)

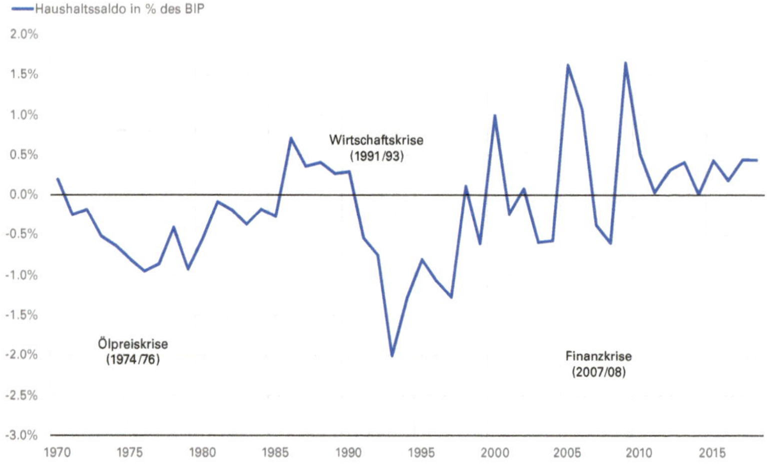

Quellen: Eigene Berechnungen. Rechnungsabschlüsse: 1849–1912: BFS, Statistisches Jahrbuch 1935 (S. 326 f.); 1913–1954: EVF, Staatsrechnung 1955 (S. 44*); 1955–1989: EFV, Staatsrechnung 1990 (S. 102); 1990–2018: EFV Staatsrechnung (entspr. Jahrgänge). BIP: Stohr (2016); BFS (2019)

550 Bundesrat, 1992a, S. 791.
551 Stich, zit. in NZZ, 21.08.1993.

Der Anstieg der Arbeitslosigkeit war ein zentraler Grund für die grösseren Defizite. 1977 war die obligatorische Arbeitslosenversicherung eingeführt worden und zudem hatten Änderungen in der Ausländerpolitik dazu geführt, dass die ausländische Erwerbsbevölkerung nicht mehr zur Stabilisierung des Arbeitsmarkts eingesetzt werden konnte. Dies schlug sich in einer starken relativen Zunahme der Sozialausgaben im Bundeshaushalt nieder. Nach dem Ende des Kalten Kriegs ging der Anteil der Ausgaben für die Landesverteidigung nochmals deutlich zurück. Während beide Ausgabenposten zu Beginn der 1980er-Jahre jeweils rund 20 Prozent der Bundesausgaben ausmachten, halbierte sich der Anteil der Landesverteidigung auf 10.4 Prozent, während die Sozialausgaben auf 25.6 Prozent anstiegen und damit zur wichtigsten Bundesaufgabe wurden (→ Abb. 2).

In der Krise gelingt die grosse Steuerreform

Um das Budgetdefizit zu reduzieren, legte Bundesrat Stich am 25. März 1992 die «Sanierungsmassnahmen 1992» vor. Diese setzten sich zu 60 Prozent aus Mehreinnahmen und zu 40 Prozent aus Einsparungen zusammen. Sie wurden mit nur vereinzelten Korrekturen auf parlamentarischer Ebene umgesetzt und auch vom Stimmvolk gutgeheissen.[552] Bis 1995 erreichten sie ihren vollen Umfang von rund 3.6 Mrd. Franken (0.9 Prozent des BIP). Damit verfügte der Bund über neue Einnahmen von 2 Mrd. Franken, während die linearen Subventionskürzungen von 10 Prozent (800 Mio. Franken) auf die Jahre 1993 bis 1995 beschränkt waren. Die restlichen «Sparmassnahmen» waren hauptsächlich Budgetvorgaben zur Beschränkung des Ausgabenwachstums im Finanzplan (→ Tab. 15).

552 Das Stimmvolk musste am 7. März 1993 über die Aufhebung des Spielbankenverbots (obligatorisches Referendum) und die Erhöhung des Treibstoffzolls (fakultatives Referendum) befinden. Der Erhöhung des Treibstoffgrundzolls stimmten 54.5 Prozent der Stimmenden und 15 Stände zu. Der Aufhebung des Spielbankenverbots stimmten 72.5 Prozent der Stimmenden und alle Stände zu. Die Stimmbeteiligung betrug 51.2 Prozent.

Tab. 15. Sanierungsmassnahmen 1992–1994 (in Mio. CHF)

	Einnahmen	Finanzplan-vorgaben[1]	Sparmassnahmen temporär	Sparmassnahmen dauerhaft
Sanierungsmassnahmen 1992	700	560	800	240
Erhöhung Treibstoffgrundzoll	*1'300*			
Erhöhung Tabaksteuer	*350*			
Ausschüttung Nationalbankgewinn	*200*			
Aufhebung Spielbankenverbot	*150*			
Subventionskürzungen 10 % (1993/95)			*800*	
Div. Sparmassnahmen				*240* [2]
Finanzplanvorgaben		*560* [3]		
Sanierungsmassnahmen 1993	1'400	600		475
Einführung Mehrwertsteuer (6.5 %)	*1'400*			
Div. Sparmassnahmen				*475* [4]
Finanzplanvorgaben		*600* [5]		
Sanierungsmassnahmen 1994	75	0	300	0
Erhöhung der Tabaksteuer	*75*			
Subventionskürzungen 10 % (1996/97)			*300*	
Div. Sparmassnahmen				*200* [6]
Finanzplanvorgaben		*1'300* [7]		
Total	**3'475**	**2'460**	**1'100**	**915**

Quellen: NZZ, 03.03.1994, 26.01.1995, 30.11.1995; Schweiz. Bundesrat, 1992b, S. 298; Schweiz. Bundesrat, 1993, S. 298 f., Schweiz. Bundesrat, 1995, S. 95–97. Anmerkung: Nicht berücksichtigt wird die vom Bundesrat ausgewiesene Einsparung von Schuldzinsen durch die Sanierungsmassnahmen. [1]Hierbei handelt es sich um Budgetvorgaben zur Beschränkung des Ausgabenwachstums im Finanzplan; [2]Landwirtschaft, Forstwirtschaft, Privatbahnen; [3]Verkehr, Landwirtschaft; [4]Treibstoffzollbegünstigung für Bundesbetriebe und die Armee, Beiträge für die Polizeiausgaben der Kantone für die Nationalstrassen, Landwirtschaft, Milchwirtschaft, Verbilligung von Brotgetreide, Gewässerschutz; Investitionshilfe für Berggebiete, Wohnungsfürsorge für das Bundespersonal; [5]Landesverteidigung, Verkehr, Ergänzungsleistungen, Verwaltung, Bundesbauten, Forschung, ETH; [6]AHV, IV, Nationalstrassen, Personalbereich, Landwirtschaft; [7]Arbeitslosenversicherung, Verkehrs- und Energiebereich, Asylwesen, Personal, Landesverteidigung.

Die ungünstigen Finanzprognosen veranlassten das Parlament dazu, sich für die Beschaffung neuer Einnahmequellen für den Bund einzusetzen. Bundesrat Stich hatte sich im Dezember 1991 darauf beschränkt, die unveränderte Weiterführung der Finanzordnung vorzuschlagen, um ihre Verlängerung nicht zu gefährden. Im Parlament bildete sich dann im Laufe des Jahres 1992 ein Konsens darüber, zur Mehrwertsteuer überzugehen. Dem Stimmvolk sollten drei Vorlagen unterbreitet werden: eine Mehrwertsteuer von 6.2 Prozent, eine Mehrwertsteuer von 6.5 Prozent zur «Gesundung der Bundesfinanzen» und eine Vorlage, welche die Erhöhung der Mehrwertsteuer zur Finanzierung der AHV um einen Prozentpunkt ermöglicht. Diese von den Freisinnigen forcierte Variantenabstimmung wurde möglich, indem die Mehrwertsteuer mit der sozialen Wohlfahrt verknüpft wurde. Dazu wurden 5 Prozent ihres Ertrags an die Verbilligung der Krankenkassenprämien zweckgebunden. Darüber hinaus beschlossen die Räte ein Beschäftigungsprogramm im Umfang von 300 Mio. Franken für 1993 (0.1 Prozent des BIP).

Damit wurden die Bedingungen der Sozialdemokraten für die Zustimmung zum Steuerpaket erfüllt, die zudem auf die Annahme des Mehrwertsteuerprozents für die AHV setzten. Für die Bürgerlichen, die neuen Einnahmen nur zögerlich zustimmten, stand die «Revitalisierung» der

SP-Bundesrat Otto Stich (*1927–†2012) gelang 1995 die Einführung der Mehrwertsteuer.

Wirtschaft durch den Wechsel zur Mehrwertsteuer im Vordergrund. Der eigentliche Durchbruch, so die Zürcher FDP-Nationalrätin Vreni Spoerry, sei die Beseitigung der wettbewerbsverzerrenden «taxe-occulte», die auf Investitionen laste.[553] Die Beseitigung der «taxe-occulte» entlastete die Wirtschaft um rund 2.5 Mrd. Franken.[554] Dieser Einnahmeausfall wurde durch die fiskalische Erfassung von Dienstleistungen durch die Mehrwertsteuer überkompensiert, die von der Warenumsatzsteuer nicht erfasst wurden.[555]

Mit der Unterstützung von den Bundesratsparteien sowie dem Gewerbeverband und dem Vorort gelang am 28. November 1993 die historische Steuerreform. In der Krise war der Souverän bereit, mehr Steuern für den Bund und die Konsolidierung der Sozialwerke zu bezahlen. Alle drei Vorlagen wurden vom Volk und den Ständen mit deutlicher Mehrheit angenommen, womit die Mehrwertsteuer auf 1995 eingeführt werden konnte. Damit hatte der Souverän Mehreinnahmen von 1.4 Mrd. Franken (0.3 Prozent des BIP von 1995) zugestimmt (→ Tab. 15).[556]

Der Mehrwertsteuer stellte Stich im Rahmen der «Sanierungsmassnahmen 1993» eine Reihe von gezielten Sparmassnahmen gegenüber, welche die linearen Subventionskürzungen ab 1995 dauerhaft ablösen sollten. Zudem enthielt das Programm erneut Finanzplanvorgaben. Die Sparmassnahmen, die Bundesrat Stich als «nicht übermässig spektakulär» bezeichnete, wurden im Parlament um rund 110 Mio. Franken gekürzt, sodass am Schluss knapp 475 Mio. Franken an dauerhaften Einsparungen beschlossen wurden.[557] Zudem beschloss das Parlament 1993 eine unbefris-

---

553 Der Warenumsatzsteuer war eine wettbewerbsverzerrende «taxe-occulte» eigen. Da ein Vorsteuerabzug auf Investitionsgüter und Betriebsmittel nicht möglich war, kam es zu einer Steuerakkumulation. Dies bedeutete einen Wettbewerbsnachteil für Schweizer Güter auf dem Exportmarkt und einen Vorteil für Importgüter aus Mehrwertsteuerländern auf dem Schweizer Markt.

554 NZZ, 20.01.1993.

555 Der Mehrwertsteuersatz von 6.2 Prozent bedeutete Mehreinnahmen von 900 Mio. Franken. Der Steuersatz von 6.5 Prozent brachte weitere 500 Mio. Franken.

556 Die neue Finanzordnung wurde von 66.7 Prozent der Stimmenden und 22 Ständen gutgeheissen. Zur Satzerhöhung auf 6.5 Prozent sagten 57.7 Prozent der Stimmenden und 18 Stände Ja. Die Möglichkeit, den Mehrwertsteuersatz zur Sicherung der AHV um einen Prozentpunkt zu erhöhen, wurde von 62.6 Prozent der Stimmenden und von 22 Ständen angenommen. Die Stimmbeteiligung lag jeweils bei 45.4 Prozent.

557 NZZ, 21.08.1993; 03.03.1994.

tete Ausgabenbremse, die ein qualifiziertes Mehr ab einer gewissen Ausgabenhöhe vorschrieb.[558] Diese wurde vom Souverän am 12. Dezember 1995 gutgeheissen.[559]

Das dritte Massnahmenpaket in drei Jahren

Als Bundesrat Stich im Oktober 1994 mit den «Sanierungsmassnahmen 1994» das dritte Massnahmenpaket in drei Jahren vorlegte, wurde es teilweise heftig kritisiert. Gegenstand der Kritik war zum einen die Einnahmelastigkeit der Vorlage und zum andern, dass die Ausgabendynamik mit Finanzplanvorgaben nicht gebremst werden könne. Es handle sich, so Vreni Spoerry, lediglich um kosmetische Korrekturen an überhöhten Finanzplanvorgaben.[560] Sparen, so der Tenor unter den Bürgerlichen, werde als eine möglichst geringfügige Begrenzung des Ausgabenwachstums verstanden. Im Parlament fiel das Massnahmenpaket schliesslich auseinander. Das einnahmeseitige Kernstück der Vorlage, die Erhöhung der Treibstoff- und Heizölzölle im Umfang von 1 Mrd. Franken wurde mit dem Verweis auf die erst 1993 erfolgte Erhöhung abgelehnt. Aber auch die Sparmassnahmen trafen auf Widerstand. Die linearen Subventionskürzungen wurden weitergeführt, allerdings in weit geringerem Ausmass als 1993. Von den angestrebten dauerhaften Einsparungen wurden weniger als die Hälfte umgesetzt (→ Tab.15).

Die Lage der Bundesfinanzen blieb «unverändert schlecht», so Bundesrat Stich.[561] Obwohl sich gegenüber den Rezessionsjahren eine leichte Verbesserung abzeichnete, verharrte die strukturelle Überlastung des Bundeshaushalts auf hohem Niveau. Die Defizitquote der öffentlichen Haushalte der Schweiz lag während mehreren Jahren über der im Maastrichter-Vertrag der EU festgelegten Grenze von 3 Prozent. Für die Schweiz als Nicht-Mitglied der EU war diese Grenze rechtlich zwar nicht bin-

558 Schweiz. Bundesrat, 1992b, S. 349–439; 1993, S. 293–371.

559 Die Ausgabenbremse wurde am 12. Dezember 1995 von 83.4 Prozent der Stimmenden und allen Ständen gutgeheissen. Die Stimmbeteiligung betrug 37.8 Prozent.

560 NZZ, 15.08.1994.

561 NZZ, 02.10.1995.

dend, aber in den politischen Debatten eine wichtige Bezugsgrösse. Die Verschuldungsquote von Bund, Kantonen und Gemeinden bewegte sich in schnellem Tempo auf das Maastrichter Kriterium von 60 Prozent zu. Diese Entwicklung wurde vom Bund getrieben, dessen Schuldenquote sich zwischen 1990 und 1995 von 10.7 auf 20.3 Prozent beinahe verdoppelt hatte. Die Staatsquote stieg im selben Zeitrahmen von 8.8 auf 10 Prozent (→ Abb. 18), wobei der Anteil des Schuldendienstes an den Bundesausgaben von 3.2 auf 7.6 Prozent zunahm (→ Abb. 2). Diese trug dazu bei, dass der Widerstand gegen die Häufung von Massnahmenpaketen wuchs. Die Bürgerlichen bezeichneten die Haushaltssanierung als konzeptlos und forderten umfassende Reformen – so beispielsweise der Schaffhauser FDP-Ständerat Kurt Schüle:

> «Wir stellen fest, dass dieses Paket nicht mehr und nicht weniger ist als eine Etappe, ein kleiner Schritt. Es ist relativ wenig Fleisch am Knochen, und es ist aus meiner Sicht eigentlich verständlich, dass im Nationalrat die Qualifikationen nicht gerade schmeichelhaft geklungen haben: Es wurde von ‹Bastelei›, von ‹Stückwerk›, von ‹Wundertüte› gesprochen. Jedenfalls ist klar, dass wir mit diesem Massnahmenpaket nicht an die Wurzel kommen und das Problem der Ausgabendynamik in den zivilen Departementen so nicht lösen können. Es ist keine Strategie darin enthalten, um die Weichen neu zu stellen.»[562]

Diese Aufgabe wurde vom Vorsteher des Militärdepartements, dem Luzerner FDP-Bundesrat Kaspar Villiger, übernommen, der das Departement von Bundesrat Stich übernahm. Stich hatte im August 1995 seinen Rücktritt aus dem Bundesrat per 31. Oktober angekündigt.[563]

---

562 Sten. Bull. SR 1995 161.
563 Schweiz. Bundesrat, 1995, S. 213–216.

Unter dem Luzerner FDP-Bundesrat Kaspar Villiger (*1941) wurden wichtige finanzpolitische Reformwerke umgesetzt.

Eine umfassende finanzpolitische Sanierungsstrategie

Als Bundesrat Villiger 1996 das EFD übernahm, kündigte er einen finanzpolitischen Kurswechsel an. Unter Villiger wurde 1996 ein finanzpolitisches Sanierungskonzept erarbeitet, das die Grundlage für das Finanzleitbild von 1999 bildete. Darin wurden zwei übergeordnete Ziele formuliert: die Erhaltung gesunder Finanzen sowie Stabilität und Wachstum zur Förderung von Beschäftigung, Wohlfahrt und gesellschaftlichem Zusammenhalt.[564] Es war der «[...] Ausgangspunkt der erfolgreichen Wende bei den Bundesfinanzen [...]», wie Altbundesrat Villiger rückblickend feststellte.[565] Die Sanierungsstrategie sah vor, zunächst mit dem «Haushaltsziel 2001» das strukturelle Defizit zu beseitigen, wozu der Budgetausgleich bis 2001 verfassungsmässig vorgeschrieben wurde. Danach sollte eine Schuldenbremse eingeführt werden, um den Bundeshaushalt konjunkturgerecht zu stabilisieren und die Bildung eines neuen strukturellen Defizits zu verhindern. Ebenfalls Bestandteil der Sanierungsstrategie war die Überarbeitung des Finanzausgleichs sowie eine Reform der Unternehmensbesteuerung (→ Kapitel 9.5 und 9.6).

564 Schweiz. Bundesrat, 1999, S. 7–9.
565 Villiger, 2015, S. 64.

Ein neues Instrument zur Begrenzung des Ausgabenwachstums

Einen ersten Schritt in Richtung Haushaltausgleich wurde mit der Vorgabe unternommen, die Ausgaben 1997 nominell auf dem Stand des Voranschlags 1996 einzufrieren und ihr Wachstum auf die Höhe der erwarteten Teuerung zu begrenzen. Um dieses Ziel zu erreichen, mussten die Budgetwünsche der Departemente um rund 1.3 Mrd. Franken gekürzt werden (0.3 Prozent des BIP). Dazu wurde mit der «Kreditsperre» ein neuartiges finanzpolitisches Instrument eingeführt.[566] Von sämtlichen beantragten Budgetkrediten wurden 2 Prozent gesperrt (530 Mio. Franken).[567] Die Kreditsperre hatte die Funktion eines konjunkturpolitischen Eventualhaushalts und konnte vom Bundesrat im Fall einer Rezession aufgehoben werden. Ergänzt wurde die Kreditsperre durch gezielte Kürzungen beim Bund (ETH, Militär, Personal und Verwaltungsausgaben) wie auch im Transferbereich (AHV, Arbeitslosenversicherung, Entwicklungshilfe, Asylwesen, Unterricht und Forschung) mit einem Umfang von 730 Mio. Franken. Das Parlament hiess das Konzept von Bundesrat Villiger weitegehend gut. Die Ratslinke konnte die Sparmassnahmen trotz heftigem Widerstand nicht abwenden, setzte aber einige Milderungen durch.[568] Die Kreditsperre erreichte ihr Ziel, jedoch wurde gegen Kürzungen bei der Arbeitslosenversicherung (200 Mio. Franken) erfolgreich das Referendum ergriffen, worauf sie in der Volksabstimmung vom 28. September 1997 hauchdünn abgelehnt wurde.[569]

Der Budgetausgleich wird verfassungsmässig festgeschrieben

Das «Haushaltsziel 2001» war eine auf der Ausgabenseite ansetzende Strategie, die den Budgetausgleich bis 2001 verfassungsmässig vorschrieb. Das Defizit durfte 2001 höchstens 2 Prozent der Einnahmen (rund 1 Mrd.

566 Schweiz. Bundesrat, 1996, S. 1366 f.

567 Ausgenommen waren die Beiträge an Sozialversicherungen, die Schuldzinsen, die Kantonsanteile an den Bundeseinnahmen und die Pflichtbeiträge an internationale Organisationen.

568 Amtl. Bull. NR 1996 1982–2014, 2224–2230, 2272 f.; Amtl. Bull. SR 1996 954–977, 1142 f., 1193.

569 50.8 Prozent Nein-Stimmen und 10 ablehnende Stände. Die Stimmbeteiligung betrug 40.6 Prozent.

Franken) betragen. Dieses Vorgehen stiess bei den bürgerlichen Parteien auf viel Zuspruch. Sie stellten sich im Herbst 1996 zusammen mit dem Vorort und den Kantonen hinter das Haushaltsziel. Die SP und die Grünen stellten die Zielsetzung infrage und bezeichneten die Defizite als nicht dramatisch. Die Berner SP-Nationalrätin Ruth-Gaby Vermot-Mangold sprach von einer Sparhysterie: «So ist der bundesrätliche Sanierungsgalopp zu rasant und der Zeithorizont zu knapp bemessen.»[570] Zwar teilten einige Vertreter der CVP die Bedenken den Sparmassnahmen gegenüber, dennoch verabschiedete das Parlament das Haushaltsziel 2001 am 19. Dezember 1997 mit einer grossen Mehrheit.

Vor der Volksabstimmung über das Haushaltsziel 2001 wollte Bundesrat Villiger einen Konsens über die Sparmassnahmen erzielen: «Wir möchten die Katze nicht im Sack verkaufen.»[571] Um das «Stabilisierungsprogramm 98» im Umfang von rund 2 Mrd. Franken (0.5 Prozent des BIP) zu schnüren, lud er die Kantone, die Bundesratsparteien und die Sozialpartner im Frühjahr 1998 an einen «runden Tisch» ein. Mit dieser neuartigen Form der Vernehmlassung wollte Villiger erreichen, dass das Sparpaket politisch breit abgestützt und mitgetragen wird. Nach intensiven Verhandlungen einigte man sich im April 1998 auf ein Programm, das insbesondere zulasten der Kantone und der Landesverteidigung ging. Zudem wurde die Weiterführung des 1995 eingeführten dritten Lohnprozents für die Arbeitslosenversicherung beschlossen (→ Tabelle 16).

Als das Stabilisierungsprogramm 98 auf dem runden Tisch lag, erklärten die Sozialdemokraten und die Gewerkschaften, dass sie zwar hinter dem Programm stünden, das Haushaltsziel 2001 aber ablehnen. Stattdessen wollte die SP das Zieljahr auf 2004 verschieben. Zudem äusserte sie die Befürchtung, dass die Bürgerlichen nach der Annahme des Haushaltziels 2001 weitere Sparmassnahmen bei den Sozialwerken durchsetzen. Für Bundesrat Villiger war dies ein Rückschlag: «Wie kann man für den Weg sein und gegen das Ziel?», fragte er in einem NZZ-Interview einen Monat vor der Volksabstimmung.[572] Allerdings änderte der Entscheid der SP

570 Amtl. Bull. NR 1996 II 120.
571 NZZ, 5.5.1998.
572 NZZ, 5.5.1998.

Tab. 16. Stabilisierungsprogramm 98 1999–2002 (in Mio. CHF)

	1999		2000		2001		2002	
	Runder Tisch	Parlament	Runder Tisch	Parlament	Runder Tisch	Parlament	Runder Tisch	Parlament
Sparbeitrag der Kantone[1]	185	185	332	332	500	500	510	510
Verschiebung Renten-anpassung bei der AHV/IV	–	–	–	–	203	–	–	–
Arbeitslosenversicherung	29	29	188	188	191	191	193	193
Landesverteidigung	190	190	370	370	540	540	551	551
Zivilschutz	17	17	19	19	22	22	22	22
Sparvorgabe SBB	100	100	150	150	200	200	200	200
Kreditsperre[2]	181	181	182	182	178	178	179	179
Asylbereich	-	69	-	283	-	406	-	432
Weiterführung 3. Lohnprozent[3,4]	502	502	1'018	1'018	1'030	1'030	1'040	1'030
Total	**1'024**	**1'273**	**2'259**	**2'542**	**2'864**	**3'067**	**2'695**	**3'127**

Quellen: Schweiz. Bundesrat, 1999, S. 107; Gygi (2000). [1]Betroffen war in erster Linie der Regionalverkehr. [2] Die Kreditsperre hatte die Funktion eines Eventualhaushalts. Sämtliche Kredite wurden einer Kreditsperre von 2 % unterstellt. Ausgenommen waren die Passivzinsen, die Kantonsanteile an Bundeseinnahmen, die Sozialversicherungen sowie die Beiträge an internationale Organisationen. [3]Im Rahmen der Vorarbeiten zum Stabilisierungsprogramm wurde die befristete Weiterführung des 3. Lohnprozentes bereits berücksichtigt. Somit erhöhte sich die notwendige Entlastung um rund 1 Mrd. Franken. [4]Inkl. Plafondserhöhung 2. Lohnprozent.

nichts daran, dass Volk und Stände dem Haushaltsziel 2001 am 7. Juni 1998 klar zustimmten.[573] – für den Vorsteher des EFD: «Eine Sternstunde der direkten Demokratie».[574]

Dank dem Stabilisierungsprogramm gelang es, das Budgetdefizit verfassungskonform zu reduzieren. Die gute Konjunktur sorgte dafür, dass das Haushaltsziel 2001 bereits ein Jahr früher als geplant erreicht werden konnte (→ Abb. 19). Bundesrat Villiger sprach von einem konjunkturell bedingten «Traumergebnis»: Die Rechnung des Jahres 2000 schloss mit einem Überschuss von rund 4.5 Mrd. Franken (1 Prozent des BIP) ab – mehr als 6 Mrd. Franken besser als budgetiert.

Die Schuldenbremse: Nachhaltige Finanzpolitik wird zur Regel

Nachdem die Defizitwirtschaft der 1990er-Jahre mit dem Haushaltsziel 2001 ausbalanciert worden war, sollten mit der Schuldenbremse zwei grundlegende Ziele des bundesrätlichen Finanzleitbildes erreicht werden. Die Schuldenbremse sollte die Bildung eines neuen strukturellen Defizits verhindern und dabei den Anforderungen an eine antizyklische Finanzpolitik Rechnung tragen. Dass dazu eine neu gestaltete institutionelle Massnahme notwendig war, lehrte die Erfahrung. In der Vergangenheit hatten sich institutionelle Mechanismen zur Ausgabenbeschränkung als unwirksam erwiesen. Weil ein Sanktionsmechanismus fehlte, handelte es sich jeweils mehr um Absichtserklärungen des Parlaments als um nachhaltige finanzpolitische Regeln. Daher kam der Bundesrat rückblickend zum Schluss, dass sie «[...] bei den jeweiligen Haushaltssanierungen in der Vergangenheit zwar eine gewisse, aber insgesamt wohl eher untergeordnete Rolle gespielt haben».[575]

Bei der von Bundesrat Villiger im Juli 2000 vorgestellten Schuldenbremse handelt es sich um eine einfach verständliche Ausgabenregel, mit

573 70.7 Prozent der Stimmenden und alle Stände sagten Ja. Die Stimmbeteiligung betrug 40.9 Prozent.

574 NZZ, 8.6.1998.

575 Schweiz. Bundesrat, 2000, S. 4660. Zum gleichen Schluss kommen auch Frey, 2007, S. 24 und Kirchgässner, 2004, S. 118.

der die Staatsquote beschränkt wird.[576] Sie verlangt den Ausgleich der Finanzierungsrechnung über einen Konjunkturzyklus. Indem dadurch die nominellen Schulden langfristig stabil bleiben, kommt es bei Wirtschaftswachstum zu einem Rückgang der Schuldenquote. Während eine Zuwiderhandlung einen automatischen Sanktionsmechanismus auslöst, ermöglicht eine Ausnahmeregel bei ausserordentlichen Ereignissen wie einer schweren Rezession oder einer Naturkatastrophe die Erhöhung des Ausgabenplafonds.[577]

Als die Schuldenbremse zu Beginn des Jahres 2001 ins Parlament kam, drehte sich die Diskussion hauptsächlich um institutionelle Fragen, während die technischen Aspekte der Schuldenbremse kaum Beachtung fanden. Besonders schwer wogen die Bedenken, dass die Budgethoheit des Parlaments beschnitten wird. Im erstberatenden Ständerat war die Zustimmung zur Schuldenbremse hoch. Allerdings wurden sowohl im bürgerlichen als auch im linken Lager Vorbehalte gegen den Ersatz der Politik durch Formeln gemacht. So warnte der Tessiner freisinnige Dick Marty davor, politische Entscheide an die «Technokratie» zu delegieren: «Je ne voterai pas contre ce projet parce que j'en partage les buts, mais je n'arrive vraiment pas à voter pour, parce que je ne me sens vraiment pas capable de participer à ce qui me paraît être un rituel de hara-kiri du Parlement.»[578]

576 Die Ausgaben des Bundes dürfen seine Einnahmen nicht übersteigen. Dabei erlaubt ein Konjunkturfaktor in rezessiven Phasen ein konjunkturelles Defizit und schreibt in Boomphasen einen konjunkturellen Überschuss vor. Der Konjunkturfaktor entspricht dem Quotienten, der sich aus dem Trend-BIP und dem geschätzten BIP des Voranschlagjahres berechnet. Bei Budgetüberschreitungen wird die Differenz zwischen den zulässigen und den effektiven Gesamtausgaben über ein Ausgleichskonto abgerechnet. Überschüsse fliessen in den Schuldenabbau und Fehlbeträge müssen in den Folgejahren abgebaut werden. Um eine Umgehung der Ausgabenregel über das Ausgleichskonto zu verhindern, müssen Fehlbeträge, die 6 Prozent der im vergangenen Rechnungsjahr getätigten Ausgaben überschreiten, zwingend innert drei Jahren ausgeglichen werden. Zudem gibt es eine Ausnahmenregel für ausserordentliche Ereignisse, wie eine schwere Rezession oder eine Naturkatastrophe. Diese Ausnahmeregel ermöglicht es dem Parlament, den Ausgabenplafond zu erhöhen, womit die Budgethoheit des Parlaments bis zu einem gewissen Grad gewahrt wird. Um eine Umgehung der Schuldenbremse über die Ausnahmeregel zu verhindern, ist für ihre Anwendung das absolute Mehr in beiden Räten erforderlich, wobei die Amortisation der ausserordentlichen Schulden innerhalb eines vorgegebenen Zeitrahmens erfolgen muss. (Schweiz. Bundesrat, 2000, S. 4692–4702; Colombier, 2004, S. 12 f.

577 Colombier, 2004, S. 11–12; Kirchgässner, 2004, S. 118 f.

578 Amtl. Bull. SR 2001 77.

Allerdings überwog die Einsicht, dass der Bund ohne zwingenden Mechanismus nicht aus der Schuldenspirale hinauskommt: «Cet instrument de gestion qu'est le frein aux dépenses est peut-être un instrument de torture, mais c'est un instrument nécessaire malgré les risques qu'il renferme», so der Walliser CVP-Ständerat Simon Epiney.[579]

Im Nationalrat stimmte die bürgerliche Mehrheit gegen den Widerstand der Ratslinken deutlich für die Schuldenbremse. Bundesrat Villiger sei ein glücklicher Mann, so der Waadtländer SP-Nationalrat Pierre-Yves Maillard:

> «Il réalise le fantasme de tout ministre des finances. Paradoxalement, la réalisation de ce fantasme de tout ministre des finances semble combler d'aise également des parlementaires qui, dans un masochisme exacerbé, appellent de leurs vœux la mutilation de leurs compétences, la restriction de leur capacité de décision.»[580]

Die SP verurteilte die Schuldenbremse als «unsozial». So forderte die Appenzeller SP-Nationalrätin Hildegard Fässler, dass der Ausgabenplafond nicht nur von der konjunkturellen Lage, sondern auch von den sozialen Bedürfnissen abhängig gemacht wird.[581] Weil die Schuldenbremse eine Ausnahmeregel vorsah, vermochte die SP mit diesem Argument allerdings nicht durchzudringen. Im Abstimmungskampf lehnten die SP, die Grünen und der Gewerkschaftsbund die Schuldenbremse ab. Die bürgerlichen Parteien, die Wirtschaftsverbände, das Gewerbe und die Arbeitgeberverbände empfahlen geschlossen das Ja. Das Abstimmungsresultat machte deutlich, dass die Schulden-Explosion beim Stimmvolk noch sehr präsent war: Die Schuldenbremse wurde am 2. Dezember 2001 mit einem äusserst hohen Ja-Stimmen-Anteil von 84.7 Prozent und von allen Ständen angenommen. Die Stimmbeteiligung lag bei 37.8 Prozent. Die Schuldenbremse wurde 2003 eingeführt. Aufgrund des unerwartet schwachen Konjunkturverlaufs war es jedoch notwendig, eine Übergangsbestimmung zu schaffen. Diese sah einen verbindlichen

579 Amtl. Bull. SR 2001 78.
580 Amtl. Bull. NR 2001 773.
581 Amtl. Bull. NR 2001 782.

Abbaupfad vor, um das strukturelle Defizit bis 2007 schrittweise zu reduzieren. Dieses Ziel wurde durch zwei Entlastungspakete, EP 03 und EP 04, erreicht, die zusammen ein Volumen von etwa 0.4 Prozent des BIP umfassten.

9.5 Die grosse Föderalismusreform

Als sich der öffentliche Sektor in den 1990er-Jahren unter dem Druck des verschärften internationalen Standortwettbewerbs auf die Suche nach Möglichkeiten zur Verbesserung der Wettbewerbsfähigkeit machte, wurde grosse Ineffizienz beim Finanzausgleich und der föderativen Aufgabenerfüllung festgestellt. So wurden die Arbeiten an der «Revitalisierung des Föderalismus» von vorne begonnen (→ Kapitel 9.3). Anders als in den 1980er-Jahren wurde nun der Finanzausgleich «im weiteren Sinn» – also die Verteilung der Aufgaben und der Einnahmen zwischen den Staatsebenen – angegangen. Unter dem Reformdruck, der von der Schuldenkrise ausging, und dank der Lehren aus dem gescheiterten Anlauf der 1980er-Jahre gelang mit der Neugestaltung des Finanzausgleichs und der Aufgabenteilung zwischen Bund und Kantonen (NFA) das umfassendste Reformprojekt seit der Bundesstaatsgründung.

Der Finanzausgleich von 1959: eine ernüchternde Bilanz

Der Auslöser für die NFA war die erste Wirkungsanalyse über den Finanzausgleich aus dem Jahr 1991. Das Ergebnis war enttäuschend: Obwohl der Bund rund einen Viertel seiner Ausgaben für den Finanzausgleich aufwendete, konnte das Gefälle in der finanziellen Leistungsfähigkeit zwischen den Kantonen nicht verringert werden. 1992 einigten sich der Bund und die Kantone schliesslich, den Finanzausgleich auf eine neue Grundlage zu stellen. Auf politischer Ebene setzte sich die Einsicht durch, dass die Schaffung von effizienten Strukturen für die bundesstaatliche Aufgabenerfüllung nicht nur eine Voraussetzung für Erfolg im internationalen Standortwettbewerb, sondern auch für eine dauerhafte finanzielle Konsolidierung des Bundes ist. Schätzungen gingen von Effizienzgewinnen von bis zu 3 Mrd. Franken aus.

Die Finanzverwaltung und die Finanzdirektorenkonferenz beriefen eine Expertengruppe ein, die mit der Überprüfung des Finanzausgleichs beauftragt wurde. Der Expertengruppe gehörten die Professoren René L. Frey aus Basel, Bernard Dafflon aus Freiburg, Claude Jeanrenaud aus Neuenburg und Alfred Meier aus St. Gallen sowie Dr. Andre Spillmann an. In ihrem 1994 erschienenen Bericht kam die Expertengruppe zum Schluss, dass das Transfersystem grundsätzlich reformbedürftig sei. Der Grund dafür waren gleich mehrere Konstruktionsfehler. Angesichts der Vielzahl der Einzelmassnahmen mangelte es dem Finanzausgleich an Transparenz und der Möglichkeit zur politischen Steuerung. Zudem vermischte der Finanzausgleich Anreiz- und Umverteilungsziele, was zu Zielkonflikten und falsch gesetzten Anreizen führte. Trotz hohem Mitteleinsatz resultierte eine geringe Ausgleichswirkung. Der Handlungsspielraum der Kantone wurde zunehmend eingeschränkt.[582]

Eine grundlegende Neuordnung der föderalen Strukturen

Nach dem Erscheinen des Berichts der Expertengruppe wurde eine Projektorganisation einberufen, an der die Kantone, die Städte und die Gemeinden paritätisch beteiligt waren. Das Ziel des Projekts war, der schleichenden Zentralisierung Einhalt zu gebieten und der «Verschlammung des Föderalismus» entgegenzuwirken, wie es Altbundesrat Kaspar Villiger zu sagen pflegte.[583] Dazu wurde eine umfassende Reform der föderalen Strukturen des Bundesstaats in Angriff genommen. Mit einer Aufgaben- und Finanzierungsentflechtung sollte die Wirksamkeit des Finanzausgleichs verbessert und das Gefälle in der finanziellen Leistungsfähigkeit unter den Kantonen abgebaut werden. Nach einer ersten und grundsätzlich positiven Vernehmlassung 1996 wurden die Grundzüge der Reform konkretisiert und der Schlussbericht Ende März 1999 in die zweite Vernehmlassung geschickt.[584]

582 Frey et al., 1994, S. 3 f.

583 Im Unterschied zu den Gemeinden und im Anwendungsfall Leukerbad gibt es kein Insolvenzregime für die Kantone. Damit ist die Anreizfrage für solide Kantonsfinanzen auch ein unmittelbares Ziel für den Bundeshaushalt. (Vgl. Schaltegger und Winistörfer, 2016).

584 NZZ, 27.03.1999; 17.04.1999; Schweiz. Bundesrat, 2001, S. 2293–2298, 2314 f.

Während den Vorarbeiten geriet die NFA-Vorlage in Verzug. Insbesondere in zwei Bereichen stiess das Projekt auf starken Widerstand. In Erinnerung an den Anlauf in den 1980er-Jahren hatten die Kantone schon früh die Befürchtung geäussert, dass der Bund die NFA als Vehikel für eine finanzielle Lastenverschiebung missbraucht. Dies führte zur Einführung eines «Härteausgleichs», der gewährleisten sollte, dass kein Kanton durch die NFA finanziell schlechter gestellt wird. Was Bundesrat Villiger schlicht als «föderalistisches Schmieröl» bezeichnete, nannte Kurt Stalder, Sekretär der Finanzdirektorenkonferenz, diplomatisch den «staatspolitischen Preis für die Umsetzung des Reformprojekts». Die Kosten gingen zu zwei Dritteln zulasten des Bundes, ein Drittel übernahmen die ressourcenstarken Kantone.[585]

Ebenfalls auf starken Widerstand stiess die Kantonalisierung von verschiedenen Aufgaben im Sozialbereich. Im Vorfeld der NFA hatte sich eine Reihe von Sozialorganisationen zur «IG Sozialer Finanzausgleich» zusammengeschlossen. Sie forderten die Ausklammerung des Sozialbereichs aus der NFA, da sie einen Leistungsabbau auf kantonaler Ebene befürchteten. Dabei war der Widerstand eines Teils der Behindertenorganisationen besonders gross. Die Übertragung von Invalidenheimen und Sonderschulen in die kantonale Obhut machte einen grossen Teil der Aufgabenentflechtung aus. Der Bundesrat reagierte auf die Kritik, indem er im Sozialbereich Mindeststandards definierte, um die Entstehung von unverhältnismässig grossen Unterschieden bei den Sozialleistungen zwischen den Kantonen zu verhindern.[586]

Das Jahrhundertprojekt NFA

Als der Bundesrat im November 2001 die NFA-Botschaft nach einem zehnjährigen Ausarbeitungsprozess veröffentlichte, lag ein umfangreiches Reformpaket vor, das nicht zuletzt dank des frühzeitigen Einbezugs der Städte und Gemeinden und weiterer Akteure politisch breit abgestützt war.

585 NZZ, 27.4.2001; 15.11.2001.

586 Amtl. Bull. NR 2003 877–945; NZZ, 8.11.1999.

Der alte Finanzausgleich, der aus über 100 Einzelmassnahmen bestand, wurde durch zwei neue Ausgleichsinstrumente ersetzt. Kernstück war der Ressourcenausgleich, mit dem sichergestellt wird, dass jeder Kanton über finanzielle Ressourcen im Umfang von 85 Prozent des Schweizer Durchschnitts verfügt. Indem das Parlament die Möglichkeit hat, die Eckwerte des Ressourcenausgleichs festzulegen, wurde der Finanzausgleich politisch steuerbar. Das zweite Instrument ist der Lastenausgleich für spezielle Lasten der Kantone. Während der geografisch-topografische Lastenausgleich (Lasten der Berggebiete) bereits im alten Finanzausgleich berücksichtigt wurde, stellte der soziodemografische Lastenausgleich (Bevölkerungsstruktur und Zentrumsfunktion) eine Neuerung dar.[587]

Auch die Verteilung der Aufgaben wurde grundlegend überarbeitet. Zwanzig Verbundaufgaben wurden gemäss dem Prinzip der fiskalischen Äquivalenz getrennt und dem Subsidiaritätsprinzip entsprechend den Staatsebenen zugeordnet. Sieben wurden dem Bund und dreizehn den Kantonen übertragen.[588] Siebzehn Verbundaufgaben werden weiterhin gemeinsam wahrgenommen, wobei die Zusammenarbeit neugestaltet wurde.[589] Dabei wurden die strategischen Entscheidungen dem Bund und die operativen Entscheidungen den Kantonen übertragen. Indem den Kantonen dabei vermehrt Globalbeiträge anstatt projektgebundener Subventionen entrichtet werden und nur die Zielerreichung überprüft wird, bietet sich den Kantonen mehr Handlungsspielraum und Anreize für eine effiziente Leistungserbringung. Zudem wurden neun «gemeinsame Kantonsaufgaben» definiert und der kantonsübergreifende Leistungsbezug

---

587 Für Details siehe Kasten am Ende des Kapitels.

588 Folgende Aufgaben fielen in die Verantwortung des Bundes: Individuelle Leistungen der AHV; Individuelle Leistungen der IV; Betagten- und Behindertenorganisationen; Nationalstrassen; Landesverteidigung; Landwirtschaftliche Beratungszentralen; Tierzucht. Folgende Aufgaben fielen in die Verantwortung der Kantone: Bau- und Betriebsbeiträge an Heime; Sonderschulung; Betagten- und Behindertenorganisationen; Ausbildungsstätten für soziale Berufe; Stipendien; Turnen/Sport (Schulsport/Lehrmittel); Verkehrstrennung/Niveauübergänge; Flugplätze; Berggebiete (Wohnverhältnisse); Landwirtschaftliche Beratung.

589 Verbundaufgaben: Krankenversicherung; Ergänzungsleistungen; Stipendien (Tertiärbereich); Agglomerationsverkehr; Regionalverkehr; Hauptstrassen; Lärmschutz; Straf- u. Massnahmenvollzug; Denkmalpflege; Amtliche Vermessung; Natur- und Landschaftsschutz; Hochwasserschutz; Gewässerschutz; Landwirtschaftliche Strukturverbesserungen; Wald; Jagd; Fischerei.

geregelt.[590] Damit sollte dem «Trittbrettfahren» entgegengewirkt werden – also dem Umstand, dass Zentrumskantone Leistungen erbringen, von denen die Nachbarkantone zwar profitieren, für die sie aber keine angemessene Entschädigung bezahlen. Im Gegenzug für die Entschädigung erhalten die mitfinanzierenden Kantone ein Mitsprache- und Kontrollrecht.[591]

Insgesamt wurde eine Aufgaben- und Finanzierungsentflechtung im Umfang von 5 Mrd. Franken vorgenommen, was rund einem Drittel der Finanzströme zwischen dem Bund und den Kantonen entsprach. Abgesehen vom Härteausgleich war die NFA für den Bund und die Kantone kostenneutral.[592]

Grosse Zustimmung zur Reform

Das Parlament hiess die NFA ohne substanzielle Änderungen gut und verabschiedete die Vorlage in der Herbstsession 2003 mit klaren Mehrheiten. In beiden Kammern überwog die Sichtweise der Nidwaldner CVP-Ständerätin Marianne Slongo, welche die NFA als «letzte Chance für eine Revitalisierung des Föderalismus» bezeichnete: «Nach meiner Meinung ist die NFA ein beeindruckendes Reformpaket, das letztlich einen radikalen Bruch mit dem geltenden System darstellt. Grundsätzlich stimmt die Stossrichtung des Projekts. Mit der Reform werden die Stärken des Föderalismus vergrössert und die Schwächen verkleinert.»[593]

Die Unterstützung der NFA war gross. Alle bürgerlichen Parteien gaben die Ja-Parole heraus. Dabei stellte sich die Zürcher SVP gegen die NFA, da sie eine Umverteilung «zulasten der Tüchtigen» ablehnte. Als einzige Bundesratspartei lehnte die SP die NFA ab. Ihr war die Ausgleichswirkung zu gering und zudem rügte die Partei die Übertragung der Behindertenheime in die Kompetenz der Kantone. Allerdings war die SP gespalten, neun Kantonalparteien entschlossen sich für die Ja-Parole. Zu den Gegnern der NFA

590 Gemeinsame Kantonsaufgaben: Institutionen zur Eingliederung und Betreuung Behinderter; Spitzenmedizin und Spezialkliniken; kantonale Universitäten; Fachhochschulen; Straf- und Massnahmenvollzug; Agglomerationsverkehr; Kultureinrichtungen von überregionaler Bedeutung; Abfallbewirtschaftung; Abwasserreinigung.

591 Schweiz. Bundesrat, 2001, S. 2335–2339.

592 NZZ, 26.10.2004.

593 Amtl. Bull. SR 2002 834.

zählten auch die Grünen und die Gewerkschaften. Alle Kantone – mit Ausnahme des grössten Geberkantons Zug – sowie der Städte- und der Gemeindeverband standen hinter der Reform. Wie erwartet wurde, hiess eine Mehrheit des Stimmvolks und der Kantone die NFA am 28. November 2004 deutlich gut, worauf sie auf 2008 in Kraft trat.[594]

«Schuften für die Faulen?»: Abstimmungsplakat gegen den neuen Finanzausgleich 2004.

594 Ja-Stimmenanteil von 64.3 Prozent und 20.5 zustimmende Stände. Die Stimmbeteiligung betrug 36.1 Prozent.

Schwächen des Finanzausgleichs von 1959

Bei der Neugestaltung des Finanzausgleichs galt es, mehrere Schwächen des alten zu beseitigen. Zentral war, dass ein Grossteil der Subventionen des alten Finanzausgleichs Anreiz- und Umverteilungsziele verfolgte, was Fehlanreize und Ineffizienzen barg. Um den Kantonen einen Anreiz zu bieten, in einem Aufgabenbereich aktiv zu werden, leistete der Bund einen Grundbetrag, mit dem bis zu 60 % der Kosten gedeckt wurden. Zusätzlich wurde ein Finanzkraftzuschlag gewährt, der – nach Finanzkraft der Kantone abgestuft – der Umverteilung diente. Diese Finanzkraftzuschläge waren stets an eine Aufgabe zweckgebunden. Damit waren verschiedene Probleme verbunden. Zum einen fiel der Eigenbeitrag für finanzschwache Kantone stark ins Gewicht, so dass der Umverteilungseffekt der Finanzkraftzuschläge bis zu einem gewissen Grad aufgehoben wurde. Dabei mussten finanzschwache Kantone zur Bestreitung des Eigenbeitrags teilweise ihr Budget erhöhen, was zu Steuererhöhungen führen konnte. Zum andern bestand die Gefahr, dass sich die Kantone auf Projekte mit hohen Finanzkraftzuschlägen konzentrierten oder teure Projekte angingen, um viel Geld beim Bund «abzuholen». Beides stand einer sparsamen und nach den Bedürfnissen der Bevölkerung ausgerichteten Finanzpolitik im Weg.

Die zweite Schwachstelle des Finanzausgleichs war der Finanzkraftindex, mit dem die Höhe der Ausgleichszahlungen festgelegt wurde. Er war ein unübersichtliches Konstrukt aus vier Indizes, das Einnahmenelemente (kantonales Volkseinkommen und Steuerkraft) mit Lastenelementen (Steuerbelastung und strukturelle Lasten von Berggebieten) vermischte. Dies verhinderte eine differenzierte Steuerung, da zwischen dem Ausgleich von Lasten und dem Ausgleich zwischen ärmeren und reicheren Kantonen ein Zielkonflikt bestand. Besonders stark kritisiert wurde der politisch beeinflussbare Indikator Steuerbelastung. Weil Steuersenkungen zu tieferen Finanzausgleichszahlungen führten, wurde der Steuerwettbewerb tendenziell unterbunden. Dadurch gerieten finanzschwache Kantone in einen Teufelskreis, aus dem sie sich nur schwer befreien konnten. Hinzu kam, dass der Index direkt von der kantonalen Fiskalpolitik beeinflusst werden konnte.[595]

595 Frey et al., 1994, S. 3–35; Frey & Schaltegger, 2001, S. 16; EFD, 2007, S. 11.

Der Finanzausgleich im Detail

Der Finanzausgleich besteht aus dem horizontalen und dem vertikalen Ressourcenausgleich, dem geografisch-topografischen und dem soziodemografischen Lastenausgleich sowie dem zeitlich befristeten Härteausgleich. Mit dem *Ressourcenausgleich* erhalten ressourcenschwache Kantone vom Bund (vertikaler Ressourcenausgleich) und von den ressourcenstarken Kantonen (horizontaler Ressourcenausgleich) finanzielle Mittel zur Verfügung gestellt, sodass sie über eigene Ressourcen im Umfang von mindestens 85 % des schweizerischen Durchschnitts verfügen. Massgebend ist das «Ressourcenpotenzial», die steuerlich ausschöpfbaren Ressourcen eines Kantons. Die Berechnungsgrundlage bildet die Steuerbemessung gemäss direkter Bundessteuer, wobei das steuerbare Einkommen und Vermögen von natürlichen Personen sowie die Gewinne von juristischen Personen berücksichtigt werden. Liegt das Ressourcenpotenzial eines Kantons über dem Schweizer Durchschnitt, gilt er als ressourcenstark und muss im Verhältnis zum Potenzial und der Bevölkerung in den Ressourcenausgleich einzahlen. Umgekehrt gelten Kantone mit unterdurchschnittlichem Ressourcenpotenzial als ressourcenschwach und empfangen Leistungen aus dem Ressourcenausgleich. Das Ressourcenpotenzial ist politisch nicht beeinflussbar, was ein fundamentaler Unterschied zum alten Finanzausgleich ist, bei dem die finanzielle Leistungsfähigkeit anhand der Steuerbelastung gemessen wurde. Der Ressourcenausgleich hat einen Umfang von rund 2.7 Mrd. Franken, wobei der horizontale Ressourcenausgleich auf mindestens zwei Drittel und höchstens vier Fünftel des vertikalen Ressourcenausgleichs begrenzt ist. Die Beiträge werden vom Parlament alle vier Jahre anhand eines Wirkungsberichts bestimmt. Das zweite Instrument ist der *Lastenausgleich*. Während der geografisch-topografische Lastenausgleich (Lasten der Berggebiete) bereits im früheren Finanzausgleich berücksichtigt wurde, stellt der soziodemografische Lastenausgleich (Bevölkerungsstruktur und Zentrumsfunktion) eine Neuerung dar. Er erfasst die Indikatoren Armut, Alter der Bevölkerung, Ausländerintegration und Kernstadtproblematik. Der Lastenausgleich wird vom Bund getragen und hat einen Umfang von rund 295 Mio. Franken. Der *Härteausgleich* hat einen Umfang von 240 Mio. Franken und wird zu zwei Drittel vom Bund und zu einem Drittel von den Kantonen finanziert. Ab dem neunten Jahr wird der Härteausgleich jährlich um 5 % abgebaut, womit er auf 28 Jahre begrenzt ist (2008–2035).

9.6 Aufschwung und Abbau des internationalen Steuerwettbewerbs

Zu den wettbewerbsfördernden wirtschaftspolitischen Massnahmen, die im Rahmen des Deregulierungskurses der 1990er-Jahre angegangen wurden, gehörte auch eine Antwort auf den sich verschärfenden internationalen Steuerwettbewerb. Angesichts der wachsenden Mobilität der Produktionsfaktoren hatte sich die Unternehmensbesteuerung zu einem immer wichtigeren Faktor der Standortattraktivität entwickelt. Nach Reformen in der EG galt es für die Schweiz, die internationale fiskalische Konkurrenzfähigkeit wiederherzustellen. Während die Schweiz ihre Steuerstrategie neu ausrichtete, setzten in der EG bzw. EU und der OECD erste Bestrebungen zur Eindämmung des Steuerwettbewerbs ein. Dabei wurde die Schweiz unter erheblichen Druck gesetzt, sodass sie einlenken und internationale Standards übernehmen musste.

Internationaler Steuerwettbewerb als finanzpolitische Herausforderung

Zu Beginn der 1990er-Jahre mehrten sich die parlamentarischen Vorstösse, die eine Reform des Unternehmenssteuerrechts forderten. Um die Wettbewerbsfähigkeit des Wirtschaftsstandorts Schweiz zu stärken und die seit dem Ende der Rezession (1991/93) stockende Binnenkonjunktur anzuschieben, sollte das Steuersystem den dynamischen internationalen Rahmenbedingungen angepasst werden. Der grösste Handlungsbedarf wurde bei den Holdinggesellschaften verortet. Im Wettbewerb um die hochmobilen Holdinggesellschaften hatte die Schweiz deutlich an Attraktivität eingebüsst, was zu einem Wegzug von Unternehmen beigetragen hatte. Von besonderer Bedeutung waren zwei vom EG-Rat im Juli 1990 verabschiedete Richtlinien, die es ermöglichten, Gewinne und Beteiligungen zwischen Mutter- und Tochtergesellschaft innerhalb der Europäischen Gemeinschaft ohne Mehrfachbesteuerung zu transferieren.[596]

---

596 Schweiz. Bundesrat, 1997, S. 1185.

Die Antwort des Bundes auf die Entwicklungen in der EU war die Unternehmenssteuerreform (USR I), deren Kernstück eine Entlastung für Holdinggesellschaften darstellte. Die entsprechende Botschaft legte der Bundesrat im März 1997 vor. Das Parlament verabschiedete das Massnahmenpaket mit wenigen Änderungen.[597] Nachdem die bürgerliche Parlamentsmehrheit die Kompensationsmassnahmen abschwächte, äusserte die Ratslinke zwar ihr Missfallen, verzichtete aber auf ein Referendum, worauf die Unternehmenssteuerreform am 1. Januar 1998 in Kraft trat.[598] Damit hatten sich die Linken die bürgerliche Unterstützung für ein Investitionsprogramm gesichert, das vom Parlament in der Frühjahrssession 1997 gutgeheissen wurde. Mit dem Arbeitsbeschaffungsprogramm zugunsten der Baubranche im Umfang von 480 Mio. Franken sollte dem erneuten Anstieg der Arbeitslosigkeit entgegengewirkt werden.[599]

Die Unternehmenssteuerreform wird vervollständigt

Nachdem die USR I umgesetzt war, sollte die Reform der Unternehmenssteuern mit einer zweiten Vorlage ergänzt werden. Eine Expertenkommission erhielt im Jahr 2000 vom EFD und der ESTV den Auftrag, weitere

---

597 Der Bundesrat schlug aus Gründen der Einfachheit vor, den bisherigen Abzug für Beteiligungserträge (Dividenden) durch eine steuerliche Freistellung der Beteiligungserträge und der Beteiligungsgewinne (Kapital- und Aufwertungsgewinne) auszudehnen. Das Parlament beschränkte die Massnahme darauf, dass Holdinggesellschaften den Abzug für Beteiligungserträge durch einen Abzug auf Beteiligungsgewinne ergänzen, die bei der Veräusserung einer Beteiligung von mindestens 20 Prozent am Kapital einer anderen Gesellschaft realisiert werden. Dies unter der Bedingung, dass die Beteiligung während mindestens einem Jahr im Besitz der Gesellschaft war. Zudem wurde die Emissionsabgabe von 2 auf 1 Prozent gesenkt und damit an den EU-Raum angeglichen, um den Unternehmen die Beschaffung von Risikokapital zu erleichtern. Unbestritten war der Ersatz des renditeabhängigen Dreistufentarifs der Gewinnsteuer durch eine wettbewerbsneutrale proportionale Gewinnsteuer von 8.5 Prozent und die Abschaffung der Kapitalsteuer.

598 Um die Einnahmeausfälle der Reform teilweise zu kompensieren, hatte der Bundesrat die Einführung einer Stempelabgabe von 2.5 Prozent auf Lebensversicherungsprämien vorgeschlagen. Die bürgerliche Parlamentsmehrheit beschränkte die Stempelabgabe auf Lebensversicherungen mit Einmalprämie. Somit resultierte aus der USR I ein Einnahmeausfall von 230 Mio. Franken für den Bund.

599 Amtl. Bull. SR 1997, 828 f., 1025; Amtl. Bull. NR 1997, 1925, 2029–2033; Schweiz. Bundesrat, 1997, S. 1165 f.

Massnahmen für die Verbesserung der steuerlichen Rahmenbedingungen von Unternehmen abzuklären. Nach mehrjähriger Arbeit veröffentlichte der Nachfolger von Kaspar Villiger, sein Appenzeller Parteikollege Hans-Rudolf Merz, im Juni 2005 die Botschaft zur USR II. Die Expertenkommission hatte insbesondere bei der steuerlichen Belastung von Investoren Handlungsbedarf attestiert, weshalb mit der USR II Risikokapital steuerlich entlastet werden sollte. An erster Stelle stand die Milderung der steuerlichen Doppelbelastung von Unternehmensgewinnen. Diese Doppelbelastung ergab sich, weil zuerst der Unternehmensgewinn und dann die Dividende steuerlich erfasst werden, was eine Reihe von ungewollten Konsequenzen hatte.[600] Um diesen Effekt zu verringern, sollten Dividenden mit einem Teilbesteuerungssatz tiefer besteuert werden. Zudem sollten Agio und Grundkapital durch die Einführung des Kapitaleinlageprinzips einander steuerlich gleichgestellt werden.[601] Nach dem geltenden Nennwertprinzip wurde das Agio bei der Rückzahlung als Gewinn versteuert, was die Risikokapitalbeschaffung stark erschwerte. Ferner wurde für die Kantone die Möglichkeit geschaffen, die Gewinnsteuern an die Kapitalsteuern anzurechnen.[602] Der Bundesrat rechnete damit, dass die Einnahmen des Bundes infolge der Milderung der Doppelbelastung dank erhöhten Gewinnausschüttungen langfristig um 55 Mio. Franken ansteigen werden.[603]

600 Während grosse etablierte Firmen eher mit einem Überinvestitionsproblem zu kämpfen hatten, war die Kapitalbeschaffung für junge, schnell wachsende Unternehmen schwierig, da die Doppelbelastung investitionshemmend wirkte. Ausserdem wurden Unternehmensgewinne häufig thesauriert, um sie bei der Veräusserung der Beteiligungsrechte als steuerfreien Kapitalgewinn zu realisieren. Auch wurden übersetzte Löhne ausbezahlt, um die Doppelbelastung zu vermeiden.

601 Bei einer Neuausgabe von Aktien bezeichnet das Agio den Ausgabeaufschlag – also den Betrag, um den der Ausgabepreis den Nennwert der Aktie übersteigt.

602 Wie der Bund mit der USR I gingen immer mehr Kantone von progressiven zu proportionalen Gewinnsteuersätzen über, womit der ursprüngliche Zweck für eine Kapitalsteuer wegfiel. Allerdings kam die Aufhebung der Kapitalsteuer für eine Mehrheit der Kantone nicht infrage, da viele Kapitalgesellschaften und insbesondere die Holdinggesellschaften keine Gewinne versteuern. So konnten die Kantone auf die Kapitalsteuer verzichten, wenn auch eine Gewinnsteuer geschuldet ist. Unternehmen hatten nur noch die höhere der beiden Steuern zu bezahlen, womit profitable Unternehmen entlastet wurden. Gleichzeitig war sichergestellt, dass alle Unternehmen mindestens die Kapitalsteuer bezahlen.

603 Schweiz. Bundesrat, 2005, S. 4800–4853.

Der Freisinnige Bundesrat Hans–Rudolf Merz (*1942) setzte sich während seiner Amtszeit erfolgreich für die Sanierung der Bundesfinanzen ein.

Im Parlament sorgte die Teilbesteuerung von Dividenden für kontroverse Diskussionen. Der vom Bundesrat vorgeschlagene Teilbesteuerungssatz von 80 Prozent im Privatvermögen und von 60 Prozent im Geschäftsvermögen wurde von der bürgerlichen Parlamentsmehrheit gegen den erbitterten Widerstand der Sozialdemokraten und der Grünen auf 60 und 50 Prozent gesenkt. Dies sei ein «Raubzug auf Kosten des Steuersubstrats», so die Baselbieter SP-Nationalrätin Susanne Leutenegger Oberholzer.[604] Die SP ergriff zusammen mit den Grünen und dem SGB das Referendum, nachdem die USR II am 23. März 2007 verabschiedet worden war. Sie bekämpften die Vorlage mit dem Argument, die USR II sei ein «Steuergeschenk für die Reichen». Zudem warnten sie vor der Schwächung der AHV, sollten KMU nun verstärkt Dividenden anstatt AHV-pflichtige Löhne ausbezahlen. Die Bürgerlichen und die Wirtschaftsverbände standen hinter der Vorlage und hoben die Relevanz der Stärkung des Unternehmensstandorts hervor. Das Abstimmungsresultat vom 24. Februar 2008 fiel mit 50.5 Prozent Ja-Stimmenanteil äusserst knapp aus. Das Abstimmungsresultat wurde sowohl von den Bürgerlichen als auch von der SP als Erfolg gewertet. Die Stimmbeteiligung betrug 38.6 Prozent.[605]

604 Amtl. Bull. NR 2006, 1278.
605 Amtl. Bull. NR 2006 1261–1280; Amtl. Bull. NR 2007 310; NZZ, 07.03.2007.

Die Kontroverse um das Kapitaleinlageprinzip

Die USR II hatte ein unerwartetes Nachspiel. Als das Kapitaleinlageprinzip im Jahr 2011 in Kraft trat, wurden bei der Finanzverwaltung hohe Kapitaleinlagen gemeldet, die den Unternehmen die Auszahlung steuerfreier Dividenden ermöglichten. Die vom ESTV veröffentlichten Schätzungen über die Steuerausfälle lagen zwischen 800 Mio. bis 1.2 Mrd. Franken. Dies löste eine politische Kontroverse aus. In der bundesrätlichen Botschaft waren die fiskalischen Folgen des Kapitaleinlageprinzips als kaum quantifizierbar bezeichnet worden und im Abstimmungsbüchlein wurde auf eine Schätzung verzichtet. Dies veranlasste die Berner SP-Nationalrätin Margret Kiener Nellen und ihren Zürcher Kollegen Daniel Jositsch Beschwerde beim Bundesgericht einzureichen, die abgelehnt wurde. Dennoch rügte das Bundesgericht den Bundesrat und bemängelte die fehlenden Informationen.[606] Bundesrat Merz rechtfertigte den Verzicht auf die Schätzung mit den fehlenden Daten über die Höhe der Agio-Reserven. Noch im Jahr 2015 sah sich Hans-Rudolf Merz zu einer Stellungnahme in der NZZ veranlasst: «Die Eigenkapitalreserven wurden zwar unterschätzt, aber keinesfalls böswillig unterschlagen.»[607] Dabei verwies er darauf, dass es nicht zu den erwarteten Milliardenausfällen gekommen war und die Steuererträge entgegen den Prognosen vielmehr stark anstiegen.

Steuerwettbewerb im internationalen Fokus

Um die Jahrtausendwende rückte die Praxis internationaler Unternehmen, ihren Firmensitz in steuerlich begünstigte Staaten zu verlegen – selbst wenn sie dort nur minimale Einnahmen erzielen und kaum Personal beschäftigen –, ins Zentrum des internationalen politischen Diskurses. Diese Entwicklung beleuchtete die Dringlichkeit grenzüberschreitender Steuerfragen und warf insbesondere ein Schlaglicht auf die Herausforderungen bei der Unternehmensbesteuerung. Angesichts der hohen Schuldenlast, der sich

606 EFD, 2013, S. 1–4; ESTV, 2011, S. 1.
607 NZZ, 02.06.2015.

viele Staaten ausgesetzt sahen, begann sowohl die EU als auch die OECD Massnahmen gegen Steueroasen und Steuervermeidungsstrategien von Unternehmen zu prüfen. Die dadurch angestossene Entwicklung ging immer stärker in Richtung von internationalen steuerlichen Verhaltensregeln für Unternehmen und Staaten.

Die EU setzte für ihre Mitgliedstaaten Rahmenbedingungen auf dem Gebiet der Unternehmensbesteuerung und hielt auch Drittstaaten an, sich an diese Vorgaben zu halten. Dabei geriet insbesondere die kantonale Besteuerung von Spezialgesellschaften (Holding- und Domizilgesellschaften) in der Schweiz ins Blickfeld der EU. 2005 wandte sich die EU an den Bund und übte scharfe Kritik am «ring-fencing», das die tiefere Besteuerung von im Ausland erzielten Gewinnen erlaubt. Die EU-Kommission argumentierte, dass es sich um verbotene staatliche Beihilfen handelt, und berief sich auf das Freihandelsabkommen von 1972. 2007 trat die EU-Kommission mit konkreten Forderungen an die Schweiz heran und bezeichnete die kantonalen Steuerprivilegien als illegal. Bundesrat Merz bestritt dies vehement und erklärte, dass die kantonale Steuerhoheit nicht verhandelbar sei. Aus dem Steuerdialog zwischen der Schweiz und der EU wurde bald ein Steuerstreit. Dieser gipfelte darin, dass die EU der Schweiz mit Sanktionen drohte, was die damalige SP-Aussenministerin Micheline Calmy-Rey als «schlechten Stil» bezeichnete.[608] Angesichts der Gefahr, auf der schwarzen Liste der Steueroasen der EU zu landen, sah sich die Schweiz zum Einlenken gezwungen. Die Schweiz verpflichtete sich, die Sondersteuerregimes im Rahmen einer Unternehmenssteuerreform (USR III) abzuschaffen.

Der Bund muss nochmals über die Bücher gehen

Die Arbeiten an der USR III wurden im November 2008 aufgenommen. Weil die vorgesehenen Reformelemente nicht ausreichten, um die internationale Akzeptanz des Schweizer Unternehmenssteuersystems wiederherzustellen, wurde die Vorlage ab 2012 nochmals überarbeitet. Zusätzlichen Druck übte der von der OECD 2011 initiierte Aktionsplan «BEPS»

608 NZZ, 3./4.3.2007.

(Base Erosion and Profit Shifting) aus, der als Reaktion auf die Finanzkrise 2008/09 sowie einer Reihe von Enthüllungen über Praktiken in den Bereichen Steuerplanung und Steuervermeidung in Angriff genommen worden war. Der Aktionsplan der OECD will den Handlungsspielraum multinationaler Unternehmen im Bereich Unternehmensbesteuerung begrenzen und die Ausreizung legaler Schwachstellen im internationalen Steuerwesen einschränken. Die Ergebnisse des BEPS-Projekts wurden im Oktober 2015 in Form eines Aktionsplans verabschiedet, wobei die Schweiz bei den Verhandlungen um die Standards mitgewirkt und dem Ergebnis formell zugestimmt hat.[609]

Das Massnahmenpaket der USR III wurde von der Bündner BDP-Bundesrätin Eveline Widmer-Schlumpf, der Nachfolgerin von Hans-Rudolf Merz, anfangs Juni 2015 veröffentlicht. Es enthielt eine Reihe international akzeptierter Steuerinstrumente, die dem Ersatz der Sondersteuerregeln dienten. Die Kantone sollten die Instrumente frei kombinieren und gestalten können, um die bei ihnen ansässigen internationalen Gesellschaf-

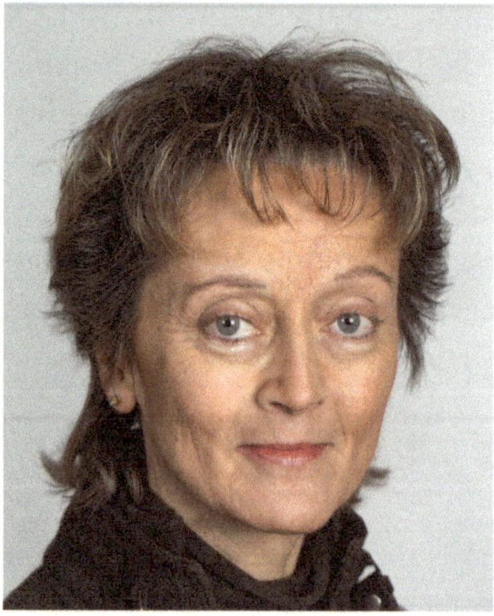

Die Bündner BDP-Bundesrätin Eveline Widmer-Schlumpf (*1956) gleiste die Unternehmenssteuerreform III auf.

SVP-Bundesrat Ueli Maurer (*1950) übernahm das Amt des Vorstehers des eidgenössischen Finanzdepartements im Jahr 2016.

609 Schweiz. Bundesrat, 2015, S. 5077–5087.

ten gezielt entlasten zu können und damit deren Abwanderung zu verhindern. Das wichtigste neue Instrument war die «Patentbox», die eine Steuerermässigung für Gewinne aus Patenten ermöglichte. Um genug Spielraum für Steuersenkungen zu haben, sollte der Anteil der Kantone an der direkten Bundessteuer von 17 auf 21.2 Prozent erhöht werden. Schätzungen gingen davon aus, dass die Einnahmeausfälle aufgrund der Reform für den Bund und die Kantone jährlich je rund 1.3 Mrd. Franken betragen werden. Dabei stand für den Bund viel auf dem Spiel, ohne Reform drohten ihm Einnahmen von bis zu 3.2 Mrd. Franken wegzufallen.[610]

Entgegen der Warnung von SVP-Bundesrat Ueli Maurer, der nach dem Rücktritt von Evelin Widmer-Schlumpf 2016 ins EFD gewechselt war, baute die bürgerliche Parlamentsmehrheit die Möglichkeiten für Steuererleichterungen aus. Insbesondere nahm sie die zinsbereinigte Gewinnsteuer in die USR III auf, die bei Eigenfinanzierung einen Kapitalzinsabzug auf den Gewinn gewährte.[611] Die SP kritisierte dies als Steuergeschenk für Grosskonzerne und kündigte schon während den parlamentarischen Verhandlungen das Referendum an, das sie zusammen mit den Grünen und dem SGB ergriff. Dabei wurden sie von Altbundesrätin Widmer-Schlumpf unterstützt, die in einem Interview erklärte, dass die Vorlage «aus der Balance geraten» sei.[612] Die bürgerlichen Parteien warnten vor der Rechtsunsicherheit, den Steuerausfällen und dem Verlust von Arbeitsplätzen, sollte die USR III abgelehnt werden. Jedoch vermochten diese Argumente nicht zu überzeugen. Der SP gelang es, eine grosse Mehrheit der Stimmenden zu überzeugen.[613] Dies war ein grosser Erfolg für die Sozialdemokraten, deren Präsident Christian Levrat von einem Zeichen gegen die Selbstbedienungsmentalität der bürgerlichen Parlamentsmehrheit sprach.[614]

610 Schweiz. Bundesrat, 2005, S. 4733–4874.

611 Unternehmen mit viel Eigenkapital sollten einen fiktiven Zinsaufwand abziehen können, den sie für ein entsprechendes Bankdarlehen hätten bezahlen müssen. So wurden Eigen- und Fremdkapital einander steuerlich teilweise gleichgestellt.

612 NZZ, 23.01.2017.

613 59.1 Prozent der Stimmenden lehnten die USR III ab. Die Stimmbeteiligung lag bei 46 Prozent.

614 NZZ, 18.10.2017.

Im umstrittenen zweiten Anlauf gelingt die Abschaffung der Holdingprivilegien

Weil die Steuerregimes nach dem Nein zur USR III nicht abgelöst werden konnten, setzte die EU die Schweiz auf die «graue Liste» und somit unter Beobachtung. Ein Jahr nach der Ablehnung der USR III nahm der Bundesrat mit der Steuervorlage 17 (SV 17) einen zweiten Anlauf.[615] Die Vorlage vom 21. März 2018 baute auf der USR III auf, schränkte aber die Möglichkeiten für Vergünstigungen deutlich ein.[616] Dies genügte aus Sicht der ständerätlichen Kommission nicht, welche die SV 17 zum Bundesgesetz über die Steuerreform und die AHV-Finanzierung (STAF) umbaute.

Um der Vorlage die politische Unterstützung der Linken zu sichern, baute der Ständerat eine Zusatzfinanzierung für die AHV ein. Dies war eine Reaktion auf die Ablehnung der Vorlagen der «Altersvorsorge 2020», die wie die USR III 2017 an der Urne scheiterten und eine Reform der AHV (Rentenalter 65 der Frauen, Flexibilisierung des Altersrücktritts) sowie die Erhöhung der Mehrwertsteuer zur Sicherung der AHV-Finanzierung vorgesehen hatten.[617] Der Ständerat schlug vor, auf strukturelle Reformen bei der AHV zu verzichten, ihr aber Mehreinnahmen von 2 Mrd. Franken zu verschaffen, davon 800 Mio. Franken zulasten des Bundes. Insbesondere sollte der Bundesanteil an den AHV-Ausgaben von 19.55 auf 20.2 Prozent erhöht werden.[618]

---

615 Schweiz. Bundesrat, 2018b.

616 Die Möglichkeit, im Rahmen der Patentbox Steuerreduktion für Lizenzerträge zu gewähren, wurde eingegrenzt und die Dividendenbesteuerung auf 70 Prozent beim Bund und auf mindestens 50 Prozent in den Kantonen erhöht. Die Steuerabzüge für Forschungs- und Entwicklungsaufwendungen wurden auf 50 Prozent beschränkt. Die zinsbereinigte Gewinnsteuer wurde so stark beschnitten, dass nur noch der Kanton Zürich davon Gebrauch machen kann, um die Abwanderung von Finanzierungsgesellschaften zu verhindern. Der Kantonsanteil an der direkten Bundessteuer wurde bei 21.2 Prozent belassen, jedoch wurden die Kantone verpflichtet, die Städte und Gemeinden daran zu beteiligen. Zudem wurde das umstrittene Kapitaleinlageprinzip der USR II für die an einer Schweizer Börse kotierten Unternehmen eingeschränkt. Diese sollten nur dann Reserven aus Kapitaleinlagen steuerfrei zurückzahlen können, wenn sie in der gleichen Höhe steuerbare Dividenden ausschütten.

617 Am 24. September 2017 wurde die Zusatzfinanzierung der AHV von 50.04 Prozent der Stimmenden und von 13.5 Ständen abgelehnt. Das Bundesgesetz über die Reform der Altersvorsorge 2020 wurde von 52.7 Prozent der Stimmenden verworfen.

618 Der Bundesbeitrag an die AHV sollte von 19.55 auf 20.2 Prozent oder um rund 800 Mio. Franken erhöht werden. Ausserdem sollte das ganze Demografieprozent der Mehrwertsteuer in die AHV fliessen und die Lohnbeiträge um 3 ‰ (je zur Hälfte zu Lasten der Arbeitgeber und der Arbeitnehmer) erhöht werden.

Auch im Steuerteil der Vorlage machte die ständerätliche Kommission Zugeständnisse, indem sie die Einführung der zinsbereinigten Gewinnsteuer auf Hochsteuerkantone, namentlich Zürich, beschränkte.

Dieser Umbau der STAF war für die CVP sowie eine Mehrheit der FDP ein notwendiges Übel. Der SP fiel die Zustimmung dank der AHV-Finanzierung leicht: eine «Sternstunde des Parlamentarismus», so der Solothurner SP-Ständerat Roberto Zanetti.[619] Eine Minderheit aus der SVP, den Grünliberalen und Teilen der FDP kritisierte, dass der Grundsatz der Einheit der Materie durch die Verknüpfung von AHV und Steuerpolitik verletzt werde, und stimmten im Nationalrat gegen die STAF. Nachdem die STAF verabschiedet wurde, ergriffen mehrere Komitees das Referendum. Links-grüne Kreise wollten die Schaffung neuer steuerlicher Sonderregelungen für Unternehmen verhindern, während die bürgerlichen Gegner die Verknüpfung von Altersvorsorge und Steuerpolitik als «Kuhhandel» anprangerten. Im Abstimmungskampf stellte sich die Mehrheit der bürgerlichen Parteien hinter die STAF. Die SVP beschloss Stimmfreigabe. Auch die SP befürwortete die Vorlage in dieser Form. Lediglich die Grünliberalen und die Grünen empfahlen die Ablehnung. Damit liess sich im zweiten Anlauf eine grosse Mehrheit der Stimmenden überzeugen.[620]

619 Amtl. Bull. SR 2018 450.

620 66.4 Prozent der Stimmenden sagten am 19. Mai 2019 Ja zur STAF. Die Stimmbeteiligung betrug 43.7 Prozent.

10. Abbildungsverzeichnis

11. Tabellenverzeichnis

12. Abkürzungsverzeichnis

Abb.	Abbildung
AHV	Alters- und Hinterlassenenversicherung
Amt. Bull.	Amtliches Bulletin der Bundesversammlung
BBl	Bundesblatt
BEPS	Base Erosion and Profit Shifting
BFS	Bundesamt für Statistik
BIP	Bruttoinlandprodukt
BR	Bundesrat
BV	Bundesverfassung
CVP	Christlichdemokratische Volkspartei der Schweiz
DBA	Doppelbesteuerungsabkommen
DBG	Bundesgesetz über die direkte Bundessteuer
EDI	Eidgenössisches Departement des Innern
EFD	Eidgenössisches Finanzdepartement
EFV	Eidgenössische Finanzverwaltung
EFZD	Eidgenössische Finanz- und Zollverwaltung
ESTV	Eidgenössische Steuerverwaltung
ETH	Eidgenössische Technische Hochschule
EU	Europäische Union
EVD	Eidgenössisches Volkswirtschaftsdepartement
EVK	Eidgenössische Versicherungskasse
EWG	Europäische Wirtschaftsgemeinschaft
FDK	Finanzdirektorenkonferenz
FDP	Freisinnig-Demokratische Partei der Schweiz
GPK	Geschäftsprüfungskommission
HSSO	Historische Statistik der Schweiz Online
IV	Invalidenversicherung
IWF	Internationaler Währungsfonds
KdK	Konferenz der Kantonsregierungen
LdU	Landesring der Unabhängigen
LEO	Lohnersatzordnung
LVEO	Lohn- und Verdienstersatzordnung
LSVA	Leistungsabhängige Schwerverkehrsabgabe
NEAT	Neue Eisenbahn-Alpentransversale
NFA	Neugestaltung des Finanzausgleichs und der Aufgabenteilung zwischen Bund und Kantonen
NR	Nationalrat
NZZ	Neue Zürcher Zeitung
OECD	Organisation für wirtschaftliche Zusammenarbeit und Entwicklung
POCH	Progressive Organisationen der Schweiz
SBB	Schweizerische Bundesbahnen
SECO	Staatssekretariat für Wirtschaft
SGB	Schweizerischer Gewerkschaftsbund
SNB	Schweizerische Nationalbank

SPS	Sozialdemokratische Partei der Schweiz
SR	Ständerat
STAF	Steuerreform und AHV-Finanzierung
StHG	Bundesgesetz über die Harmonisierung der direkten Steuern der Kantone und Gemeinden
Tab.	Tabelle
USR	Unternehmenssteuerreform
WUST	Warenumsatzsteuer

13. Bibliographie

Online Datenbanken

HSSO: Historische Statistik der Schweiz Online, Kammerer, P. et al. (Hrsg.) http://www.fsw.uzh.ch/hstat/nls_rev/overview.php

Amtsdruckschriften und Periodika

Abschiede der eidgenössischen Tagsatzung 1814–1848. → EA.

Bericht über den Entwurf einer Bundesverfassung, vom 8. April 1848, erstattet von der am 16. August 1847 ernannten Revisionskommission (verf. von Henri Druey), Beilage zu EA 1847, IV. → Komm. Ber.

Bericht an die hohe Tagsatzung, über die Klassifikation des Eidgenössischen Zollwesens, 31. Mai 1823. → Tagsatzung, 1823.

Amtliches Bulletin des Nationalrats, diverse Jahrgänge.

Amtliches Bulletin des Ständerats, diverse Jahrgänge.

Bundesamt für Statistik

Bundesamt für Statistik. Statistisches Jahrbuch der Schweiz, diverse Jahrgänge.

Bundesamt für Statistik (2019). Bruttoinlandprodukt 1948–2018. Abgerufen am 27. Mai2020 unter https://www.bfs.admin.ch/bfs/de/home/statistiken/volkswirtschaft/volks-wirtschaftliche-gesamtrechnung/bruttoinlandprodukt.html

Berichte des Bundesrates

Schweiz. Bundesrat (1999). *Finanzleitbild. Ziele, Grundsätze und Instrumente für die Finanzpolitik des Bundesrates.* Abgerufen am 24. Juni 2017 unter https://www.efv.admin.ch/efv/de/home/themen/finanzpolitik_grundlagen/leitbild_ziele.html

Schweiz. Bundesrat (2014). Einhaltung der Grundsätze der Neugestaltung des Finanzausgleichs und der Aufgabenteilung zwischen Bund und Kantonen (NFA). Bericht des Bundesrates vom 12. September 2014 in Erfüllung des Postulats 12.3412 (Stadler Markus). 29. Mai 2012.

Schweiz. Bundesrat (2018a). Wirksamkeitsbericht 2016–2019 des Finanzausgleichs zwischen Bund und Kantonen. Abgerufen am 20. Mai 2019 unter https://www.efv.admin.ch/ efv/de/home/themen/finanzausgleich/wirksamkeitsberichte.html

Bundesblatt der Schweizerischen Eidgenossenschaft (BBl): Bundeskanzlei (Hrsg.). Bern.

Schweiz. Bundesrat (1851). Botschaft des schweizerischen Bundesrathes an die h. Bundesversammlung der schweizerischen Eidgenossenschaft, betreffend die Erstellung von Eisenbahnen. 7. April 1851. BBl 1851 I 347–375.

Schweiz. Bundesrat (1870). Botschaft des Bundesrathes an die hohe Bundesversammlung, betreffend die Wahrung der Neutralität der Schweiz während des Krieges zwischen Frankreich und Deutschland. 8. Dezember 1870. BBl 1870 III 789–861.

Schweiz. Bundesrat (1894). Botschaft des Bundesrates an die Bundesversammlung, betreffend Stellungsnahme zur Zollinitiative. 5. Juni 1894. BBl 1894 II 832–862.

Schweiz. Bundesrat (1897). Botschaft des Bundesrates an die Bundesversammlung, betreffend den Rückkauf der schweizerischen Hauptbahnen. 25. März 1897. BBl 1897 II 230–477.

Schweiz. Bundesrat (1899). Botschaft des Bundesrates an die Bundesversammlung betreffend die Finanzlage des Bundes. 26. Mai 1899. BBl 1899 III 293–611.

Schweiz. Bundesrat (1914a). Botschaft des Bundesrates an die Bundesversammlung betreffend Massnahmen zur sofortigen Vermehrung der Einnahmen des Bundes. 30. November 1914. BBl 1914 IV 605–632.

Schweiz. Bundesrat (1914b). Bericht des Bundesrates an die Bundesversammlung über die von ihm auf Grund des Bundesbeschlusses vom 3. August 1914 getroffenen Massnahmen. 1. Dezember 1914. BBl 1914 IV 707–758.

Schweiz. Bundesrat (1915). Botschaft des Bundesrates an die Bundesversammlung betreffend Aufnahme eines Art. 42 bis in die Bundesverfassung. 12. Februar 1915. BBl 1915 I 149–199.

Schweiz. Bundesrat (1916). Botschaft des Bundesrates an die Bundesversammlung betreffend die Einfügung eines Art. 41 bis und eines Art. 42, lit. g, in die Bundesverfassung (Erhebung von Stempelabgaben). 11. Dezember 1916. BBl 1916 IV 540–581.

Schweiz. Bundesrat (1917a). Botschaft des Bundesrates an die Bundesversammlung betreffend die Tabakbesteuerung. 2. März 1917. BBl 1917 I 115–172.

Schweiz. Bundesrat (1917b). VI. Bericht des Bundesrates an die Bundesversammlung über die von ihm auf Grund des Bundesbeschlusses vom 3. August 1914 getroffenen Massnahmen. 9. März 1917. BBl 1917 I 298–356.

Schweiz. Bundesrat (1918a). Bericht des Bundesrates an die Bundesversammlung über das Volksbegehren betreffend Aufnahme eines Artikels 41 bis in die Bundesverfassung und Abänderung des Artikels 42, lit. *f* derselben (Einführung der direkten Bundessteuer). 25. Januar 1918. BBl 1918 I 173–205.

Schweiz. Bundesrat (1918b). Botschaft des Bundesrates an die Bundesversammlung betreffend die wiederholte eidgenössische Kriegssteuer. 5. August 1918. BBl 1918 IV 255–291.

Schweiz. Bundesrat (1919). Botschaft des Bundesrates an die Bundesversammlung betreffend Einführung des Gesetzgebungsrechtes über die Invaliditäts-, Alters- und Hinterlassenenversicherung und betreffend die Beschaffung der für die Sozialversicherung erforderlichen Bundesmittel. 21. Juni 1919. BBl 1919 IV 1–224.

Schweiz. Bundesrat (1920). Botschaft des Bundesrates an die Bundesversammlung betreffend Abänderung des Zolltarifs (Bundesgesetz betreffend den schweizerischen Zolltarif vom 10. Oktober 1902 und Gebrauchstarif vom 1. Januar 1906). 27. Februar 1920. BBl 1920 I 413–435.

Schweiz. Bundesrat (1922). Bericht des Bundesrates an die Bundesversammlung über das Volksbegehren betreffend Erhebung einer einmaligen Vermögensabgabe (Art. 42bis der Bundesverfassung). 1. August 1922. BBl 1922 II 917–962.

Schweiz. Bundesrat (1924). Nachtragsbericht des Bundesrates an die Bundesversammlung betreffend die Alters-, Invaliden- und Hinterlassenenversicherung. 23. Juli 1924. BBl 1924 II 681–740.

Schweiz. Bundesrat (1932). Aus den Verhandlungen des Bundesrates. 2. März 1932. BBl 1932 I 575–580.

Schweiz. Bundesrat (1933). Botschaft des Bundesrates an die Bundesversammlung betreffend die ausserordentlichen und vorübergehenden Massnahmen zur Wiederherstellung des Budgetgleichgewichtes. 2. September 1933. BBl 1933 II 197–294.

Schweiz. Bundesrat (1935a). Bericht des Bundesrates an die Bundesversammlung über das Volksbegehren zur Bekämpfung der wirtschaftlichen Krise und Not. 6. März 1935. BBl I 1935 277–349.

Schweiz. Bundesrat (1935b). Botschaft des Bundesrates an die Bundesversammlung betreffend die Überwachung der Preise. 18. März 1935. BBl I 536–566.

Schweiz. Bundesrat (1935c). Botschaft des Bundesrates an die Bundesversammlung über neue ausserordentliche Massnahmen zur Wiederherstellung des finanziellen Gleichgewichtes im Bundeshaushalt in den Jahren 1936 und 1937. 22. November 1935. BBl 1935 II 757–904.

Schweiz. Bundesrat (1936). Botschaft des Bundesrates an die Bundesversammlung betreffend die Verstärkung der Landesverteidigung. 17. April 1936. BBl 1936 I 717–754.

Schweiz. Bundesrat (1937). Botschaft des Bundesrates an die Bundesversammlung über die Verlängerung und Anpassung des Fiskalnotrechtes für das Jahr 1938. 30. Juni 1937. BBl 1937 II 325–422.

Schweiz. Bundesrat (1938a). Botschaft des Bundesrates an die Bundesversammlung über die verfassungsmässige Neuordnung des Finanzhaushaltes des Bundes. 18. März 1938. BBl 1938 I 381–491.

Schweiz. Bundesrat (1938b). Botschaft des Bundesrates an die Bundesversammlung über den Ausbau der Landesverteidigung und die Bekämpfung der Arbeitslosigkeit. 7. Juni 1938. BBl 1938 I 857–922.

Schweiz. Bundesrat (1938c). Botschaft des Bundesrates an die Bundesversammlung über den Ersatz des Fiskalnotrechtes. 19. August 1938. BBl 1938 II 309–339.

Schweiz. Bundesrat (1940). Botschaft des Bundesrates an die Bundesversammlung über Massnahmen zur Ordnung des Finanzhaushaltes des Bundes. 19. Januar 1940. BBl 1940 I 37–105.

Schweiz. Bundesrat (1943). Nachtragsbotschaft des Bundesrates an die Bundesversammlung zum Entwurf eines Bundesgesetzes über die Schweizerischen Bundesbahnen. 17. September 1948. BBl 1943 793–849.

Schweiz. Bundesrat (1944). Zwischenbericht des Bundesrates an die Bundesversammlung über die auf Grund der ausserordentlichen Vollmachten ergriffenen Massnahmen. 31. Oktober 1944. BBl 1944 I 1206–1218.

Schweiz. Bundesrat (1945). Bericht des Bundesrates an die Bundesversammlung über sämtliche in Kraft stehenden Beschlüsse und Massnahmen, die auf Grund der ausserordentlichen Vollmachten gefasst wurden, sowie über das vorgesehene Schicksal dieser Beschlüsse. 10. Dezember 1945. BBl 1945 II 559–706.

Schweiz. Bundesrat (1946a). Botschaft des Bundesrates an die Bundesversammlung zum Entwurf eines Bundesgesetzes über die Alters- und Hinterlassenenversicherung. 24. Mai 1946. BBl 1946 II 365–588.

Schweiz. Bundesrat (1946b). Botschaft des Bundesrates an die Bundesversammlung zum Entwurf eines Bundesgesetzes über die Finanzierung der Alters- und Hinterlassenenversicherung mit öffentlichen Mitteln. 29. Mai 1946. BBl 1946 II 589–694.

Schweiz. Bundesrat (1946c). Ergänzungsbotschaft des Bundesrates an die Bundesversammlung zum Entwurf eines Bundesgesetzes über die Finanzierung der Alters- und Hinterlassenenversicherung mit öffentlichen Mitteln. 24. September 1946. BBl 1946 III 590–607.

Schweiz. Bundesrat (1948a). Botschaft des Bundesrates an die Bundesversammlung über die verfassungsmässige Neuordnung des Finanzhaushaltes des Bundes. 22. Januar 1948. BBl 1948 I 309–610.

Schweiz. Bundesrat (1948b). Bericht des Bundesrates an die Bundesversammlung über das zweite Volksbegehren betreffend Rückkehr zur direkten Demokratie. 29. Juli 1948. BBl 1948 II 980–997.

Schweiz. Bundesrat (1950a). Bericht der Verständigungskonferenz für die verfassungsmässige Neuordnung des Finanzhaushaltes des Bundes an die Bundesversammlung. 14. Februar 1950. BBl 1950 I 610–637.

Schweiz. Bundesrat (1950b). Zwischenbericht des Bundesrates an die Bundesversammlung über Massnahmen der Arbeitsbeschaffung. 12. Juni 1950. BBl 1950 II 21–172.

Schweiz. Bundesrat (1950c). Botschaft des Bundesrates an die Bundesversammlung über die Finanzordnung 1951 bis 1954. 19. Juli 1950. BBl 1950 II 425–456.

Schweiz. Bundesrat (1951). Botschaft des Bundesrates an die Bundesversammlung über die Finanzierung der Rüstungsausgaben. 30. November 1951. BBl 1951 III 917–948.

Schweiz. Bundesrat (1953a). Botschaft des Bundesrates an die Bundesversammlung über die verfassungsmässige Neuordnung des Finanzhaushaltes des Bundes. 20. Januar 1953. BBl 1953 I 93–220.

Schweiz. Bundesrat (1953b). Botschaft des Bundesrates an die Bundesversammlung über Einsparungen bei den Bundesbeiträgen. 19. Mai 1958. BBl 1958 II 461–541.

Schweiz. Bundesrat (1955). Botschaft des Bundesrates an die Bundesversammlung über die Ermässigung der Wehrsteuer und der Warenumsatzsteuer. 1. November 1955. BBl 1955 II 964–977.

Schweiz. Bundesrat (1956). Botschaft des Bundesrates an die Bundesversammlung zum Entwurf eines Bundesgesetzes betreffend die Änderung des Bundesgesetzes über die Alters- und Hinterlassenenversicherung. 25. Juni 1956. BBl 1956 I 1429–1503.

Schweiz. Bundesrat (1957a). Botschaft des Bundesrates an die Bundesversammlung über die verfassungsmässige Neuordnung des Finanzhaushaltes des Bundes. 1. Februar 1957. BBl 1957 I 505–630.

Schweiz. Bundesrat (1957b). Bericht des Bundesrates an die Bundesversammlung über das Volksbegehren für die Verbesserung des Strassennetzes. 22. Oktober 1957. BBl 1957 II 817–857.

Schweiz. Bundesrat (1959). Botschaft des Bundesrates an die Bundesversammlung zur Zolltarifrevision und den dazugehörigen internationalen Vereinbarungen. 20. März 1959. BBl 1959 I 625–914.

Schweiz. Bundesrat (1962). Bericht des Bundesrates an die Bundesversammlung zur Motion Eggenberger betreffend wirksamere Bekämpfung der Steuerdefraudation. 25. Mai 1962. BBl 1962 I 1057–1117.

Schweiz. Bundesrat (1964). Botschaft des Bundesrates an die Bundesversammlung über die Finanzierung der Nationalstrassen. 8. November 1964. BBl 1964 II 1130–1164.

Schweiz. Bundesrat (1966a). Botschaft des Bundesrates an die Bundesversammlung zur Motion Mäder betreffend Anschlussamnestie für die Wehrsteuer beim Erlass kantonaler Steueramnestien. 6. Juni 1966. BBl 1966 I 936–950.

Schweiz. Bundesrat (1966b). Botschaft des Bundesrates an die Bundesversammlung über die Anpassung der Finanzordnung des Bundes an den gesteigerten Finanzbedarf (Sofortprogramm zur Beschaffung zusätzlicher Einnahmen). 7. November 1966. BBl 1966 II 645–663.

Schweiz. Bundesrat (1968). Bericht des Bundesrates an die Bundesversammlung über die Richtlinien für die Regierungspolitik in der Legislaturperiode 1968–1971. 15. Mai 1968. BBl 1968 I 1204–1248.

Schweiz. Bundesrat (1969). Botschaft des Bundesrates an die Bundesversammlung über die Änderung der Finanzordnung des Bundes. 10. September 1969. BBl 1969 II 749–807.

Schweiz. Bundesrat (1970b). Botschaft des Bundesrates an die Bundesversammlung über die Weiterführung der Finanzordnung des Bundes. 14. Dezember 1970. BBl 1970 II 1581–1608.

Schweiz. Bundesrat (1972). Bericht des Bundesrates an die Mitglieder der eidgenössischen Räte über das Ergebnis der Steueramnestie 1969 vom 1. Juni 1972.

Schweiz. Bundesrat (1974). Botschaft des Bundesrates an die Bundesversammlung über die Beschaffung weiterer Einnahmen. 29. August 1974. BBl 1974 493–510.

Schweiz. Bundesrat (1975a). Botschaft des Bundesrates an die Bundesversammlung über das Volksbegehren für gerechtere Besteuerung und die Abschaffung der Steuerprivilegien. 9. Dezember 1974. BBl 1975 I 273–333.

Schweiz. Bundesrat (1975b). Botschaft des Bundesrates an die Bundesversammlung über Massnahmen zur Verbesserung des Bundeshaushaltes. 8. Januar 1975. BBl 1975 I 334–382.

Schweiz. Bundesrat (1976). Botschaft des Bundesrates an die Bundesversammlung über das Volksbegehren zur Steuerharmonisierung, zur stärkeren Besteuerung des Reichtums und zur Entlastung der unteren Einkommen (Reichtumsteuer-Initiative). 24. März 1976. BBl 1971 I 1503–1573.

Schweiz. Bundesrat (1977a). Botschaft über Massnahmen zum Ausgleich des Bundeshaushaltes. 9. Februar 1977. BBl 1977 I 789–889.

Schweiz. Bundesrat (1977b). Botschaft über erste Überbrückungsmassnahmen zur Vermeidung untragbarer Defizite im Bundeshaushalt (Finanzmassnahmen 1977). 24. August 1977. BBl 1977 II 1453–1503.

Schweiz. Bundesrat (1980a). Botschaft über Massnahmen zur Entlastung des Bundeshaushalts (Sparmassnahmen 1980). 24. Januar 1980. BBl 1980 I 477–587.

Schweiz. Bundesrat (1980b). Bericht zum Legislaturfinanzplan des Bundes für die Jahre 1981 bis 1983. 16. Januar 1980. BBl 1980 I 707–790.

Schweiz. Bundesrat (1981a). Parlamentarische Initiative über Autobahngebühren. Stellungnahme des Bundesrates. 21. September 1981. BBl 1981 III 282–291.

Schweiz. Bundesrat (1981b). Botschaft über erste Massnahmen zur Neuverteilung der Aufgaben zwischen Bund und Kantonen. 28. September 1981. BBI 1981 III 737–884.

Schweiz. Bundesrat (1983). Botschaft zu Bundesgesetzen über die Harmonisierung der direkten Steuern der Kantone und Gemeinden sowie über die direkte Bundessteuer. 25. Mai 1983. BBl 1983 III 1–381.

Schweiz. Bundesrat (1992a). Botschaft zum Ersatz der Finanzordnung und zu den besonderen Verbrauchsteuern. 18. Dezember 1991. BBl I 785–824.

Schweiz. Bundesrat (1992b). Botschaft über die Sanierungsmassnahmen 1992 für den Bundeshaushalt. 25. März 1992. BBl 1992 III 349–439.

Schweiz. Bundesrat (1993). Botschaft über die Sanierungsmassnahmen 1993 für den Bundeshaushalt. 4. Oktober 1993. BBl 1993 IV 293–371.

Schweiz. Bundesrat (1995). Botschaft über die Sanierungsmassnahmen 1994 für den Bundeshaushalt. 19. Oktober 1994. BBl 1995 I 89–275.

Schweiz. Bundesrat (1996). Botschaft über dringliche Massnahmen zur Entlastung des Bundeshaushaltes. 1997. 30. September 1996. BBl 1996 IV 1353–1376.

Schweiz. Bundesrat (1997). Botschaft zur Reform der Unternehmensbesteuerung 1997. 26. März 1997 BBl 1997 II 1164–1220.

Schweiz. Bundesrat (1999). Botschaft zum Stabilisierungsprogramm 1998. 28. September 1998. BBl 1999 I 4–160.

Schweiz. Bundesrat (2000). Botschaft zur Schuldenbremse. 5. Juli 2000. BBl 2000 4653–4726.

Schweiz. Bundesrat (2001). Botschaft zur Neugestaltung des Finanzausgleichs und der Aufgaben zwischen Bund und Kantonen (NFA). 14. November 2001. BBl 2001 2291–2559.

Schweiz. Bundesrat (2005). Botschaft zum Bundesgesetz über die Verbesserung der steuerlichen Rahmenbedingungen für unternehmerische Tätigkeiten und Investitionen (Unternehmenssteuerreformgesetz II). 22. Juni 2005. BBl 2005 4733–4874.

Schweiz. Bundesrat (2015). Botschaft zum Unternehmenssteuerreformgesetz III. 5. Juni 2015. BBl 2015 5069–5208.

Schweiz. Bundesrat (2018b). Botschaft zum Bundesgesetz über die Steuervorlage 17 (SV17). 21. März 2018. BBl 2018 2527–2654.

Schweiz. Bundesrat (2019). Botschaft zur Stabilisierung der AHV (AHV 21). 28. August 2019. BBl 2019 6305–6436.

Eidgenössisches Departement des Innern

Eidgenössisches Departement des Innern (2013). Die Entwicklung des Anteils der öffentlichen Hand an der AHV-Finanzierung seit 1948. Abgerufen am 25. März 2019 unter https://www.parlament.ch/centers/documents/de/bericht-bsv-ahv-finanzierung-seit1948-2013-01-21-d.pdf

Eidgenössisches Finanzdepartement

Eidgenössisches Finanzdepartement (2007). Neugestaltung des Finanzausgleichs und der Aufgabenteilung zwischen Bund und Kantonen – NFA. Bern.

Eidgenössisches Finanzdepartement (2013). Das Kapitaleinlageprinzip. Abgerufen am 25. März 2016 unter https://www.efd.admin.ch/efd/de/home/dokumentation/archiv/steuern.html

Eidgenössisches Finanzdepartement (2017). Gebundene Ausgaben des Bundes. Inventar und Ansatzpunkte für Reformen. Abgerufen am 6. Juni 2018 unter https://www.efv.admin.ch/dam/efv/de/dokumente/finanzpolitik_grundl/haushaltssteuerung/bericht_gebundene_Ausgaben.pdf.download.pdf/Bericht_gebundene_Ausgaben_d.pdf

Eidgenössische Finanzverwaltung

Eidgenössische Finanzverwaltung (div. Jahrgänge). Öffentliche Finanzen der Schweiz. Bern: Bundesamt für Statistik.

Eidgenössische Finanzverwaltung (div. Jahrgänge). Staatsrechnung der Schweizerischen Eidgenossenschaft. Bern. → Staatsrechnung.

Voranschlag der Schweizerischen Eidgenossenschaft (div. Jahrgänge). Bern. → Voranschlag.

Eidgenössische Finanzverwaltung (2021). Covid-19: Auswirkungen auf die Bundesfinanzen. Abgerufen am 4. April 2021 unter https://www.efv.admin.ch/efv/de/home/aktuell/brennpunkt/covid19.html

Eidgenössische Steuerverwaltung

Eidgenössische Steuerverwaltung (div. Jahrgänge). Finanzen und Steuern von Bund, Kantonen und Gemeinden. Bern: Eidgenössisches Statistisches Amt.

Eidgenössische Steuerverwaltung (1974). Die Finanzen von Bund, Kantonen und Gemeinden.1938–1971. Bern: Eidgenössisches Statistisches Amt.

Eidgenössische Steuerverwaltung (2006). Volkswirtschaftliche und finanzielle Auswirkungen der Unternehmenssteuerreform 1997.

Eidgenössische Steuerverwaltung (2011). Unternehmen melden ihre Kapitaleinlagen. Abgerufen am 25. März 2016 unter: https://www.news.admin.ch/msage/?lang= de&msg-id=37902

Geschäftsbericht des Bundesrates, diverse Jahrgänge.

Kommissionsberichte und Delegationsberichte

Delegationen

Finanzdelegation. Bericht der Finanzdelegation der eidgenössischen Räte an die Finanzkommission des Nationalrates und des Ständerates über ihre Tätigkeit vom 1. Oktober 1942 bis zum 30. September 1943. 2. November 1943. BBl 1943 I 1012–1021.

Kommissionen

Kommission Furgler (1977). Expertenkommission für die Vorbereitung einer Totalrevision der Bundesverfassung. Bericht. Bern: Eidgenössischen Drucksachen- und Materialzentrale

Kommission Jöhr (1966). Schätzung der Einnahmen und Ausgaben des Bundes 1966–1974. Bericht der Eidgenössischen Expertenkommission zur Bearbeitung der Grundlagen und Methoden einer langfristigen Finanzplanung im Bunde. [s. n.]: [s. l.].

Kommission Stocker (1966). Allgemeine Überprüfung der Bundessubventionen. Bericht der vom Bundesrat eingesetzten Expertengruppe. Bern: [s. n.].

Nationalrätliche Kommissionen

Eisenbahn-Kommission (1878). Bericht der Kommission des Nationalraths über die Fristverlängerungsgesuche der schweizerischen Nordostbahn für die Linien: Aargausche Südbahn, Glarus-Linththal, Thalwil-Zug, Etzweilen-Schaffhausen, Bülach-Schaffhausen, Koblenz-Stein, rechtsufrige Zürichseebahn, Dielsdorf-Niederweningen. BBl 1878 I 271–280.

Nationalrätliche Kommission (1894). Bericht der Minderheit der nationalrätlichen Kommission über die Zollinitiative. 17. Juni 1894. BBl 1894 58–73.

Nationalrätliche Kommission (1975). Parlamentarische Initiativen betreffend Steuerharmonisierung. Bericht der vorberatenden Kommission an den Nationalrat und den Bundesrat. 17. März 1975. BBl 1975 II 1748–1820.

Nationalrätliche Kommission (1991). Parlamentarische Initiative Bundesgesetz über die Stempelabgaben. Änderung. Bericht der Kommission des Nationalrates. 16. September 1991. BBl 1991 IV 497–520.

Neue Zürcher Zeitung, diverse Jahrgänge und Ausgaben.

Protokolle des Bundesrats, diverse Jahrgänge.

Protokolle des Nationalrats, diverse Jahrgänge.

Protokolle des Ständerats, diverse Jahrgänge.

Literatur

Abel, W. (1986), *Massenarmut und Hungerkrisen im vorindustriellen Europa. Versuch einer Synopsis* (3. Aufl.). Hamburg–Berlin. (Originalarbeit veröffentlicht 1974).

Abelshauser, W. (1998), Germany: Guns, Butter, and Economic Miracles. In: M. Harrison (Hrsg.), *The Economics of World War II: Six Great Powers in International Comparison* (S. 122–176). Cambridge University Press.

Abelshauser, W. (1983), *Wirtschaftsgeschichte der Bundesrepublik Deutschland (1945–1980).* Suhrkamp.

Altermatt, U. (1991), Der Bundesrat zwischen Regieren und Verwalten. In: U. Altermatt (Hrsg.), *Die Schweizer Bundesräte. Ein biographisches Lexikon* (S. 17–43). Artemis & Winkler.

Altermatt, U. (1991), Josef Zemp. In: U. Altermatt (Hrsg.), *Die Schweizer Bundesräte. Ein biographisches Lexikon* (S. 254–259). Artemis & Winkler.

Amonn, A. (1948), *Bundesstaatliche Finanzordnung. Kritische und positive Bemerkungen zu den Fragen der Bundesfinanzreform.* A. Francke AG.

Anderson, H., & Chang, J.-W. (2022), Labor market tightness during WWI and the postwar recession of 1920–1921. *Finance and Economics Discussion Series* 2022-049. Washington: Board of Governors of the Federal Reserve System.

Aschinger, F. (1952), *Die neue Ausgangslage zur Bundesfinanzreform. Eine redaktionelle Artikelfolge in der «Neuen Zürcher Zeitung».* [s. l.]: [s. n.].

Aubert, J.-F. (1996), Geschichtliche Einführung. In: J.-F. Aubert, K. Eichenberger, J. P. Müller, R. A. Rhinow & D. Schindler (Hrsg.), *Kommentar zur Bundesverfassung der Schweizerischen Eidgenossenschaft vom 29. Mai 1874* (S. 1–57). Helbing und Lichtenhahn.

Backhaus, J. (2002), Fiscal Sociology: What for? *American Journal of Economics and Sociology 61*(1), S. 55–77.

Balastèr, P. (2009), Die konjunkturpolitisch motivierte Finanzpolitik des Bundes seit 1975. *Die Volkswirtschaft 82*(3), S. 26–30.

Balfour, Michael (1968), *West Germany.* Benn.

Baltensperger, E. (2012), Der Schweizer Franken. Eine Erfolgsgeschichte. Die Währung der Schweiz im 19. und 20. Jahrhundert. NZZ.

Baltensperger, E., & Schaltegger, C. A. (2023). *100 Jahre Hyperinflation: Ein Vergleich Deutschland – Schweiz.* Abgerufen am 15. November 2023 unter https://www.iwp.swiss/15466-2/

Baten, J. (2016), *A History of the Global Economy: From 1500 to the Present.* Cambridge University Press.

Baten, J., & Wagner, A. (2003), Autarchy, market disintegration, and health: The mortality and nutritional crisis in Nazi Germany, 1933–1937. *Economics & Human Biology, 1*(1), S. 1–28.

Bauer, H. (1947), Die Geschichte der Schweizerischen Eisenbahnen. In: Eidgenössisches Post- und Eisenbahndepartement (Hrsg.), *Ein Jahrhundert Schweizer Bahnen 1847–1947. Jubiläumswerk des Eidgenössischen Post- und Eisenbahndepartementes in fünf Bänden* (S. 3–180). Verlag Huber & Co.

Berger, F. (2003). L'exploitation de la main-d'oeuvre française dans l'industrie sidérurgique allemande pendant la Seconde Guerre Mondiale. In: *Revue D'histoire Moderne et Contemporaine,* 50(3), S. 148-181.

Berghahn, V. (2005), Europe before World War I, 1895–1914. In: *Europe in the era of two world wars: From militarism and genocide to civil society, 1900–1950* (S. 7–32). Princton University Press.

Bernanke, B., (2002), *Essays on the Great Depression.* Princeton University Press.

Bernanke, B., & James, H. (1991), The gold standard, deflation, and financial crisis in the Great Depression: An international comparison. In: R. G. Hubbard (ed.), *Financial markets and financial crises* (S. 33–68). University of Chicago Press.

Bernstein, I. (1996), *Guns or Butter: The Presidency of Lyndon Johnson.* Oxford University Press.

Bickel, W. (1964), Die öffentlichen Finanzen. *Schweizerische Zeitschrift für Volkswirtschaft und Statistik,* I/II-9, S. 273–301.

Billings, M., & Oats, L. (2014), Innovation and pragmatism in tax design: Excess Profits Dutyin the UK during the First World War. *Accounting History Review, 24*(2–3), S. 83–101.

Binswanger, P. (1986), *Geschichte der AHV. Schweizerische Alters- und Hinterlassenenversicherung.* Aargauer Tagblatt AG.

Blumenstein, E. (1938), Eine verfassungsmässige Neuordnung des eidgenössischen Finanzhaushalts. *Archiv für schweizerisches Abgaberecht. – 6 (1938), H. 10, S. 369–388.*

Bodmer, F. (2004), Ausmass und Gründe der Wirtschaftskrise der 90er Jahre. In: F. Bodmer & S. Borner (Hrsg.), *Wohlstand ohne Wachstum – die Hintergrundberichte. WWZ-Forschungsbericht 04/06,* Basel WWZ.

Borcherding, T. E. (1985), The causes of government expenditure growth: A survey of the U.S. evidence. *Journal of Public Economics 28*(3), S. 359–382.

Blancheton, B. (2020), Le financement de la Première Guerre mondiale en France. In: B. Blancheton, *Histoire des faits économiques: De la Révolution industrielle à nos jours* (S. 46–49). Dunod.

Blomert, R. (2001), Sociology of finance: Old and new perspectives. *Economic Sociology: European Electronic Newsletter 2*(2), S. 9–14. Cologne: Max Planck Institute for the Study of Societies.

Bolliger, C. & Zürcher R. (2004), Deblockierung durch Kooptation? Eine Fallstudie zur Aufnahme der Katholisch-Konservativen in die schweizerische Landesregierung 1891. *Swiss Political Science Review 10*(4), S. 59–92.

Bonjour, E. (1948), *Die Gründung des schweizerischen Bundesstaates.* Schwabe.

Bonjour, E. (1949), *Geschichte der Schweizerischen Post 1849–1949. Die eidgenössische Post.* Buchdruckerei Nationalzeitung.

Bordo, M., Helbling, T. & James, H. (2007), Swiss Exchange Rate Policy in the 1930s. Wasthe Delay in Devaluation Too High a Price to Pay for Conservatism? *Open Economics Review* 18*(1)*, S. 1–25.

Bordo, M. & James, H. (2007), Die Nationalbank 1907–1946: Glückliche Kindheit oder schwierige Jugend? In: Schweizerische Nationalbank (Hrsg.), *Die Schweizerische Nationalbank 1907–2007.* (S. 29–118). NZZ.

Böschenstein, H. (1966), *Bundesrat Schulthess. Krieg und Krisen.* Haupt.

Bratschi, R. (1952), Friedensopfer und Gewerkschaften. *Gewerkschaftliche Rundschau: Vierteljahresschrift des Schweizerischen Gewerkschaftsbundes, 44*(5), S. 135–150.

Braun, D. (2007), *Schweiz: Exekutive Verfassungsreform zum Finanz- und Lastenausgleich und zur Neuordnung der Aufgabenverteilung zwischen Bund und Kantonen.* Abgerufen am 25. Mai. 2017 unter https://verfassungswandel.files.wordpress.com/ 2008/07/braun.pdf.

Braun, H.-J. (1990), *The German Economy in the Twentieth Century: The German Reich and the Federal Republic.* Routledge.

Broadberry, S., & Harrison, M. (2005), The economics of World War I: an Overview. In: S. Broadberry & M. Harrison (Eds.), *The Economics of World War I* (S. 3–40). Cambridge University Press.

Broadberry, S., & Howlett, P. (1998), The United Kingdom: 'Victory at All Costs'. In: M. Harrison (Hrsg.), *The Economics of World War II: Six Great Powers in International Comparison* (S. 43–80). Cambridge University Press.

Brodesser, C. (2011), *Sparen während der Zeit des Nationalsozialismus: Ein Kapitel aus der «geräuschlosen Kriegsfinanzierung» unter besonderer Berücksichtigung der Sparkassen* (Doktorarbeit). Johann-Wolfgang-Goethe-Universität Frankfurt am Main.

Buchanan, J. M. & Wagner, R. E. (1977), *Democracy in Deficit: The Political Legacy of Lord Keynes.* Academic Press.

Bucher, E. (1980), Die Bundesverfassung von 1848. In: H. Helbling et al (Hrsg.), *Handbuch der Schweizer Geschichte. Band 2* (4. Aufl., S. 987–1018). Berichthaus.

Buchli, F. (2006), *Schweizer, steh zu deinen Bahnen! Die Sanierung der Schweizerischen Bundesbahnen (1920–1945).* Traugott Bautz.

Burg, W. von (1916), *Die Entwicklung der schweizerischen Bundesfinanzen 1848–1912.* A. Tanner.

Campbell, J. L. (1993), The State and Fiscal Sociology. *Annual Review of Sociology, 19, S.* 163–185.

Caron, F. (1995). *Histoire économique de la France XIXe – XXe siècle.* Armand Colin.

Carter, E. H., & Mears, R. A. F. (2011), *Liberal England, World War and Slump 1901–1939.* Stacey International.

Ceresole, M. (1946), Die steuerpolitische Selbstständigkeit der Kantone. In: Aktionskomitee für die Bundesfinanzreform (Hrsg.), *Der föderalistische Weg zur Bundesfinanzreform* (S. 13–24). Helbing und Lichtenhahn.

Chevallaz, G-A. (1984), *La Suisse est-elle gouvernable? Entretiens écrits avec Pierre du Bois.* Editions de l'Aire.

Clark, C. (2023), *Frühling der Revolution: Europa 1848/49 und der Kampf für eine neue Welt.* Deutsche Verlags-Anstalt.

Clark, C. (2013), *Die Schlafwandler: Wie Europa in den Ersten Weltkrieg zog.* Deutsche Verlags-Anstalt.

Colombier, C. (2004), *Eine Neubewertung der Schuldenbremse.* EDV.

Conrad, C. (2019), Politikerbe und Pfadabhängigkeit. In: H. Obinger & M. G. Schmidt (Hrsg.), *Handbuch Sozialpolitik* (S. 203–215). Springer.

Daunton, M. J. (1996), How to Pay for the War: State, Society and Taxation in Britain, 191724. *English Historical Review, 111*(443), S. 882–891.

David, P. A. (1994), Why are institutions the 'carriers of history'?: Path dependence and the evolution of conventions, organizations and institutions. *Structural Change and Economic Dynamics* 5(2), S. 205–220.

Degen, B. (2006), Entstehung und Entwicklung des schweizerischen Sozialstaats. *Studien und Quellen. Zeitschrift des Schweizerischen Bundesarchivs, 31,* S. 17–48.

Degen, B. (1998), Wer darf mitregieren? Die Integration der Opposition als Gnadenakt. In: B. Studer (Hrsg.), *Etappen des Bundesstaates. Staats- und Nationsbildung der Schweiz, 1984–1998* (S. 145–186). Chronos.

Dewey, P. (1997), *War and progress: Britain 1914–1945* (S. 224–232). Routledge.

Droz, N. (1898), *Der Rückkauf der schweizerischen Eisenbahnen.* Georg & Co.

Drummond, I. M. (1979), *London, Washington, and the management of the Franc, 1936–39* (Princeton Studies in International Finance No. 45). Princeton University.

Eder, C. (1944), Zur Frage der Reorganisation der Schweizerischen Bundesbahnen. *Schweizer Monatshefte: Zeitschrift für Politik, Wirtschaft, Kultur, 24*(4), S. 173–178.

Eibel, R. (1946), Die Bundessubventionen im Rahmen der Bundesfinanzreform. In: Aktionskomitee für die Bundesfinanzreform (Hrsg.), *Der föderalistische Weg zur Bundesfinanzreform* (S. 47–59). Helbing und Lichtenhahn.

Eichengreen, B. (2019), *Globalizing Capital: A History of the International Monetary System* (3. ed.). Princeton University Press.

Eichengreen, B. (2004), The British economy between the wars. In: R. Floud & P. Johnson (Eds.), The Cambridge Economic History of Modern Britain (S. 314–343). Cambridge University Press.

Eichengreen, B. (1992), The Origins and Nature of the Great Slump Revisited. *The Economic History Review*, S. 213–239.

Eichengreen, B. & Temin, P. (2000), The Gold Standard and the Great Depression. *Contemporary European History 9, S.* 183–207.

Eucken, W. ([1952] 2004), *Grundsätze der Wirtschaftspolitik* (7. Aufl.). Mohr Siebeck.

Feld, L. P., Kirchgässner, G. & Schaltegger, C. A. (2010), Decentralized taxation and the size of government: Evidence from Swiss state and local governments. *Southern Economic Journal, 77*(1), S. 27–48.

Feld, L. P., & Schaltegger, C. A. (2012), *Soziale Sicherheit sichern: Plädoyer für eine Schuldenbremse.* NZZ.

Feld, L. P., & Schaltegger, C. A. (2017), *Föderalismus und Wettbewerbsfähigkeit in der Schweiz. Staatsstrukturen für eine erfolgreiche Schweiz im 21. Jahrhundert.* NZZ Libro.

Fishback, P. (2010), US monetary and fiscal policy in the 1930s. *Oxford Review of Economic Policy, 26*(3), S. 385–413.

Fisher, S. (1980), Dynamic Inconsistency, Cooperation and the Benevolent Dissembling Government. *Journal of Economic Dynamics and Control,* 2, S. 93–107.

Fourastié, J. (1979), *Les Trente Glorieuses ou la révolution invisible de 1946 à 1975.* Fayard.

Frei, D. (1980), Mediation. In: H. Helbling et al (Hrsg.), *Handbuch der Schweizer Geschichte. Band* 2 (4. Aufl., S. 841–869). Berichthaus.

Freiburghaus, D. & Buchli, F. (2003), Die Entwicklung des Föderalismus und der Föderalismusdiskussion in der Schweiz von 1874 bis 1964. *Swiss Political Science Review 9*(1), S. 29–56.

Frey, B. S. (1997), Institutions: The Economic Perspective. In: B. Steunenberg B. & F. van Vught, (eds.). *Political Institutions and Public Policy. Perspectives on European Decision Making* (S. 29–44). Springer.

Frey, R. L., Spillmann, A., Dafflon, B., Jeanrenaud, C. & Meier, A. (1994), *Der Finanzausgleich zwischen Bund und Kantonen. Expertise zu den Finanzhilfen und Abgeltungen des Bundes an die Kantone im Auftrag der Eidgenössischen Finanzverwaltung und der Konferenz der kantonalen Finanzdirektoren.* EFV.

Frey, R. L. (2007), *Finanzpolitik des Bundes seit 1960. Bericht im Auftrag der Kommission für Konjunkturfragen.* Abgerufen am 26. Mai 2017 unter https://www.seco.admin.ch/dam/seco/de/dokumente/Publikationen_Dienstleistungen/Publikatinen_Formulare/Wirtschaftslage/Konjunkturtendenzen/Hintergrundpapiere_2007/download. pdf/

Frey, R. & Schaltegger, C. A. (2001), Ziel- und Wirkungsanalyse des Neuen Finanzausgleichs. Bericht zu Handen der Eidg. Finanzverwaltung (EFV) und der Konferenz der Kantonsregierungen (KdK). EFV.

Furrer, J. (1848), *Beleuchtender Bericht über den Entwurf der neuen Eidgenössischen Bundesverfassung.* Orell Füssli.

Gagliardi, E. (1937), *Geschichte der Schweiz. Von den Anfängen bis zur Gegenwart. Dritter Band. Vom Zusammenbruch des Ancien Régime bis zur Gegenwart, 1798–1937.* OrellFüssli.

Gewerkschaftsbund (1958), Zur Neuordnung der Bundesfinanzen. *Gewerkschaftliche Rundschau: Vierteljahresschrift des Schweizerischen Gewerkschaftsbundes, 50*(4), S. 99–110.

Geyer, E. (1934), *Charakter und Ideengehalt der veranlagten Steuern der Schweizerischen Eidgenossenschaft.* Sauerländer.

Giacometti, Z. (1937), Verfassungsrecht und Verfassungspraxis in der schweizerischen Eidgenossenschaft. Das autoritäre Bundesstaatsrecht. In: Z. Giacometti & D. Schindler (Hrsg.), *Festgabe Fritz Fleiner zum 70. Geburtstag am 24. Januar 1937 dargebracht von der rechts- und staatswissenschaftlichen Fakultät der Universität Zürich*, (S. 45–84). Polygraphischer Verlag.

Giacometti, Z. (1949), *Schweizerisches Bundesstaatsrecht.* Schulthess.

Glenck, T. (1912), *Das Subventionswesen im Bund.* J. Rüegg.

Glyn, A., Hughes, A., Lipietz, A., & Singh, A. (1992), The rise and fall of the golden age. In: S. A. Marglin & J. B. Schor (eds.), *The Golden Age of Capitalism: Reinterpreting the Postwar Experience* (S. 39–125). Oxford University Press.

Goodfriend, M., & King, R. G. (2005), The incredible Volcker disinflation. *Journal of Monetary Economics, 52*(5), S. 981–1015.

Goldscheid, R. ([1917] 1976a), Staatssozialismus oder Staatskapitalismus: Ein finanzsoziologischer Beitrag zur Lösung des Staatsschulden-Problems. In: R. Hickel (Hrsg.), *Rudolf Goldscheid, Joseph Schumpeter. Die Finanzkrise des Steuerstaats: Beiträge zur politischen Ökonomie der Staatsfinanzen* (S. 40–252). Suhrkamp.

Goldscheid, R. ([1917] 1976b), Finanzwissenschaft und Soziologie. In: R. Hickel (Hrsg.), *Rudolf Goldscheid, Joseph Schumpeter. Die Finanzkrise des Steuerstaats: Beiträge zur politischen Ökonomie der Staatsfinanzen* (S. 317–328). Suhrkamp.

Goldscheid, R. ([1926] 1976c), Staat, öffentlicher Haushalt und Gesellschaft: Wesen und Aufgabe der Finanzwissenschaft vom Standpunkte der Soziologie. In: R. Hickel (Hrsg.), *Rudolf Goldscheid, Joseph Schumpeter. Die Finanzkrise des Steuerstaats: Beiträge zur politischen Ökonomie der Staatsfinanzen* (S. 253–316). Suhrkamp.

Grimm, R. (1925), Die Komödie vom ersten April. *Rote Revue: sozialistische Monatsschrift 4*(8–9), S. 251–256.

Grimm, R. (1938), Bruch oder Entwicklung? *Rote Revue: sozialistische Monatsschrift 4*(18), S. 107–112.

Grossmann, E. (1917), Die Krise in der Eidgenössischen Finanzpolitik. *Wissen und Leben, 19,* S. 375–383.

Grossmann, E. (1935), Das Problem der Steuerlast mit besonderer Berücksichtigung der Schweiz. *Zeitschrift für schweizerische Volkswirtschaft und Statistik, 71*(1), S. 83–109.

Grossmann, E. (1938), Wandlungen der schweizerischen Finanzgesinnung? In: Schweizerische Gesellschaft für Statistik und Volkswirtschaft (Hrsg.), *Beiträge zur Frage der Bundesfinanzreform* (S. 59–70). Stämpfli.

Grossmann, E. (1948), Hundert Jahre eidgenössische Steuerpolitik. Ein Rückblick anlässlich des Jubiläums der Bundesverfassung. *Steuer Revue, 3,* S. 235–244.

Grossmann, E. (1950), Finanzgesinnung der Bundesversammlung. *Schweizerische Zeitschrift für Volkswirtschaft und Statistik,* I-1, S. 1–26.

Grossmann, E. (1951), Wandlungen der schweizerischen Finanzgesinnung. *Schweizer Monatshefte: Zeitschrift für Politik, Wirtschaft, Kultur, 31*(5), S. 267–283.

Grossmann, E. (1954), Lehren gescheiterter Finanzreformen. *Schweizer Monatshefte: Zeitschrift für Politik, Wirtschaft, Kultur, 34*(3), S. 167–173.

Gruner, E. (1977), *Die Parteien der Schweiz* (2. Aufl.). Francke.

Guex, S. (1994), L'initiative socialiste pour une imposition extraordinaire sur la fortune en Suisse 1920–1922. *Regards sociologiques, 8,* S. 101–116.

Guex, S. (2012), Öffentliche Finanzen und Finanzpolitik. In: P. Halbeisen, M. Müller & B. Veyrassat (Hrsg.), *Wirtschaftsgeschichte der Schweiz im 20. Jahrhundert* (S. 1077–1129). Schwabe.

Häfliger, H. (1953), *Bundesrat Josef Munzinger.* Staatskanzlei des Kantons Solothurn.

Hagenbach, P. (1941), Zur Einführung der eidgenössischen Warenumsatzsteuer. *Archiv für schweizerisches Abgaberecht, 10*(7), S. 225–238.

Halbeisen, P. & Lechner, R. (1990), Öffentliche Finanzen in der Schweiz von 1850–*1913. Finanzstatistik des Bundes, des Kantons Zürich und des Kantons Bern: Wertschöpfung des öffentlichen Sektors.* Lizentiatsarbeit, Zürich.

Halbeisen, P. & Müller, M. (1998), Ökonomische Motive und Erwartungen – ihr Einfluss auf die Bundesstaatsgründung. In: A. Ernst, A. Tanner & M. Weishaupt (Hrsg.), *Revolution und Innovation. Die konfliktreiche Entstehung des schweizerischen Bundesstaates von 1848* (S. 117–136). Chronos.

Halbeisen, P. & Straumann, T. (2012), Die Wirtschaftspolitik im internationalen Kontext. In: P. Halbeisen, M. Müller & B. Veyrassat (Hrsg.), *Wirtschaftsgeschichte der Schweiz im 20. Jahrhundert* (S. 1077–1129). Schwabe.

Hancock, W. K., & Gowing, M. (1949), *British War Economy.* His Majesty's Stationery Office.

Hanley, D. L., Kerr, A. P., & Waites, N. H. (1984), *Contemporary France: Politics and Society Since 1945* (2. ed.). Routledge.

Hansmann, M. (2007), Wege in den Schuldenstaat. Die strukturellen Probleme der deutschen Finanzpolitik als Resultat historischer Entwicklungen. *Vierteljahrshefte für Zeitgeschichte, 55*(3), S. 425–461.

Hansmann, M. (2012), *Vor dem dritten Staatsbankrott? Der deutsche Schuldenstaat in historischer und internationaler Perspektive* (2. Aufl.). Oldenbourg.

Harrison, M. (Hrsg.) (1998), *The Economics of World War II: Six Great Powers in International Comparison.* Cambridge University Press.

Hauser, H., Schwarz, G. & Vallender, K. A. (1991), *Schweizerische Wirtschaftspolitik im internationalen Wettbewerb; eine ordnungspolitische Analyse.* Orell Füssli.

Heger, M. (1990), *Deutscher Bundesrat und Schweizer Ständerat. Gedanken zu ihrer Entstehung, ihrem aktuellen Erscheinungsbild und ihrer Rechtfertigung.* Duncker & Humblot.

Higy, C. (1943), Aufgabenverteilung und Lastenausgleich zwischen Bund und Kantonen. *Schweizerische Zeitschrift für Volkswirtschaft und Statistik,* IV-2, S. 280–292.

Higy, C. (1958), Staatshaushalt und Finanzsystem der Schweiz. In: W. Gerloff & F. Neumark (Hrsg.), *Handbuch der Finanzwissenschaft. Dritter Band.* (2. Aufl., S. 304–317). Mohr.

Higy, C. (1968), Finanzhaushalt und Finanzpolitik der Schweiz seit 1961. *Finanzarchiv, 27*(3), S. 536–551.

His, E. (1929), *Basler Handelsherren des 19. Jahrhunderts.* Schwabe & Co.

His, E. (1938), *Geschichte des neuern Schweizerischen Staatsrechts. Dritter Band: Der Bundesstaat von 1848 bis 1914.* Helbing & Lichtenhahn.

Hänecke, K. (1946), *Der Finanzbedarf von Bund, Kantonen und Gemeinden 1938. Eine finanzstatistische Studie.* Furrer.

Holenstein, R. (2018), *Stunde Null: Die Neuerfindung der Schweiz 1848. Die Privatprotokolle Geheimberichte.* Echtzeit.

Hotz, J. (1938), Zur schweizerischen Zollpolitik in der Nachkriegszeit. In: A. Jöhr, P. Rossy, W. Stucki & F. Mangold (Hrsg.), *Festgabe für Bundesrat Dr. h.c. Edmund Schulthess zum siebzigsten Geburtstag am 2. März 1938* (S. 183–200). Polygraphischer Verlag.

Hug, W. (1938), Die Preiskontrolle in der Schweiz. *Schweizerische Zeitschrift für Volkswirtschaft und Statistik,* I, S. 355–378.

Humair, C. (2004), *Développement économique et état central 1815–1914. Un siècle de politique douanière suisse au service des élites.* Peter Lang.

Humair C. (2008), Qui va payer la guerre? Luttes socio-politiques autour de la politique douanière suisse 1919–1923. In: V. Groebner, S. Guex & J. Tanner (Hrsg.), *Kriegswirtschaft und Wirtschaftskriege – économie de guerre et guerres économiques* (S. 157–175). Chronos.

Hürlimann, G. (2010), Öffentliche Finanzen und Budgetkulturen im Wandel. *Traverse,* (1),S. 229–252.

Hürlimann, G. (2012), Einträglich und gerecht? Steuern und Umverteilung in Nachkriegsboom, 1970er-Krise und darüber hinaus. In: G. Hürlimann & J. Tanner (Hrsg.), *Steuern und umverteilen. Effizienz versus Gerechtigkeit?* vdf.

Hürlimann, G. (2016), Der moderne Gesellschafts- und Bundesvertrag. Steuerpolitik im Kontext von sozioökonomischem Wandel und föderalistischer Staatlichkeit. In: L. Criblez, C. Rothen & T. Ruoss (Hrsg.), *Staatlichkeit in der Schweiz. Regieren und verwalten vor der neoliberalen Wende* (S. 85–114), Chronos.

Hürlimann, G. (2017), Swiss World(s) of Taxation since the 1970s. In: M. Buggeln, M. Daunton & A. Nützenadel (eds.). *The Political Economy of Public Finance: Questioning the Leviathan* (S. 83–104). Cambridge University Press.

Hürlimann, G. (2018), A Fair Case for Tax Relief: Swiss Tax Policy, 1940s to 1980s. In: G. Huerlimann, W. E. Brownlee & E. Ide (eds.), *Worlds of Taxation. The Political Economy of Taxing, Spending, and Redistribution since 1945* (S. 269–300). Palgrave Macmillan.

Ischer, P. (2005), Ausbau oder Konsolidierung? Der politische Diskurs der 1970er Jahre in der Schweiz im Bereich der AHV, *Studien und Quellen, 31*, S. 141–166.

James, H. (2022), *Schockmomente. Eine Weltgeschichte von Inflation und Globalisierung 1850 bis heute*. Herder.

Jones, J. (1982). Vichy France and Postwar Economic Modernization: The Case of the Shopkeepers. In: *French Historical Studies*, 12(4), S. 541–563. Duke University Press.

Jöhr, A. (1912), *Die Volkswirtschaft der Schweiz im Kriegsfall.* Kuhn & Schürch.

Jucker, W. (1958), Zur Neuordnung der Bundesfinanzen. *Gewerkschaftliche Rundschau: Vierteljahresschrift des Schweizerischen Gewerkschaftsbundes, 50*(4), S. 99–110.

Judt, T. (2004), *Postwar: A History of Europe Since 1945*. Penguin Press.

Jung, J. (Hrsg.). (2022). *Einigkeit, Freiheit, Menschlichkeit: Guillaume Henri Dufour als General, Ingenieur, Kartograf und Politiker.* NZZ Libro.

Jung, J. (2020), *Das Laboratorium des Fortschritts. Die Schweiz im 19. Jahrhundert* (2. Aufl.). Verlag NZZ Libro.

Kaiser, J. (1999), *Bundesrat Jean-Marie Musy 1919–1934.* Universitätsverlag Freiburg Schweiz.

Keen, M. (1998), Vertical Tax Externalities in the Theory of Fiscal Federalism. *IMF Staff Papers*, *45*(3), S. 454–485.

Kindleberger, C. P. (1975), The rise of free trade in Western Europe, 1820–1875. *The Journal of Economic History*, *35*(1), S. 20–55.

Kirchgässner, G. (2004), Die Wirksamkeit von Schuldenbremsen. In: C. A. Schaltegger & S. C. Schaltegger (Hrsg.), *Perspektiven der Wirtschaftspolitik: Festschrift zum 65. Geburtstag von Prof. Dr. René L. Frey* (S. 107–123). vdf.

Kirchgässner, G. (2007), Swiss Confederation. In: A. Shah (Hrsg.), *The practice of fiscal federalism: comparative perspectives* (S. 317–343). McGill-Queen's.

Kley, A. (2013), *Verfassungsgeschichte der Neuzeit. Grossbritannien, die USA, Frankreich und die Schweiz* (3. Aufl.). Stämpfli.

Kölz, A. (1992), *Neuere Schweizerische Verfassungsgeschichte. Ihre Grundlinien vom Ende der Alten Eidgenossenschaft bis 1848.* Stämpfli.

Kölz, A. (2004), *Neuere Schweizerische Verfassungsgeschichte. Ihre Grundlinien in Bund und Kantonen seit 1848.* Stämpfli.

Kreis, G. (2011), *Die Schweiz im Zweiten Weltkrieg.* Haymon.

Kunz, D. B. (1987), *The battle for Britain's gold standard in 1931.* Routledge.

Kurz, H. R. (1985), *Die Geschichte der Schweizer Armee.* Verlag Huber.

Kydland, F. E. & Prescott, E. C. (1977), Rules Rather than Discretion: The Inconsistency of Optimal Plans. *The Journal of Political Economy, 85*(3), S. 473–492.

Leimgruber, M. (2008), *Solidarity without the State? Business and the Shaping of the Swiss Welfare State, 1890–2000.* Cambridge University Press.

Leimgruber, M. (2009), Schutz für Soldaten nicht für Mütter. Lohnausfallentschädigung für Dienstleitende und Sozialversicherungen in der Schweiz. In: M. Leimgruber & M. Lengwiler (Hrsg.), *Umbruch an der «inneren Front». Krieg und Sozialpolitik in der Schweiz 1938–1948* (S. 75–99). Chronos.

Lasserre, A. (1972), L'institution de l'assurance-vieillesse et survivants (1889–1947). In: R. Ruffieux, H. Mesmer, A. Lasserre & R. Natsch (éds.), Études et recherches d'histoire contemporaine (S. 259–406). St. Paul.

Leisibach, P. & Schaltegger C. A. (2019), Zielkonflikte und Fehlanreize: Eine Analyse der Anreizwirkungen im Schweizer Finanzausgleich, *Perspektiven der Wirtschaftspolitik, 20*(3), S. 254–280.

Leonhard, J. (2018). *Der überforderte Frieden: Versailles und die Welt 1918–1923.* C. H. Beck.

Linder, W. (2012), *Schweizerische Demokratie. Institutionen, Prozesse, Perspektiven* (3. Aufl.). Haupt.

Longchamp, O. (2006), Profits de guerre et fiscalité: l'impôt sur les bénéfices de guerre en Suisse durant la Deuxième Guerre mondiale. *Traverse,* (1) 1, S. 130–145.

Longchamp, O. (2008), Au service des intérêts Financiers. Les débats autour de l'amortissement des dettes fédérales après la Deuxième Guerre mondiale 1945–1955. In: V. Groebner, S. Guex & J. Tanner (Hrsg.), *Kriegswirtschaft und Wirtschaftskriege – économie de guerre et guerres économiques* (S. 289–311). Chronos.

Longchamp, O. (2014), *La politique financière fédérale (1945–1958).* Editions Antipodes.

Lucas, R. & N. Stokey (1983), Optimal Fiscal and Monetary Policy in an Economy without Capital. *Journal of Monetary Economics*, 12, S. 55–93.

Mach. A. (1999), *Globalisation, néo-liberalisme et politiques publiques dans la Suisse des années 1990.* Seismo.

Mangold, F. (1904), Bankdirektor Johann Jakob Speiser. In: Freunde vaterländischer Geschichte (Hrsg.), *Basler Biographien. Zweiter Band* (S. 135–234). Benno Schwabe.

Mani, B. (1928), *Die Bundesfinanzpolitik des schweizerischen Bauernstandes in der neuren Zeit.* Buchdruckerei der Volkswacht am Bodensee.

Mann, F. K. (1971), Die drei Finanzwissenschaften. *Finanzarchiv 30*(1), S. 1–13.

Mann, F. K. (1969), *Finanzsoziologie* In: W. Bernsdorf (Hrsg.), *Wörterbuch der Soziologie.* Enke.

März, E. (1981), *Österreichische Bankpolitik in der Zeit der großen Wende 1913–1923.* Verlag für Geschichte und Politik.

Maurer, R., Sander, B., & Schmidt, K.-D. (1991), Privatisierung in Ostdeutschland: Zur Arbeit der Treuhandanstalt. *Die Weltwirtschaft,* (1), S. 45–66.

Meier, W. (1935), *Ein Mahnruf. Die Finanzlage der Eidgenossenschaft.* Verlag der Handelszeitung und Finanzrundschau.

Meierhans, P. (1922), *Zur Steuerpolitik der Schweizerischen Sozialdemokratie.* C. Ritter.

Metz, R. (2013), Zeitreihen und Wirtschaftsgeschichte. In: J. Granda & J. Schreiber (Hrsg.), *Perspektiven durch Retrospektiven. Wirtschaftsgeschichtliche Beiträge. Festschrift für Rolf Walter zum 60. Geburtstag* (S. 211–238). Böhlau.

Milward, A. (1979), *War, Economy and Society, 1939–1945*. University of California Press.

Milza, P., & Poidevin, R. (1992), *La Puissance française à la « Belle Époque »: Mythe ouréalité ?*. Éditions Complexe.

Mitchell, B. (1947), *The Depression Decade: From New Era through New Deal, 1929–1941*. Rinehart and Company.

Mittler, M. (2003), Der Weg zum Ersten Weltkrieg. Wie neutral war die Schweiz? Kleinstaat und europäischer Imperialismus. NZZ.

Morandi, P. (1995), *Krise und Verständigung. Die Richtlinienbewegung und die Entstehung der Konkordanzdemokratie 1933–1939*. Chronos.

Moseley, F. (1997), Great Depression of 1873–1896. In D. Glasner & T. F. Cooley (eds.), *Business cycles and depressions: An encyclopedia* (S. 148–149). Garland Publishing.

Mouré, K. (1988). « Une éventualité absolument exclue »: French reluctance to devalue, 1933–1936. *French Historical Studies, 15*(3), S. 479–505. Duke University Press.

Mouré, K. (2010). Food rationing and the black market in France (1940–1944). *French History*, 24(2), S. 262–282

Müller, P. (2010), *La suisse en crise 1929–1936*. Éditions Antipodes.

Müller, P. (2012), Die Schweiz in der Krise (1929–1936): Währungs-, Finanz-, Wirtschafts- und Sozialpolitik der Schweizerischen Eidgenossenschaft. *Schweizerisches Jahrbuch für Wirtschafts- und Sozialgeschichte*, 27, S. 187–206.

Musy, J. M. (1932), *La suisse dans la crise actuelle. Inflation ou déflation*. A. Jullien.

Neidhart, L. (2013), *Politik und Parlament der Schweiz: ein Rückblick in das 20. Jahrhundert*. NZZ.

Neidhart, L. (1970), *Plebiszit und pluralitäre Demokratie: eine Analyse der Funktion des schweizerischen Gesetzesreferendums*. Francke.

North, D. (1990), *Institutions, Institutional Change and Economic Performance (Political Economy of Institutions and Decisions)*. Cambridge University Press.

Oates, W. E. (1972), *Fiscal Federalism*. New York: Harcourt.

Oates, W. E. (1999), An Essay on Fiscal Federalism. *Journal of Economic Literature, 37*(3), S. 1120–1149.

Oechslin, H. (1967), *Die Entwicklung des Bundessteuersystems der Schweiz von 1848 bis 1966*. Etzel-Druck AG.

Olson, M. (1969), The Principle of "Fiscal Equivalence": The Division of Responsibilities among Different Levels of Government. *The American Economic Review, 59*(2), S. 479–487.

Oprecht, H. (1938), Fiasko der interparteilichen Zusammenarbeit? *Rote Revue: sozialistische Monatsschrift, 17*(12), S. 401–406.

Oprecht, H. (1938), Nach dem 27. November. *Rote Revue: sozialistische Monatsschrift, 18*(4), S. 105–107.

Patterson, J. (1996). *Grand Expectations: The United States 1945–1974*. Oxford University Press.

Peacock, A. T. & Wiseman, J. (1961), *The Growth of Public Expenditure in the United Kingdom*. Oxford University Press.

Pierenkemper, T. (1995), Gebunden an zwei Kulturen. Zum Standort der modernen Wirtschaftsgeschichte im Spektrum der Wissenschaften. *Jahrbuch für Wirtschaftsgeschichte*, 2, S. 63–176.

Popitz, J. (1927), Der Finanzausgleich. In: W. Gerloff & F. Meisel (Hrsg.), *Handbuch der Finanzwissenschaft. Band 2* (S. 338–375). Mohr.

Poterba, J. M & von Hagen, J. (1999), *Fiscal Institutions and Fiscal Performance.* University of Chicago Press.

Prader, G. (1981), *50 Jahre schweizerische Stabilisierungspolitik. Lernprozesse in Theorie und Politik am Beispiel der Finanz- und Beschäftigungspolitik des Bundes.* Schulthess.

Pressler, F. (2019), *Die erste Weltwirtschaftskrise: Eine kleine Geschichte der großen Depression.* C. H. Beck.

Price, R. (1993), *A Concise History of France.* Cambridge University Press.

Rappard, W. E. (1948), *Die Bundesverfassung der Schweizerischen Eidgenossenschaft 1848–1948.* Polygraphischer Verlag.

Ritschard, W. (1972), Notwendigkeit und Mühsal der Steuerharmonisierung. Schweizer *Monatshefte: Zeitschrift für Politik, Wirtschaft, Kultur, 52*(2), S. 101–108.

Ritschard, W. (1980), Flickwerk in der Referendumsfalle: eine Rede vor den schweizer Bankiers. *Profil: sozialdemokratische Zeitschrift für Politik, Wirtschaft und Kultur, 58*(12), S. 1–7.

Ritschl, A. (2002), *Deutschlands Krise und Konjunktur 1924–1934: Binnenkonjunktur, Auslandsverschuldung und Reparationsproblem zwischen Dawes-Plan und Transfersperre.* Akademie-Verlag.

Rittershausen, J. R. B. (2007), *The postwar West German economic transition: From ordoliberalism to Keynesianism.* IWP Discussion Paper Series (01/2007). Institute for Economic Policy, Cologne, Germany.

Rockoff, H. (1998), The United States: From ploughshares to swords. In M. Harrison (ed.), *The Economics of World War II: Six Great Powers in International Comparison* (S. 81–121). Cambridge University Press.

Roesler, K. (1967), *Die Finanzpolitik des Deutschen Reiches im Ersten Weltkrieg.* Duncker & Humblot.

Rohr, R. (1972), *Die Finanzplanung der öffentlichen Hand in staatsrechtlicher Sicht. Eine Analyse der Finanzplanungen von Bund, Kantonen und Gemeinden.* Schulthess.

Röpke, W. ([1937] 1954), *Die Lehre von der Wirtschaft* (7. Aufl.). Rentsch.

Rose, A. (2013), Otto von Bismarck und das (aussen-)politische Mittel der Handels- und Schutzzollpolitik. In: U. von Hehl (Hrsg.), *Otto von Bismarck und die Wirtschaft* (S. 77–96). Schöningh.

Rossi, H. (1952), *Die kantonalen Anteile an Bundeseinnahmen. Ein Beitrag zur Geschichte des Finanzausgleichs der Schweiz.* Brunner & Bodmer.

Rüfenacht, E. (1947), Die Eisenbahnfinanzen. Das Rechnungswesen. Die Rechnungsgesetzgebung des Bundes. In: Eidgenössisches Post- und Eisenbahndepartement (Hrsg.), *Ein Jahrhundert Schweizer Bahnen 1847–1947. Jubiläumswerk des Eidgenössischen Post- und Eisenbahndepartementes in fünf Bänden* (S. 349–359). Huber & Co.

Ruoss, E. (1992), *Die Geldpolitik der Schweizerischen Nationalbank 1907–1929. Grundlagen, Ziele, Instrumente.* s. n.

Rupli, W. (1949), *Zollreform und Bundesreform in der Schweiz 1815–1848.* Europa Verlag.

Rutz, W. (1970), *Die schweizerische Volkswirtschaft zwischen Währungs- und Beschäftigungspolitik in der Weltwirtschaftskrise: wirtschaftspolitische Analyse der Bewältigung eines Zielkonflikts.* Polygraphischer Verlag.

Salvi, M., Schaltegger, C. A. & Schmid, L. (2020), Fiscal Rules Cause Lower Debt: Evidence from Switzerland's Federal Debt Containment Rule. *Kyklos, 73*(4), S. 605–642.

Sandgruber, R. (1995), *Ökonomie und Politik: Österreichische Wirtschaftsgeschichte vom Mittelalter bis zur Gegenwart.* Ueberreuter.

Schaltegger, C. A. & Frey R. L. (2003), Finanzausgleich und Föderalismus: Zur Neugestaltung der föderalen Finanzbeziehungen am Beispiel der Schweiz. *Perspektiven der Wirtschaftspolitik 4*(2), S. 239–258.

Schaltegger, C. A. & Frey, R. L. (2004), Fiskalische Budgetbeschränkungen zur Stabilisierung öffentlicher Haushalte. *Die Volkswirtschaft*, (2), S. 16–19.

Schaltegger, C. A., & Schmid, L. A. (2021). Public perceptions and bond markets during the Great War: The case of a neutral country. In: *Public Choice*, 186, S. 537–561.

Schaltegger, C. A., & Schmid, L. A. (2017). Der Anleihemarkt als Spiegel der Franken-Abwertung von 1936. In Schweizerische Nationalbank (Hrsg.), *Monetary economic issues today: Festschrift zu Ehren von Ernst Baltensperger.* S. 453–474. Orell Füssli.

Schaltegger, C. A. & Weder, M. (2010a), Fiskalpolitik als antizyklisches Instrument? Eine Betrachtung der Schweiz. *Perspektiven der Wirtschaftspolitik 11*(2), S. 146–177.

Schaltegger, C. A. & Weder, M. (2010b), Die Bundesfinanzen im Spiegel der Geschichte. *Die Volkswirtschaft,* (1–2), S. 27–31.

Schaltegger, C. A. & Winistörfer M. M. (2014), Zur Begrenzung der schleichenden Zentralisierung im Schweizerischen Bundesstaat. *Ordo. Jahrbuch für die Ordnung von Wirtschaft und Gesellschaft,* (65), S. 183–228.

Schaltegger, C. A. & Winistörfer, M. M. (2015), Der Bundesbeschluss über die neue Finanzordnung 2021: Politökonomische Überlegungen zum unterbreiteten Vernehmlassungsentwurf. *Archiv für schweizerisches Abgaberecht, 84*(5), S. 345–361.

Schaltegger, C. A., & Winistörfer, M. M. (2019). Insolvenzordnung für öffentlich-rechtliche Körperschaften. In L. P. Feld, E. A. Köhler & J. Schnellenbach (Hrsg.), *Föderalismus und Subsidiarität* (S. 151-190). Mohr Siebeck.

Schaltegger, C. A & Studer, T. M. (2015), *Europäische Fiskalunion? WiSt – Wirtschaftswissenschaftliches Studium 11*(44), S. 630–634.

Schaltegger, C. A. & Studer, T. M. (2018), Das Popitz'sche Gesetz der Anziehungskraft des größten Etats: Eine finanzhistorische Betrachtung der Schweiz. *ORDO. Jahrbuch für die Ordnung von Wirtschaft und Gesellschaft, 1*(68), S. 103–130.

Scharpf, F. W., Reissert, B. & Schnabel, F. (1976), *Politikverflechtung. Theorie und Empirie des kooperativen Föderalismus.* Scriptor.

Scharpf, F. W. (1985), Die Politikverflechtungs-Falle. Europäische Integration und deutscher Föderalismus im Vergleich. *Politische Vierteljahresschrift* 26, S. 323–356.

Scharpf F. W. (2009), *Föderalismusreform. Kein Ausweg aus der Politikverflechtungsfalle?* Campus.

Scherrer, H. (1949), *Die Steuerpolitik des Bundes während der Wirtschaftsdepression der Dreissigerjahre 1930–38.* Juris-Verlag.

Schindler, D. (1952a), *Die Bundessubventionen als Rechtsproblem.* H. R. Sauerländer.

Schindler, D. (1952b), Wie kann die Subventionspolitik des Bundes erneuert werden? Schweizer *Monatshefte: Zeitschrift für Politik, Wirtschaft, Kultur, 32*(2), S. 73–83.

Schindler, D. (1959), Entwicklungstendenzen des schweizerischen Föderalismus. *Schweizer Monatshefte: Zeitschrift für Politik, Wirtschaft, Kultur, 39*(8), S. 697–709.

Schmid, P. (1953), Der Rücktritt von Bundesrat Weber und seine Folgen. *Rote Revue: sozialistische Monatsschrift, 32*(11–12), 273–274.

Schneider, F. (2001), Privatisierung und Deregulierung in Österreich in den 90er Jahren: Einige Anmerkungen aus Sicht der Neuen Politischen Ökonomie *(Working Paper No. 0106).*

Schumpeter, J. A. ([1918] 1976), Die Krise des Steuerstaats. In: R. Hickel (Hrsg.), *Rudolf Goldscheid, Joseph Schumpeter. Die Finanzkrise des Steuerstaats: Beiträge zur politischen Ökonomie der Staatsfinanzen* (S. 329–379). Suhrkamp.

Schweizerisches Aktionskomitee für gesunde Staatsfinanzen und Steuerabbau (1958), *Der Bundesbeschluss über die verfassungsmässige Neuordnung des Finanzhaushaltes des Bundes vom 31. Januar 1958. Darstellung und Erläuterung der am 11. Mai 1958 zur Abstimmung von Volk und Ständen gelangenden Vorlage.* [s. l.]: [s. n.].

Schweizerische Konservative Volkspartei (1947), *Die Bundesfinanzreform gemäss Vorschlag der Schweizerischen Konservativen Volkspartei.* Generalsekretariat der Schweizerischen Konservativen Volkspartei.

Schweizerische Nationalbank (1932), *Die Schweizerische Nationalbank 1907–1932.* Buchdruck Berichthaus.

Schweizerische Nationalbank. (1944), *Statistisches Handbuch des schweizerischen Geld- und Kapitalmarktes.* Schulthess & Co. AG.

Schweizerische Nationalbank (1957). *Schweizerische Nationalbank 1907–1957.* NZZ.

Sender, K. (1906), *Die Erhaltung und Wiederherstellung des finanziellen Gleichgewichts der Kantone.* Bolli & Böcherer.

Sigg, O. (1978), *Die eidgenössischen Volksinitiativen 1892–1939.* Francke.

Sommer, J. H. (1978), *Das Ringen um die soziale Sicherheit in der Schweiz. Eine politisch-ökonomische Analyse der Ursprünge, Entwicklungen und Perspektiven sozialer Sicherung im Widerstreit zwischen Gruppeninteressen und volkswirtschaftlicher Tragbarkeit.* Rüegger.

Soule, G. H. (1947), *Prosperity decade: From war to depression: 1917–1929.* Rinehart and Company.

Speiser, E. (1946), Steuerföderalismus. In: Aktionskomitee für die Bundesfinanzreform (Hrsg.), *Der föderalistische Weg zur Bundesfinanzreform* (S. 25–31). Druck- und Verlagsanstalt.

Spühler, W. (1934), Kriseninitiative und Plan der Arbeit. *Rote Revue: sozialistische Monatsschrift 11*(13), S. 327–330.

Stähelin, A. (1980), Helvetik. In: H. Helbling et al (Hrsg.), *Handbuch der Schweizer Geschichte. Band 2* (4. Aufl., S. 785–839). Berichthaus.

Stämpfli, J. (1862), *Rückkauf der schweizerischen Eisenbahnen* (2. Aufl.). Jenni.

Statistisches Bundesamt. (2024), Wirtschaftswachstum. Abgerufen am 20. Oktober 2022 unter https://www.desttis.de/DE/Themen/Querschnitt/Corona/_Grafik/_Interaktiv/bip-1950-2019.html

Steiger, J. (1899), *Betrachtungen über den Finanzhaushalt der Kantone und ihre Beziehungen zum Bund.* Schmid & Francke.

Steiger, J. (1913), *Studie über die Frage der Erschliessung neuer Einnahmequellen für den Bund.* Unionsdruckerei.

Steiger, J. (1915), *Der Finanzhaushalt der Schweiz. III. Band. Die Kantone.* Stämpfli.

Steiger, J. (1916a), *Die Vorschriften über die Eidgenössische Kriegssteuer. Mit einer Darstellung über Entstehung, Aufbau und finanzielle Tragweite der Steuer und einem alphabetischen Sachregister.* Orell Füssli.

Steiger, J. (1916b), *Der Finanzhaushalt der Schweiz. 2. Band. Systematische Darstellung der Grundzüge des Finanzaushaltes der Schweiz.* Stämpfli.

Steiger, J. (1919), *Der Finanzhaushalt der Schweiz. II. Band. Der Bund.* Stämpfli.

Steiger, J. & Higy, C. (1934), *Finanzhaushalt der Schweiz I. Bund Kantone Gemeinden. 1913–1933.* K. J. Wyss Erben.

Steiger, V. J. (1923), *Der Finanzausgleich zwischen Bund und Kantonen. Studien über die finanziellen Beziehungen zwischen Bund und Kantonen und deren Grundlagen.* Stämpfli.

Steiner, M. (1991). Henri Druey, In: U. Altermatt (Hrsg.), *Die Schweizer Bundesräte. Ein biographisches Lexikon* (S. 115–120). Artemis & Winkler.

Stohr, C. (2016), Trading Gains: New Estimates of Swiss GDP, 1851–2008. *LSE Economic History Working Papers, S.* 245.

Sturm, R. (2018), Föderalismus. In: R. Voigt (Hrsg.), *Handbuch Staat.* Springer.

Strauch, R. R. & von Hagen, J. (2000), *Institutions, Politics and Fiscal Policy.* Springer.

Straumann, T. (2010), *Fixed Ideas of Money. Small States and Exchange Rate Regimes in Twentieth-Century Europe.* Cambridge University Press.

Streuli, H. (1947), *Überlegungen zur Frage der Bundesfinanzreform. Wie kann der Bundeshaushalt in Ordnung gehalten werden?* Referat gehalten an der Generalversammlung des Verbandes schweizerischer Kantonalbanken am 28. Juni 1947. Zürcher Kantonalbank.

Tanner, J. (1986), *Bundeshaushalt, Währung und Kriegswirtschaft. Eine finanzsoziologische Analyse der Schweiz zwischen 1938 und 1953.* Limmat Verlag.

Tanner, J. (2000), Goldparität im Gotthardstaat: Nationale Mythen und die Stabilität des Schweizer Frankens in den 1930er und 1940er Jahren. *Studien und Quellen. Zeitschrift des Schweizerischen Bundesarchivs, 26,* S. 45–82.

Tanner, J. (2015), *Geschichte der Schweiz im 20. Jahrhundert.* C. H. Beck.

Temin, P. (1989), *Lessons from the Great Depression.* The MIT Press.

Temin, P. (1971), The Beginning of the Depression in Germany. *The Economic History Review*, 24(2), S. 240–248.

Teupe, S. (2022), *Zeit des Geldes. Die deutsche Inflation zwischen 1914 und 1923.* Campus.

Tiebout, C. M. (1956), A Pure Theory of Local Expenditure. *Journal of Political Economy 64,* S. 416–424.

Tingle, M. L. (1988), Privatization and the Reagan Administration: Ideology and Application. *Yale Law & Policy Review*, 6(1), S. 229–257.

Tooze, A. (2006), *The Wages of Destruction: The Making and the Breaking of the Nazi Economy.* Viking.

United Nations. (2017), Post-war reconstruction and development in the Golden Age of Capitalism. *World Economic and Social Survey 2017*, S. 23–48.

Vatter, A. (2018), *Das politische System der Schweiz* (3. Aufl.). Nomos.

Vatter, H. G. (1985), *The U.S. Economy in World War II.* Columbia University Press.

Villiger, K. (2015), *Mit Freiheit und Werten zu Wohlstand. Zwölf Thesen eines Pendlers zwischen Wirtschaft und Politik.* Mohr Siebeck.

Volckart, O. (2004), Institutionenökonomische Erklärungen und wirtschaftshistorische Modelle. In: G. Schulz, C. Buchheim, G. Fouquet, R. Gömmel et. al. (Hrsg.), *Sozial- und Wirtschaftsgeschichte. Arbeitsgebiete – Probleme – Perspektiven. 100 Jahre Vierteljahrschrift für Sozial- und Wirtschaftsgeschichte,* S. 619–638. Franz Steiner.

Volmar, F. (1903), Eisenbahnverstaatlichung. In: N. Reichesberg (Hrsg.), *Handwörterbuch der Schweizerischen Volkswirtschaft, Sozialpolitik und Verwaltung.* Erster Band, S. 873–882. Encyklopädie.

von Hagen, J., Hallett, A. H. & Strauch, R. (2001), Budgetary consolidation in EMU. *European Economy, Economic Papers No. 148.* Brussels: European Commission.

von Schanz, G. (1890), *Die Steuern der Schweiz in ihrer Entwicklung seit Beginn des 19. Jahrhunderts.* 1. Band. Cotta.

Wagner, A. (1892), *Grundlegung der politischen Oekonomie. Erster Theil. Grundlagen der Volkswirthschaft. Zweiter Halbband* (3. Aufl.). C. F. Wintersche Verlagshandlung.

Wagschal, U. & Wenzelburger, G. (2008), *Haushaltskonsolidierungen.* VS Verlag.

Weber, H. (1903), *Bundesrat Emil Welti. Ein Lebensbild.* H. R. Sauerländer & Co.

Weber, M. (1937), Finanzprogramm III. *Gewerkschaftliche Rundschau: Monatsschrift des Schweizerischen Gewerkschaftsbundes, 29*(11), S. 337–344.

Weber, M. (1938), Eidgenössische Finanzpolitik in der Krise. *Gewerkschaftliche Rundschau: Monatsschrift des Schweizerischen Gewerkschaftsbundes, 30*(11), S. 361–370.

Weber, M. (1955), Die Wirtschaftspolitik der Gewerkschaften. *Gewerkschaftliche Rundschau: Vierteljahresschrift des Schweizerischen Gewerkschaftsbundes, 47*(7–8), S. 197–214.

Weber, M. (1961), Der Finanzausgleich im Schweizerischen Bundesstaat. *Finanzarchiv, 21*(1), S. 71–85.

Weber, M. (1969), *Geschichte der schweizerischen Bundesfinanzen.* Paul Haupt.

Wertenschlag, R. (1993), *Neuverteilung der Aufgaben zwischen Bund und Kantonen. LeGes 4*(1), S. 87–99.

Weingast, B. R., Shepsle, K. A. & Johnsen, C. (1981), The Political Economy of Benefits and Costs: A Neoclassical Approach to Distributive Politics. *Journal of Political Economy, 89*(4), S. 642–664.

Weissenbach, P. (1913), *Das Eisenbahnwesen der Schweiz. Erster Teil. Die Geschichte des Eisenbahnwesens.* Orell Füssli.

Welti, R. (1932), *Die kurzfristigen Vorschüsse der Nationalbank an den Bund während des Weltkrieges und der Nachkriegszeit.* E. Jäggli-Meyle & Cie.

Wicksell, K. (1896), *Finanztheoretische Untersuchungen nebst Darstellung und Kritik des Steuerwesens Schwedens.* Gustav Fischer.

Wiederkehr, R. (2008), Art. 135. In: B. Ehrenzeller, P. Mastronardi, R. J. Schweizer & K. A. Vallender (Hrsg.), *Die Schweizerische Bundesverfassung, Kommentar* (2. Aufl., S. 2083–2103). Schulthess.

Wittmann, W. (1969), *Die Finanzgesinnung des Bundes im Lichte der parlamentarischen Beratungen: Von der Weltwirtschaftskrise bis zur Gegenwart.* Polygraphischer Verlag.

Wittmann, W. (1971), Die Finanzpolitik. In: E. Gruner (Hrsg.), *Die Schweiz seit 1945. Beiträge zur Zeitgeschichte,* S. 137–153. Francke Verlag.

Wittmann, W. (1982), Der verschuldete Steuerstaat. *Schweizer Monatshefte: Zeitschrift für Politik, Wirtschaft, Kultur 62*(11), S. 917–927.

Zanoli, M. (2003), *Zwischen Klassenkampf, Pazifismus und Geistiger Landesverteidigung. Die Sozialdemokratische Partei der Schweiz und die Wehrfrage 1920–1939.* Zürich: Forschungsstelle für Sicherheitspolitik.

Zimmermann, H., Henke, K. D. & Broer, M. (2017), *Finanzwissenschaft: eine Einführung in die Staatsfinanzen.* Vahlen.

Zitt, H. (1929), *Die Steuerpolitik der freisinnig-demokratischen Partei der Schweiz.* Buchdruck Dr. J. Weiss.

Zurlinden, M. (2003), Goldstandard, Deflation und Depression: Die schweizerische Volkswirtschaft in der Weltwirtschaftskrise. *Schweizerische Nationalbank Quartalsheft, 21*(2), S. 86–117.

14. Bildnachweis

S. 15 Josef Munzinger: Lithografie in Alfred Hartmann: Galerie berühmter Schweizer der Neuzeit. Bd. 1, Zürich 1868, Nr. 51. © Deed – CC0 1.0 Universal – Creative Commons.
S. 18 Henry Druey: Public domain, via Wikimedia Commons.
S. 19 Emil Welti: Keystone SDA
S. 21 Marcel Pilet-Golaz: Keystone SDA
S. 26 Giuseppe Motta: © Deed – Attribution-ShareAlike 3.0 Unported – Creative Commons
S. 27 Jean-Marie Musy: Keystone SDA
S. 31 Eugen Grossmann: [Foto von 1946] Public domain, via Wikimedia Commons.
S. 32 Heinrich Brüning: Keystone SDA
S. 33 Albert Meyer: Keystone SDA
S. 37 Ernst Nobs: Keystone SDA
S. 38 Max Weber, Hans Streuli, Paul Meierhans: Keystone SDA
S. 43 Walter Adolf Jöhr: Wikipedia aus Universitätsarchiv St. Gallen, © Deed – Attribution-ShareAlike 4.0 International – Creative Commons
S. 45 Georges-André Chevallaz, Willi Ritschard: Keystone SDA
S. 48 Otto Stich: Keystone SDA
S. 50 Kaspar Villiger: Keystone SDA
S. 83 Henri Druey: Schweizerisches Nationalmuseum, SNM_GBE-28768_LM-152291.1-2.
S. 84 Bundesverfassung 1848: Quellennachweis: Wikipedia, gemeinfrei.
S. 85 Johann Konrad Kern: Keystone SDA
S. 88 Zollkarte 1825: Schweizerisches Bundesarchiv, D0#1000/3#967*, C.07-1, Karte der in der Schweiz bestehenden Zölle, ca. 1813–ca. 1848.
S. 94 Ulrich Ochsenbein: Heinrich Fischer, Public domain, via Wikimedia Commons.
S. 99 Gedenkblatt Verfassungsrevision 1874: E. Conrad, Zentralbibliothek Zürich, GND: 1012546-2, gemeinfrei.
S. 103 Josef Zemp: *Die Schweizer Bundesräte*, S. 254, Public domain, via Wikimedia Commons.
S. 104 Politische Strömungen der Zeit: Schweizerisches Sozialarchiv, *Der Neue Postillon*, 4. April 1899.
S. 107 Nebelspalter Zolltarif: *Der Nebelspalter*, XXVII. Jahrgang, 1891, No. 41.
S. 116 Alfred Escher: *Zürich – Geschichte Kultur Wirtschaft*. Gebrüder Fretz: Zürich, 1932, Public Domain, via Wikimedia Commons.
S. 118 Emil Welti: Karl Stauffer-Bern, Public domain, via Wikimedia Commons.
S. 118 Gotthardtunnel 1882: SBB Archive, F_111_00006_023, 1882.
S. 120 Gedenkblatt SBB 1898: Schweizerisches Sozialarchiv, Boscovits, Johann Friedrich/F Pd-0081.
S. 123 SBB 1945: Museum für Gestaltung Zürich, 13-0625, 1945.
S. 123 SBB 1945 II: Schweizerisches Sozialarchiv, Urheber:in unbekannt/F Ka-0001-131.
S. 133 Aufruf zu einer Demo gegen die Teuerung 1915: Staatsarchiv des Kantons Bern, T.137, Fotografie, 15. März 1915.
S. 138 Guiseppe Motta: KEYSTONE/PHOTOPRESS-ARCHIV.
S. 143 Kritik an der Reglementitis: *Der Nebelspalter*, 43. Jahrgang, No. 21, 26. Mai 1917.

S. 146 Kriegswucherer: *Der Nebelspalter*, 43. Jahrgang, No. 20, 19. Mai 1917.
S. 152 Das Hungertuch: *Der Nebelspalter*, 43. Jahrgang, No. 20, 19. Mai 1917.
S. 158 Robert Grimm, Teuerungsdemonstration: Gretlers Panoptikum zur Sozialgeschichte, heute Schweizerisches Sozialarchiv.
S. 162 Direkte Bundessteuer: Museum für Gestaltung Zürich, 20-0855, 1918.
S. 172 Proporz 1918: Schweizerisches Sozialarchiv, Lanz, F./F Ka-0001-474.
S. 172 Jean-Marie Musy: Keystone-SDA.
S. 178 Rudolf Minger, Robert Grimm: Sozialarchiv: Bundesrat Rudolf Minger (links) und Regierungsrat Robert Grimm (ca. 1936)
S. 179 «Lasst doch mein Sparheft in Ruhe»: Schweizerisches Sozialarchiv, Urheber:in unbekannt/F Ka-0001-144.
S. 180 Vermögensabgabe, Quellennachweis: Schweizerisches Sozialarchiv, Urheber:in unbekannt/F 5068-Pe-205.
S. 181 Plakat Zollinitiative: Burkhard Mangold, Public domain, via Wikimedia Commons.
S. 183 FDP Schuldenwirtschaft 1922: Schweizerisches Sozialarchiv, Urheber:in unbekannt/F Pb-0004-157.
S. 193 Banksturm Volksbank 1933: KEYSTONE/Fotostiftung Schweiz/Hans Staub.
S. 193 Zug der Arbeitslosen 1931: Schweizerisches Sozialarchiv, Urheber unbekannt/ F 5031-Fb-0524.
S. 196 Lohnabbau 1933: Schweizerisches Sozialarchiv, Carigiet, Alois/F Pe-1635.
S. 205 Kriseninitiative 1935: Charles l'Eplattenier, Public domain, via Wikimedia Commons.
S. 205 Kriseninitiative 1935 II: Schweizerisches Sozialarchiv, Arnhold, Johann/F Ka-0001-338.
S. 207 Albert Meyer: Keystone-SDA.
S. 213 Finanzordnung 1938: Schweizerisches Sozialarchiv, Urheber:in unbekannt/F 5068-Pa-1028.
S. 226 Steigerung der Lebensmittelversorgung 1939: Schweizerisches Sozialarchiv, Erni, Hans: Luzern /Orell Füssli/F 5068-Ka-2546.
S. 227 Lebensmittelrationierung 1944: Keystone-SDA.
S. 227 Lebensmittelkarte 1940: Wikischlumpf, Public domain, via Wikimedia Commons.
S. 231 Ernst Wetter: Winterthurer Bibliotheken, Sammlung Winterthur, CC BY 4.0, via Wikimedia Commons.
S. 233 Schweizer Landesausstellung: BILDNACHWEIS FEHLT
S. 250 Steueramnestie 1944: Schweizerisches Sozialarchiv, Carigiet, Alois/F Pe-1316.
S. 259 Walther Stampfli: Keystone-SDA.
S. 261 Ernst Nobs: Schweizerisches Sozialarchiv, ATP Bilderdienst: Zürich/F 5025-Fb-445.
S. 264 AHV 1950: Schweizerisches Sozialarchiv, Erni, Hans: Luzern/F 5068-Pb-247.
S. 269 Finanzreform 1950: Schweizerisches Sozialarchiv, Urheber:in unbekannt/F Pe-0359.
S. 269 Finanzreform 1950: Schweizerisches Sozialarchiv, Gilsi, René/F Pe-1390.
S. 270 Max Weber: Schweizerisches Sozialarchiv, unbekannt/F 5030-Fb-0514.
S. 272 Finanzvorlage 1953: Schweizerisches Sozialarchiv, Urheber:in unbekannt/F 5172-Pe-0200.
S. 272 Fass ohne Boden 1953: Schweizerisches Sozialarchiv, Birkhäuser, Peter/F Ka-0001-493.
S. 275 Hans Streuli: Schweizerisches Sozialarchiv, Pfister, A./F 5047-Fa-052.
S. 277 Finanzvorlage 1958: Schweizerisches Sozialarchiv, Urheber:in unbekannt/F Pe-0369.
S. 280 Jean Bourgknecht: KEYSTONE/PHOTOPRESS-ARCHIV/Str.
S. 289 Rüstungsausgaben: Getränke– und Wehrsteuer 1952: Schweizerisches Sozialarchiv, Urheber:in unbekannt/F Ka-0001-120.
S. 289 Rüstungsfinanzierung: Vermögensabgabe 1952: Museum für Gestaltung Zürich, 08-0747, 1952. (© Roland Kupper Basel).
S. 297 Walter Wittmann: Keystone SDA

S. 299 Nationalstrassen 1961: Museum für Gestaltung Zürich, 13-0660, 1961.
S. 302 Roger Bonvin: ETH Library, CC BY-SA 4.0, via Wikimedia Commons.
S. 305 Nello Celio: Schweizerisches Sozialarchiv, Urheber:in unbekannt/F Fa-0012-019.
S. 305 Finanzordnung 1970: Museum für Gestaltung Zürich, 13-0009, 1970 (© Stiftung Birkhäuser-Oeri, www.birkhaeuser-oeri.ch).
S. 306 «Bundesratsreisli»: KEYSTONE/Str.
S. 310 Ölkrise 1973: ETH-Bibliothek Zürich, Bildarchiv / Com_L22-0958-0008-0002.
S. 310 Georges-André Chevallaz: Schweizerisches Sozialarchiv, Dierks Pressefoto: Basel/F 5086-Fb-404.
S. 312 Elizabeth II.: ETH-Bibliothek Zürich, Bildarchiv / Com_LC1736-001-001.
S. 317 MwSt 1977: Schweizerisches Sozialarchiv, Urheber:in unbekannt/F 5045-Ob-020.
S. 317 MwSt 1979: Schweizerisches Sozialarchiv, Urheber:in unbekannt/F Pb-0001-046.
S. 322 Willi Ritschard: Schweizerisches Sozialarchiv, Urheber:in unbekannt/F 5031-Fb-0778.
S. 322 «Helft Ritschard»: *Der Nebelspalter*, 27. Mai 1980, Nr. 22.
S. 333 Reichtumsteuer-Initiative 1977: Schweizerisches Sozialarchiv, Schlup, Bernard/F Pc-0657.
S. 333 «Den Millionen an die Wurzel»: Museum für Gestaltung Zürich, 26-0438, 1977.
S. 349 EWR/EG NEIN: Schweizerisches Sozialarchiv, Werbeagentur GOAL/F 5123-Pe-169.
S. 349 Christoph Blocher: KEYSTONE.
S. 353 Otto Stich: KEYSTONE.
S. 357 Kaspar Villiger: the International Monetary Fund, Public domain, via Wikimedia Commons.
S. 369 NFA 2004: Schweizerisches Sozialarchiv, Werbeagentur GOAL/F 5123-Pe-101.
S. 375 Hans-Rudolf Merz: KEYSTONE.
S. 378 Eveline Widmer-Schlumpf: Schweizerische Bundeskanzlei.
S. 378 Ueli Maurer: Schweizerische Bundeskanzlei.

Über die Autoren

Thomas M. Studer ist promovierter Ökonom und Wirtschaftshistoriker. Er arbeitet als Produktionsleiter am Institut für Schweizer Wirtschaftspolitik (IWP) an der Universität Luzern, wo er für die Aufbereitung und Vermittlung der Forschungsresultate verantwortlich ist. Seine Forschung befasst sich mit der Wirtschafts- und Finanzgeschichte der Schweiz. Er ist Mitautor des Buches »Napoleons reiche Beute«, das 2020 im Stämpfli Verlag erschienen ist.

Christoph A. Schaltegger ist Ordinarius für Politische Ökonomie und Direktor des Instituts für Schweizer Wirtschaftspolitik (IWP) an der Universität Luzern. Daneben lehrt er an der Universität St. Gallen im Bereich der öffentlichen Finanzen. Er publiziert regelmässig in wissenschaftlichen Fachzeitschriften, verfasst Bücher und ist als Gutachter in wissenschaftlichen Verfahren tätig. Gemäss *NZZ*-Ranking zählt er zu den einflussreichsten Ökonomen der Schweiz.